国家社科基金
后期资助项目
GUOJIA SHEKE JIJIN HOUQI ZIZHU XIANGMU

棕地再开发：
修复融资、项目评价
与风险管理

朱煜明 韩青叶 梁燕华　著

科学出版社

北　京

内 容 简 介

本书第一篇介绍棕地与棕地再开发背景及定义，第二篇、第三篇和第四篇分别展开棕地修复项目融资模式研究、棕地再开发项目评价研究和棕地再开发项目风险管理研究，第五篇基于利益相关者视角与前面研究内容提出棕地再开发策略，第六篇展开棕地再开发实践应用研究。本书采用综合研究方法，包括文献分析、实证研究和数学建模等，取得了多方面特色研究成果，例如，提出了政府财政融资和 PPP 融资两种棕地修复项目融资模式；提出了基于生态视角的 EISBRP；构建了棕地再开发风险评估指标体系。

本书适合城市规划、环境管理、土地管理等领域的学者和管理者阅读，同时也适合对棕地再开发感兴趣的企业与公众阅读。本书有助于读者充分了解棕地与棕地再开发的背景、概念内涵及研究进展，为棕地再开发的政策制定和实施提供有益参考。

图书在版编目（CIP）数据

棕地再开发：修复融资、项目评价与风险管理 / 朱煜明，韩青叶，梁燕华著. -- 北京：科学出版社，2025.3. -- ISBN 978-7-03-081584-2

Ⅰ．F293.22

中国国家版本馆 CIP 数据核字第 2025M7L528 号

责任编辑：邓　娴／责任校对：王晓茜
责任印制：张　伟／封面设计：有道文化

科学出版社 出版
北京东黄城根北街 16 号
邮政编码：100717
http://www.sciencep.com

北京中石油彩色印刷有限责任公司印刷
科学出版社发行　各地新华书店经销

*

2025 年 3 月第 一 版　开本：720×1000　1/16
2025 年 3 月第一次印刷　印张：24 1/4
字数：435 000

定价：268.00 元
（如有印装质量问题，我社负责调换）

国家社会科学基金后期资助项目
出版说明

后期资助项目是国家社会科学基金设立的一类重要项目，旨在鼓励广大社会科学研究者潜心治学，支持基础研究多出优秀成果。它是经过严格评审，从即将完成的科研成果中遴选立项的。为扩大后期资助项目的影响，更好地推动学术发展，促进成果转化，全国哲学社会科学工作办公室按照"统一设计、统一标识、统一版式、形成系列"的总体要求，组织出版国家社会科学基金后期资助项目成果。

全国哲学社会科学工作办公室

序

　　土地一直以来是有限且珍贵的资源，对于人口众多的国家而言尤为如此。随着工业的不断发展，诸多土地被污染，变成了棕地，这对自然环境和人类健康构成严重威胁，亦成为社会可持续发展的障碍。据估计，美国的棕地数量为 50 万～100 万个，德国的棕地数量约为 12 万个，虽然缺乏关于中国棕地的官方统计数据，但是众多专家认为其数量和美国相当。棕地的再利用有助于城市的可持续发展，也可带来极大的经济、环境和社会效益。因此，围绕棕地再利用问题的研究在全球引起了广泛的关注。

　　很高兴得知《棕地再开发：修复融资、项目评价与风险管理》获得了国家社科基金后期资助项目的支持，该书系统总结了朱煜明教授及其研究团队近年来关于棕地的相关研究。朱教授于 2006 年作为访问学者加入我在滑铁卢大学的系统设计工程研究课题组，随即开始了对棕地的研究。在结束访问并返回西北工业大学后，朱教授攻克了多个具有挑战性的棕地研究项目，我们的合作也一直持续到现在。为了保持并加深我们的研究联系，他一直定期派博士研究生到我在滑铁卢大学的研究课题组交流学习，在我数次对中国进行学术访问期间，很荣幸能多次拜访朱教授及其所在大学的研究小组。

　　关于棕地的研究大多是从环境治理的角度进行的。该书独特地采用了管理的观点，包含六篇：第一篇回顾了棕地再开发现有的研究和存在的主要问题；鉴于资金短缺始终是一个关键问题，第二篇开展了基于融资模式选择的中国棕地修复项目优先级排序和关键风险识别的研究；棕地整治后需要重新开发，第三篇介绍了如何通过考察不同的评估模型来选择最合适的棕地再开发模式；为确保棕地再开发项目的成功实施，第四篇侧重通过风险评估模型来控制项目风险；在上述研究内容的基础上，第五篇为助推中国棕地再开发提供了有益的政策建议；第六篇对棕地再开发实践应用展开研究，针对具体实践案例提出相应建议。总之，该书提供了多种强大的工具来支持棕地再开发过程的管理，对研究人员和管理者都极具益处。

　　如今，习近平总书记和中国人民正在通过"一带一路"倡议各国深化基础设施项目合作，构建起全方位、复合型的互联互通伙伴关系①。此外，"双碳"目标也彰显了中国的道德和环境责任。朱教授及其研究团队的研究将对中国协助的发展中国家棕地再开发起到不可或缺的作用，并对此过程中的道德和环境管理产生全球性的影响。

我祝愿读者在这本优秀的书中获得一个充实的阅读旅程。

Killam Prize

（签名）

Keith W. Hipel（2020 年 12 月 15 日，加拿大安大略省滑铁卢大学教授，加拿大勋章官员）

中国友谊奖章、江苏友谊奖章、江苏省荣誉市民奖、担任南京航空航天大学等多所高校荣誉教授

博士、DrHC、HDSc、PEng、NAE、Hon.D.WRE、FRSC、FCAE、FIEEE、FAWRA、FASCE、FINCOSE、FEIC、FAAS、中科院外籍院士

系统设计工程系

滑铁卢大学，滑铁卢，安大略省，加拿大 N2L 3G1

加拿大皇家学会科学院前任院长

国际治理创新中心高级研究员

Balsillie 国际事务学院研究员

滑铁卢大学冲突分析小组协调员

邮箱：kwhipel@uwaterloo.ca；电话：15198884567 分机：32830

个人主页：http://www.systems.uwaterloo.ca/Faculty/Hipel/

冲突分析研究组：http://uwaterloo.ca/conflict-analysis-group/

---

① 中国政府网. 人民日报评论员：共建"一带一路"取得实打实沉甸甸的成就——论学习贯彻习近平总书记在第三次"一带一路"建设座谈会上重要讲话[EB/OL].（2021-11-21）[2023-07-10]. https://www.gov.cn/xinwen/2021-11/21/content_5652307.htm.

前　言

20世纪90年代，中国开始实施"退二进三"的产业结构调整战略，许多资源密集型污染企业陆续从城市搬到郊区，这些旧厂址随之成为城市棕地的主要来源。棕地再开发不仅有助于城市的可持续发展，而且会带来极大的生态环境效益。同时，城镇化进程的加快和18亿亩（1亩≈666.67平方米）耕地红线的迫近使得中国城镇建设用地供需矛盾日益突出。因此，加快修复城市棕地并促进棕地资源再开发已成为缓解这一矛盾的重要途径。

土地是一种珍贵的稀缺资源，对于中国这样的人口大国来说显得格外重要。棕地再开发具有多方面的现实意义。首先，棕地再开发可以改善周边居民的生活环境，提高他们的生活质量。其次，棕地再开发有利于维护社会稳定，减少社会矛盾。再次，棕地的循环利用有助于缓解城市建设用地紧缺的压力。最后，棕地再开发可以创造更多的就业机会，为当地政府带来更多的税收收入。棕地再开发的外部性效益尤其显著。从可持续发展的角度来看，棕地再开发对改善城市整体环境、增进经济发展和保障人民健康具有不可估量的社会意义。然而，中国的棕地再开发仍然处于初级阶段，在立法、融资机制、评估等方面还存在许多问题，导致棕地再开发进程相对较慢。

本书从管理的角度深入研究棕地再开发中的修复融资、项目评价和风险管理等问题，为推进棕地再开发提供政策建议。具体来说：①在棕地修复融资方面，本书充分考虑中国棕地相关的历史数据不健全和调研数据获取成本高的特点，提出可行的政府财政融资和公共私营合作制（public private partnership，PPP）融资两种棕地修复项目融资模式，并对两种棕地修复项目融资模式下的优先级排序和关键风险识别问题进行研究；②传统的棕地再开发项目评价指标侧重经济评价，通常以财务指标作为衡量项目优劣的标准，没有考虑环境和生态因素，本书构建基于生态视角的棕地再开发项目评价指标体系（evaluation index system for brownfield redevelopment project，EISBRP），使相关人士在选择棕地再开发方案时不仅考虑社会、经济效益，而且充分考虑环境影响，从而达到预防或减轻棕地再开发对环境的破坏的目的；③棕地再开发是一个复杂的工程项目，所涉及的风险不仅有一般建筑工程项目的风险，而且有针对棕地再开发的污染特殊性的风险，本书对棕地再开发的风险管理进行系统研究，通过开发风险评估模型来控制项目风险，确保棕地再开发项目的成功实施；④本书研究棕地再开发策略和建设用地减量化及棕地再生型民营科技园这两类棕地再开发的实践应用，在丰富棕地再开发研究内容的基础上，对棕地再开发策略进行系统梳理，并为推进棕地再开发的实施提供借鉴框架和发展建议。

在研究内容上，本书完善了修复项目融资模式选择、修复项目优先级排序及关键风险识别的研究，构建了基于生态视角的 EISBRP，系统研究了棕地再开发项目风险管理，明确了棕地再开发策略的制定依据。在研究方法上，本书拓展了棕地再开发研究领域的研究方法，综合运用文献分析及文献计量、系统工程、实证研究、数学建模等研究方法，实现了多层次、多角度的综合研究体系建构。本书的实践意义体现在为现实中棕地修复项目融资模式选择提供了科学指导，明确了棕地再开发前棕地修复项目的优先级选择、PPP 模式中需要重点管控的关键风险，为棕地再开发项目方案的综合性评价提供了可以参考的评价指标体系和组合评价模型，同时提出了棕地再开发项目风险管理体系，并从利益相关者视角系统研究了棕地再开发策略，帮助决策者进行有效战略决策。

本书是作者主持的国家社科基金后期资助项目"面向可持续的棕地再开发：修复融资、项目评价、风险管理"（19FGLB060）的研究成果总结。在此，作者感谢国家社科基金和西北工业大学精品学术专著培育项目的支持，以及西北工业大学管理学院提供的优越科研和教学环境。特别感谢本书合作者重庆大学管理科学与房地产学院的韩青叶副教授、杭州电子科技大学管理学院的梁燕华博士所作的贡献。感谢博士研究生林宏莉、Naveed、穆炳旭、何蕾、翁晓海、李强，以及硕士研究生李卓冉和刘才宏在本书的写作、数据处理、模型调试和文字修改过程中提供的帮助，感谢硕士研究生周清卿、马小飞和靳梓硕在本书润色和修订过程中提供的帮助。最后，还要感谢各位评审、鉴定专家提供的宝贵修改意见和建议，这对本书的完善起到了重要作用。

朱煜明

2025 年 1 月 18 日

目　　录

第三篇 棕地再开发项目评价研究

第四篇 棕地再开发项目风险管理研究

第五篇 棕地再开发策略研究

第六篇 棕地再开发实践应用研究

第一篇 棕地与棕地再开发

第1章　棕地与棕地再开发定义的确定

可持续发展已成为一项重要的土地再利用要素。棕地再开发作为土地可持续发展的具体应用，正在受到学术界的广泛关注。在发达国家，棕地问题得到了特别的重视，棕地再开发被认为是一种成功的城市土地利用策略。然而，在我国，棕地问题仍处于发展阶段。由于各国棕地产生的背景不同，土地规划历程和土地制度存在差异，棕地在不同国家的定义并不相同。不同国家对棕地的定义直接影响其棕地再开发策略，可以反映各国对棕地再开发的战略侧重点。

美国对棕地的权威界定源于 1980 年国会通过的《环境应对、赔偿和责任综合法》（*Comprehensive Environmental Response，Compensation，and Liability Act*，又称《超级基金法》）。经过不断完善，目前常用的是 2002 年国会通过的《小企业责任减免及棕地再生法》（*Small Business Liability Relief and Brownfield Revitalization Act*）对棕地的定义。该法案认为，棕地是一些不动产，这些不动产未来的扩展、振兴和重新利用因现实的或潜在的有害或危险物的存在而受到负面影响。由此可见，美国对棕地的定义强调污染物的存在。美国对棕地的关注始于轰动全国的"拉夫运河"环境事件，民众的强烈不满成为美国对棕地相关立法的主要驱动力。英国的棕地是相对绿地而言的。绿地是指从未被开发的土地，而棕地是指已经被开发过的，目前处于闲置、被遗弃或未被充分利用的土地。与美国的定义不同，英国对棕地的定义并不强调污染。在英国，棕地又称为 previously developed land（PDL）。根据英国国家已开发土地利用数据库（National Land Use Database of Previously Developed Land，NLUD-PDL），棕地可以被分为以下几类：①过去已开发但目前闲置的土地；②空置的建筑；③被遗弃的土地和建筑物；④在当地规划中使用和分配的建筑物；⑤目前仍在使用、具有已知再开发潜力的建筑物。英国人口高度密集，缓解住房压力是英国对棕地再开发最重要的驱动力。加拿大对棕地的定义来自 2003 年的全国环境与经济圆桌会议（National Round Table on the Environment and the Economy）。会议文件中指出棕地是被遗弃的、闲置的或者未充分利用的商业或工业不动产。这些不动产含有或可能含有环境污染物，具有潜在的开发价值。由此可见，加拿大对棕地的定义更接近美国对棕地的定义，也强调了可能存在的环境污染。不同国家及地区对棕地有不同的定义，具体如表 1-1 所示；不同学者或组织对棕地的定义也不同，具体如表 1-2 所示。

表 1-1　不同国家及地区对棕地的定义

国家及地区	来源	定义
美国	USEPA（2019）	因环境污染而使扩建或重建工作复杂化的被弃置、闲置或未充分使用的工商业设施
加拿大	De Sousa（2002）	已弃置、闲置或未被充分利用的商业或工业用地，这些用地在过去的活动中已造成环境污染，但仍有再开发的潜力
欧洲	Ferber 等（2006）	现被弃置或未充分利用的土地，该土地或周围土地的用途已受影响；它们主要位于完全或部分发达的城市地区，可能存在实际或察觉到的污染问题，因此需要进行干预，使它们重新得到有益的利用
欧洲	CABERNET（2014）	在完全或部分发达的城市地区，若之前使用过的土地存在或被察觉到污染问题，进而导致土地荒废或未被充分利用，则需要对该土地进行再次开发，使其恢复有效的用途
英国	POST（1998）	现在空置、可能空置或适合再开发的建筑物和土地
法国	Darmendrail（2018）	在停止（农业、原始工业、服务、加工、军事、储存或运输）活动后被暂时废弃的地区，需要回收利用
德国	Freier（1998）	主要在城市内部的废弃土地，由于其生态和经济风险，往往会阻碍经济发展
澳大利亚	Newton（2010）	已经城市化或工业化使用过的土地，随后空出来用于进行再城市化的活动
南非	Potts 和 Cloete（2012）	再开发前需要采取补救措施的土地或处所，也可能是空的、废弃的或受污染的、没有具体用途的土地

表 1-2　不同学者或组织对棕地定义的要点

NRTEE（2003）	Alker 等（2000）	POST（1998）	NLUD-PDL（2007）
1. 已污染的废弃商业用地	1. 空闲的、可立即使用的土地	1. 受污染的场地	1. 过去已开发但目前闲置的土地
2. 已污染的工业废弃地	2. 空闲的、部分占用或利用的、可立即使用的土地	1. 受污染的场地	1. 过去已开发但目前闲置的土地
3. 疑似污染的废弃商业用地	3. 空闲的、需要再开发的土地	1. 受污染的场地	1. 过去已开发但目前闲置的土地
4. 疑似污染的工业废弃地	4. 废弃的、需要再开发的土地	2. 废弃的土地	2. 空置的建筑
4. 疑似污染的工业废弃地	5. 受污染的、需要再开发的土地	2. 废弃的土地	2. 空置的建筑
5. 已污染的闲置商业用地	6. 空置的、废弃的、需要再开发的土地	2. 废弃的土地	2. 空置的建筑
6. 已污染的闲置工业用地	7. 空置的、受污染的、需要再开发的土地	2. 废弃的土地	2. 空置的建筑

续表

NRTEE（2003）	Alker 等（2000）	POST（1998）	NLUD-PDL（2007）
7. 疑似污染的闲置商业用地	8. 空闲的、废弃和受污染的、需要再开发的土地	3. 地面条件差的场地	3. 被遗弃的土地和建筑物
	9. 废弃和受污染的、需要再开发的土地		
8. 疑似污染的闲置工业用地	10. 空闲的、部分占用或利用的、需要再开发的土地		
9. 已污染的未充分利用的商业用地	11. 废弃的、部分占用或利用的、需要再开发的土地	4. 未充分利用的土地	4. 在当地规划中使用和分配的建筑物
10. 已污染的未充分利用的工业用地	12. 受污染的、部分占用或利用的、需要再开发的土地		
11. 疑似污染的商业用地	13. 空置的、废弃的、部分占用或利用的、需要再开发的土地		
	14. 空置的、受污染的、部分占用或利用的、需要再开发的土地		
12. 疑似污染的未充分利用的工业用地	15. 空闲的、废弃和受污染的、部分占用或利用的、需要再开发的土地	5. 空置土地	5. 目前正在使用的、具有已知再开发潜力的建筑物
	16. 废弃和受污染的、部分占用或利用的、需要再开发的土地		

　　De Sousa（2003）研究指出，在美国和加拿大，废弃、后工业和受污染等棕地特征等同于棕地这个术语。研究人员普遍认为，棕地被认为是废弃的工业用地不仅是社会经济的变化所导致的，工业管理部门的不当处理也会产生棕地。Alker 等（2000）研究指出，对棕地产生原因的多种解释是由于缺乏一个普遍接受的棕地定义。

　　研究人员的争论焦点是棕地是否存在污染物，以及污染程度对棕地的影响。USEPA（2019）认为，即使某地块可能是无害的，一旦存在污染物或存在一定程度污染物，就可能被认定为棕地。POST（1998）肯定了这一观点，认为并非所有的棕地都是受污染或废弃的。Franz 等（2008）反对这一观点，认为污染物与棕地无关。上述差异使得棕地的定义更加模糊。但是，污染物的存在与否是判断是否为棕地的必要因素。其他研究人员指出，如果没有发现明显的污染物，棕地价值将会升高，从而存在更多的机会对棕地进行再开发；如果发现污染物，棕地价值将会降低。

　　目前，我国尚未出现统一的、权威的棕地的定义。在实践中，棕地常被等价为污染场地。2009 年公布的《污染场地土壤环境管理暂行办法（征求意见稿）》中首次对污染场地的概念进行了法律层面的确认。在该办法中，棕地（污染场地）被定义为"因从事生产、经营、使用、贮存有毒有害物质，堆放或处理处置有害废弃物，以及从事矿山开采等活动，使土壤受到污染的土地"。由该定义可知，棕地的必要条件是存在污染物，并不强调土地目前是否被充分利用。在学术研究中，棕地的范围往往更广泛。山区棕地是一种特殊的棕地类型。中华人民共和国成立之初，多数军工企业建于山区。随着经济体制改革和军民融合发展战略的提出，许多军工企业转变为民营企业，逐渐开始参与市场竞争。为了满足发展需要，这些企业不得不将工厂搬到城市或者城市的郊区，原来的山区厂址形成了这类棕地。另外，矿山棕地也是我国学者研究的一种重点棕地类型。这类棕地主要是矿藏开采结束之后遗留下的，往往也位于离城市较远的地区。这两类棕地相对特殊，国际上对这两种土地的研究是独立进行的，有些国家的棕地甚至不包含这两类土地。本书研究的棕地针对的是城市棕地。

基于上面的讨论分析及表 1-1 和表 1-2 可以清楚地看出，由于规章制度、棕地的特点、棕地的供给和需求不同，目前不同国家（有时甚至在同一国家不同地区）对棕地的定义不同，有必要制定一个基于共识的棕地定义和指导方针，以助力制定城市土地利用政策和促进城市可持续发展。

本书通过文献梳理，了解不同背景下棕地的定义。可以发现，基于共识的棕地定义仍然缺乏，不同国家对棕地的理解也不尽相同。根据已发表的文献，初步探索棕地定义的不同要素，并确定不同的评价指标。按照德尔菲法，根据不同研究人员的建议，最终筛选出 10 个棕地定义要素，包括①空置、②遗弃、③危险、④建筑物、⑤荒废、⑥未充分利用、⑦污染物、⑧后工业化、⑨城市和⑩闲置。基于以上要素编制问卷，对棕地再开发的利益相关者进行问卷调查。所有问卷于 2016 年 7～12 月发放，共发放问卷 500 份，回收问卷 140 份（其中，政府机构 57 份，公私投资者和开发商 33 份，社会公众 38 份，非政府组织 12 份），回收率为 28%。从回收率中可以看出，大多数利益相关者对棕地没有明确的概念，70%的利益相关者不能准确地评价棕地的关键要素，这也凸显了本书的重要性。问卷要求利益相关者选出棕地定义中最重要的元素。调查结果显示：空置（26%）、污染物（22%）、城市（18%）得分最高，而遗弃（12%）得分略低；未充分利用、后工业化、荒废、建筑物、闲置和危险得分较低。

形成一个对棕地具有普适性的定义重要的是考虑棕地所有相关方面。虽然已经有一些与棕地相关的术语被广泛接受，如空的、废弃的和受污染的，但是这些术语的模糊性在一定程度上限制了棕地研究的发展。在参考相关文献、专家意见和利益相关者的问卷调查数据后，本书提出基于共识的棕地的定义：棕地是指在再开发之前需要进行修复活动的位于城市的土地。它可能是如下几种类型的土地：

（1）受污染的土地（由于以前的工业应用，可能产生有害物质的土地）；

（2）闲置的土地（目前无人使用，可供采取补救行动的土地）；

（3）被遗弃的土地（因以前的工业活动而受到破坏，如果不加以补救，就无法对可持续发展作出潜在贡献的土地）。

综上所述，棕地再开发（brownfield redevelopment）是指对受污染的、闲置的及被遗弃的土地进行治理，恢复土地使用功能，最终带来经济收益或社会收益的过程。

第 2 章　棕地再开发关键问题的确定

目前我国城市扩张和基础设施建设对绿地产生了威胁，这对城市可持续发展提出了挑战，而棕地再开发带来的经济和社会效益使其越发受到重视。识别棕地再开发面临的关键问题可以为后续的研究指明方向，从而保证棕地再开发的顺利进行。

2.1　棕地再开发问题的识别

在全球范围内，许多研究人员对棕地再开发面临的问题进行了分析。其中，提及次数最多的问题有 50 个，涉及财务、经济、技术、社会等方面。经过对文献综合评估，本书对已确定的棕地再开发问题进行进一步梳理，剔除重复项，最终确定 41 个棕地再开发问题，并将其分为 7 类，如表 2-1 所示。

表 2-1　棕地再开发面临的问题类别

代码	问题名称	来源
法律和法规		
BRB1	法律法规的不完善	McCarthy（2002），Lu 和 Xie（2015），Zohn 等（2011），Winston（2010），Donovan 等（2005），Solo（1995），Siikamäki 和 Wernstedt（2008），Loures（2015），Syms（2004），Nelson（2014），Adams 等（2001），Hou 等（2014）
BRB2	治理责任的不确定性	Bulkeley 和 Betsill（2005），Dixon 等（2008），De Sousa（2006），Zohn 等（2011），Adams 等（2010）
BRB3	政策激励的不足	Alberini 等（2005），Thornton 等（2007），Donovan 等（2005）
BRB4	监督约束机制的不完善	Lederman 和 Librizzi（1995），Ouseley（2013），Lu 和 Xie（2015），Syms（2004）
BRB5	违法惩罚力度不足	Ren 等（2015），Li 等（2016），Robertson（2001）
BRB6	所有权的约束不足	Adams 等（2001），Lu 和 Xie（2015），Mehdipour 和 Nia（2013），Hutchison 和 Disberry（2015），Banister（1998），Loures（2015），Nelson（2014）
财务和经济		
BRB7	成本	De Sousa（2000），Sorvari 等（2009），Hudak（2002），Mehdipour 和 Nia（2013），Ashwood 等（2014），Williams 和 Dair（2007），Donovan 等（2005），Loures（2015），Lai 和 Tang（2016），Syms（2004），Hou 等（2014）

续表

代码	问题名称	来源
BRB8	政府的资助	Dixon 等（2008），Lu 和 Xie（2015），Hutchison 和 Disberry（2015），McNiece（2006），Loures（2015），Lai 和 Tang（2016），Tintěra 等（2014）
BRB9	有限的投资	Dixon 等（2008），Coffin 和 Shepherd（1998），Hudak（2002），Mehdipour 和 Nia（2013），Winston（2010），Donovan 等（2005），Banister（1998）
BRB10	未来收益的不确定性	Poindexter（1995），Farris（2001），Baker（2015），Lu 和 Xie（2015），Nelson（2014）
BRB11	开发商利润的不足	Alberini 等（2005），Coffin 和 Shepherd（1998），Mehdipour 和 Nia（2013），Nelson（2014）
BRB12	PPP 的复杂性	Farris（2001），Siikamäki 和 Wernstedt（2008），Syms（2004）
技术和操作		
BRB13	棕地再开发项目的紧急性	Sorvari 等（2009），Banister（1998），Syms（2004）
BRB14	土地整理和基础设施成本较高	Farris（2001），Robertson（2001），Loures（2015），Nelson（2014）
BRB15	污染治理标准的不确定性	McCarthy（2002），Zohn 等（2011），Hudak（2002），Mehdipour 和 Nia（2013），Winston（2010），Hou 等（2014）
BRB16	修复技术的缺乏	Sorvari 等（2009），Williams 和 Dair（2007），Lu 和 Xie（2015），Hou 等（2014）
BRB17	污染治理标准不清晰	Mehdipour 和 Nia（2013），Williams 和 Dair（2007），Syms（2004）
BRB18	风险评估和管理技术的缺乏	Sorvari 等（2009），Lu 和 Xie（2015），Loures（2015）
BRB19	专业技术人员的缺乏	Williams 和 Dair（2007），Donovan 等（2005），Loures（2015），Hou 等（2014），Tintěra 等（2014）
BRB20	相关的土地信息的缺乏	Williams 和 Dair（2007），Lu 和 Xie（2015），Donovan 等（2005），Hou 等（2014）
棕地本身		
BRB21	修复风险的不确定性	Farris（2001），Hunt 和 Rogers（2005），Loures（2015）
BRB22	污染废物清理的费用较高	Hutchison 和 Disberry（2015），Ashwood 等（2014），Hou 等（2014）
BRB23	位置的不便利性	Hutchison 和 Disberry（2015），Ashwood 等（2014），Winston（2010）
BRB24	现场审核和研究的不足	Siikamäki 和 Wernstedt（2008），Sorvari 等（2009），Williams 和 Dair（2007），Hunt 和 Rogers（2005），Mehdipour 和 Nia（2013），Lu 和 Xie（2015）
管理系统		
BRB25	审批机制的缺乏	Mehdipour 和 Nia（2013），Hutchison 和 Disberry（2015），Ashwood 等（2014），Donovan 等（2005）
BRB26	土地流转管理制度的缺乏	Hutchison 和 Disberry（2015），Lu 和 Xie（2015），Hunt 和 Rogers（2005）
BRB27	污染治理经验总结不够	Zohn 等（2011），Syms（2004）

续表

代码	问题名称	来源
BRB28	利益相关者间的冲突	Mehdipour 和 Nia（2013），De Sousa（2005），Banister（1998）
BRB29	相关土地管理政策的缺乏	Ashwood 等（2014），Williams 和 Dair（2007），Winston（2010）
BRB30	利益相关者的多样性	Farris（2001），Banister（1998），Loures（2015）
	环境	
BRB31	环境相关法律意识的缺乏	Banister（1998），Ashwood 等（2014），Schejbalová 和 Vacek（2002），Adams 等（2001），Hou 等（2014）
BRB32	环境正义的缺失	McCarthy（2002），Hutchison 和 Disberry（2015）
BRB33	公众对环境治理的参与度低	Mehdipour 和 Nia（2013），Offenbacker（2004），Ashwood 等（2014），Williams 和 Dair（2007）
BRB34	环境质量差	Ashwood 等（2014），De Sousa 等（2009），Lu 和 Xie（2015），Banister（1998）
BRB35	环境信息的公开性不足	Coffin 和 Shepherd（1998），Ashwood 等（2014）
	政治	
BRB36	领导支持的缺乏	Mehdipour 和 Nia（2013），Bacot 和 O'Dell（2006），Donovan 等（2005）
BRB37	政府机构调整造成的管理机构不明确	Farris（2001），McCarthy（2002），Baker（2015），Banister（1998）
BRB38	政府政策变化的不确定性	Mehdipour 和 Nia（2013），De Sousa（2005），Lu 和 Xie（2015）
BRB39	中央政府和地方政府之间的不一致	Banister（1998），Han 等（2016），Raco 和 Henderson（2006），Winston（2010），Loures（2015）
BRB40	社会媒体的监督不足	Juergen 和 Wang（2005），Winston（2010），Banister（1998）
BRB41	公众的冲突	Farris（2001），McCarthy（2002），Mehdipour 和 Nia（2013），Winston（2010），Donovan 等（2005），Nelson（2014）

注：BRB 为 brownfield redevelopment barrier 的缩写，即棕地再开发障碍与问题。

（1）法律和法规问题。这类是指与公共政策（与执行条例、行为和行政程序相关的政策）相关的问题。

（2）财务和经济问题。这类是指与成本评估、融资和投资机制有关的问题。

（3）技术和操作问题。这类包括修复技术、管理技术等问题，以及棕地再开发操作过程中的基础设施问题。

（4）棕地本身问题。这类包括棕地的地理位置问题，以及与棕地修复困难相关的问题。

（5）管理系统问题。这类是指利益相关者管理问题，以及土地管理过程中相关政策和审批机制的缺乏等问题。

（6）环境问题。这类是指阻碍棕地再开发可持续发展的一些环境问题。

（7）政治问题。这类包括政府机构调整带来的问题、各级政府间的不一致问题及舆论压力问题等。

通过对相关文献的综合评估，共识别出 41 项棕地再开发问题。基于此，本节引入模糊集理论，并将模糊集理论与德尔菲法相结合以进一步筛选棕地再开发问题，具体步骤如下：①识别初始障碍集，通过详细的文献综述识别棕地再开发的初始问题集，如表 2-1 所示；②收集专家意见，邀请政府管理部门工作人员、高校相关人员及社会科学领域的专家筛选关键棕地再开发问题；③确定关键问题，将每个问题的权重值 $\tilde{b}_j$ 与阈值 b（即所有问题权重均值）进行比较，以确定关键问题。筛选规则如下：若 $\tilde{b}_j \geqslant b$，则该障碍被选定；若 $\tilde{b}_j < b$，则该障碍被排除。结果显示，8 个问题（BRB2=治理责任的不确定性，BRB11=开发商利润的不足，BRB15=污染治理标准的不确定性，BRB17=污染治理标准不清晰，BRB29=相关土地管理政策的缺乏，BRB30=利益相关者的多样性，BRB34=环境质量差，BRB40=社会媒体的监督不足）因不满足上述标准而被剔除。

2.2　棕地再开发问题的实证分析

2.2.1　调查样本的描述

本书采用问卷调查收集主要利益相关者的数据，这些主要利益相关者包括中央和地方的环保部门工作人员、科研人员、开发商、承包商、社会公众、政府非环保部门工作人员和非政府组织工作人员。为了解决人口抽样中可能存在的问题，采用多种抽样方法，包括判断、目的性抽样和滚雪球抽样。多种抽样方法的结合有助于对调查对象的经验、对所代表的人群作出判断。为确保样本的有效性，初步提出一些问题，如"你知道棕地或污染土地的概念吗？""你对为了城市的可持续发展而重新开发的土地了解吗？"。如果利益相关者的回答得分达到标准，说明他们的回答可以作为问卷的数据来源。如果初步测试没有通过，将向利益相关者简要介绍棕地再开发的概念和研究的意义，综合上述讨论，基于主观判断，本书采用目的性抽样方法（Nachmias D and Nachmias C，2008）。2016 年 10 月～2017 年 3 月共向相关利益相关者发放 800 份问卷。最终回收问卷 380 份，有效问卷为 343 份，回收率为 48%，有效率为 90%。利益相关者包括 19 名环保部门工作人员、57 名科研人员、25 名开发商、58 名承包商、91 名社会公众、42 名政府非环保部门工作人员和 51 名非政府组织工作人员。与以往研究相比，本书的问卷回收率较低，但是问卷回收数量满足实证分析的需要。此外，低问卷回收率也证明了棕地再开发在我国并没有被广泛认识，因此，很难从大量的利益相关者那里获得数据。

2.2.2　数据的适用性与分析

本书应用 SPSS 21.0 和 AMOS 21.0 软件，通过结构方程模型（structural equation modeling，SEM）进行实证分析，验证棕地再开发面临的 7 个问题。Xiong 等（2015）综合分析 83 项 SEM 研究，发现 55.4%的 SEM 是用 AMOS 软件建立的，31.3%的 SEM 是用 LISREL 软件建立的，其他 SEM 采用偏最小二乘（partial least squares，PLS）等方法。因此，本书应用 AMOS 软件建立 SEM 是可行的。

数据的正态性通过夏皮罗-威尔克（Shapiro-Wilk，S-W）检验来判断。对于所有棕地再开发项目，正常数据的显著性水平必须大于 0.05。通过凯泽-迈耶-奥尔金（Kaiser-Meyer-Olkin，KMO）检验和巴特利特（Bartlett）球形检验可以检验数据适宜性和执行探索性因子分析（exploratory factor analysis，EFA）的抽样充分性，一般要求 KMO 值大于 0.60 才能执行 EFA。如表 2-2 所示，本书调查数据的 KMO 值为 0.864，巴特利特球形检验卡方（χ^2）= 5232.226，自由度（degree of freedom，df）= 988，显著性水平 = 0.000，具有足够的相关性和样本量以执行 EFA。此外，数据相关矩阵中的系数也大于 3，证明数据对 EFA 的适用性。

表 2-2　KMO 检验和巴特利特球形检验结果

参数		数值
KMO 检验	KMO	0.864
巴特利特球形检验	χ^2	5232.226
	df	988
	显著性水平	0.000

1. EFA

在检验适用性后，本书基于 Kaiser 特征值大于 1 的归一化准则、碎石图（scree plot）和霍恩平行分析（Horn's parallel analysis，HPA）方法进行 EFA，提取因子。为了更好地解释因子结构，在因子间相关性大于 0.32 且坐标轴不保持在 90°的情况下，采用倾斜旋转法（如直接斜交旋转法），以 Kaiser 归一化准则对数据进行旋转。若各因子之间不存在相关性，且坐标轴保持在 90°，则结果与正交旋转法（如方差最大正交旋转法）的结果相似。初始提取方法中的特征值产生 7 个问题因子，如表 2-3 所示。一些变量的因子负荷和共性分别低于 0.5 和 0.4 的阈值。此外，一些变量的交叉负荷低于 0.3 的阈值。碎石图的结果允许保留 6 个因子，前 5 个因子的特征值大于其 HPA 值，可以保留 5 个因子，如表 2-3 所示。

表 2-3　碎石图、特征值和 HPA 值

问题	碎石图（接受/拒绝）	特征值	HPA 值	是否保留
1	接受	12.367	2.220	是
2	接受	5.448	1.988	是
3	接受	3.483	1.891	是
4	接受	2.040	1.789	是
5	接受	2.380	1.697	是
6	接受	1.258	1.620	否
7	拒绝	1.049	1.582	否

在 HPA 结果的基础上，采用固定因子再次进行提取过程。在满足因子负荷、共性和交叉负荷要求的情况下，7 个问题（BRB4 = 监督约束机制的不完善，BRB13 = 棕地再开发项目的紧急性，BRB14 = 土地整理和基础设施成本较高，BRB20 = 相关的土地信息的缺乏，BRB21 = 修复风险的不确定性，BRB36 = 领导支持的缺乏，BRB37 = 政府机构调整造成的管理机构不明确）被剔除。根据提取因子所包含项目的特征，将因子划分为：因子 1 = 政治和法律问题（PL），因子 2 = 财务和经济问题（FE），因子 3 = 技术和操作问题（TE），因子 4 = 管理系统问题（MS），因子 5 = 环境问题（EN）。经过 5 次迭代，EFA 结果如表 2-4 所示。5 个因子 26 个项目的方差解释为 62.634%（PL 的方差解释 = 25.056%，FE 的方差解释 = 14.339%，TE 的方差解释 = 11.482%，MS 的方差解释 = 6.380%，EN 的方差解释 = 5.377%），大于 60%的标准值（Oladinrin and Ho，2015）。所有因子的特征值大于 1。各项目的共性和因子负荷分别大于 0.4 和 0.5。由相关矩阵（表 2-5）可知，PL 与 FE 的相关系数为 0.389，高于 0.320，证明了采用倾斜旋转法而非正交旋转法的合理性。通

过EFA方法提取26个问题，进入验证性因子分析（confirmatory factor analysis，CFA）。根据这 26 个问题的相似点和意义，将其分为 5 组：第 1 组问题，政治和法律问题；第 2 组问题，财务和经济问题；第 3 组问题，技术和操作问题；第 4 组问题，管理系统问题；第 5 组问题，环境问题。

表 2-4　EFA 结果

代码	问题描述	因子负荷	共性	平均值
政治和法律问题（PL） 平均值 = 2.868，CA = 0.823，特征值 = 8.132，方差解释 = 25.056%				
BRB1	法律法规的不完善	0.727	0.497	2.993
BRB3	政策激励的不足	0.874	0.809	3.548
BRB5	违法惩罚力度不足	0.655	0.840	2.383
BRB6	所有权的约束不足	0.685	0.488	2.420
BRB38	政府政策变化的不确定性	0.693	0.556	2.501
BRB39	中央政府和地方政府之间的不一致	0.723	0.541	2.873
BRB41	公众的冲突	0.823	0.643	3.359
财务和经济问题（FE） 平均值 = 3.287，CA = 0.882，特征值 = 4.373，方差解释 = 14.339%				
BRB7	成本	0.819	0.694	3.679
BRB8	政府的资助	0.761	0.637	2.906
BRB9	有限的投资	0.776	0.487	3.291
BRB10	未来收益的不确定性	0.743	0.517	2.740
BRB12	PPP 的复杂性	0.840	0.545	3.823
技术和操作问题（TE） 平均值 = 3.520，CA = 0.763，特征值 = 2.108，方差解释 = 11.482%				
BRB16	修复技术的缺乏	0.657	0.590	3.343
BRB18	风险评估和管理技术的缺乏	0.699	0.538	3.492
BRB19	专业技术人员的缺乏	0.779	0.680	4.209
BRB22	污染废物清理的费用较高	0.734	0.499	3.671
BRB23	位置的不便利性	0.566	0.644	2.876
BRB24	现场审核和研究的不足	0.728	0.595	3.532
管理系统问题（MS） 平均值 = 3.478，CA = 0.749，特征值 = 1.538，方差解释 = 6.380%				
BRB25	审批机制的缺乏	0.734	0.653	3.750
BRB26	土地流转管理制度的缺乏	0.532	0.467	3.298
BRB27	污染治理经验总结不够	0.557	0.503	2.844
BRB28	利益相关者间的冲突	0.793	0.680	4.023

续表

代码	问题描述	因子负荷	共性	平均值
环境问题（EN）平均值 = 3.213，CA = 0.723，特征值 = 1.283，方差解释 = 5.377%				
BRB31	环境相关法律意识的缺乏	0.844	0.539	3.955
BRB32	环境正义的缺乏	0.722	0.495	3.538
BRB33	公众对环境治理的参与度低	0.548	0.582	2.528
BRB35	环境信息的公开性不足	0.660	0.439	2.832

注：CA 指克朗巴哈系数（Cronbach's Alpha）。

表 2-5　EFA 因子相关矩阵

棕地再开发问题	PL	FE	TE	MS	EN
PL	—	—	—	—	—
FE	0.389	—	—	—	—
TE	0.2750	0.168	—	—	—
MS	0.250	−0.126	0.163	—	—
EN	0.248	0.065	0.084	0.127	—

2. 可信度与有效性分析

可信度以 CA 值为判断标准，表示各因子之间的内在一致性。CA 值为 0.723～0.882，如表 2-4 所示。根据 Fornell 和 Larcker（1981）的研究，如果 CA 值大于 0.7，那么 CA 值是可以接受的。因此，所有结构的可信度均在最小阈值以上，表现出良好的内部一致性。

对提取的问题因子结构进行内容效度、收敛效度、表面效度和判别效度评价。内容效度采用中试法。由于每个问题中的所有项目都解释了相同的概念，实现了表面效度。当所有项目的因子负荷都大于 0.5 时，也证明了收敛效度。交叉负荷大于 0.2，因子相关矩阵中的相关系数小于 0.7，判别效度同样显著。

SEM 是分析模型中不同变量之间复杂关系的常用技术，包括 CFA、路径分析、PLS 路径建模等。这里使用 CFA 来验证构建的结构是否符合预期。

在 EFA 之后得到 5 个问题结构，使用 AMOS 21.0 软件通过 CFA 进一步验证。假设棕地再开发问题模型由 26 个观测变量、5 个一级潜变量（PL = 政治和法律问题、FE = 财务和经济问题、TE = 技术和操作问题、MS = 管理系统问题、EN = 环境问题）组成，如图 2-1 所示。

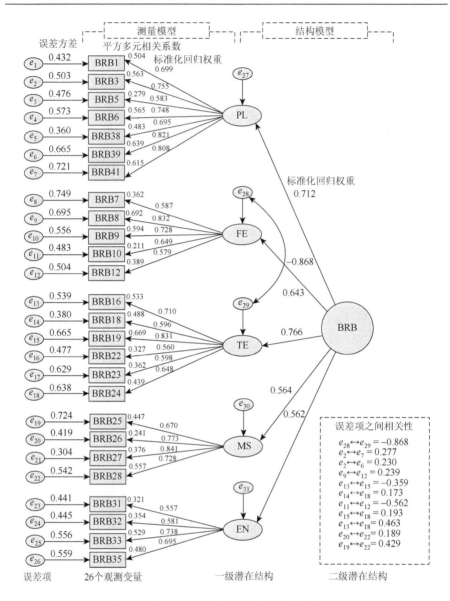

图 2-1　基于 CFA 的棕地再开发问题模型验证

2.2.3　信效度检验

CFA 的信度和效度检验结果如表 2-6 所示，可以看出，所有问题的组合信度（comprehensive reliability，CR）值大于 0.7，显示出良好的可靠性。其中，收敛效度如下：①各回归权重值均显著，且均低于 0.5 的阈值；②标准化回归权重值和平方多元相关系数分别高于 0.5 和 0.25 的临界标准，如图 2-1 所示；③每个棕地再开发问题的 CR 值也高于该结构的平均方差提取（average variance extracted，AVE）值。然而，AVE 值不大于 0.5，相对较低，如表 2-6 所示。

表 2-6　CFA 信度和效度描述

描述	PL	FE	TE	MS	EN
平均值	2.868	3.287	3.520	3.478	3.213
标准差	7.449	4.536	4.869	3.024	2.647
CR	0.886	0.841	0.763	0.722	0.702
ASV	0.258	0.149	0.189	0.085	0.091
MSV	0.480	0.453	0.442	0.123	0.159
AVE	0.495	0.472	0.483	0.394	0.445
$\sqrt{AVE}$	0.703	0.687	0.694	0.627	0.667
因子相关值					
PL	—	—	—	—	—
FE	0.462	—	—	—	—
TE	0.247	0.085	—	—	—
MS	0.148	0.094	0.008	—	—
EN	0.130	0.118	0.052	0.076	—

①各变量的 AVE 值均大于最大共享方差（maximum shared variance，MSV）值和平均共享方差（average shared variance，ASV）值。例如，PL 的 AVE 值为 0.495，大于相应的 MSV 值（0.480）和 ASV 值（0.258）。②某一变量的 $\sqrt{AVE}$ 值也高于该变量与其他变量的因子相关值。例如，EN 的 $\sqrt{AVE}$ 值为 0.667，高于 EN 与 PL、EN 与 FE、EN 与 TE、EN 与 MS 的相关系数（分别为 0.130、0.118、0.052、0.076）。③任意两个变量的 AVE 值均高于变量之间的因子相关值，例如，FE 和 TE 的 AVE 值（分别为 0.472、0.483）均高于 FE 和 TE 的因子相关值（0.085）。④不同类别的变量之间不存在多重共线性，最大因子相关值（0.462）不大于 0.85。

通过 SEM，验证了基于 26 个问题的结构模型，可以得出结论，41 个主要问题中有 26 个问题得到了验证。

基于此，本书确定了棕地再开发面临的主要问题，包括政治和法律问题、财务和经济问题、技术和操作问题、管理系统问题和环境问题五类主要问题。其中，本书后续的棕地修复项目融资研究有助于解决棕地财务和经济问题，棕地再开发项目评价和棕地再开发项目风险管理研究有助于解决棕地管理系统问题。

本 章 小 结

  本章通过对棕地研究的问题进行分类整理、评估剔除等，确定了 41 个棕地再开发问题，并将其分为 7 类，具体如下：①法律和法规问题，这类是指与公共政策相关的问题；②财务和经济问题，这类是指与成本评估、融资和投资机制有关的问题；③技术和操作问题，这类包括修复技术、管理技术等问题，以及棕地再开发操作过程中的基础设施问题；④棕地本身问题，这类包括棕地的地理位置问题，以及与棕地修复困难相关的问题；⑤管理系统问题，这类是指利益相关者管理问题，以及土地管理过程中相关政策和审批机制的缺乏等问题；⑥环境问题，这类是指阻碍棕地再开发可持续发展的一些环境问题；⑦政治问题，这类包括政府机构调整带来的问题、各级政府间的不一致问题及舆论压力问题等。基于问卷调查的数据研究，应用 SPSS 21.0 和 AMOS 21.0 软件，通过 SEM 进行实证分析，验证了棕地再开发面临的上述 7 类问题。基于 SEM，41 个棕地再开发面临的问题中有 26 个问题得到了验证，经过分类整理，最终确定了棕地再开发面临的主要问题，包括政治和法律、财务和经济、技术和操作、管理系统和环境五类主要问题，为后续研究明确了方向。

第 3 章 棕地研究的科学计量分析

棕地再开发对城市的可持续发展有着重要意义。目前国内外学者对棕地进行了大量研究，但缺乏对棕地研究文献的可视化分析。为了更全面地分析棕地研究的发展趋势，本章进行棕地研究的科学计量分析。考虑国内关于棕地的研究较少，而国际上关于棕地的研究较为成熟，以 Web of Science（WOS）核心数据库为棕地文献来源，以 brownfield 为主题词进行检索，得到 1995～2018 年共 630 条文献数据，采用 CiteSpace 软件进行棕地研究的科学计量分析，主要研究内容包括棕地研究的共现关键词分析和棕地研究的聚类分析。

3.1 棕地研究的共现关键词分析

关键词是文章的重要内容，对研究主题的建立起着至关重要的作用。本章确定的高频关键词为"棕地"（频率 = 166）、"重金属"（频率 = 59）、"修复"（频率 = 42）、"再开发"（频率 = 38）、"可持续性"（频率 = 35）、"城市"（频率 = 34）、"土壤"（频率 = 32）、"污染土壤"（频率 = 28）和"再生"（频率 = 26）。部分关键词有很高的中心度，如"污染"（中心度 = 0.33）、"棕色地带"（中心度 = 0.20）、"重金属"（中心度 = 0.17）、"重建"（中心度 = 0.13）、"金属"（中心度 = 0.12）、"城市"（中心度 = 0.11）、"环境"（中心度 = 0.10）、"可持续性"（中心度 = 0.07）和"再生"（中心度 = 0.07），在其他研究主题之间起着中介作用，对整体棕地的研究存在重大影响。此外，关键词"棕色地带"（突现强度 = 9.86，1997～2006 年）、"土壤"（突现强度 = 4.07，2009～2012 年）、"管理"（突现强度 = 3.53，2011～2013 年）、"受污染的土壤"（突现强度 = 3.37，2008～2009 年）、"生物多样性"（突现强度 = 3.36，2013～2015 年）和"金属"（突现强度 = 3.21，2008～2012 年）是相对应年份的研究热点。

3.2 棕地研究的聚类分析

目前采用对数似然比（log-likelihood ratio，LLR）算法分析研究趋势和相互关系得到了广泛应用。该算法可以对较多的研究数据进行有效分类，有助于形成研究所需的聚类标签。

通过 CiteSpace 软件中的 LLR 算法，根据被引文献中的关键词，识别出 17 个文献共引集群。规模较大的 11 个集群如图 3-1 所示。其中，规模最大的集群是拥有 39 个成员的#0。

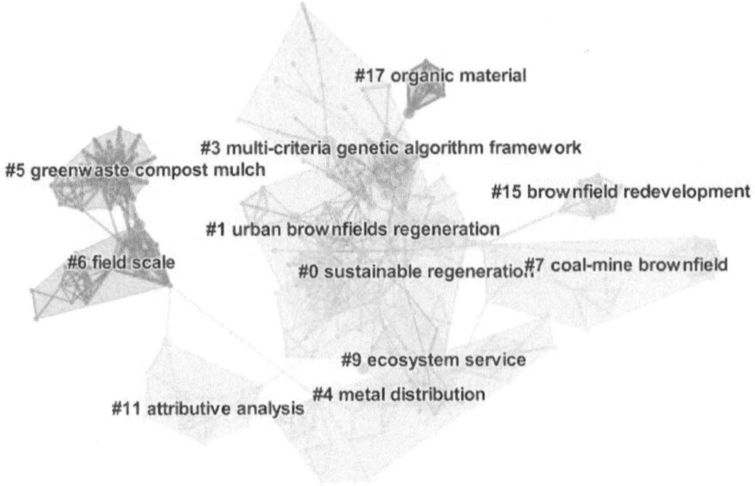

图 3-1　规模较大的文献共引集群

如表 3-1 所示，各文献共引集群的轮廓值为 0.821～1.000（#2、#8、#10、#12、#13、#14 和#16 的轮廓值为 1.000，不再列出），说明聚类成员具有足够的一致性。每个集群都有一个共被引频次最高的代表性文献，这些文献对集群的标签有显著的影响。

表 3-1　棕地共被引聚类统计

集群编号	规模/个	轮廓值	LLR	备选标签	平均年份	代表性文献
#0	39	0.828	sustainable regeneration	brownfields, redevelopment potential, practical application	2012	Bartke 等（2016）
#1	35	0.821	urban brownfields regeneration	urban brownfields, redevelopment barriers, local governments	2008	Frantál 等（2013）
#3	31	0.936	multi-criteria genetic algorithm framework	sustainable remediation, comparison, international approaches	2008	Morio 等（2013）

续表

集群编号	规模/个	轮廓值	LLR	备选标签	平均年份	代表性文献
#4	25	0.988	metal distribution	urban brownfield, carbon modeling, practical contaminant phytomanagement strategies	2011	Feng 等（2016）
#5	21	0.973	greenwaste compost mulch	green roof vegetation, brownfield soils	2005	Clemente 等（2010）
#6	19	0.95	field scale	environmental assessment, risk assessment, brownfield remediation	2004	Clemente 等（2010）
#7	17	0.924	coal-mine brownfield	heavy mental, soils, chemical, human health risk assessment	2013	Li 和 Ji（2017）
#9	14	0.909	ecosystem service	assessing ecosystem service trade-offs, modeling approach, urban growth, urban shrinkage	2009	Haase 等（2014）
#11	11	0.967	attributive analysis	soil washing, benefits, land practice	2012	Boente 等（2017）
#15	8	0.99	brownfield redevelopment	location matters, a case study, actors preference game theory	2009	Glumac 等（2014）
#17	6	0.996	organic material	metal, soils, effect, toxicity, different method	2002	van Herwijnen 等（2007）

#0"可持续再生"有 39 个成员，主要研究重建、实际应用等，从不同的角度探讨了可持续棕地再生项目的有效实施。Thornton 等（2007）强调了可持续性在选择棕地再生方案时的重要性。Sardinha 等（2013）提出了农村棕地再开发规划的可持续框架，解释了再开发过程中利益相关者的关注和期望。Hou 和 Al-Tabbaa（2014）提出了修复中可持续性考虑的整体观点，以及可持续性评估的综合框架。Laprise 等（2015）引入了利用可持续性指标将可持续性整合到规划和城市更新中（sustainability integration in planning and urban regeneration using sustainability indicators，SIPRIUS）指标体系，将可持续性评估纳入废弃城市棕地再生项目中。Bartke 和 Schwarze（2015）认为可持续性评估工具的实际应用需考虑用户的实际需求，还研究了棕地再生需要遵循的规范性、可持续性原则。Bardos 等（2016）探索了棕地实践中可持续性评估与管理的方法和基本原理。Chen 等（2016）编制了棕地可持续发展指数，以确定针对不同土地再利用场景的可持续再开发的可行性。此外，政府机构的角色和潜力、棕地再开发优先顺序，以

及利益相关者的参与、沟通、知识交流和学习是可持续再生的必要前提。Bartke 等（2016）的研究是发表在 *Journal of Environmental Management* 上的代表性文献，该文献研究了可持续再生的棕地优先级工具，并基于投资组合对棕地进行优先级排序。该集群的研究方向是强调棕地再生的可持续性问题，以及如何可持续地进行棕地再生。

#1"城市棕地再生"有 35 个成员，主要研究城市棕地再生的影响因素和空间格局。为了提高城市棕地再生的效率，Dixon 等（2011）分析了城市棕地再生的关键成功因素（critical success factors，CSFs）。Osman 等（2015）试图回答哪些因素对棕地的成功再生有显著影响。城市棕地再生的空间格局对区域和地方经济社会发展具有很强的影响。Frantál 等（2013）的研究是城市棕地再生功能空间影响研究的代表性文献。Frantál 等（2015）探索了城市棕地再生的空间格局，展示了棕地位置对潜在投资者决策的影响。Krejčí 等（2016）分析了棕地再生潜力，并持续专注空间分析。该集群的研究方向为优化城市棕地再生的空间格局。

#3"多准则遗传算法框架"有 31 个成员，主要研究棕地可持续修复的决策问题，探讨了有效决策的方法。Morio 等（2013）的研究是该集群的代表性文献，该文献提出了一种多准则遗传算法框架，用于构建棕地修复决策支持系统。Andersson-Sköld 等（2014）开发并验证了一种可持续且实用的棕地修复决策支持工具（decision support tools，DST）。该集群的研究方向为棕地修复决策的可持续性和实用性，探索更有效的棕地修复决策系统。

#4"金属分布"有 25 个成员。Ren（2014）确定了中国棕地再开发中土壤重金属污染清查的政策意义。Feng 等（2016）的研究是该集群的代表性文献，该文献研究了铬、铜、钾、铁、锰、铅、钛、钒、锌等金属的分布，试图了解棕地中植物根系金属的迁移率。Li 和 Ji（2017）探讨了重金属和金属类物质的空间和颗粒含量分布及其对人体健康的影响。Trifuoggi 等（2017）基于沉积物的分散性、沉积物质量准则（quality guidelines，SQGs）和各金属的定量污染指数，研究了波佐利（Pozzuoli）海湾表层沉积物中的金属分布。该集群的研究方向是利用不同的方法探索棕地的金属分布。

#5"绿色垃圾堆肥覆盖"和#6"棕地规模"分别有 21 个和 19 个成员，重点研究棕地土壤、风险评估和棕地修复。Clemente 等（2010）发表的代表性文献研究了绿色垃圾堆肥覆盖棕地后微量元素的分布和迁移，指出堆肥对金属的影响是不一致和模糊的，在将绿色垃圾堆肥应用于多元素污染土壤时应谨慎。#5 的研究方向是从其他方面对棕地土壤微量元素进行研究，#6 的研究方向是环境风险管理。

　　#7"煤矿棕地"有 17 个成员，重点研究煤矿棕地重金属与人体健康风险评估。Li 和 Ji（2017）的研究是其代表性文献，该文献认为对重金属浓度和化学形态的表征是重金属对人体健康潜在风险评估的必要条件，而煤矿棕地中的人体健康风险评估对实现棕地再开发环境的可持续性起着重要作用。

　　#9"生态系统服务"有 14 个成员，关注棕地潜在的生态系统服务。Haase 等（2014）的研究是该集群的代表性文献，该文献使用矩阵方法将与城市收缩相关的土地利用潜力与生态系统服务供应联系起来，概念化了城市收缩和生态系统服务之间的关系。Mathey 等（2015）研究了不同类型的城市棕地为城市环境和当地居民生活提供特殊生态系统服务的潜力。该集群的研究方向是实现棕地生态系统服务价值最大化的评估和方法。

　　#11"属性分析"有 11 个成员，主要研究棕地土壤修复方法和技术。Dermont 等（2010）使用浮选技术从棕地土壤中去除砷、镉、铜、铅和锌。Mathey 等（2016）调查了公众对棕地自然植被覆盖程度的感知。Boente 等（2017）是该集群的代表性文献，该文献研究了物理土壤冲洗法分离棕地中潜在的有毒元素，如铜、汞、铅、锑等的情况，发现属性分析可以优化操作条件。该集群的研究方向是土壤清洗、土地实践等。

　　#15"棕地重建"有 8 个成员，主要关注棕地重建的挑战、选择、评估和参与者的管理。Glumac 等（2014）是该集群的代表性文献，该文献描述了市政当局、开发商和土地所有者等利益相关者在物理、法律和财务特征方面的不同偏好。Cao 和 Guan（2007）比较了棕地和绿地，定义了棕地及其再开发。Adams 等（2010）调查了四个国家对棕地再开发所面临的共同挑战的不同理解。Lange 等（2014）使用多属性决策来解决棕地再开发的选择问题。Stezar 等（2014）通过对罗马尼亚棕地利益相关者意识的调查，探讨了利益相关者的态度在管理受污染场地中的作用。Glumac 等（2015b）运用博弈论实验研究了棕地再开发形成 PPP 伙伴关系中的谈判问题。Dai 等（2016）提出了一种基于模糊实物期权的棕地再开发评价方法。Mateus 等（2017）提出了麦克白（MACBETH）社会技术方法在可持续棕地重建中的实际应用，用于支持利益相关者选择最佳行动。该集群的研究方向是棕地再开发中的利益相关者管理问题。

　　#17"有机材料"有 6 个成员，重点研究金属、土壤、效果等。van Herwijnen 等（2007）发表的代表性文献分析了有机材料对棕地土壤中金属迁移率和毒性的影响。Luo 等（2012）综述了中国城市土壤质量的研究概况，特别提到了微量金属污染。Foucault 等（2013）利用生态毒性试验和

生态评分改善污染土壤的管理。与#0相比，该集群的研究方向已由棕地土壤修复转向可持续棕地再生研究。

根据标签，这些文献的研究主题可以分为：①可持续棕地再开发；②棕地土壤；③棕地利益相关者；④棕地再开发决策；⑤棕地再开发影响因素；⑥棕地再开发评估和优先级。这些主题在研究方法（建模方法）、重要问题（微量元素和金属污染的修复、评估、优先级、冲突、合作、谈判、风险、成功），以及针对不同国家、行业和政治制度的案例方面覆盖范围较广。

本 章 小 结

棕地作为最严重的环境和社会问题之一，受到了越来越多的学者和实践者的关注。本书运用共现关键词分析、聚类分析等科学计量学技术对棕地进行了综述，深入剖析了棕地研究的现状和趋势。

关键词"棕地""重金属""修复""再开发""可持续性"出现的频率最高。近年来，"管理""生物多样性"等词频频被引用，二者均是实现棕地再开发的关键因素。利益相关者、风险和其他方面的管理对棕地再开发的成功和可持续性有着重要的影响。在棕地再开发过程中，不仅要考虑经济效益，而且要考虑生态效益，这与新兴的绿色可持续性范畴是一致的。由此可见，本书的修复融资、综合评价和风险管理研究契合棕地研究趋势。

本章通过文献共引聚类分析棕地研究的热点，发现了11个最大的文献共引集群，它们的研究趋势和热点涉及可持续更新、城市棕地更新等。聚类分析表明，棕地的研究重点已从土壤修复转向棕地的可持续性。因此，棕地再开发的决策应重视社会和生态影响评价。从利益相关者管理研究的文献中可以发现，学者缺乏对利益相关者参与有效性和关系复杂性的研究。

棕地的共现关键词分析和聚类分析的研究结果对棕地研究的学者和实践者具有很高的参考价值。同时，棕地的科学计量研究成果中的可持续性、利益相关者管理为本书接下来的研究起到了较强的文献支撑作用。

第4章　本书研究内容与章节安排

党的十九大报告指出:"必须坚持节约优先、保护优先、自然恢复为主的方针,形成节约资源和保护环境的空间格局……推进绿色发展"。绿色发展战略的实施和产业结构的优化调整使我国众多城市掀起了高污染企业整改和搬迁的热潮,遗留的旧厂址则成为棕地。同时,城镇化进程加快和人口增长使得我国城镇建设用地供需矛盾日益突出。加快修复城市棕地、促进棕地资源开发再利用,已经成为缓解这一矛盾的重要途径。当前,我国的棕地再开发仍然处于初级阶段,立法、信息管理、融资机制、评估等方面尚不成熟,存在的众多问题使得棕地再开发进程较为缓慢。

推动棕地再开发的发展,必须重视棕地修复项目融资、棕地再开发项目评价和棕地再开发项目风险管理三个关键环节。棕地修复项目融资为棕地修复提供资金保障,确保项目得到充足的资源,以进行有效的环境治理,为后续项目评价与风险管理奠定基础。棕地再开发项目评价通过对项目的经济、社会和环境效益进行全面评估,为决策提供依据,同时也为风险管理提供数据支持。棕地再开发项目风险管理关注从识别、评估到应对项目潜在风险的全过程,保障项目顺利实施并降低不确定性对项目成功的影响。具体来说,棕地再开发与一般项目的开发有着明显的区别,必须先对它的项目用地即受到污染的土地进行修复,解决修复过程中所面临的融资问题,才可以进行后续的再开发建设。为了避免新的项目建设再次造成严重的污染,新的项目有着特殊的环境生态指标要求。如何将生态学中生态共生的理念引入棕地再开发项目的评价中是值得关注的问题。同时,应当充分认识棕地再开发过程中所面临的各种不确定性及由此产生的风险,为其建立综合风险评估体系,并采取有效的风险处置措施,采用系统、规范的方法对其风险进行识别、决策和处置,制定有针对性的风险监督和引导政策,这对保障棕地再开发的成功有极其重要的意义。因此,针对我国棕地再开发面临的挑战,界定研究问题并探索其内在机理,可以为棕地再开发的可持续性奠定理论基础,并提供实践指导。

本书提出的基于共识的棕地和棕地再开发定义强调了棕地具备受污染、被遗弃或闲置的特点。棕地并不一定是受污染土地,还有可能是闲置的、被遗弃的土地。受污染的棕地由于需要进行修复，严重阻碍了棕地再开发的进程，这部分棕地是本书的重点研究对象；闲置和被遗弃的棕地的再开发情况相对简单，只在第六篇以棕地再生型民营科技园为例，对这类棕地进行实践应用研究。首先，基于棕地的共识定义、存在的主要问题，以及棕地的研究趋势，本书以我国棕地修复项目融资问题为研究对象，探讨我国棕地修复项目可行融资模式选择的内在机理，确定我国棕地修复项目的可行融资模式，包括政府财政融资和 PPP 融资。考虑政府财政资金的有限性，本书构建棕地修复项目优先级排序模型，并通过算例对其有效性进行检验。PPP 融资下棕地修复项目的未知风险会阻碍企业的行为，因此，本书构建 PPP 融资的风险因素集，并识别关键风险因素。针对以上三个方面的研究结论，提出棕地修复项目关键风险控制的政策建议。其次，本书重点研究棕地再开发项目评价中的单一方法评价、组合评价。其中，在单一方法评价方面，主要研究 EISBRP 构建与优化、棕地再开发项目评价指标赋权问题。在组合评价方面，主要研究棕地再开发项目组合评价框架。再次，本书重点研究棕地再开发项目风险管理方面的问题。建立有效而全面的风险评估指标体系是一个十分重要而复杂的工程，且"仁者见仁，智者见智"，不同的利益相关者从不同的利益角度出发，会给出不一样的风险评估指标。棕地再开发是一个复杂的系统工程，涉及众多利益相关者，其过程离不开利益相关者的参与或投入，他们之间的利益相互冲突，会影响项目的顺利实施，决策者必须要考虑他们的要求或者接受他们的约束。为建立一个全面性的棕地再开发风险评估指标体系，必须考虑利益相关者的不同风险关注点，使利益相关者充分参与风险评估指标构建过程，这对降低棕地再开发的风险、保证棕地再开发的成功和发展经济有极其重要的意义。最后，本书从利益相关者视角研究棕地再开发策略，结合我国棕地再开发的实例，引导政策制定者为棕地再开发实施制定适当的政策，帮助利益相关者理解棕地再开发的政策并提出建议。总体来说，本书对棕地相关问题的科学和系统的研究可以使各级政府工作人员及其他研究人员充分了解棕地治理现状，进行有效战略决策，并合理制定相关政策和法律、法规，以平衡棕地再开发项目中不同利益相关者的利益，进而有效地减少棕地在城市化发展中的危害，从而合理地利用土地这一稀缺资源，改善生态和人居环境的质量，保障人民身心健康，进而促进经济的可持续发展。

本书的内容及章节安排如图 4-1 所示。

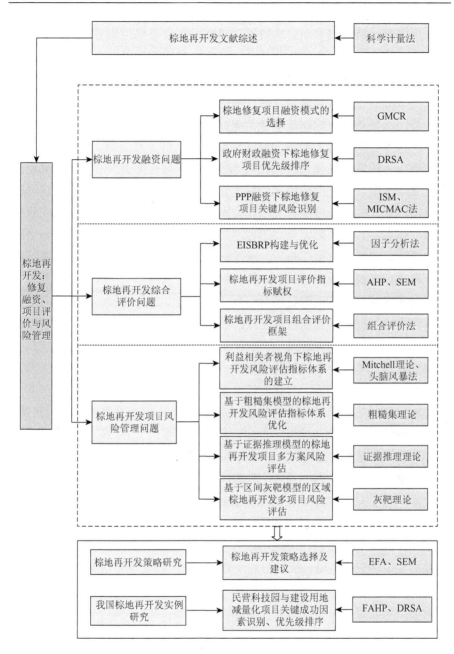

图 4-1　本书的内容及章节安排

GMCR 指冲突分析图模型（graph model for conflict resolution）；DRSA 指优势关系粗糙集方法（dominance-based rough set approach）；ISM 指解释结构模型（interpretative structural model）；MICMAC 法指交叉影响矩阵相乘分类（cross-impact matrix multiplication applied to classification）法；AHP 指层次分析法（analytic hierarchy process）；Mitchell 指米切尔；FAHP 指模糊层次分析法（fuzzy analytic hierarchy process）

第二篇：棕地修复项目融资模式研究。①我国棕地修复项目融资模式的选择。从利益相关者的视角，确定可能为我国棕地修复项目出资的局中人，分析各方可能的策略，确定策略组合形成的可行状态，从而构建棕地修复项目融资模式选择模型。通过寻找均衡解、可达性分析和逆向冲突分析，判断现有条件下我国棕地修复项目最可行的融资模式。研究表明，政府财政融资和 PPP 融资将成为我国棕地修复项目主要的融资模式。②政府财政融资下棕地修复项目的优先级排序。为了对有限的政府财政预算资金进行合理分配，构建棕地修复项目优先级排序模型，以确定项目被资助的先后顺序。首先，根据现有文献和专家意见，构建棕地修复项目优先级排序指标体系。其次，确定合理的棕地修复项目样本集，并由专家对每个棕地修复项目的指标值进行判断，进而应用 DRSA 提取优先级排序的决策规则。再次，当决策规则通过有效性检验后，可以用于对所有棕地修复项目进行优先级排序，从而确定棕地修复项目被资助的优先级。最后，应用算例解释并验证棕地修复项目优先级排序模型的科学性和有效性。③PPP 融资下棕地修复项目的关键风险识别。首先，通过文献综述识别 PPP 模式下棕地修复项目可能存在的风险因素集。删除不符合本书背景的风险因素，补充被遗漏的风险因素，合并有概念重叠的风险因素，进而利用德尔菲法对文献识别到的初始风险因素集进行完善和优化，得到最终的风险因素集。其次，PPP 模式下棕地修复项目的风险因素较多，且各风险因素并不是单独存在的，在确定关键风险因素时需要探明风险因素的相互影响关系。本书依靠 ISM 构建并揭示 PPP 模式下我国棕地修复项目的风险因素之间的关系。再次，本书利用 MICMAC 法指明关系的强度。最后，结合 ISM 和 MICMAC 法的分析结果，确定 PPP 模式下我国棕地修复项目的关键风险因素。④政策建议。前面三个问题的研究可以为我国棕地修复项目融资提供一些有针对性的政策建议，主要包括以下三个方面：棕地修复项目融资的政策建议，棕地修复项目优先级排序的政策建议，以及 PPP 模式下棕地修复项目风险控制的政策建议。

第三篇：棕地再开发项目评价研究。①EISBRP 研究。首先，在生态学视角下初步建立基于利益相关者的 EISBRP。其次，通过访谈调研法和问卷调查法收集数据，对所建立的指标体系进行信度和效度分析。再次，利用因子分析法提取公因子，对原指标体系进行优化，构建新的指标体系。最后，利用 SEM 对两个指标体系进行评价，以检验优化效果。②棕地再开发项目评价指标赋权。首先，利用 AHP 对指标权重进行研究，以反映专家意见。其次，利用 SEM 对指标进行二次赋权，反映利益相关者的偏好。最后，利用相对熵（relative-entropy）对指标体系进行组合赋权，以便综合上述两种权重的相关信息，使指标权重更符合实际。③棕地再开发项目组合评价框架。首先，根据现有组合评价的研究成果，构建基于方法集的棕地再开发项目组合评价框架。其次，利用前面研究建立的 EISBRP 和指标权重，应用案例对该模型进行检验。

第四篇：棕地再开发项目风险管理研究。棕地再开发研究在我国起步较晚，随着工业化的快速发展及城市的不断扩张，棕地问题日益严重。本篇在国内外文献研究的基础上，选取棕地再开发风险评估作为研究对象，重点研究棕地再开发的利益相关者认定分析、风险评估指标体系构建、单项目开发方案的风险评估、区域多项目开发的风险评估，以及棕地再开发的风险处置策略。①基于利益相关者的棕地再开发风险评估指标体系的建立。结合 Mitchell 的利益相关者理论与第三方研究视角，对棕地再开发进行系统的利益相关者认定分析，对利益相关者（以开发商和政府为例）之间的策略选择进行演化博弈分析，说明一方的决策将对另一方产生重大的影响。从主观原因和客观原因两个方面对棕地再开发的风险源进行分析，以利益相关者参与的方式，采用头脑风暴法对棕地再开发的风险因素进行识别，并对利益相关者行为进行风险分析。结合指标体系的构建原则初步建立全面的棕地再开发风险评估指标体系。②基于粗糙集模型的棕地再开发风险评估指标体系优化。初始建立的风险评估指标体系往往会出现不精练的问题，即指标的全面性与精练性、有效性之间存在矛盾，会在一定程度上存在指标冗余的问题，需要对指标体系进行优化。棕地再开发风险评估指标体系的指标是定性指标和定量指标的结合，针对这一特点，提出基于灰色关联度的粗糙集属性约简模型，并对初步建立的棕地再开发风险评估指标体系进行优化，最终建立有效的棕地再开发风险评估指标体系。③基于证据推理模型的棕地再开发项目多方案风险评估。对某棕地再开发项目的多个备选开发方案，依据前面对利益相关者的分析，提出用证据距离和冲突因子对冲突信息进行修正，降低证据间的冲突性，并对修正后的信息采用登普斯特（Dempster）合成法则进行信息融合，结合由组合方法获得的指标权重，对方案风险进行评估并排序。④基于区间灰靶模型的区域棕地再开发多项目风险评估。针对某一区域内进行的多个棕地再开发项目风险，构建区间灰靶模型。该模型依据对样本的分类，从逆序角度出发，提出灰靶分类评估中的靶心分类临界值设置方法；通过各方案与正负理想区间值之间的距离来计算综合靶心距；以案例的靶心距与临界值之间的偏差总量最小为目标，得到指标权重和分类临界值，并据此对该区域内众多的棕地再开发项目风险进行分类评估。分类评估的结果有助于政府对风险较高的棕地再开发项目进行风险引导和监控。⑤棕地再开发的风险处置策略。首先，对一般工程项目的常用风险处置策略进行分析，针对棕地再开发的特点，选择风险转移策略——保险作为重点展开研究。其次，在对一般工程项目的常用保险险种进行阐述的基础上，详尽分析棕地再开发的专业保险险种及其适用条件。最后，结合前面的风险评估结果，针对棕地再开发的风险特点，提出棕地再开发的保险购买原则和保险购买策略。

第五篇：棕地再开发策略研究。①为更有效地进行土地利用，第五篇从利益相关者角度研究棕地再开发策略。首先，从文献中确定棕地再开发的策略。其次，由利益相关者根据其重要性对这些策略进行评价，采用多种统计检验方法进行数据分析，并应用 SEM 验证棕地再开发策略。最后，根据重要性对策略进行排序，并基于先前的研究对结果进行进一步讨论，引导政策制定者为棕地再开发实施制定适当的政策，帮助利益相关者理解棕地再开发的政策并提出建议。②结合第二篇、第三篇与第四篇的研究内容，利用棕地修复、棕地再开发项目综合评价和棕地风险三方面组成矛盾矩阵的关键因子，根据 TRIZ① 建立棕地再开发策略选择模型，制定 TRIZ 发明原理对棕地再开发策略的启示集，并提出有关策略建议。

第六篇：棕地再开发实践应用研究。目前我国通过全面整合和科学分配存量建设用地资源来缓解高建设用地需求、大总量且多存量、低效率之间的矛盾。在绿色可持续发展的背景下，我国大量低能效工业企业被关停，由此产生了许多被污染或者存在潜在污染的棕地。如此大量的棕地再开发项目的实施受多种因素影响，这些因素可能决定整个项目的成败。同时，在资金有限的情况下，项目的优先级排序对项目的资源配置和效益最大化具有重要意义。识别有关项目的关键成功因素、对相关项目进行优先级排序研究，据此提出针对性的建议，这对确保项目后期的顺利实施是非常重要的。本篇基于民营科技园和建设用地减量化，为面向棕地再开发的民营科技园项目建立关键成功因素识别模型和建设用地减量化项目建立优先级排序模型，为棕地再开发项目的参与方和实施顺序提出相应建议。①通过棕地再开发将废弃的土地转变为民营科技园，这极大地补充了地区的创新元素并改善了城市生态环境。但是，由于资源匮乏和管理不足等，这些园

---

① TRIZ 源自俄语单词 ТРИЗ，其英文缩写是 TIPS（theory of the inventive problem solving），意为"发明问题解决理论"。

区的发展面临诸多困难。本书运用文献分析、访谈调研、FAHP 和模糊决策试验与评价实验室（fuzzy decision making trial and evaluation laboratory，Fuzzy-DEMATEL）法，识别棕地再生的民营科技园的 5 个关键成功因素：园区共享资源能力、园区规模、融资与财务服务、法政服务和行政管理能力，以及园区设施建设水平。针对关键成功因素的特点提出应对策略。②建设用地减量化项目提高了土地的利用效率，实现了土地的循环利用，为缓解建设用地资源紧张的局面提供了切实可行的方案。本书立足建设用地减量化项目发展现状，运用文献分析、访谈调研、FAHP 和 Fuzzy-DEMATEL 法，识别建设用地减量化项目的 6 个关键成功因素：建设用地减量化扶持政策，土地原有业主配合力度，地块周边居民配合力度，建设用地减量化参与企业的多样性，建设用地减量化法律环境，以及土地验收、检测标准。对关键成功因素进行解读，为建设用地减量化的参与方提出相应建议。③建设用地减量化是经济发展到一定阶段的产物，项目的实施需要承担高昂的费用，但有限的资金难以支撑所有项目同时实施。本书基于 DRSA 和多准则决策分析（multi-criteria decision analysis，MCDA）法，综合文献分析和访谈调研，构建项目优先级排序指标体系、项目优先级排序模型和分析框架，并应用 DRSA 将专家无形的知识转化为具体的排序决策规则，以提升政府实施减量化项目的资金分配合理性与项目效益。

第二篇　棕地修复项目融资模式研究

第5章 我国棕地修复项目融资模式的选择

棕地修复关系环境安全、法规合规、社会责任、土地价值和可持续发展等诸多方面，是棕地再开发的必要前提。在进行棕地再开发之前，需要对潜在污染源进行有效治理，以确保土地达到一定环境质量标准。为此，许多国家和地区严格要求必须先进行棕地修复，以保障再开发过程中环境、人类健康和社会福祉。同时，棕地修复有助于提高土地环境质量，从而提升土地价值。修复后的土地更具吸引力，吸引投资者、开发商和企业参与再开发项目，实现高效土地利用，为城市发展创造更多经济、社会和环境价值。因此，在进行棕地再开发之前，通常需要对土地进行修复治理。

对于环境问题，我国执行"谁污染，谁治理"的法律原则。这意味着污染企业应该承担棕地修复的全部责任，在棕地修复项目实施过程中成为投资主体。然而，"谁污染，谁治理"的法律原则在现实中很难真正实现。究其原因，主要在于缺少配套的污染责任认定、污染责任强制承担，以及逃避污染责任的惩罚等相关具体条款。棕地多数是由改革开放初期的劳动密集型国有污染企业的搬迁形成的。一些企业在改革的过程中经历了并购与重组，甚至破产，因此，最初的污染企业可能已经不存在了。还有一些棕地可能曾被多个企业或组织使用，而我国土地的历史数据并不健全，这就意味着棕地的污染责任难以清楚地认定。我国的土地所有制建立在公有制基础上，地方政府有责任为城镇发展提供合格的建设用地，并对污染土地的修复负有兜底责任。因此，在我国具体的制度背景和历史背景下，相当一部分的棕地不得不由政府承担修复责任。本书的研究对象就是这类由政府负责修复的棕地。

政府负责修复的棕地的流通模式一般是地方政府的土地储备中心将棕地收回，完成修复后通过土地一级市场以"招拍挂"的形式出让给土地使用者，土地使用者对修复后的棕地进行再开发，这就完成了棕地的循环利用。然而，由于地方政府资金短缺，棕地修复的进程比较缓慢。地方政府可以用来修复棕地的资金的主要来源如下：平台举债融资、土地出让收入、上级和地方财政拨款。2014年以前，平台举债融资是棕地修复的主要资金来源。为了控制过高债务带来的风险，国务院于2014年下发了《国务院关于加强地方政府性债务管理的意见》（国发〔2014〕43 号），极大限制了地方政府通过平台进行融资这一途径。在平台举债的过程中，土地往往用作抵押，经过一级开发的土地出让之后，其收入大部分将用于还贷，只有少部分可以用到棕地修复上。目前，棕地修复的财政拨款逐年增多。但是相对于棕地修复需要的资金量，财政拨款仍然极其有限。资金短缺仍然是棕地修复进程缓慢的一个主要原因。

棕地修复具有环境和经济等多方面的外部性效应。尽管本书的研究对象已经界定为政府负责修复的棕地，但是可能的出资方是多方面的。邓凯（2017）提出"谁污染，谁治理"失效后棕地需要受益者承担修复责任的机制。长期来看，棕地的修复是一种必然结果。但是棕地修复的受益者将采取策略，在博弈过程中尝试为自身争取更多利益。由于各方的利益存在冲突，本书选取 GMCR 对棕地修复项目融资模式进行建模，并选择在现有条件下最可能实现的融资模式。GMCR 是一种灵活实用的专门分析冲突的数学方法，可以通过模拟利益相关者的选择变化实现状态转移，从而动态展示初始状态到均衡解的演化过程。通过分析均衡解，可以从战略层面提供冲突的解决方案（Hu et al.，2009）。GMCR 可以解决现实中的问题，与经典博弈论相比，有以下优势：①GMCR 输入端需要的信息相对较少；②决策者不必确定状态偏好的绝对顺序，只需要了解其相对顺序；其他相似的方法一般需要基数的效用值是已知的，而现实中这个信息很难得到；③可以考虑决策者的行为因素对均衡解的影响。因此，本章借鉴 GMCR 选择我国棕地修复最可能实现的融资模式，从而为解决我国棕地修复项目融资困境问题提供政策建议。目前已经出现了一些采用 GMCR 研究棕地的成果。例如，Hipel 等（2010）基于 GMCR 构建了一个棕地引发的冲突谈判模型，为利益相关者提供科学的决策视角；Philpot 等（2017）采用 GMCR 模拟了发生在加拿大安大略省埃尔迈拉（Elmira）小镇的棕地冲突事件，预测了可能的解决途径。这些研究表明了 GMCR 在棕地问题上应用的可行性。

5.1　棕地修复项目融资模式选择模型的构建与求解

本章利用 GMCR 分析可能的融资模式。建模的过程可以通过手动进行，也可以通过上述软件模拟。在建模过程中，借助决策支持系统 GMCR Ⅱ和 GMCR＋，将分析得到的信息（棕地修复项目的主要利益相关者、各利益相关者可能采取的策略、不可能出现的状态、偏好的规则条件）输入系统，即可求得均衡解。除此之外，本章还对均衡解进行可达性分析和逆向冲突分析，并通过讨论为我国棕地修复提供更多的管理视角。

5.1.1　模型的构建

1. 决策者及其策略

根据《中华人民共和国环境保护法》中"谁污染，谁治理"的规定，棕地修复的责任原则上应当由污染者承担，污染者应当是棕地修复项目的出资人。对于污染者已经不存在或者无法确定污染责任的棕地，地方政府需要对棕地修复承担兜底责任。对于需要政府承担修复成本的棕地，地方政府并不是唯一的可能出资人。除了地方政府，还有另外两个可能的出资人：周边群众和修复企业。这三个利益相关者即冲突中的三个决策者（decision maker，DM），其策略如表 5-1 所示。

表 5-1　决策者及其策略

决策者	策略编号	策略内涵
地方政府（DM_1）	O_{11}	不修复棕地而直接再开发
	O_{12}	（部分或全部）出资修复棕地
	O_{13}	寻求其他资金进行棕地修复
周边群众（DM_2）	O_{21}	采取措施迫使政府出资修复棕地
	O_{22}	分担部分棕地修复的成本
修复企业（DM_3）	O_{31}	被政府雇佣完成棕地修复项目，从而获得收益
	O_{32}	出资并与政府合作完成棕地修复项目，获得相应的土地溢价收益

地方政府成为棕地修复项目的出资人主要有以下三个原因：第一，城市土地的国有化。使用者只能获得一定期限的土地使用权，到期后需要归还地方政府。第二，按照我国现有的土地政策，使用权转移，与土地相关的污染责任随之转移。最初，政府可能未对搬迁遗留的旧厂址进行污染检测，也缺少有约束力的污染检测相关法律和可执行的检测规章。第三，污染信息缺失、污染者交替及污染企业的国有性等使得污染责任的划分困难。因此，地方政府不得不承担大部分棕地修复责任。地方政府有三个可供选择的策略。若之前忽略了污染，则可能会不修复而直接对棕地再开发（O_{11}）。若明确存在污染，则需要进行棕地修复。在这种情况下，地方政府可能使用财政资金进行棕地修复（O_{12}），也可能从外

部获得资金（受益者或者独立企业）进行棕地修复（O_{13}）。地方政府可以同时选择策略 O_{12} 和 O_{13}。

周边群众是指所有被该未修复的棕地影响的居民或组织。棕地的污染性使周边群众面临健康、生态和环境，甚至资产价值被影响等多方面的风险。他们有动机阻止棕地现状恶化，甚至改善棕地现状。在当前社会，公众更加关注环境公平，周边群众有动机支持棕地被修复，从而消除自身面临的风险。如果棕地修复成功，棕地周边的不动产甚至可能在溢出效应的作用下大量增值。如果棕地一直闲置，或者未经修复直接再开发，周边群众仍然将承受上述健康、环境等风险。为了推动棕地修复尽快落实，他们可能采取诉讼、集体抗议等措施（O_{21}）保护自身健康和追求环境公平；同时，他们也可能有意愿承担一部分修复费用（O_{22}）。

企业在实施棕地修复作业的同时，也可能为棕地修复项目出资。企业的最终目标是在可控的预期风险内获得合理的利润。由于棕地中的污染物和污染等级难以准确判断，企业甚至不能保证现有的技术可以修复某块棕地，棕地修复项目往往面临较高的风险。在考虑获利的可能性、权衡风险与利益的匹配性之后，企业有可能参与棕地修复项目，也可能拒绝参与棕地修复项目。如果企业参与棕地修复项目，一种策略就是他们被政府雇佣，从而实施棕地修复项目（O_{31}），这相当于地方政府向企业购买修复服务；另一种策略就是他们为棕地修复项目出资并实施修复作业（O_{32}），以获取额外收益。在策略 O_{32} 下，政府和企业将形成一种合作关系（PPP），相较于受雇参与修复，合作将面临更大的风险，因此，企业将分得一部分棕地修复后的溢价收益。

2. 策略组成的可行状态

由表 5-1 可知，地方政府、周边群众和修复企业共有 7 个可能的策略。这 7 个策略可能会被决策者选择，也可能不会被决策者选择，所以它们总共可以形成 128（$=2^7$）个状态。但是，有些状态在现实中是不可能存在的，需要被剔除。满足以下条件的状态即不可行的状态：第一，当政府不修复棕地而直接进行再开发时，周边群众会采取措施保护自身，以降低环境、健康等风险，而承担修复成本的策略不再可能被采取（63 个状态被剔除）；第二，如果棕地一直闲置，得不到修复，周边群众也会采取措施保护自身权益（32 个状态被剔除）；第三，如果在不需要周边群众承担修复成本的情况下，棕地被修复了，那么群众诉求得到满足，将不再采取任何策略（12 个状态被剔除）；第四，棕地修复往往需要大量资金，且周边群众和修复企业都不是棕地修复的主要责任人，他们不会愿意承担全部的修复资金。如果缺少政府出资，那么周边群众不会分担棕地的修复成本，企业也不会投资或修复棕地（1 个状态被剔除）。通过以上 4 个条件，剔除了 108 个不可行状态，剩余 20 个可行状态，具体如表 5-2 所示。其中，字母 Y 是 Yes 的缩写，表示对应的策略会被决策者采取；字母 N 是 No 的缩写，表示对应的策略不会被决策者采取。

表 5-2　可行状态

决策者	策略	S_1	S_2	S_3	S_4	S_5	S_6	S_7	S_8	S_9	S_{10}	S_{11}	S_{12}	S_{13}	S_{14}	S_{15}	S_{16}	S_{17}	S_{18}	S_{19}	S_{20}
DM$_1$	O_{11}	N	Y	N	N	N	N	N	N	N	N	N	N	N	N	N	N	N	N	N	N
	O_{12}	N	N	Y	N	Y	Y	N	Y	N	Y	N	Y	N	Y	N	Y	N	Y	N	Y
	O_{13}	Y	Y	Y	Y	Y	Y	Y	Y	Y	Y	Y	Y	Y	Y	Y	Y	Y	Y	Y	Y
DM$_2$	O_{21}	Y	Y	Y	Y	Y	N	N	N	N	Y	Y	N	N	Y	Y	N	N	N	N	Y
	O_{22}	N	N	N	N	N	N	N	N	N	N	N	N	N	N	N	N	N	N	N	N
DM$_3$	O_{31}	N	N	N	N	N	Y	Y	Y	Y	N	N	N	N	N	N	Y	Y	Y	Y	Y
	O_{32}	N	N	N	N	N	N	N	N	N	N	N	N	N	N	N	N	N	N	N	N

这些可行状态之间的转移如图 5-1 所示。图中的节点表示可行状态，箭头表示决策者在相邻状态之间的移动。双向箭头表示决策者可以在两个状态之间相互转移。

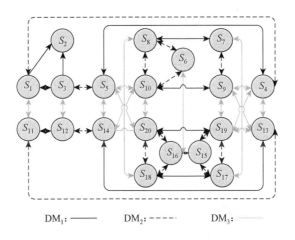

图 5-1　状态转移图

3. 利益相关者的状态偏好

对可行状态的偏好排序是求解冲突均衡解的基础。本章分别从地方政府、周边群众、修复企业的视角，对以上 20 个可行状态的偏好进行排序。GMCR 中常用的状态偏好排序方法有三种：①权重法，对每个策略赋一个权重，若希望某策略被选择，则赋正值，否则，赋负值，计算每个状态的总权重，根据大小进行排序；②直接排序法，根据经验直接从各利益相关者视角对状态偏好进行排序；③策略优先级排序法，制定一系列排序规则，并根据规则的重要性对状态偏好进行排序。由于权重法和直接排序法的主观性较强，应用最广泛的方法是策略优先级排序法。Fang 等（2003）对这三种方法的详细理论基础进行了总结。本章依靠以上提到的决策支持系统，使用策略优先级排序法对各决策者的状态偏好进行排序。表 5-3 列示了偏好排序规则。对每个决策者来说，越靠前的规则越重要。

表 5-3　偏好排序规则

决策者	决策规则
DM$_1$	规则一（P_{11}）：不希望选择 O_{21}
	规则二（P_{12}）：当 O_{21} 不发生时，决策者也不希望选择 O_{12}
	规则三（P_{13}）：希望选择 O_{31}
	规则四（P_{14}）：希望选择 O_{12} 和 O_{21}
	规则五（P_{15}）：如果不选择 O_{21} 而选择 O_{31}，地方政府就希望企业承担全部修复成本
DM$_2$	规则一（P_{21}）：不希望选择 O_{11}
	规则二（P_{22}）：希望选择 O_{31}
	规则三（P_{23}）：不希望选择 O_{22}
DM$_3$	规则一（P_{31}）：不希望选择 O_{11}
	规则二（P_{32}）：希望不选择 O_{21}，选择 O_{22}。同时，希望选择 O_{12}
	规则三（P_{33}）：希望选择 O_{31}

对于地方政府，首先，他们最希望的情形是周边群众不要采取对抗措施（P_{11}），因为这会引起社会恐慌，影响较大。其次，当周边群众不采取措施时，地方政府希望其他利益相关者能出资修复棕地，而不是自己修复（P_{12}），因为多数地方政府面临负债压力，缺少棕地修复的预算。再次，地方政府希望棕地被修复（P_{13}），因为棕地修复后可以进行再开发，从而带来一系列的社会、经济、环境等方面的正效用。最后，当周边群众采取对抗措施时，地方政府希望出资修复棕地（P_{14}）。然而，地方政府并不期待

企业能承担全部的修复费用（P_{15}），因为这会使棕地修复项目失败的概率大大提高，政府可能对局面失去控制。

对于周边群众，他们首先最不希望棕地未经修复而直接进行再开发（P_{21}），因为棕地一旦进行了再开发，要想修复会更加困难，他们面临的健康、环境等风险更难得到控制。其次，尽管周边群众希望棕地被修复而不是被搁置（P_{22}），但是他们并不想承担棕地修复的成本（P_{23}）。

对于修复企业，他们不希望棕地不修复而直接进行再开发（P_{31}），这意味着他们不能承接业务，也就没有获利机会。由于棕地修复项目的风险较高，他们希望作为出资人与政府合作承担棕地修复业务（P_{33}）。同时，修复企业不希望周边群众采取对抗措施，并希望他们承担部分修复费用（P_{32}）。

根据以上决策规则，各决策者对可行状态的偏好排序如表 5-4 所示。其中，中括号表示其中的状态对决策者来说无差异，即偏好关系是相同的；$\succ_i$ 表示对于决策者 DM_i，左侧状态优于右侧状态。

表 5-4　偏好排序结果

决策者	偏好排序
DM_1	$[S_7, S_{17}] \succ_1 [S_6, S_8, S_{16}, S_{18}] \succ_1 S_{15} \succ_1 [S_{10}, S_{20}] \succ_1 [S_9, S_{19}] \succ_1 [S_3, S_5, S_{12}, S_{14}] \succ_1 [S_1, S_2, S_4, S_{11}, S_{13}]$
DM_2	$[S_6, S_{15}, S_{16}] \succ_2 [S_7, S_8, S_9, S_{10}, S_{17}, S_{18}, S_{19}, S_{20}] \succ_2 [S_1, S_3, S_{11}, S_{12}] \succ_2 [S_4, S_5, S_{13}, S_{14}] \succ_2 S_2$
DM_3	$[S_7, S_8, S_9, S_{10}, S_{16}, S_{17}, S_{18}, S_{20}] \succ_3 [S_3, S_5, S_{12}, S_{14}] \succ_3 [S_6, S_{15}, S_{19}] \succ_3 [S_1, S_4, S_{11}, S_{13}] \succ_3 S_2$

5.1.2　模型的求解

根据地方政府、周边群众和修复企业对各状态的偏好排序结果，四种均衡解的个体稳定结果如表 5-5 所示。由表 5-5 可知，状态 S_2、S_3、S_6、S_7、S_{12}、S_{16} 均满足纳什均衡，所以它们是纳什均衡解，同时，这也意味着它们是最稳定的均衡解。然而，状态 S_2、S_3 和 S_{12} 中，周边群众仍然采取对抗措施，而企业没有接受雇佣对棕地进行修复，这意味着冲突没有得到解决。

表 5-5　模型的均衡解

均衡解	可行状态																			
	S_1	S_2	S_3	S_4	S_5	S_6	S_7	S_8	S_9	S_{10}	S_{11}	S_{12}	S_{13}	S_{14}	S_{15}	S_{16}	S_{17}	S_{18}	S_{19}	S_{20}
纳什均衡		Y	Y			Y	Y					Y				Y				
一般超理性均衡		Y	Y		Y	Y	Y		Y			Y			Y	Y				

续表

均衡解	可行状态																			
	S_1	S_2	S_3	S_4	S_5	S_6	S_7	S_8	S_9	S_{10}	S_{11}	S_{12}	S_{13}	S_{14}	S_{15}	S_{16}	S_{17}	S_{18}	S_{19}	S_{20}
对称超理性均衡		Y	Y			Y	Y					Y				Y				
序列均衡		Y	Y		Y	Y	Y		Y			Y			Y	Y				

如图 5-1 所示，状态 S_2 不能移动到其他任何状态。这意味着如果棕地未经修复而直接进行再开发，周边群众肯定会采取对抗措施，并且修复将不再可能实现。状态 S_3 中，地方政府不承担棕地修复的所有费用，同时，企业拒绝被雇佣修复棕地，因此，周边群众将采取对抗措施保障自身权益。状态 S_{12} 中，地方政府和修复企业都希望出资修复棕地，然而，由于某些原因（如收益分配机制），他们未能形成一致意见。这种强均衡状态下，冲突没有得到解决。此时，需要考虑邀请其他能够影响冲突均衡解的组织对冲突进行调解，可能的组织如中央政府、环境保护组织、专家小组等。

在状态 S_6、S_7、S_{16} 中，企业愿意承接棕地修复项目。具体来说，状态 S_6 表示地方政府有足够预算承担棕地修复成本。然而，我国只有很少一部分地方政府满足这种情况，大部分地方政府面临着严重的负债。状态 S_7 表示周边群众不会采取任何反抗措施，愿意承担全部棕地修复费用。尽管地方政府很希望出现这种情形，但是这在现实中很难实现，可能需要很多特殊的前提条件。状态 S_{16} 表示地方政府和企业将通过合作的方式共同出资修复棕地。需要注意的是，策略 O_{31} 和 O_{32} 可能是同一个企业采取的，也可能是两个企业完成的。

5.2　棕地修复项目融资模式的选择

本节将根据模型的均衡解，并结合可达性分析和逆向冲突分析，选择在我国现有条件下棕地修复项目最可能实现的融资模式。

5.2.1　潜在的融资模式

由于可以从棕地修复项目中获得环境、经济等外部性效益，地方政府、周边群众和修复企业这三个利益相关者均有可能为棕地修复项目出资。从出资人的角度，融资模式可以分为以下三类：①某一个利益相关者单独为棕地修复项目出资，由于有三个利益相关者，这类融资模式包含地方政府、周边群众或修复企业分别承担全部修复资金这三个融资模式；②某两个利益相关者共同为棕地修复项目出资，在这种情况下，地方政府和周边群众、周边群众和修复企业、地方政府和修复企业都可能形成合作关系，共同出资修复棕地，因此，共包含三个融资模式；③三个利益相关者共同为棕地修复项目出资，在这种情况下，地方政府、周边群众和修复企业将共同为棕地修复项目出资。

以这三个利益相关者作为出资人可以形成以上三类共七个融资模式，但不是每个融资模式都是可行的。需要考虑制度、发展水平、利益相关者偏好等条件，选择最可能在现实中实现的融资模式。

5.2.2　可行的融资模式

模型的纳什均衡对应了最稳定的博弈状态，本章构建的 GMCR 的纳什均衡解包括 S_2、S_3、S_6、S_7、S_{12}、S_{16}。但是，均衡解必须对应至少一条可行路径，否则，均衡解是无法从初始状态到达的，这意味着均衡解在现实中不能实现。因此，需要进行可达性分析和逆向冲突分析。

1. 可达性分析

可达性分析是为了确定从初始状态到均衡解的移动过程。它可以识别某个均衡解是否存在路径可以到达。在这个模型中，初始状态包含所有企业拒绝承接棕地修复业务，同时，周边群众采取对抗措施的状态，这些状态包括 S_1、S_2、S_3、S_4、S_5、S_{12}、S_{13}、S_{14}。图 5-2 提取了状态转移图中各利益相关者的单方改进，用于可达性分析。如图 5-2 所示，初始状态位于图的左侧，冲突得到解决的纳什均衡位于图的右侧。需要注意的是，状态 S_2、S_3、S_{12} 既是初始状态，又是均衡解。状态 S_7 没有在图中显示，因为没有任何从初始状态到达该均衡解的路径。这就是说，状态 S_7 是不可达的。只有状态 S_6 和 S_{16} 是可达的、冲突得到解决的均衡解。

2. 逆向冲突分析

尽管前面的均衡解和可达性分析有助于预测最可能的融资解决方案，但是获得的偏好信息是非常主观且有限的。因此，需要进一步采用逆向冲突分析图模型（inverse GMCR）分析偏好结构，获得更多解决问题的方案，为地方政府解决棕地修复融资困境提供更多的管理视角。

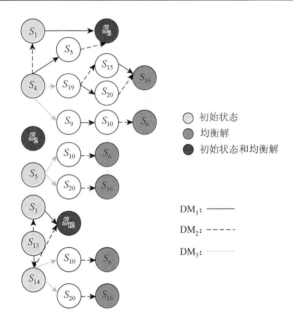

图 5-2 单方改进路径图

GMCR 的两个可达均衡解中，状态 S_6 表示地方政府出资雇佣企业修复棕地，状态 S_{16} 表示地方政府和企业共同出资修复棕地。基于地方政府财政预算的压力，地方政府显然更偏好状态 S_{16}。从初始状态进化到均衡解的路径如图 5-2 所示。

尽管状态 S_3 和 S_{12} 都是纳什均衡，但是这两个状态下融资困境都没有得到解决。此时，一般需要其他方介入冲突，促使问题得到解决，可能的介入方包括中央政府，或者由环境、融资、管理等方面的专业人才组成的专家小组等。中央政府可以通过以下方式介入：①中央财政拨款给地方政府，地方政府获得资金后可以出资修复棕地；②颁布特定的法案，如税收减免政策等，吸引企业投资者。专家小组可以通过自身的专业知识影响模型中的决策者偏好。例如，如果专家可以精确计算出周边群众和企业在棕地修复中的获益情况，这两方的决策者便可能有意向出资修复棕地。这种可以影响决策者偏好的组织或个体统称介入方。

为了化解状态 S_3 和 S_{12} 中融资困境未得到解决的问题，决策者可以邀请介入方进行调解。表 5-6 介绍了介入方影响均衡解的进化路径。在状态 S_3 中，地方政府单独出资修复棕地。这种情况现实中很难实现。如果地方政府从介入方获得资金，他们就可以直接雇佣企业完成棕地修复，周边群众将不再有对抗行动。这就意味着均衡解 S_3 可以转移到状态 S_6，冲突得到解决。在状态 S_{12} 中，虽然地方政府和修复企业都有出资修复棕地的意向，但是由于在某些方面不能达成一致意见，合作无法形成。此时，如果有介入方参与，他们可以调解这些不一致的意见，促使合作达成。例如，介入方可以公平合理地界定双方在风险分担和利益分配等方面的问题，促使合作协议尽快签订。在这种情况下，均衡解 S_{12} 将转移到状态 S_{16}，冲突得到有效解决。

表 5-6　新的进化路径

决策者	策略	S_3	S_3^*		S_6^*	S_{12}	S_{12}^*		S_{16}^*
DM$_1$	O_{11}	N	N		N	N	N		N
	O_{12}	Y	Y		N	Y	Y		Y
	O_{13}	Y	Y		N	Y	Y		Y
DM$_2$	O_{21}	Y	Y	→	N	Y	Y	→	N
	O_{22}	N	N		N	N	N		N
DM$_3$	O_{31}	N	N	→	Y	N	N	→	Y
	O_{32}	N	N		Y	N	Y		Y
介入方	O_{41}	N	→	Y	Y	N	→	Y	Y

另一个地方政府期望的均衡解是状态 S_{17}。在状态 S_{17} 中，周边群众和修复企业将承担全部的棕地修复成本，而地方政府不需要出资。如果状态 S_{17} 是纳什均衡，那么以下三个偏好关系必须得到满足：①对于地方政府，状态 S_{17} 必须优于状态 S_{18}；②对于周边群众，状态 S_{17} 必须优于状态 S_{15} 和 S_{19}；③对于修复企业，状态 S_{17} 必须优于状态 S_7。如表 5-5 提供的偏好信息所示，只有①和③是满足的。状态 S_{15} 中，修复企业将承担所有的修复费用。很显然，一旦不需要周边群众出资且棕地得以修复的情况出现，周边群众不可能主动承担修复成本。对于周边群众来说，状态 S_{17} 很难优于状态 S_{15}。政府可能的影响策略是允许周边群众参与修复方案和再开发用途等决策过程。

3. 选择结果

结合纳什均衡解、可达性分析和逆向冲突分析的结果，本章得到的结论是状态 S_6、S_{16} 对应了两种现有条件下最可能实现的融资模式，即政府单独依靠财政融资完成棕地修复项目或采用 PPP 模式为棕地修复项目融资。

5.3 棕地修复项目可行融资模式面临的挑战

5.3.1 政府财政融资面临的挑战

2005 年 4 月～2013 年 12 月，我国开展了首次全国土壤污染状况调查。之后，中央政府设立了专项基金，用于土壤修复。地方政府可以从这个基金中获得部分棕地修复资金。然而，无论融资机制如何完善，资金不足仍是各国在棕地修复问题上面临的共同挑战。发达国家已经开发了适应其具体国情的棕地项目优先级排序模型，例如，美国的国家优先名录（national priorities list，NPL）依据棕地的危害性对其进行排序，从而确定修复优先级。英国开发了 A-B-C 分类模型，将棕地分为三类：A 类棕地适合政府单独开发，B 类棕地适合企业单独开发，C 类棕地适合双方合作开发。A 类棕地将优先获得政府资助。

尽管发达国家已经开发了棕地项目优先级排序模型，但是这些模型并不完全符合我国的制度背景。例如，我国需要政府融资进行修复的棕地数量较多，逐个排序的工作量过大；同时，我国缺少棕地相关的历史数据，但对棕地进行排序必须考虑信息缺失的情况。因此，本书将针对这些特点，构建符合我国国情的棕地修复项目优先级排序模型，为政府财政资金的分配提供依据。

5.3.2 PPP 融资面临的挑战

依靠 PPP 模式为棕地修复项目进行融资最关键的问题有两个：公私双方如何分担风险，公私双方如何分配收益。这是 PPP 合同需要写明的两项内容。然而，我国尚未出现将 PPP 模式成功应用到棕地修复项目的案例，缺少相关的理论研究。

关于风险分担，需要进行以下方面的研究：识别可能的风险因素，通过风险评估确定关键风险，通过协商与谈判确定风险由某一方承担或共同承担并制定风险控制策略。其中，风险识别和风险评估是其他风险管理任务的基础。关于收益分配，需要进行以下方面的研究：棕地修复前后的价值测量，污名对棕地价值的影响，溢价收益如何分配，是否制定可行性缺口补助政策，等等。

根据"高风险，高收益"的原则，在确定收益分配方案时需要考虑双方承担的风险大小。同时，任何企业在进行投资决策之前都要判断自身能否承受即将面临的风险。棕地修复和 PPP 都具有高风险的特质，风险不明确已经成为 PPP 模式在棕地修复项目上应用的最主要障碍之一。因此，本书首先识别 PPP 模式下棕地修复项目的关键风险，从而为其他研究奠定理论基础。

5.4　棕地修复项目融资的政策建议

本节针对我国棕地修复项目的融资问题提供一些政策建议。

（1）建立一套多方参与的工业用地污染监督体制。棕地主要是由污染企业的操作不当造成的。若污染企业在生产、搬迁等过程中制定严谨的操作流程，则可以在一定程度上减轻甚至避免土壤污染的发生。如果棕地数量得到控制，需要的修复资金自然会减少。这与我国"预防为主，防治结合"的环境污染治理原则是相符的。然而，企业是营利性组织，为了降低成本可能会尽量避免购置污染处置设备。这就需要一套完善的监督体制，督促企业降低污染排放。这一举措可能从根本上减少资金的需求，从而缓解资金压力。

（2）完善并细化棕地修复责任相关的法律条款。美国出台了专门针对棕地问题的法律，即《超级基金法》和《小企业责任减免及棕地再生法》。第一部法律明确了棕地污染责任人的无限连带责任，连带责任使政府可以向任何一个能够确认的责任人追索全部棕地修复费用。第二部法律对棕地周边土地所有者及棕地未来的购买者的责任做出了限制，从而促进了棕地的流转。我国关于棕地相关问题的法律条款分散在不同的法律中，涉及《中华人民共和国宪法》《中华人民共和国环境保护法》《中华人民共和国土地管理法》《中华人民共和国固体废物污染环境防治法》等。这些法律条文概括性强，缺少配套的具体条款。我国制定棕地相关的法律条款时，应着重完善污染责任认定、违法惩罚措施等条款。只有相应的具体条款得到完善后，"谁污染、谁治理"的法律原则才能真正实现。污染主体可以承担修复成本，也可以在一定程度上减轻政府的财政负担。

（3）制定完善的棕地修复融资机制，扩展融资渠道。首先，应设立有稳定来源的棕地治理专项资金。以美国《超级基金法》为例，其资金主要来自生产和进口石油产品税、环境税、政府拨款、向污染责任者追讨的修复费用等。其次，应设立专门针对土壤修复的环保基金，集中接受组织和个人为棕地修复进行的捐款。我国城市土地归地方政府管理，地方政府可以预留部分建设用地出让金作为棕地修复资金。

（4）积极制定相关政策，鼓励投资者为棕地修复融资。投资者可以与政府合作形成 PPP 模式，共同为棕地修复出资。然而，在棕地修复领域，PPP 模式尚未得到有效推广，原因是多方面的：第一，棕地与一般的基础设施项目不同，其产品是修复后的棕地，收益主要来自土地的溢价收益，棕地修复前后的价值如何测算、收益如何分配等问题尚不明确，需要进一步完善；第二，棕地的污染物和污染程度难以准确测量，棕地修复的预估成本可能偏低，预期收益可能偏高。政府可以通过制定可行性缺口补助政策，减少投资者对项目失败的担忧，进而促进投资者进入该领域。

（5）制定税收减免和棕地保险等相关政策。发达国家对于企业占用绿地和棕地进行商业活动所征收的税率是不同的。购置棕地并对其进行再开发往往可以获得一定程度的税收减免。我国也可以通过税收政策，鼓励开发商参与棕地修复项目。另外，棕地修复过程产生二次污染的可能性较高。完善棕地相关的保险制度，可以有效缓解投资者的不可控风险，从而促进 PPP 模式在棕地修复项目中的推广和使用。

本 章 小 结

本章考虑我国具体背景，构建了我国棕地修复项目融资模式选择模型。该模型的决策者包含地方政府、周边群众和修复企业。地方政府有三个策略，周边群众有两个策略，修复企业也有两个策略。这些策略可以组成 20 个可行状态。通过稳定性分析、可达性分析和逆向冲突分析可知，存在两种较为可行的融资模式：①地方政府财政融资（状态 S_6）；②地方政府和修复企业形成一种合作关系，即 PPP 融资（状态 S_{16}）。

第6章 政府财政融资下棕地修复
项目的优先级排序

由第 5 章的分析可知，我国地方政府负责修复的棕地项目有两种现有条件下比较可行的融资模式：一种是政府财政融资；另一种是 PPP 融资。本章针对政府财政融资的情形。目前，地方政府可以支配的用于棕地修复的资金一方面来自上级财政预算，另一方面来自地方政府预算和土地整改资金。从 2016 年开始，财政部每年下发土壤污染防治专项资金预算（冯汝，2017），部分资金可以用于棕地修复。土壤污染防治专项资金预算逐年增加，反映了土壤污染防治的重要性和我国政府对土壤污染防治的决心。

但是，棕地体量相对庞大和修复成本极高的现状导致地方政府可以用于棕地修复的资金总是有限的，因此，棕地不可能在同一时间全部得到修复。为了帮助政府识别最值得关注的棕地，本章基于 DRSA 构建棕地修复项目优先级排序模型，这里的优先级排序是通过有序分类实现的。

本章的研究包括三个方面。首先，在现有文献和专家意见的基础上，设计用于判断棕地修复项目重要性的指标体系。其次，基于 DRSA 和设计的指标体系，提出用于提取棕地修复项目有序分类决策规则的模型。最后，采用包含 100 个棕地修复项目的算例验证本章设计的模型的科学性和有效性。这是第一个从我国政府视角设计的针对资金合理分配的棕地修复项目优先级排序模型。本章设计的模型充分考虑了我国土地数据缺乏的现状，可以容纳一定的信息缺失。同时，该模型可以通过对样本集的学习提取一套容易执行的决策规则，从而有效减少对大量棕地进行排序的工作量。另外，该模型将无形的专家知识转化为具体的排序决策规则，在不同的财政年或计划期，可以通过模型获取适应当时背景的排序规则，从而使排序的依据更加科学。

6.1 棕地修复项目优先级排序指标体系的构建

为了确定棕地修复项目优先级排序指标体系，首先，根据已有的相关期刊文献和美国《超级基金法》中 NPL 的指标体系（Haninger et al.，2017；

Meyer and Lyons，2000；Zhu et al.，2015），初步列出指标清单。其次，根据我国的具体情况，使用德尔菲法修正该指标清单。邀请来自学术界、产业界、政府和咨询部门的共计 18 位专家参与德尔菲过程。为了节省成本并方便沟通，选择电子邮件作为沟通媒介。根据指标清单，设计一份半结构化的指标适用性调查问卷，并将其发送给 18 位专家。专家根据自身知识与经验对问卷中的指标体系进行修正。当所有问卷被返回后，组织者进行匿名信息总结。将汇总的专家修正信息再次发送给各位专家以获得新的建议。经过三轮调研，没有专家再提出新的异议，专家意见达成一致，从而获得棕地修复项目优先级排序指标体系。具体的德尔菲过程如下：①第一轮调研的指标体系中，价值程度包含社会价值、经济价值、环境价值、生态价值四个方面，风险程度通过污染物毒性、传播途径数和受众水平体现。本轮调研获取的专家意见主要包括生态价值和环境价值与危害等级是相关的；社会价值与经济价值也有相关性；价值程度的指标太过笼统。②根据专家意见确定了第二轮调研的指标体系，价值程度包括修复成本、可得收益、税收增量、创造就业量四个方面，风险程度仍然通过污染物毒性、传播途径数和受众水平体现。本轮调研获得的专家意见主要包括成本和收益可以通过产出效率体现；由于市场认知差异，棕地即使被修复，同等面积和位置条件下，其价值仍然不能与未被污染的土地比拟，这种影响在学术上称为污名。③根据专家意见确定了第三轮调研的指标体系，价值程度包括产出效率、污名、税收增量、创造就业量四个方面，风险程度仍然通过污染物毒性、传播途径数和受众水平体现。本轮调研过程中，专家未提出新的修改建议。因此，最终获得的棕地修复项目优先级排序指标体系及各指标内涵如表 6-1 所示。

表 6-1　棕地修复项目优先级排序指标体系

一级指标	二级指标	指标内涵
价值程度（F_1）	产出效率（F_{11}）	投资回报率
	污名（F_{12}）	由曾经的污染导致的投资者对棕地经济价值的低估
	创造就业量（F_{13}）	棕地修复项目创造的新的工作数
	税收增量（F_{14}）	政府税收的增加量
风险程度（F_2）	污染物毒性（F_{21}）	棕地中单位污染物的危害大小
	传播途径数（F_{22}）	可能的污染物传播途径总数，如水、气等
	受众水平（F_{23}）	可能被棕地影响的人口数

在表 6-1 中,价值程度 F_1 和风险程度 F_2 分别包含 4 个和 3 个二级指标。具体来讲,产出效率 F_{11} 通过利润对成本的百分比形式定量描述。污名 F_{12} 表示由污染导致的名誉受损,从而影响产出效率的可能性,该指标仍然用百分比表示。创造就业量 F_{13} 表示某块棕地的修复创造的新的工作数。税收增量 F_{14} 表示某棕地修复项目带来的政府税收的增加量,单位为元。污染物毒性 F_{21} 表示某棕地中单位污染物的危害大小,该指标由专家打分获得,取 1(毒性最小)～5(毒性最大)的整数。传播途径数 F_{22} 是指可能的污染物传播途径总数,本章界定了空气、水、食物链和直接接触四种传播途径。受众水平 F_{23} 用被某棕地影响的人口数来表示。最常用的评估受众水平的方法是估计某个棕地周围特定距离内的人口数。这个特定的距离可以由专家或政府根据污染物类型、地质和生态环境,以及周边的经济发展水平等具体确定。

随着产业的发展,棕地修复项目优先级排序指标体系可能需要调整。因为某些指标未来可能不再重要,某些新的指标未来可能出现。这时需要根据实际背景对棕地修复项目优先级排序指标体系进行更新。尽管如此,本书构建的棕地修复项目优先级排序指标体系在短期内是适用的,且设计棕地修复项目优先级排序指标体系的过程可以重复执行,从而完成未来可能的修正。

6.2　棕地修复项目优先级排序模型的构建

本章提出的针对政府资金合理分配的棕地修复项目优先级排序模型如图 6-1 所示。可见,本章提出的模型不是将所有棕地修复项目逐个排序,而是将它们分配到一系列有序类中。假设我国某个地方政府负责的棕地修复项目构成一个论域(或称全集)。由图 6-1 可知,全集中的棕地修复项目通过对样本集进行机器学习得到的决策规则在风险程度维度和价值程度维度分别被分为高、中、低三个等级,即总共产生九个单独的类别。在实际应用过程中,每个指标的有序类别数量可以根据现有的数据和实际需求进行调整。例如,如果某个地方政府的棕地修复资金很少,只能资助一少部分棕地修复项目。可以将每个价值程度维度提高到五个有序类,那么全集中被分到最高优先级类别的棕地数量将会减少。

如图 6-1 所示,获取有效的决策规则需要经历三个步骤:①从全集中随机抽取一个有代表性的样本集,使之成为学习集;②依据支配式最小化决策规则生成算法,融合专家意见和调研数据,执行机器学习的过程,从而获得一套"if-then"样式的决策规则；③对决策规则进行有效性检验。只有通过检验的决策规则，才可以用于对全集中的棕地修复项目进行分类。

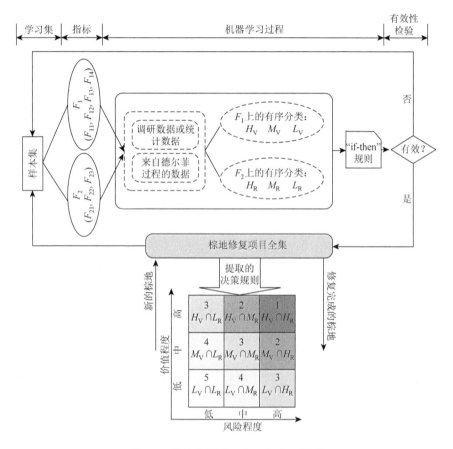

图 6-1　棕地修复项目优先级排序模型

图 6-1 中的字母代号将在后面详细介绍。当有新的棕地修复项目进入全集或完成的棕地修复项目被移出全集时，棕地修复项目全集（B）可以更新。这种情况通常发生在某个财政年或者某个计划期的开始。这个对棕地修复项目进行优先级排序的过程可以被反复执行，决策规则可以根据当时的背景条件进行改变。该模型可以将棕地修复项目以有序分类的方式进行优先级排序，从而支持地方政府做出合理的资金分配决策。

6.2.1　学习集的抽取

学习集是随机从棕地修复项目全集（B）中具有完整信息的项目中抽取

的。为了保证学习集具有代表性，本书根据统计学的规则确定了一个随机抽样的过程。在确定样本量时，需要考虑的因素包括棕地总量、置信水平和抽样误差。假设 z 为统计学上置信水平为 α 的 Z 检验的得分，e 为误差范围，P 为抽样比例，那么样本量 n 可以通过科克伦（Cochran）的样本量公式进行计算：

$$n' = \frac{z^2 \cdot P(1-P)}{e^2} \left/ \left[1 + \frac{\frac{z^2 \cdot P(1-P)}{e^2} - 1}{N} \right] \right. \tag{6.1}$$

表 6-2 列出了在 $\alpha = 95\%$，$e = 5\%$ 或 $e = 10\%$，$P = 0.5$ 的情况下，当全集元素数量 N 在 30～15000 变化时所需的样本量。需要指出的是，抽样比例 P 的取值范围是 0～1，但其具体数值并不确定。$P = 0.5$ 可以使 $P(1-P)$ 达到最大值，从而获得 n' 的最大值。这是对 n' 最保守的估计，因此将 P 设置为 0.5。为了减少提取决策规则过程中发生报错的概率，只有那些具备完整信息的棕地修复项目被随机选择。假如具备完整信息的棕地修复项目数量小于根据式（6.1）计算的样本量，则所有具备完整信息的棕地修复项目被选入学习集。当棕地修复项目数量特别大时，只需请专家对一少部分棕地修复项目进行判断，剩余棕地修复项目可以根据决策规则进行优先级排序，因此，可以极大地减少排序的工作量。

表 6-2　常用参数下的样本量

$\alpha = 95\%$, $e = 10\%$													
N	30	50	100	150	200	300	400	500	1000	2000	3000	5000	10000	15000
n'	24	34	50	59	66	73	78	87	88	92	94	95	96	96

$\alpha = 95\%$, $e = 5\%$													
N	30	50	100	150	200	300	400	500	1000	2000	3000	5000	10000	15000
n'	28	45	80	109	132	169	197	208	278	323	341	357	370	375

6.2.2　优先级排序规则的提取

本节机器学习的过程是将棕地修复项目样本的定性和定量的指标由专家进行评估并分类，通过特定算法识别分类内在规律，从而获得一系列优先级排序的决策规则。定量指标的数据可以通过统计或调研直接获取；定性指标需要专家依据经验进行判断，其确定过程仍然可以通过德尔菲法进行。

在风险程度和价值程度这两个维度上，分别将学习集中的棕地修复项目分为三个有序类，分别用高（high，H）、中（medium，M）、低（low，L）表示。为了方便表述，采用下标 V（value）和 R（risk）来区别价值指标和风险指标。例如，对于某个棕地修复项目样本，专家根据搜集到的指标数据，在价值程度和风险程度两个维度上分别将其判定为 H_V 和 M_R，这就意味着该项目的价值程度处于高等，而风险程度为中等。根据棕地修复项目样本的专家判断信息，机器学习可以归纳出项目优先级的决策规则。本节使用 4eMka2 软件进行 "if-then" 决策规则的提取。所得到的决策规则在通过有效性检验后，将用于对棕地修复项目全集（B）中所有的棕地修复项目进行优先级排序。

6.2.3 优先级排序规则有效性的检验

为了保证所提取的决策规则的可用性，有必要进行有效性检验。以下是两种常用的进行有效性检验的方法。

（1）专家打分法。该方法简单且易于执行。组建一个专家小组，直接对所得的每一条决策规则依据利克特量表打分。1～5 分分别表示完全不同意、相对不同意、中立、相对同意和完全同意。1 分和 2 分的决策规则是无效的。3～5 分的决策规则是有效的。

（2）再次分类分析法。该方法根据提取到的决策规则对学习集中的棕地修复项目再次进行有序分类。理想状态下，再次有序分类的结果应该可以完全契合第一次有序分类的结果。然而，实际情况并不总是这样，某些棕地修复项目可能会被分到不同的组里。如果只有极少数棕地修复项目在两次有序分类过程中结果不一致，机器学习形成的决策规则就是有效的。

一般而言，决策者可以使用任何一种或者同时使用两种方法进行有效性检验。若有效性检验不通过，则需要在合理修正的基础上重新执行之前的步骤，直到生成的决策规则通过有效性检验后，才可以被用于对所有棕地修复项目进行有序分类。

6.2.4 棕地修复项目的优先级排序

根据有效性的 "if-then" 决策规则，全集中的棕地修复项目在风险程度和价值程度这两个维度上总共可以被分到 9（$=3\times3$）个有序类中，如图 6-2 所示。图 6-2 中，颜色越深表示对应的类别优先级越高。显而易见，在两个维度上同时具有最高优先级的类别（即 $H_V \cap H_R$，图 6-2 中的第 1 类）中的棕地修复项目是最应该被首先资助的。如果有剩余资金，才考虑分配给下一个优先级类别中的棕地修复项目。$H_V \cap M_R$ 或者 $M_V \cap H_R$ 这两个类（即图 6-2 中的第 2 类）到底哪一类更重要，取决于地方政府对自身经济、环境、社会等具体背景的判断。这意味着地方政府需要自行判断这两个类是否具有相同的重要性或者其中一类的优先级更高。如果仍然有剩余资金，将依次考量其他类别。类别的总数是可以根据资金总量和棕地修复项目的总数量变化的。如果棕地修复项目特别多而资金很少，那么可能需要在两个维度上设计更多的有序类，分配到最高等级类别的棕地修复项目数量就会减少，从而将少量资金分配给最需要被修复的棕地。

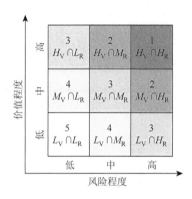

图 6-2　二维有序类的划分

事实上，由于信息缺失，某些棕地修复项目可能被分到多个类的合集上。如果一个棕地修复项目在价值评估中满足决策规则"至少中等"，即"至少被分到 M_V"，该棕地修复项目在价值程度维度上属于中等和高等的合集，即 $H_V \cup M_V$。如果该棕地修复项目在风险评估中满足决策规则"至少中等"，即"至少被分到 M_R"，该棕地修复项目在风险程度维度上属于中等和高等的合集，即 $H_R \cup M_R$。在风险程度和价值程度两个维度上，该棕地修复项目将属于"$(H_V \cup M_V) \cap (H_R \cup M_R)$"，其优先级介于 $H_V \cap H_R$ 和 $M_V \cap M_R$ 两个组之间。

6.3　棕地修复项目优先级排序模型的算例检验

本节将通过一个算例具体演示棕地修复项目优先级排序模型的应用过程，从而证明其有效性和科学性。假设有一个包含 100 个棕地修复项目信息的全集，应用棕地修复项目优先级排序模型对全集中的 100 个棕地修复项目进行优先级排序。

6.3.1 学习集的抽取

根据表 6-2 的信息，在置信水平为 95% 和误差范围为 10% 的情况下，学习集需要的样本量为 50。将学习集中的棕地修复项目信息发送给专家小组进行评估，判断样本中各棕地修复项目在风险程度和价值程度维度上分别被分到哪个有序类。表 6-3 列出了专家小组对棕地修复项目样本优先级的判断结果。

表 6-3 专家小组对棕地修复项目样本优先级的判断结果

棕地编号	F_1					F_2			
	F_{11}/%	F_{12}/%	F_{13}	F_{14}/$\times 10^6$ 元	优先级	F_{21}	F_{22}	F_{23}/$\times 10^2$	优先级
1	2.5	10	50	0.2	M_V	2	3	100	H_R
2	−0.5	20	150	0.4	M_V	2	2	25	L_R
3	20	5	333	1	H_V	1	1	30	L_R
4	11	14	597	0.3	H_V	2	4	20	M_R
5	10	10	354	0.5	H_V	3	3	30	H_R
6	−30	30	400	4	L_V	5	2	12	M_R
7	33	16	659	7	H_V	4	2	89	H_R
8	40	9	400	6	H_V	3	3	123	H_R
9	−2	20	230	0.2	L_V	2	3	20	L_R
10	3	8	629	0.57	M_V	3	1	68	M_R
11	6	13.5	300	0.28	M_V	1	3	40	L_R
12	−3	28	449	0.45	L_V	3	2	32	M_R
13	46	15.8	580	0.6	H_V	2	4	47	M_R
14	4	20	530	0.584	M_V	4	2	150	H_R
15	−4.1	22	280	0.43	L_V	5	3	39	H_R
16	2	10	198	0.75	M_V	3	2	87	H_R
17	11	12.5	188	0.4	H_V	2	1	40	L_R
18	−1	17.9	199	0.325	L_V	4	1	90	M_R
19	4	19	95	0.548	M_V	2	2	130	M_R
20	5	9.9	60	0.197	M_V	5	3	99	H_R
21	3.7	5	99	0.205	M_V	3	4	20	M_R
22	8	8	150	0.349	H_V	3	2	40	M_R
23	6	14	36	0.505	M_V	2	1	54	L_R
24	11	19	61	0.301	H_V	4	4	29	H_R
25	21	20	311	0.433	M_V	2	1	44	L_R
26	6.6	9	435	0.2	H_V	4	2	90	H_R
27	−72	30	310	0.4	L_V	4	2	38	M_R
28	9	8	80	0.203	H_V	3	1	44	L_R

续表

棕地编号	F_1					F_2			
	F_{11}/%	F_{12}/%	F_{13}	F_{14}/$\times 10^6$ 元	优先级	F_{21}	F_{22}	F_{23}/$\times 10^2$	优先级
29	−23	27	366	1.2	L_V	2	3	162	H_R
30	13	3	288	0.98	H_V	4	3	94	H_R
31	27	16	377	1	H_V	2	2	37	M_R
32	−1.1	27	20	0.15	L_V	2	4	85	H_R
33	2	6	38	0.32	M_V	1	2	65	L_R
34	0	10	40	0.19	L_V	1	2	90	L_R
35	3	9	60	0.15	M_V	2	1	30	L_R
36	−7	10	50	0.4	M_V	5	2	45	M_R
37	2	25	350	0.6	M_V	3	2	200	H_R
38	20	10	200	3.5	H_V	2	3	30	M_R
39	0.2	20	300	0.02	M_V	1	1	90	L_R
40	4	30	50	0.45	L_V	4	3	210	H_R
41	30	13	500	3.5	H_V	2	1	40	L_R
42	10	5	270	1.5	H_V	2	2	55	M_R
43	−8	5	400	3	M_V	3	1	8	L_R
44	5	16	300	0.8	M_V	2	2	340	H_R
45	−0.4	10	190	1	M_V	1	3	59	L_R
46	−20	20	450	0.3	L_V	1	1	70	L_R
47	3	28	240	0.15	L_V	1	1	63	L_R
48	60	19	800	6	H_V	1	2	130	M_R
49	30	38	600	2.1	M_V	5	1	20	M_R
50	0	3	300	2	H_V	2	2	90	M_R

6.3.2 决策规则的提取

将表 6-3 中的数据录入 4eMka2 软件，从而导出软件学习到的 "if-then" 决策规则。在价值程度维度上，可以提取到 17 条决策规则，具体内容如表 6-4 所示。在风险程度维度上，可以提取到 20 条决策规则，具体内容如表 6-5 所示。表 6-4 和表 6-5 中，如果 "条件" (if) 成立，就可以得到对应的 "结果" (then)。例如，表 6-4 的第一条决策规则 "$F_{11} \leqslant -20$" 的含义是，若某项目的产出效率（即投资回报率）亏损小于或等于 20%，则该项目在价值程度维度上至多被分到 L_V，即项目的价值程度只能是 L_V。无须其他价值指标的信息，仅根据这一条规则，项目的价值程度就可以判定，这也是本章设计的棕地修复项目优先级排序模型可以容纳一定信息缺失的内在机理。

表 6-4   价值程度维度的决策规则

编号	条件（if）	结果（then）	支持数	相对强度/%
1	$(F_{11} \leqslant -20)$	至多被分到 L_V	4	33.33
2	$(F_{12} \geqslant 28)$ & $(F_{13} \leqslant 240)$	至多被分到 L_V	2	16.67
3	$(F_{11} \leqslant -1)$ & $(F_{13} \leqslant 280)$ & $(F_{12} \geqslant 17.9)$	至多被分到 L_V	4	3.33
4	$(F_{13} \leqslant 40)$ & $(F_{14} \leqslant 0.19)$	至多被分到 L_V	2	16.67
5	$(F_{12} \geqslant 28)$ & $(F_{11} \leqslant -3)$	至多被分到 L_V	3	25.00
6	$(F_{12} \geqslant 20)$	至多被分到 M_V	16	50.00
7	$(F_{11} \leqslant 6)$ & $(F_{13} \leqslant 199)$	至多被分到 M_V	15	46.88
8	$(F_{11} \leqslant -8)$	至多被分到 M_V	5	15.63
9	$(F_{11} \leqslant 6)$ & $(F_{14} \leqslant 0.8)$	至多被分到 M_V	26	81.25
10	$(F_{12} \leqslant 3)$	至少被分到 H_V	2	11.11
11	$(F_{11} \geqslant 6.6)$ & $(F_{12} \leqslant 14)$	至少被分到 H_V	12	66.67
12	$(F_{11} \geqslant 11)$ & $(F_{12} \leqslant 19)$	至少被分到 H_V		
13	$(F_{11} \geqslant 5)$	至少被分到 M_V	23	60.53
14	$(F_{12} \leqslant 6)$	至少被分到 M_V	7	18.42
15	$(F_{13} \geqslant 50)$ & $(F_{12} \leqslant 25)$ & $(F_{11} \geqslant 7)$ & $(F_{14} \geqslant 0.4)$	至少被分到 M_V	24	60.53
16	$(F_{11} \geqslant 2.5)$ & $(F_{12} \leqslant 10)$	至少被分到 M_V	14	36.84
17	$(F_{13} \geqslant 300)$ & $(F_{11} \geqslant 0.2)$	至少被分到 M_V	18	47.37

表 6-5   风险程度维度的决策规则

编号	条件（if）	结果（then）	支持数	相对强度/%
1	$(F_{21} \leqslant 1)$ & $(F_{23} \leqslant 90)$	至多被分到 L_R	8	47.06
2	$(F_{21} \leqslant 2)$ & $(F_{22} \leqslant 1)$ & $(F_{23} \leqslant 54)$	至多被分到 L_R	6	35.29
3	$(F_{21} \leqslant 2)$ & $(F_{22} \leqslant 3)$ & $(F_{23} \leqslant 25)$	至多被分到 L_R	2	11.76
4	$(F_{21} \leqslant 3)$ & $(F_{22} \leqslant 1)$ & $(F_{23} \leqslant 44)$	至多被分到 L_R	7	41.18
5	$(F_{22} \leqslant 1)$	至多被分到 M_R	14	41.18
6	$(F_{23} \leqslant 25)$	至多被分到 M_R	7	20.59
7	$(F_{22} \leqslant 2)$ & $(F_{23} \leqslant 55)$	至多被分到 M_R	17	50.00
8	$(F_{21} \leqslant 2)$ & $(F_{23} \leqslant 47)$	至多被分到 M_R	12	35.29
9	$(F_{21} \leqslant 2)$ & $(F_{22} \leqslant 3)$ & $(F_{23} \leqslant 130)$	至多被分到 M_R	22	61.76

续表

编号	条件（if）	结果（then）	支持数	相对强度/%
10	（$F_{23} \geqslant 150$）	至少分到 H_R	5	31.25
11	（$F_{21} \geqslant 4$）&（$F_{22} \geqslant 4$）	至少被分到 H_R	1	6.25
12	（$F_{22} \geqslant 4$）&（$F_{23} \geqslant 85$）	至少被分到 H_R	1	6.25
13	（$F_{21} \geqslant 3$）&（$F_{22} \geqslant 2$）&（$F_{23} \geqslant 87$）	至少被分到 H_R	9	56.25
14	（$F_{22} \geqslant 3$）&（$F_{23} \geqslant 100$）	至少被分到 H_R	4	25.00
15	（$F_{21} \geqslant 3$）&（$F_{22} \geqslant 3$）&（$F_{23} \geqslant 30$）	至少被分到 H_R	6	37.5
16	（$F_{21} \geqslant 4$）	至少被分到 M_R	13	39.39
17	（$F_{22} \geqslant 4$）	至少被分到 M_R	5	15.15
18	（$F_{23} \geqslant 100$）	至少被分到 M_R	9	27.27
19	（$F_{21} \geqslant 2$）&（$F_{22} \geqslant 2$）&（$F_{23} \geqslant 30$）	至少被分到 M_R	25	75.76
20	（$F_{21} \geqslant 3$）&（$F_{23} \geqslant 68$）	至少被分到 M_R	11	33.33

支持数表示学习集中满足对应条件的棕地修复项目的数量。相对强度表示样本集中满足某个决策规则的棕地修复项目总数与其对应类中元素数量的比值。以价值程度的第六条决策规则为例，当棕地的污名满足"不小于 20%"时，这条规则将该样本分配到 L_V 或 M_V，排除 H_V。满足该条件的棕地有 16 个。由表 6-3 中的棕地修复项目的样本信息可知，共有 32 个棕地修复项目被专家分配到了 L_V 或 M_V。因此，这条规则的相对强度为 50%（＝16/32）。

6.3.3　决策规则有效性的检验

采用再次分类分析法对生成的决策规则进行有效性检验。根据表 6-4 提取到的 17 条决策规则和表 6-5 提取到的 20 条决策规则，对样本集中的棕地修复项目再次进行优先级判断。在价值程度维度上，所有 50 个棕地修复项目优先级判定的结果均与第一次相同。在风险程度维度上，只有一个棕地修复项目存在二次分类的差异，这是可以接受的。因此，可以认定根据样本集提取的表 6-4 和表 6-5 中的决策规则是有效的，可以用来对全部棕地修复项目进行优先级排序。

6.3.4　全部棕地修复项目的优先级排序

由于样本集中的 50 个棕地修复项目已经由专家给出了优先级顺序，只需对全集（包含 100 个棕地修复项目）中剩余的 50 个棕地修复项目进行优先级排序。剩余的 50 个棕地修复项目的指标信息如表 6-6 所示，其中，"？"表示信息未知。

表 6-6　剩余的 50 个棕地修复项目指标信息

编号	F_1				F_2		
	F_{11}/%	F_{12}/%	F_{13}	F_{14}/$\times 10^6$ 元	F_{21}	F_{22}	F_{23}/$\times 10^2$
51	22	？	300	？	3	1	？
52	3	10	？	0.5	？	4	90
53	15	3	600	4	2	1	20
54	−0.8	7	？	？	3	4	22
55	60	？	？	7	5	3	35
56	2	9	400	0.2	3	1	2
57	42	8	95	3	3	3	56
58	9	30	？	？	1	4	90
59	20	23	500	5	4	2	43
60	？	？	？	0.4	3	？	21
61	−9	？	200	1	2	3	56
62	3	6	260	0.02	2	？	3
63	6	9	280	？	？	3	4
64	4	4	400	0.5	4	2	8
65	−0.6	4	300	0.9	？	1	7
66	−2.4	？	69	0.04	3	？	7
67	−30	19	？	？	2	？	8
68	12	20	159	0.9	2	4	21
69	5	8	？	1	1	？	27
70	0	7	410	2.2	3	3	34
71	7	17	280	？	5	3	53
72	4	？	310	3	？	2	76
73	20	21	256	5	2	2	？
74	？	3	80	？	3	2	5
75	16	9	309	0.5	1	4	78
76	−0.15	6	270	？	1	3	9

续表

编号	F_1				F_2		
	$F_{11}/\%$	$F_{12}/\%$	F_{13}	$F_{14}/\times10^6$元	F_{21}	F_{22}	$F_{23}/\times10^2$
77	17	9	?	0.8	?	1	6
78	20	16	?	0.45	3	?	54
79	11.8	14	30	0.22	2	3	32
80	8.8	20	200	?	1	2	23
81	9	30	100	0.51	3	?	67
82	0	?	240	0.8	4	1	48
83	0.9	9	?	0.7	5	3	97
84	1	2.5	?	6	3	2	54
85	8	5	563	0.3	1	4	32
86	6	6	422	0.9	3	3	34
87	3	21	563	2	3	3	67
88	25	35	646	3	5	3	35
89	4	4	632	?	2	4	23
90	−5	6	323	6	3	2	?
91	−1.9	?	?	1	4	1	13
92	−30	7	67	2	?	2	24
93	−2	8	432	5	?	3	78
94	4	4	211	?	3	?	97
95	?	5	166	0.6	5	?	54
96	43	?	773	?	?	3	67
97	23	7	43	3	3	1	?
98	45	8	224	4	?	3	44
99	21	9	66	7	5	2	33
100	4	32	?	1.3	2	4	24

由于表 6-4 中关于价值程度维度和表 6-5 中关于风险程度维度的决策规则都已经通过了有效性检验,这些决策规则可以用于对剩余的 50 个棕地修复项目(表 6-6)进行优先级排序。剩余的 50 个棕地修复项目在价值程度维度和风险程度维度的排序结果如表 6-7 所示。

表6-7 全集中剩余50个棕地修复项目的优先级排序结果

价值程度维度（F_1）

编号	优先级	编号	优先级	编号	优先级	编号	优先级	编号	优先级
51	$H_V \cup M_V$	61	$M_V \cup L_V$	71	$H_V \cup M_V$	81	L_V	91	$H_V \cup M_V \cup L_V$
52	M_V	62	M_V	72	$H_V \cup M_V$	82	$M_V \cup L_V$	92	L_V
53	H_V	63	$H_V \cup M_V$	73	M_V	83	$M_V \cup L_V$	93	$H_V \cup M_V$
54	$H_V \cup M_V \cup L_V$	64	M_V	74	H_V	84	H_V	94	$H_V \cup M_V$
55	$H_V \cup M_V$	65	$H_V \cup M_V$	75	H_V	85	H_V	95	$H_V \cup M_V$
56	$M_V \cup L_V$	66	$M_V \cup L_V$	76	$H_V \cup M_V$	86	$H_V \cup M_V$	96	$H_V \cup M_V$
57	H_V	67	L_V	77	H_V	87	M_V	97	H_V
58	M_V	68	M_V	78	H_V	88	M_V	98	H_V
59	M_V	69	$H_V \cup M_V$	79	H_V	89	$H_V \cup M_V$	99	$H_V \cup M_V$
60	$H_V \cup M_V \cup L_V$	70	$H_V \cup M_V \cup L_V$	80	M_V	90	$H_V \cup M_V$	100	$M_V \cup L_V$

风险程度维度（F_2）

编号	优先级	编号	优先级	编号	优先级	编号	优先级	编号	优先级
51	$M_R \cup L_R$	61	M_R	71	H_R	81	$H_R \cup M_R \cup L_R$	91	M_R
52	H_R	62	$M_R \cup L_R$	72	$H_R \cup M_R \cup L_R$	82	M_R	92	$M_R \cup L_R$
53	L_R	63	$M_R \cup L_R$	73	$H_R \cup M_R \cup L_R$	83	H_R	93	$H_R \cup M_R \cup L_R$
54	M_R	64	M_R	74	$M_R \cup L_R$	84	M_R	94	$H_R \cup M_R$
55	H_R	65	$M_R \cup L_R$	75	$H_R \cup M_R$	85	L_R	95	$H_R \cup M_R$
56	L_R	66	$M_R \cup L_R$	76	L_R	86	M_R	96	$H_R \cup M_R \cup L_R$
57	M_R	67	$M_R \cup L_R$	77	$M_R \cup L_R$	87	H_R	97	$M_R \cup L_R$
58	H_R	68	M_R	78	$H_R \cup M_R \cup L_R$	88	$H_R \cup M_R$	98	$H_R \cup M_R \cup L_R$
59	M_R	69	L_R	79	M_R	89	M_R	99	M_R
60	$H_R \cup M_R \cup L_R$	70	H_R	80	L_R	90	$H_R \cup M_R \cup L_R$	100	M_R

由于剩余的50个棕地修复项目存在指标信息的缺失，有些棕地修复项目不能被准确归类，即存在类别的并集。以编号为51的棕地修复项目为例，在价值程度维度上，它被判定为属于 H_V 与 M_V 的并集，即价值为高等或中等。尽管这种并集未能将棕地修复项目确切归类，但是它包含了优先级的信息，因为 $H_V \cup M_V$ 的棕地修复项目的价值高于 L_V。$H_V \cup M_V \cup L_V$ 和 $H_R \cup M_R \cup L_R$ 分别表示在价值程度维度和风险程度维度上，棕地修复项目的优先级无法判定。

由表6-6可知，在全集剩余的50个棕地修复项目中，14个具备完整信息，36 个存在信息缺失。但是由表 6-7 可知，这 50 个棕地修复项目中绝大多数棕地修复项目具备优先级信息。因此，本章设计的棕地修复项目优先级排序模型可以在一定程度上处理指标数据缺失的情况。

全集的 100 个棕地修复项目都完成了优先级排序，结果如表 6-3 和表 6-7 所示。对这 100 个棕地修复项目的优先级排序进行统计分析，其结果如表 6-8 所示。

表 6-8　棕地修复项目的有序分类结果统计

		风险程度						
		H_R	$H_R \cup M_R$	M_R	$M_R \cup L_R$	L_R	$H_R \cup M_R \cup L_R$	总计
价值程度	H_V	6	1	12	3	6	2	30
	$H_V \cup M_V$	3	2	2	3	2	4	16
	M_V	9	1	8	1	10	1	30
	$M_V \cup L_V$	1	0	3	1	1	0	6
	L_V	3	0	5	2	4	1	15
	$H_V \cup M_V \cup L_V$	0	0	2	0	0	1	3
	总计	22	4	32	10	23	9	100

（1）在全集中，有 6 个棕地修复项目被分到 $H_V \cap H_R$，占全部棕地修复项目的 6%（= 6/100）。这意味着有 6 个棕地修复项目在价值程度和风险程度两个维度上同时具备最高的优先级，应该首先由地方政府考虑分配修复资金。对其他邻近类别的先后顺序，地方政府可以根据当地的经济、社会、环境等因素综合考虑后确定。尽管图 6-2 中（$H_V \cup M_V$）∩（H_R）与（$H_R \cup M_R$）∩（H_V）都被排在第二优先级，但是更关注风险的地方政府可能认为（$H_V \cup M_V$）∩（H_R）优先级更高，而更关注棕地价值的地方政府可能认为（$H_R \cup M_R$）∩（H_V）的优先级更高。

（2）某个特定维度上，合集中棕地修复项目的重要性介于两个单独集合之间。例如，有 4 个棕地修复项目在风险程度维度上被分到 $H_R \cup M_R$，即这 4 个棕地修复项目的重要性高于 M_R 中的 32 个棕地修复项目，同时又低于 H_R 中的 22 个棕地修复项目。另一方面，风险程度和价值程度两个维度的合集表示对棕地修复项目的综合评价。全集中有 8 个棕地修复项目被分到 $M_V \cap M_R$，有 10 个棕地修复项目被分到 $M_V \cap L_R$，有 5 个棕地修复项目被分到 $L_V \cap M_R$。很显然，$M_V \cap M_R$ 比另外两个类别的优先级高，因为 $M_V \cap M_R$ 在价值程度或风险程度的某一个维度上相对更重要。然而，$M_V \cap L_R$ 和

$L_V \cap M_R$ 的优先级不能直接判断。在图 6-2 中，这两个类之间不区分优先级。现实情况下，资金总是有限的，地方政府可能需要区分这两个类别的优先级。这就需要综合考虑当地的发展情况。例如，某地经济形势正处于萧条期，为了刺激经济发展，可能会考虑优先修复更具价值的棕地，此时，可能认定 $M_V \cap L_R$ 优于 $L_V \cap M_R$。

（3）大约有 10%的棕地修复项目因为信息不足而没有被确切地进行有序分类。在价值程度维度上，有 3 个棕地修复项目被分到 $H_V \cup M_V \cup L_V$，这意味着它们无法根据价值程度维度的"if-then"决策规则判断其价值优先级。在风险程度维度上，有 9 个棕地修复项目被分到 $H_R \cup M_R \cup L_R$，这意味着它们无法根据风险程度维度的"if-then"决策规则判断其风险大小。只有 1 个棕地修复项目在价值程度和风险程度两个维度上都没有任何有序分类的信息。需要说明的是，一些棕地修复项目不能被有序分类的原因不是某个数据缺失，而是大量数据缺失。事实上，在价值程度和风险程度维度上分别有 27%和 22%的棕地修复项目信息是不完整的，而这个算例中价值程度维度上只有 3%的棕地修复项目无法有序分类，风险程度维度上只有9%的棕地修复项目无法有序分类。由于 DRSA 的决策规则是语言性的，大致可以应对信息缺失的问题，案例中绝大多数信息不完备的棕地修复项目被赋予了优先级。如果某个棕地修复项目缺失的信息过多，就无法对其进行优先级判断。这就需要专家先进行更详细的调研，再判定其优先级。

6.4　棕地修复项目优先级排序的政策建议

政府为棕地修复项目预留的财政资金总是有限的，需要对棕地修复项目进行优先级排序。本章设计的棕地修复项目优先级排序模型可以在信息缺失情况下有效地对大部分棕地修复项目进行优先级排序。但是，现实中仍然存在一些可以完善的工作。为了助力我国棕地修复项目的优先级排序更好地进行，从而促进政府资金的合理分配，根据模型构建和使用过程中获取的经验，本节提出以下政策建议。

（1）有必要建立一个综合的棕地相关的数据库。我国棕地相关数据的可得性面临很大挑战。棕地的历史数据可以帮助专家判断某个棕地的污染情况；可以使政府了解棕地整体发展水平，帮助其制定发展战略；也可以促进棕地信息的公开化，方便公众查询，甚至监督。棕地的历史使用状况、面积、使用年限、使用者等信息可以录入数据库。数据库应该囊括已经被修复的棕地及可能存在污染的地块。一些国家已经建立了类似功能的系统，如英国的 NLUD-PDL、美国伊利诺伊州的棕地援助办公室数据库（Office of Brownfields Assistance Database）。这些系统都可以为我国构建自己的棕地数据库提供一些经验。

（2）有必要建立一个棕地相关的专家库，以对这些专家进行系统管理。同时，可以在高校中设置相关专业，培养更多棕地修复与再开发过程中急需的人才。我国棕地相关的修复标准、技术标准等尚不健全。这导致在很多方面对棕地的评估无法通过具体数值进行判断，只能给出定性的或模糊的判断。因此，专家意见在棕地相关决策过程中发挥的作用极大。例如，本章提出的面向政府资金分配的棕地修复项目优先级排序模型中，识别指标体系、判断定性指标和评估棕地修复项目样本的优先级就是通过专家意见得到的。

（3）应该考虑采用更多渠道为棕地修复项目进行融资。面对庞大的棕地数量和极高的修复成本，政府可以提供的棕地修复资金毕竟有限。因此，除政府资金以外，美国《超级基金法》对石油等能源行业征收能源税，为联邦政府修复被严重污染的棕地提供长效的资金支撑。可以从美国棕地治理的战略上获取经验，构建适合我国国情的行业基金。另外，一些商业价值比较高的棕地对私有资本是有一定吸引力的，可以引导私有资本的资金进入棕地修复产业。2014 年出台《国务院关于加强地方政府性债务管理的意见》后，PPP 模式在基础设施建设的各行各业备受推崇。

（4）需要尽快完善棕地修复相关标准。我国正在使用的《土壤环境质量 农用地土壤污染风险管控标准（试行）》颁布于 2018 年，与现实需求匹配度不够。一些污染物没有在清单上列及，一些污染物的背景值与发达国家的要求差距过大，不被社会各界接受。目前一些外资企业在接受转让的土地时，甚至要求借鉴美国等发达国家的土壤修复标准对土地的污染程度进行检测。因此，需出台综合的法律法规体系和科学系统的修复标准等，以提升决策的实施效率和效果。

本 章 小 结

本章构建了棕地修复项目优先级排序模型，用以支持政府资金的合理分配。该模型的有效性不仅体现在可以处理缺失信息，而且在于可以有效降低优先级排序的工作量，节省时间和成本。首先，本章根据现有文献和专家意见构建了包含价值程度和风险程度两个维度共 7 个二级指标的有序分类指标体系。随机抽取了一个信息完整的样本集，并由专家判断样本集中的棕地修复项目在价值程度和风险程度两个维度上的类别。通过 DRSA，对指标信息和专家判断结果进行机器学习，从而分别获取价值程度和风险程度两个维度上的"if-then"决策规则。其次，为了验证这些规则的有效性，本章介绍了专家打分法和再次分类分析法两种方法。通过有效性检验的决策规则可以用来对全集中剩余的棕地修复项目进行有序分类。最后，本书提供了一个包含 100 个棕地修复项目的算例来验证该模型的有效性。该模型具有动态性，主要体现在不同时期棕地的数量和特征可能发生变化。在某个财政年或者某个计划期的开始，可以再次执行该模型，得到适应当期特点的新的决策规则。

第7章 PPP融资下棕地修复项目的关键风险识别

由第 5 章的分析可知，对于政府承担修复责任的棕地，除了依靠政府财政为棕地修复项目融资，通过 PPP 模式引入私有资本也是一种在现有条件下较为可能的融资模式。PPP 是指公私双方通过签订一系列合同来合作建设基础设施项目的特殊政府采购模式。采用 PPP 模式对政府的效益是多方面的，如缓解财政压力、提升效率和转移风险。将 PPP 模式引入棕地修复领域解决融资困境已被各界广泛讨论。尽管 PPP 模式可以拓宽融资渠道、提高项目运行效率，但是我国目前仍然没有将 PPP 模式引入大型棕地修复项目的成功案例。仅有的"岳塘模式"示范项目也因私有合作方的改变而迟滞不前。

国际上关于棕地和 PPP 的研究都可以追溯到 50 年前，但是同时研究这两个主题的文献很少，原因可能在于：①大部分发达国家有相对完善的法律体系和详尽记录土地发展历史的系统，污染责任相对容易认定；②大部分污染企业是私有的，污染责任容易确定。只有当污染的责任人不确定，或者责任人没有能力修复棕地时，政府才不得不承担某些棕地的修复责任。这就导致政府出全资进行修复的棕地占比较小。因此，国外学术界对棕地再开发引入 PPP 模式的研究相对较少。我国的土地制度建立在公有制基础上，对于无法确定责任人的棕地，不得不由政府进行修复。政府有义务为城市发展提供合格的建筑用地，因此，土地的一级开发和整理被认定为基础设施建设。PPP 模式正是政府采购基础设施的一种模式。我国采用 PPP 模式对棕地修复项目进行融资具有制度背景下的现实需求，利用 PPP 模式为棕地修复项目进行融资尚处于探索阶段。

私有资本通过 PPP 模式进入棕地修复领域面临着一系列挑战。在众多的挑战中，目前最需要尽快解决的是风险相关问题。根据其他领域的经验，风险管理不当已经成为 PPP 项目失败的关键因素之一，风险的未知性会阻碍企业的投资行为。识别 PPP 模式应用到棕地修复项目的关键风险，可以为后续风险分担和控制等提供理论基础，有利于 PPP 模式在棕地修复领域的推广。因此，本章主要研究我国棕地修复项目引入 PPP 模式进行融资的关键风险，从而为其他风险管理任务奠定基础。本章的研究技术路线如图 7-1 所示。

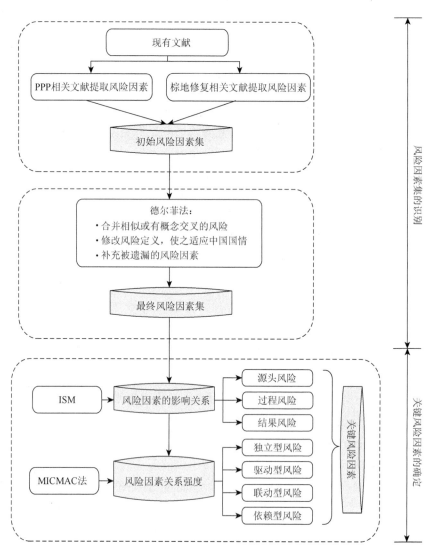

图 7-1　本章的研究技术路线图

在识别风险因素集之后，还需要确定其中的关键风险。目前，使用最广泛的风险重要性排序方法是风险矩阵法（risk matrix method）（Garvey and Lansdowne，1998）。在风险矩阵中，风险的大小用风险发生的可能性与风险发生影响力的乘积表示。但是，风险矩阵法每次计算只能得到一个风险的数据，并不考虑风险因素之间的依赖性和相互影响。

　　事实上，风险因素并不单独存在，任何一个风险因素都和其他风险因素相关联。为了克服这些问题，需要基于整体风险结构框架全面地认识风险因素集，从而提供更深刻的风险管理视角。因此，本章充分考虑这些因素，基于 ISM 和 MICMAC 法，构建 PPP 模式下棕地修复项目关键风险识别模型。

7.1　棕地修复项目风险因素集的构建

　　一个项目是否成功一般通过以下三个维度进行判断：①时间、质量和成本；②利益相关者的满意度；③可持续性。本章将任何对这三个维度产生消极影响的因素定义为风险因素。由于我国缺少棕地方面的数据和经验，很多风险识别的方法（如核对表法、示意图法、案例技术）并不适用。本节在识别风险因素过程中选择文献综述法和德尔菲法。由第 2 章关于棕地和 PPP 相关风险的综述可知，国内外棕地和 PPP 联合研究的相关文献很少，专门针对 PPP 模式下我国棕地修复项目风险的研究尚未发现。然而，关于PPP 项目风险识别的研究和棕地修复项目风险的研究比较多，可以为本书进行初步的风险识别提供研究基础。因此，本节首先根据 PPP 风险相关的文献和棕地修复风险相关的文献分别进行风险因素的识别；其次通过德尔菲法，对初步识别的风险因素集进行完善，使最终得到的 PPP 模式下棕地修复项目风险因素集能适应我国国情。

7.1.1　风险因素集的初步建立

　　由于缺少将 PPP 项目风险与棕地修复项目风险结合起来的研究，本节分别从这两类文献中提取初步的风险因素。专门研究 PPP 项目风险的文献有很多，第 2 章中已经进行了详细的综述，这里不再赘述。本节仔细筛选这些文献，并最终确定 12 篇最有代表性的文献进行风险因素的识别。这些被选中的资料或者被引率高、影响大，或者是最近发表的、经过同行评议且发表在高水平专业期刊上的论文。表 7-1 总结了从这12 篇文献中识别到的 74 个与 PPP 相关的风险因素。表 7-1 中，第一行表示参考文献；对于某个特定的风险因素，行中的"√"表示该风险出自对应的参考文献。类似地，本节选取棕地相关的具有代表性的 9 篇文献，并从中确定 22 个与棕地相关的风险因素，如表 7-2 所示。表 7-2中，第一行同样表示参考文献，行中的"√"同样表示该风险出自对应的参考文献。

表 7-1 PPP 相关文献中识别的风险因素

编号	风险因素	来源											
		Li 等（2005）	Shen 等（2006）	Ng 和 Loosemore（2007）	Estache 等（2007）	Medda（2007）	Xu 等（2010）	Ke 等（2010）	Hwang 等（2013）	Ke 等（2013）	Alireza 等（2014）	Wei 和 Ren（2015）	Valipour 等（2016）
1	贪腐	√										√	
2	政府介入	√	√	√		√	√	√	√	√		√	
3	没收和国有化	√		√	√	√	√	√	√	√		√	√
4	政府可靠性							√	√	√		√	
5	第三方可靠性过错责任执行							√		√			
6	公众或政府其他部门反对	√			√		√	√	√				
7	相关法律体系不成熟	√		√	√		√		√	√		√	
8	相关法律条款的执行差异							√		√			√
9	汇率波动											√	√
10	外汇波动和可兑换性							√		√		√	√
11	通货膨胀	√	√				√				√	√	
12	较差的政治决策过程							√		√		√	√

续表

编号	风险因素	Li 等(2005)	Shen 等(2006)	Ng 和 Loosemore(2007)	Estache 等(2007)	Medda(2007)	Xu 等(2010)	Ke 等(2010)	Hwang 等(2013)	Ke 等(2013)	Alireza 等(2014)	Wei 和 Ren(2015)	Valipour 等(2016)
13	项目的审理和批复	√	√	√			√	√	√	√		√	
14	不恰当的合同	√						√	√	√			
15	资金可得性	√	√				√	√	√	√	√	√	√
16	运营模式或建设调整							√	√	√		√	√
17	关税变化							√		√		√	√
18	延迟供应	√		√	√		√	√	√	√	√	√	√
19	技术风险	√		√	√		√	√	√	√		√	√
20	地面和天气条件	√		√			√	√	√	√	√	√	√
21	成本超支	√		√	√		√	√	√	√		√	√
22	竞争（缺少专有权）	√				√	√	√	√	√		√	√
23	市场需求变化	√			√	√	√			√	√	√	
24	支付风险							√		√		√	√
25	水电等支持单位的风险											√	

续表

编号	风险因素	来源											
		Li 等（2005）	Shen 等（2006）	Ng 和 Loosemore（2007）	Estache 等（2007）	Medda（2007）	Xu 等（2010）	Ke 等（2010）	Hwang 等（2013）	Ke 等（2013）	Alireza 等（2014）	Wei 和 Ren（2015）	Valipour 等（2016）
26	资产的残值风险	√		√			√	√	√	√	√	√	
27	招标过程欠缺竞争性							√		√	√	√	
28	私有投资方能力缺陷				√			√		√			
29	不可抗力	√		√	√		√	√	√	√		√	√
30	组织和协调风险	√	√	√			√	√	√	√	√	√	√
31	税则改变	√		√	√	√	√	√		√	√	√	
32	忽略环境保护	√					√			√	√	√	√
33	私有投资方的改变							√		√			
34	主观的评价方法							√		√			
35	不充分的财务审计								√				
36	不稳定的政府	√							√				√
37	公私双方工作方式的不同	√							√				
38	风险责任分配不当	√	√			√			√				

续表

编号	风险因素	来源											
		Li 等 (2005)	Shen 等 (2006)	Ng 和 Loosemore (2007)	Estache 等 (2007)	Medda (2007)	Xu 等 (2010)	Ke 等 (2010)	Hwang 等 (2013)	Ke 等 (2013)	Alireza 等 (2014)	Wei 和 Ren (2015)	Valipour 等 (2016)
39	权力分配不当	√	√						√				
40	未履行承诺	√	√	√					√		√		√
41	PPP 模式经验不足	√	√		√				√		√		
42	萧条的金融市场		√										
43	有影响力的经济事件								√		√		√
44	工程地质条件	√		√			√		√				√
45	人力资源和质料的可用性	√	√	√	√		√		√		√	√	
46	较高的维护风险	√							√				√
47	制裁与处罚												√
48	研究与数据缺乏						√		√	√			
49	缺少政府支持				√		√		√				
50	范围变化		√										
51	延期完工	√		√	√		√	√					√

续表

编号	风险因素	来源											
		Li等（2005）	Shen等（2006）	Ng和Loosemore（2007）	Estache等（2007）	Medda（2007）	Xu等（2010）	Ke等（2010）	Hwang等（2013）	Ke等（2013）	Alireza等（2014）	Wei和Ren（2015）	Valipour等（2016）
52	项目土地的可得性	√			√		√	√	√	√	√		√
53	项目土地的安全性	√							√		√		
54	工艺质量差	√							√				
55	设计缺陷	√	√			√			√				√
56	生产力低	√							√				√
57	融资成本高	√				√			√				
58	项目对投资方的吸引力不足	√							√				
59	价格变化											√	
60	费用风险											√	
61	修复未达标										√		
62	合同管理能力差										√		
63	延迟解决诉讼或仲裁争议										√		√
64	发起人是否合适										√		

续表

编号	风险因素	来源											
		Li 等（2005）	Shen 等（2006）	Ng 和 Loosemore（2007）	Estache 等（2007）	Medda（2007）	Xu 等（2010）	Ke 等（2010）	Hwang 等（2013）	Ke 等（2013）	Alireza 等（2014）	Wei 和 Ren（2015）	Valipour 等（2016）
65	延迟解决合同纠纷										√		√
66	海关和进口限制											√	
67	土地价值的变化												√
68	土地估价的缺陷												√
69	缺少 PPP 协议的标准模板												√
70	收益不足												√
71	修复标准的变化	√											
72	缺少私人提供公共服务的传统	√											
73	项目后期设计方案的变化	√											
74	过度的合同变更	√											

表 7-2 棕地修复相关文献中识别的风险因素

编号	风险因素	来源								
		Inyang 等（1998）	Espinoza 和 Luccioni（2002）	Greenberg 和 Cervino（2002）	Pediaditi 等（2005）	Zhu 和 Hipel（2007）	Wang 等（2009）	Cross（2011）	Sun 等（2011）	Reinikainen 和 Sorvari（2016）
1	健康风险	√					√	√		√
2	食物链的风险							√		
3	利益相关者财务风险							√		
4	对地下水或其他相关水系的污染							√		
5	结构完整性							√		
6	担保土地被充分修复并达到可接受的标准							√		
7	对声誉和形象的影响							√		
8	影响棕地周围固定资产的价值							√		
9	认知风险和土地疫病							√		
10	相较于急性健康风险的长期健康风险							√		
11	环境风险	√	√	√	√		√		√	√
12	修复标准的变化			√					√	
13	诉讼风险								√	
14	维稳风险				√	√			√	

续表

编号	风险因素	来源 Inyang 等 (1998)	Espinoza 和 Luccioni (2002)	Greenberg 和 Cervino (2002)	Pediaditi 等 (2005)	Zhu 和 Hipel (2007)	Wang 等 (2009)	Cross (2011)	Sun 等 (2011)	Reinikainen 和 Sorvari (2016)
15	监管风险								√	
16	规划风险								√	
17	技术风险				√	√			√	
18	责任风险		√				√			
19	错误的成本估计		√				√			
20	修复期延长		√							
21	土地市场价值的变化		√		√					
22	生态风险									√

7.1.2 风险因素集的修正

以上从文献中识别的风险因素可能并不完全契合我国国情，或者某些风险因素存在概念上的交叉，因此，本节用德尔菲法来完善从文献中最初提取到的风险因素集。具体而言，邀请16名专家参与德尔菲法调研，其中包括2名土地相关部门的政府工作人员、4名土地咨询师、6名曾经进行过棕地或PPP相关研究的学者、4名企业管理人员。首先，删除部分明显不符合棕地修复项目特点的风险因素，包括政府介入、没收和国有化、汇率波动、外汇波动和可兑换性、通货膨胀、较差的政治决策过程、关税变化、竞争（缺少专有权）、支付风险、水电等支持单位的风险、资产的残值风险、主观的评价方法、不稳定的政府、萧条的金融市场、有影响力的经济事件、工程地质条件、人力资源和原材料的可用性、缺少政府支持、范围变化、项目土地的可得性、项目土地的安全性、工艺质量差、生产力低、费用风险、海关和进口限制、结构完整性。因概念交叉而被合并的风险因素如下：①技术风险（表7-1）+技术风险（表7-2）=技术风险；②运营模式或建设调整+设计缺陷+项目后期设计方案的变化=设计方案改变；③资金可得性+利益相关者财务风险=资金可得性；④忽略环境保护+对地下水或其他相关水系的污染=忽略环境保护；⑤政府可靠性+第三方可靠性/过错责任执行+未履行承诺=利益相关者可靠性；⑥地面和天气条件+不可抗力=不可抗力；⑦不恰当的合同+风险责任分配不当+权利分配不当=风险责任或权利分配不当；⑧延迟解决诉讼或仲裁争议+延迟解决合同纠纷=延迟解决合同纠纷、诉讼或仲裁争议；⑨价格变化+土地价值的变化+土地估价的缺陷+收益不足+土地市场价值的变化=未达到预期收益；⑩担保土地被充分修复并达到可接受的标准+修复期延长+修复未达标=修复未达标；⑪修复标准的变化（表7-1）+修复标准的变化（表7-2）=修复标准的变化。

以经过初步整理的风险因素为基础设计德尔菲法使用的调查问卷，为了节省时间和成本，以电子邮件的形式将问卷发送给专家小组成员，希望他们给出以下建议：删除不符合我国实际的风险因素和补充被忽略的风险因素。当所有专家返回意见之后，组织者进行匿名总结，并将这些总结好的建议和根据专家建议调整过的问卷再次发送给专家。三轮调研以后，没有专家再提供新的建议，专家意见达成一致。第一轮调研获得的主要专家意见如下：①生态和环境往往有相关性，可以将生态风险和环境风险合并为"环境与生态风险"；②土地增值税属于地方税，不涉及中央与地方的不一致性,建议删除"税则改变";③土地出让是地方政府的重要财政收入来源,各地方政府都设置了土地储备中心,负责整理土地,建议删除"发起人是否合适";④大多数被修复的棕地并不面向普通消费者,而是通过招拍挂转让给企事业单位或开发商,建议删除"缺少私人提供公共服务的传统";⑤生态和环境风险可以在很大程度上反映"食物链的风险"、"忽略环境保护"和"对地下水或其他相关水系的污染",建议删除后者;⑥健康风险可以涵盖"相较于急性健康风险的长期健康风险",建议删除后者;⑦棕地即使被修复,其价值也往往低于其他相似条件的未被污染的土地,建议增加"污名"为指标以体现该因素。按照专家意见修改调查问卷后,再次以邮件的形式发送给专家。第二轮调研中,专家的主要建议如下:①其他城市项目可能影响棕地修复项目。例如,某些地方政府已出台法令,空气污染严重的条件下,禁止土建项目,因而可能延长工期,应增加"其他城市项目"为风险因素。②土地修复 PPP 项目通常投资大、周期长、不确定性高,还贷风险较高,应增加"还贷风险"这一风险因素。按照专家意见修改调查问卷后,再次以邮件的形式发送给专家。第三轮调研中,专家未提出新的修改建议,德尔菲过程结束。通过德尔菲法最终确定的风险因素集包含48 个因素,如表 7-3 所示,第三列解释了风险因素的含义。

表 7-3　最终的风险因素集

编号	风险因素	风险因素含义
①	贪腐	地方政府或私有投资方管理层的贪污受贿行为
②	利益相关者可靠性	政府/供应商等未来是否按合同履行其责任义务,是否会履行过错责任
③	公众或政府其他部门反对	文化、标准、目标等存在差异,导致公众或不同政府部门的偏见或反对
④	相关法律体系不成熟	缺乏国家级针对 PPP 模式和棕地修复相关的法律体系,导致地方政府制定政策、标准、法规等时缺少统一的法律依据
⑤	相关法律条款的执行差异	各级政府对新的法律和条例的具体执行有差异
⑥	项目的审理和批复	地方政府审批部门延迟或拒绝批复项目
⑦	资金可得性	针对棕地项目的金融市场不成熟或债券等金融工具的可用性等导致的融资困境
⑧	设计方案改变	在原本已经确定的设计规划基础上,对设计内容进行调整、修改或者重新规划的行为
⑨	过度的合同变更	风险分配、利益回报机制等重点合同条款发生变化
⑩	合同管理能力差	对合同条款认知不清,导致合同管理不当
⑪	延迟供应	分包商或供应商不能按时供应所需人力、材料等

续表

编号	风险因素	风险因素含义
⑫	延迟解决合同纠纷、诉讼或仲裁争议	合同拟定的条款出现纠纷时不能及时解决；出现诉讼或仲裁事件后，拖延时间，不能主动承担责任或履行义务
⑬	技术风险	应用的技术不成熟或不能满足需要
⑭	不可抗力	项目实施过程中遇到不适宜的天气条件、洪水、暴风雨、地震等不能人为控制的因素
⑮	成本超支	运营、建设、设计等成本超支导致总成本超支
⑯	市场需求变化	社会、经济等因素导致市场需求量变化
⑰	招标过程欠缺竞争性	招标过程和文件因项目而异，缺乏统一标准，造成只有个别企业可以参加招标
⑱	私有投资方能力缺陷	私有投资方由于能力问题未能履行义务
⑲	组织和协调风险	不合理的组织和沟通引起纠纷和交易成本上涨
⑳	环境与生态风险	项目公司过分重视经济利益，环保意识薄弱
㉑	私有投资方的改变	由于纠纷或其他原因，某个或多个私有投资方撤出或进入
㉒	不充分的财务审计	政府或借款方对项目公司的财务状况审计不足
㉓	公私双方工作方式的不同	公私双方体系结构、目标、工作效率等不同，导致摩擦与纠纷
㉔	风险责任或权利分配不当	合同中列举的风险责任的分配不合理，未能遵守风险分配原则；审计、监督等权利分配不合理
㉕	PPP 模式经验不足	公私双方对 PPP 模式不熟悉，缺少经验
㉖	较高的维护风险	大多数棕地修复项目没有将污染完全清除，需要后期的检测和维护，维护阶段的维修频率比预期高
㉗	制裁和处罚	由于违反法律法规或出现纠纷等被相关部门采取罚款等措施
㉘	研究与数据缺乏	项目论证不足，缺乏可供研究的数据
㉙	延期完工	完成项目需要的时间比预期要长
㉚	融资成本高	项目融资成本高于预期
㉛	项目对投资方的吸引力不足	不确定性或收益水平低等影响投资方对项目投资的兴趣
㉜	未达到预期收益	估价方法缺陷、土地市场需求变化等导致修复后土地成交价低于预期价格
㉝	修复未达标	修复结果未能达到预期要求
㉞	缺少 PPP 协议的标准模板	由于缺少经验，没有形成统一的 PPP 合同的标准模板
㉟	健康风险	项目执行过程中影响周边群众身体健康
㊱	对声誉和形象的影响	修复不合规或项目失败对公私双方声誉和形象的影响
㊲	影响棕地周围固定资产的价值	项目执行过程中，污染泄漏会影响棕地周围资产的价值
㊳	认知风险和土地疫病	对棕地修复项目的认知缺陷，以及污染土地可能存在疫病
㊴	诉讼风险	由于污染问题等发生诉讼事件
㊵	维稳风险	由于污染问题等发生集体上访、游行等社会群体事件

续表

编号	风险因素	风险因素含义
㊶	监管风险	监管不当导致项目实施过程不合规，项目未能通过验收等
㊷	规划风险	由于未预料的因素，土地管理部门改变土地用途等
㊸	责任风险	棕地修复完成后仍有可能存在污染，项目公司可能要承担责任
㊹	错误的成本估计	实际成本高于预估的修复成本
㊺	修复标准的变化	缺少国家层面的详细修复标准，不同地方政府执行不同的修复标准
㊻	污名	由污染导致的可能影响棕地价值的负面因素
㊼	其他城市项目	影响棕地修复项目按时完工的政策、城建项目等
㊽	还贷风险	到期无法还款的风险

7.2　棕地修复项目关键风险识别模型的构建

7.1 节得到的我国棕地修复项目的风险因素集包含了 48 个风险因素，数量较多。这些风险因素并不单独存在，它们之间存在相互影响关系。在风险管理的过程中，除了宏观上评估一个项目的总体风险，更多情况下要评估特定项目中各风险的大小。确定某个项目中的关键风险因素，可以帮助企业明确风险管理战略的重点，将更多的资源用于控制最重要的风险。风险矩阵法就是一种常用的识别关键风险的方法，但是这种方法并不区分各风险因素的相互关系，而是将其视为独立存在。本节构建 PPP 模式下棕地修复项目风险因素的 ISM，用以明确因素之间的影响与被影响关系。同时，通过驱动力和依赖性分析将风险因素分为四类，从而构建风险因素的 MICMAC 模型，以确定风险之间相互关系的强度。

7.2.1　风险因素相互关系模型

7.1 节已完成了风险元素识别，剩余步骤的实施过程如下。

1. 自相关矩阵的构建

自相关矩阵是构建 ISM 的基础。它呈现的是风险因素之间的影响与被影响关系。表 7-4 为 48 个风险因素的自相关矩阵。由表 7-4 可知，只有矩阵的上三角位置有风险因素的比较信息，而下三角位置没有，这是因为上三角的信息与下三角的信息是对称的；矩阵中对角线上的值全部为 X，表示风险因素自身与自身之间影响与被影响关系都存在，省略对角线上的值。

表7-4 自相关矩阵

编号	①	②	③	④	⑤	⑥	⑦	⑧	⑨	⑩	⑪	⑫	⑬	⑭	⑮	⑯	⑰	⑱
㊾	○	○	○	○	○	○	○	○	○	○	○	○	○	○	○	○	○	○
㊽	○	○	○	○	○	○	○	○	○	○	○	○	○	○	○	○	○	○
㊼	○	○	○	○	○	○	○	○	○	○	○	○	○	○	○	○	○	○
㊻	○	○	○	○	○	○	○	○	○	○	○	○	○	○	○	○	○	○
㊺	○	○	○	○	○	○	∧	○	○	○	○	○	○	○	○	○	○	○
㊹	○	○	○	○	○	○	○	○	○	○	○	○	○	○	○	○	○	○
㊸	○	○	∨	○	○	○	○	○	○	○	○	○	∨	○	○	○	○	○
㊷	×	○	○	○	○	○	○	○	○	○	∨	○	○	○	○	○	○	○
㊶	○	○	○	∨	∨	○	○	○	○	○	○	∨	○	○	○	∧	○	○
㊵	○	○	○	○	○	○	○	○	○	○	○	○	○	○	○	○	○	○
㊴	○	○	○	○	○	○	○	○	○	○	○	○	○	○	○	○	○	○
㊳	∨	○	○	○	○	○	○	○	○	○	○	○	○	○	○	○	○	○
㊲	○	○	○	○	○	○	○	○	○	○	○	○	○	○	○	○	○	○
㊱	○	∧	○	○	○	○	○	∧	○	○	∧	○	○	○	○	○	○	○
㉚	○	○	○	○	○	○	○	∨	○	∨	○	○	○	∨	∨	○	○	○
㉙	○	○	○	○	○	○	○	○	○	○	○	○	∨	○	○	○	○	∨
㉘	○	○	○	○	○	○	○	○	○	○	○	○	○	○	∧	○	○	○
㉗	○	○	○	○	○	○	○	○	○	○	○	○	○	○	∧	○	○	○
㉖	○	○	○	○	○	○	○	○	○	○	○	○	∨	∨	∧	○	○	○
㉕	∨	○	○	○	∧	○	○	○	○	∧	○	∧	○	○	○	∧	○	○
㉔	∨	∧	○	○	○	○	○	○	∧	○	○	○	○	○	○	○	○	○
㉓	○	○	○	○	○	○	○	○	○	○	○	○	○	∧	○	○	○	○
㉒	∨	○	○	○	○	○	○	○	○	○	○	○	○	∧	○	○	○	○
㉑	○	∨	○	○	○	○	∨	○	×	○	○	○	○	○	○	○	○	∨
⑳	○	○	○	○	○	○	○	○	○	○	○	∨	○	○	○	○	○	○
⑲	○	∧	○	○	○	○	○	○	○	∨	○	∧	○	○	○	○	○	∨
⑱	○	∧	∧	∧	○	○	∧	∧	○	○	○	○	○	○	∧	○	○	
⑰	∨	○	∧	∧	○	○	∧	○	○	○	○	○	○	○	○	○		
⑯	○	○	∧	○	○	○	○	○	○	○	○	○	○	○	○			
⑮	∨	○	○	○	○	○	∨	○	○	○	○	○	∨	○				
⑭	○	○	○	○	○	∧	∧	○	∧	○	○	○						
⑬	○	○	○	○	○	∧	∧	○	○	○	○							
⑫	○	○	○	∨	∨	○	○	○	○	○								
⑪	○	∨	○	○	○	○	○	○	○									
⑩	∧	○	○	○	○	○	○	○										
⑨	○	○	∧	∧	○	○	○											
⑧	○	○	×	○	○	○												
⑦	○	○	∨	∨	○													
⑥	∨	○	∨	∨														
⑤	○	∧	○															
④	○	○																
③	∨																	
②																		

续表

编号	⑲	⑳	㉑	㉒	㉓	㉔	㉕	㉖	㉗	㉘	㉙	㉚	㉛	㉜	㉝	㉞	㉟	㊱	㊲	㊳
㊽	○	○	○	○	○	○	○	○	○	○	∨	○	○	∨	○	○	○	○	○	○
㊼	○	○	○	○	○	○	○	○	○	○	∧	○	○	○	○	○	○	○	○	○
㊻	○	∨	○	○	○	○	○	○	○	○	○	○	○	∧	○	○	∨	∧	∧	○
㊺	○	○	○	○	○	○	○	○	○	○	○	○	○	∧	○	∨	○	○	○	
㊹	○	○	○	○	○	○	○	○	○	○	○	○	○	○	○	○	○	○		
㊸	○	○	○	○	○	○	○	○	○	○	∧	○	○	○	○	○	○	○		
㊷	○	○	○	○	○	○	○	○	○	○	○	∧	○	○	○	○	○			
㊶	○	∧	○	∧	○	○	○	○	○	○	○	○	∧	○	○	○	○			
㊵	○	∨	○	○	○	○	○	○	○	○	∧	○	○	○	○	○	∨	∧	∨	○
㊴	○	∨	∨	∨	○	○	○	○	○	○	∧	○	○	○	○	○	∨	○	∨	○
㊳	○	∧	○	○	○	○	○	○	○	○	∨	○	○	○	○	○	∧	○	○	
㊲	○	∨	○	○	○	○	○	○	○	○	○	○	○	○	∨	○				
㊱	○	∨	○	○	○	○	○	○	○	○	○	○	∧	○	○	○	∨			
㉟	○	∨	○	○	○	○	○	○	∧	○	○	○	○	○	○					
㉞	○	○	○	○	○	○	○	○	○	○	○	○	○	○						
㉝	○	○	○	○	○	○	○	○	○	○	∨	○	○	○						
㉜	○	○	○	○	∨	○	∨	○	○	○	∨	○	○							
㉛	○	○	○	○	○	○	∨	○	○	○	○									
㉚	○	○	○	○	○	○	○	○	○	○	○									
㉙	○	○	○	○	○	○	○	○	○	○										
㉘	○	○	○	○	○	○	○	∨	○											
㉗	○	○	○	○	○	○	○													
㉖	○	∨	○	∧	○	○	∧													
㉕	∧	○	∧	○	○															
㉔	○	○	∨	○																
㉓	○	○	○																	
㉒	∨	○																		
㉑	○																				
⑱																				
⑰																				
⑯																				
⑮																				
⑭																				
⑬																				
⑫																				
⑪																				
⑩																				
⑨																				
⑧																				
⑦																				
⑥																				
⑤																				
④																				
③																				
②																				
①																				

续表

编号	①	②	③	④	⑤	⑥	⑦	⑧	⑨	⑩	⑪	⑫	⑬	⑭	⑮	⑯	⑰	⑱	⑲	⑳	㉑	㉒	㉓	㉔	㉕	㉖	㉗	㉘	㉙	㉚	㉛	㉜	㉝	㉞	㉟	㊱	㊲	㊳	㊴	㊵	㊶	㊷	㊸	㊹	㊺	㊻	㊼	㊽
㊴																																								O	O	O	O	O	O	O	O	O
㊵																																									O	V	O	O	O	V	O	O
㊶																																										O	O	O	O	O	O	O
㊷																																											O	O	O	O	O	O
㊸																																												O	O	O	O	O
㊹																																													O	O	O	V
㊺																																														O	O	O
㊻																																															O	O
㊼																																																O
㊽																																																

注：O 表示两个因素之间没有相互影响关系，X、V、A 分别表示两个因素之间相互影响、第 i 行因素对第 j 列因素有影响、第 j 列因素对第 i 行因素有影响。

2. 可达集的构建

初始可达矩阵是在自相关矩阵（表 7-4）的基础上构建的。举例来说，表 7-4 的自相关矩阵中（风险①，风险②）的值为 V。根据规则"如果自相关矩阵中风险 i 对 j 的关系的值为 V，那么初始可达矩阵中 (i, j) 的值为 1，而 (j, i) 的值为 0"，初始可达矩阵中（风险①，风险②）和（风险②，风险①）的值分别确定为 1 和 0。自相关矩阵对角线上的值都为 X。根据规则"如果自相关矩阵中风险 i 对 j 的关系的值为 X，那么初始可达矩阵中 (i, j) 和 (j, i) 的值均为 1"，初始可达矩阵中对角线对应的值都为 1。根据自相关矩阵建立的初始可达矩阵如表 7-5 所示。

根据可传递性，初始可达矩阵可以转化为最终可达矩阵。举例说明可传递性的含义：由表 7-5 可知，风险①（贪腐）直接影响风险②（利益相关者可靠性），风险②（利益相关者可靠性）直接影响风险⑪（延迟供应），即风险①（贪腐）间接地影响了风险⑪（延迟供应）。因此，在最终可达矩阵中，（风险①，风险⑪）的值将由 0 转变为 1。判定所有风险因素的可传递性，进而得到风险因素的最终可达矩阵，如表 7-6 所示。另外，第 1 行中的"总计"是指某个风险因素的驱动力大小，用对应行中"1"的个数表示；而第 1 列中的"总计"是指某个风险因素的依赖性大小，用对应列中"1"的个数表示。由于风险因素较多，手动计算最终可达矩阵比较困难。本章使用 MATLAB 编程克服了这一难点。

3. 风险因素的层次划分

层次划分是为了明确每个风险因素在整个风险系统中所处的位置。这个步骤之所以重要，是因为它确定了这些风险因素总共可以被分为多少层。

首先，根据最终可达矩阵提取每个风险的可达集和前因集。某个风险的可达集是指该风险因素可以影响的风险因素的集合。换言之，最终可达矩阵的行中被标记为"1"的因素组成该因素的可达集。举例来说，表 7-6 中风险⑥所在的行中，对应的值为 1 的风险包含风险⑥、风险㉙、风险㉜和风险㊽。因此，风险⑥的可达集包含这四个风险因素。某个风险的前因集是指所有被该风险因素影响的风险因素的集合。举例而言，表 7-6 中风险⑤所在的列中，对应的值为 1 的风险因素包含风险④、风险⑤和风险㉕。因此，风险⑤的前因集包含这三个风险因素。然后，将某个风险因素的可达集和前因集的交集与该风险因素的可达集做比较。如果所有风险因素都

表 7-5　初始可达矩阵

编号	①	②	③	④	⑤	⑥	⑦	⑧	⑨	⑩	⑪	⑫	⑬	⑭	⑮	⑯	⑰	⑱	⑲	⑳	㉑	㉒	㉓	㉔	㉕	㉖	㉗	㉘
①	1	1	0	0	0	1	0	0	0	0	0	0	0	0	1	1	1	0	0	0	1	1	1	1	0	0	0	1
②	1	1	0	0	1	0	0	0	0	0	1	0	0	0	0	0	0	0	0	0	1	0	0	0	0	0	0	0
③	0	0	1	0	0	1	1	1	0	0	0	0	0	0	0	0	0	0	0	0	0	0	0	0	0	0	0	0
④	0	0	0	1	1	1	0	0	0	0	0	1	0	0	0	0	0	0	0	0	0	0	0	0	0	0	0	0
⑤	0	1	0	0	1	0	0	0	0	0	0	1	0	0	0	0	0	0	0	0	0	0	0	0	0	0	1	0
⑥	0	0	0	0	0	1	0	0	1	0	0	0	0	0	1	0	0	0	0	1	0	0	0	0	0	0	0	0
⑦	0	0	1	0	0	1	1	1	1	0	0	1	0	0	0	0	0	0	0	0	1	0	0	0	0	0	0	1
⑧	0	0	0	0	0	0	0	1	0	0	0	0	0	0	0	0	0	0	0	0	1	0	0	0	0	0	0	0
⑨	0	0	0	0	0	0	0	0	1	1	0	0	0	0	0	0	0	0	0	0	0	0	0	0	0	0	0	0
⑩	1	0	0	0	0	0	0	0	0	1	0	0	0	0	0	0	0	0	0	0	0	0	0	0	0	0	0	0
⑪	0	0	0	0	0	0	0	0	0	0	1	0	0	0	0	0	0	0	0	0	0	0	0	0	0	0	0	0
⑫	0	0	0	0	0	0	0	0	0	0	0	1	0	0	0	0	0	0	0	0	0	0	0	0	0	0	0	0
⑬	0	0	0	0	0	0	0	0	0	0	0	0	1	0	0	0	0	0	0	0	0	0	0	0	0	0	0	0
⑭	0	0	0	0	0	0	0	0	0	0	0	0	0	1	0	0	0	0	0	0	0	0	0	0	0	0	0	0
⑮	0	0	0	0	0	0	0	0	0	0	0	0	0	0	1	0	0	0	0	0	0	0	0	0	0	0	0	0
⑯	0	0	0	0	0	0	0	0	0	0	0	0	0	0	0	1	0	0	0	0	0	0	0	0	0	0	0	0
⑰	0	0	0	0	0	0	0	0	0	0	0	0	0	0	0	0	1	0	0	0	0	0	0	0	0	0	0	0
⑱	0	0	0	0	0	0	0	0	0	0	0	0	0	0	0	0	0	1	0	0	0	0	0	0	0	0	0	0
⑲	0	0	0	0	0	0	0	0	0	0	0	0	0	0	0	0	0	0	1	0	0	0	0	0	0	0	0	0
⑳	0	0	0	0	0	0	0	0	0	0	0	0	0	0	0	0	0	0	0	1	0	0	0	0	0	0	0	0
㉑	0	1	0	0	0	1	0	1	0	0	0	0	0	0	0	0	0	0	0	0	1	0	0	0	0	0	0	1
㉒	1	0	0	0	0	0	0	0	0	0	0	0	0	0	0	0	0	0	0	0	0	1	0	0	0	0	0	0
㉓	0	0	0	0	0	0	0	0	0	0	0	0	0	0	0	0	0	0	0	0	0	0	1	0	0	0	0	0
㉔	1	0	0	0	0	0	0	0	0	0	0	0	0	0	0	0	0	0	0	0	0	0	0	1	0	0	0	0
㉕	0	0	0	0	0	0	0	0	0	0	0	0	0	0	0	0	0	0	0	0	0	0	0	0	1	1	0	0
㉖	0	0	0	0	0	0	0	0	0	0	0	0	0	0	0	0	0	0	0	0	0	0	0	0	0	1	1	0
㉗	0	0	0	0	0	0	0	0	0	0	0	0	0	0	0	0	0	0	0	0	0	0	0	0	0	0	1	0
㉘	0	0	0	0	0	0	0	0	0	0	0	0	0	0	0	0	0	0	0	0	0	0	0	0	0	0	0	1

续表

编号	①	②	③	④	⑤	⑥	⑦	⑧	⑨	⑩	⑪	⑫	⑬	⑭	⑮	⑯	⑰	⑱	⑲	⑳
㉙	0	0	0	0	0	0	0	0	0	0	1	0	0	1	0	0	0	0	0	0
㉘	0	0	0	0	0	0	0	0	0	0	0	0	0	0	0	0	0	0	0	0
㉗	0	1	0	0	0	0	0	0	0	0	0	0	0	0	0	0	1	0	0	0
㉖	0	0	0	0	0	0	0	0	0	0	0	0	0	0	0	0	0	0	0	0
㉕	0	0	0	0	0	0	0	0	0	0	0	0	0	0	0	0	0	0	0	0
㉔	0	0	0	0	0	0	0	0	0	0	0	0	0	0	0	0	0	0	0	0
㉓	0	0	0	0	0	0	0	0	0	0	0	0	0	0	0	0	0	0	0	0
㉒	0	1	0	0	0	0	0	0	0	0	0	0	0	0	0	1	0	1	0	0
㉑	0	1	1	1	0	0	0	0	0	0	0	0	0	0	0	1	0	1	0	0
⑳	0	0	0	0	0	0	0	0	1	0	0	0	0	0	0	0	0	0	0	1
⑲	0	1	0	0	0	0	0	0	0	0	0	0	0	0	0	1	0	1	0	0
⑱	0	1	0	0	0	0	0	0	0	0	0	0	0	0	0	0	1	0	0	0
⑰	0	1	0	0	0	0	0	0	0	0	0	0	0	0	0	0	0	1	0	0
⑯	0	0	0	0	0	0	0	0	0	0	0	0	1	0	0	0	0	0	0	0
⑮	0	0	0	0	0	1	0	0	0	0	1	0	1	0	0	0	0	0	0	0
⑭	0	0	0	0	0	1	0	0	0	0	1	0	0	0	0	0	0	0	0	0
⑬	0	0	0	0	0	0	0	0	0	0	0	0	0	0	0	0	0	0	0	0
⑫	0	0	0	0	0	0	0	0	0	0	0	0	0	0	0	0	0	0	0	0
⑪	0	0	0	0	0	0	0	0	1	0	0	0	0	0	0	0	0	0	0	0
⑩	0	1	0	0	0	0	0	0	0	0	0	0	0	0	0	0	0	0	0	0
⑨	0	0	0	0	0	0	1	0	0	0	0	0	0	0	0	0	0	0	0	0
⑧	0	0	0	0	0	0	1	0	0	0	0	0	0	0	0	0	0	0	0	0
⑦	0	0	0	0	0	1	0	0	0	0	0	0	0	0	0	0	0	0	0	0
⑥	0	0	1	0	1	0	0	0	0	0	0	0	0	0	0	0	0	0	0	0
⑤	0	0	0	1	0	0	0	0	0	0	0	0	0	0	0	0	0	0	0	0
④	1	0	1	0	0	1	1	0	0	0	0	0	0	0	0	0	0	0	0	0
③	0	1	0	0	0	0	0	0	0	0	0	0	0	0	0	0	0	0	0	1
②	1	0	0	0	1	0	0	0	0	0	0	0	0	1	0	0	0	0	0	0
①	0	0	0	0	0	0	1	0	0	0	0	0	0	1	0	0	0	0	0	0

续表

编号	㊴	㊵	㊶	㊷	㊸	㊹	㊺	㊻	㊼	㊽
①	0	0	1	0	0	0	0	0	0	0
②	0	0	0	0	0	0	0	0	0	0
③	0	0	0	0	0	0	0	0	0	0
④	0	0	0	0	0	0	0	0	0	0
⑤	0	0	0	0	0	0	0	0	0	0
⑥	0	0	0	0	0	0	0	0	0	0
⑦	0	0	0	0	0	1	0	0	0	0
⑧	0	0	0	0	0	0	1	0	0	0
⑨	0	0	0	0	0	0	0	0	0	0
⑩	0	0	0	0	0	0	0	0	0	0
⑪	0	0	0	0	0	0	0	0	0	0
⑫	0	0	0	0	0	0	0	0	0	0
⑬	0	0	0	0	0	0	0	0	0	0
⑭	0	0	0	0	0	0	0	0	0	0
⑮	1	0	0	0	0	0	0	0	0	0
⑯	0	0	0	0	0	0	0	0	0	0
⑰	0	0	0	0	0	0	0	0	0	0
⑱	0	0	0	0	0	0	0	0	0	0
⑲	0	0	0	0	0	0	0	0	0	0
⑳	0	0	1	0	0	0	0	0	0	0
㉑	0	0	0	0	0	0	0	0	0	0
㉒	0	0	1	0	0	0	0	0	0	0
㉓	0	0	0	0	0	0	0	0	0	0
㉔	0	0	0	0	0	0	0	0	0	0
㉕	0	0	0	0	0	0	0	0	0	0
㉖	0	0	0	0	0	0	0	0	0	0
㉗	0	0	0	0	0	0	0	0	0	0
㉘	0	0	0	0	0	0	0	0	0	0
㉙	1	1	0	0	0	0	0	0	1	0
㉚	0	0	0	0	1	0	0	0	0	0
㉛	0	0	0	0	1	0	0	0	0	0
㉜	0	0	0	1	0	0	0	1	0	0
㉝	0	0	0	1	0	0	1	0	0	0
㉞	0	0	0	0	0	0	0	0	0	0
㉟	0	0	0	0	0	0	0	0	0	0
㊱	0	1	0	0	0	0	0	1	0	0
㊲	0	0	0	0	0	0	0	1	0	0
㊳	0	0	0	0	0	0	0	0	0	0
㊴	1	0	0	0	0	0	0	0	0	0
㊵	0	1	0	0	0	0	0	0	0	0
㊶	0	0	1	0	0	0	0	0	0	0
㊷	0	1	0	1	0	0	0	0	0	0
㊸	0	0	0	0	1	0	0	0	0	0
㊹	0	0	0	0	0	1	0	0	0	0
㊺	0	0	0	0	0	0	1	0	0	0
㊻	0	1	0	0	0	0	0	1	0	0
㊼	0	0	0	0	0	0	0	0	1	0
㊽	0	0	0	0	0	1	0	0	0	1

表 7-6　最终可达矩阵

编号	①	②	③	④	⑤	⑥	⑦	⑧	⑨	⑩	⑪	⑫	⑬	⑭	⑮	⑯	⑰	⑱	⑲	⑳	㉑	㉒	㉓	㉔	㉕	㉖	㉗	㉘	㉙	㉚	㉛	㉜	㉝	㉞	㉟	㊱	㊲	㊳	总计
①	1	1	1	0	0	1	1	1	1	0	1	1	0	0	0	0	0	0	1	0	1	1	1	1	0	1	1	0	1	0	1	1	1	0	1	0	0	1	32
②	1	1	1	0	0	1	1	1	1	0	1	1	0	0	0	0	0	0	1	0	1	1	1	1	0	1	1	0	1	0	1	1	1	0	1	0	0	1	32
③	1	1	1	0	0	1	1	1	1	0	1	1	0	0	0	0	0	0	1	0	1	1	1	1	0	1	1	0	1	0	1	1	1	0	1	0	0	1	32
④	1	1	1	1	1	1	1	1	1	0	1	1	0	0	1	0	0	0	1	0	1	1	1	1	0	1	1	0	1	0	1	1	1	0	1	0	0	1	34
⑤	1	0	1	0	1	1	1	0	0	0	1	1	1	0	0	0	0	0	0	0	0	0	0	0	1	1	1	0	0	1	0	1	1	1	0	0	0	1	33
⑥	0	0	0	0	0	1	0	0	0	0	0	0	0	0	0	0	0	0	0	0	0	0	0	0	0	0	1	0	0	1	0	0	0	0	0	0	0	1	4
⑦	1	1	1	0	0	1	1	1	1	0	1	1	0	0	0	0	0	0	1	0	1	1	1	1	0	1	1	0	1	0	1	1	1	0	1	0	0	1	32
⑧	1	1	1	0	0	1	1	1	1	0	1	1	0	0	0	0	0	0	1	0	1	1	1	1	0	1	1	0	1	0	1	1	1	0	1	0	0	1	32
⑨	1	1	1	0	0	1	1	1	1	0	1	1	0	0	0	0	0	0	1	0	1	1	1	1	0	1	1	0	1	0	1	1	1	0	1	0	0	1	32
⑩	1	1	1	0	1	1	1	1	1	1	1	1	0	0	0	0	0	0	1	0	1	1	1	1	0	1	1	0	1	0	1	1	1	0	1	0	0	1	33
⑪	0	0	0	0	0	1	0	0	0	0	1	0	0	0	0	0	0	0	0	0	0	0	0	0	0	0	1	0	0	1	0	0	0	0	0	0	0	1	4
⑫	1	1	1	1	1	1	1	1	1	1	1	1	0	0	0	0	0	0	1	0	1	1	1	1	0	1	1	0	1	0	1	1	1	0	1	0	0	1	32
⑬	1	1	1	1	1	1	1	1	1	1	1	1	1	0	0	0	0	0	1	0	1	1	1	1	1	1	1	0	1	0	1	1	1	0	1	0	0	1	34
⑭	1	1	1	1	1	1	1	1	1	1	1	1	0	1	0	0	0	0	1	0	1	1	1	1	0	1	1	0	1	0	1	1	1	0	1	0	0	1	34
⑮	0	0	0	0	0	0	0	0	0	0	0	0	0	0	1	1	0	0	0	0	0	0	0	0	0	0	0	0	0	0	0	0	0	0	0	0	0	1	3
⑯	0	0	0	0	0	0	0	0	0	0	0	0	0	0	1	1	0	0	0	0	0	0	0	0	0	0	0	0	0	0	0	0	0	0	0	0	0	1	3
⑰	1	1	1	0	0	1	1	1	1	0	1	1	0	0	0	0	0	0	1	0	1	1	1	1	0	1	1	0	1	0	1	1	1	0	1	0	0	1	32
⑱	1	1	1	0	0	1	1	1	1	1	1	1	0	0	0	0	0	0	1	0	1	1	1	1	0	1	1	0	1	0	1	1	1	0	1	0	0	1	33

续表

编号	⑲	㉘	㉗	㉒	㉑	㉚	㊺	㊹	㊸	㉟	㉞	㊴	㊳	㉝	㉖	㉓	㉙	㉕	㉔	㉜
总计	32	32	32	6	32	32	35	4	4	34	3	4	32	2	3	33	32	3	10	33
㊽	1	1	1	1	1	1	1	1	1	1	1	1	1	1	1	1	1	1	1	1
㊼	0	0	0	0	0	0	0	0	0	0	0	0	0	0	0	0	0	0	0	0
㊻	1	1	1	0	1	1	1	0	0	1	0	0	1	0	0	1	1	0	1	1
㊺	0	0	0	0	0	0	0	0	0	0	0	0	0	0	0	0	0	0	0	0
㊹	1	1	1	0	1	1	1	0	0	1	0	0	1	0	0	1	0	0	1	1
㊸	1	1	1	0	1	1	0	0	0	1	0	0	1	0	0	1	1	0	1	1
㊷	1	1	1	1	1	1	0	0	0	1	0	0	1	0	0	1	1	0	1	1
㊶	1	1	1	1	1	1	1	0	0	1	0	0	1	0	0	1	1	0	1	1
㊵	0	1	1	1	0	1	1	0	0	1	0	0	1	0	0	1	0	1	1	1
㊴	0	0	0	0	0	0	0	0	0	1	0	0	0	0	0	0	0	0	0	1
㊳	1	1	1	1	1	1	1	0	0	1	0	0	1	0	1	1	1	0	1	1
㊲	1	1	1	0	1	1	0	0	0	1	0	0	1	0	0	1	1	1	1	1
㊱	1	1	1	1	1	1	1	1	1	1	1	1	1	1	1	1	1	1	1	1
㉟	1	1	1	0	1	1	1	0	0	1	0	0	1	0	0	1	1	0	1	1
㉞	0	0	0	0	0	0	0	0	0	1	0	0	0	0	0	0	0	0	0	1
㉝	1	1	1	0	1	1	0	0	0	1	0	0	1	0	0	1	1	0	1	1
㉜	1	1	1	1	1	1	1	1	1	1	1	1	1	1	1	1	1	1	1	1
㉛	1	1	1	0	1	1	0	0	0	1	0	0	1	0	0	1	1	0	1	1
㉚	0	0	0	0	0	0	0	0	0	1	0	0	0	0	0	0	0	0	0	0
㉙	1	1	1	0	1	1	0	0	0	1	0	0	1	0	0	1	1	0	0	0
㉘	0	0	0	0	0	0	0	1	0	0	0	0	0	0	0	0	0	0	0	0
㉗	0	0	0	0	0	0	1	0	0	0	0	0	0	0	0	0	0	0	0	0
㉖	1	1	1	0	1	1	0	0	0	1	0	0	1	0	0	1	1	0	0	1
㉕	1	1	1	0	1	1	0	0	0	1	0	0	1	0	0	1	1	0	0	1
㉔	1	1	1	0	1	1	0	0	0	1	0	0	1	0	0	1	1	0	0	1
㉓	0	0	0	0	0	0	0	0	0	0	0	0	0	0	1	0	0	0	0	0
㉒	1	1	1	0	1	1	1	0	0	1	0	0	1	0	0	1	1	0	0	1
㉑	1	1	1	1	1	1	1	1	1	1	1	1	1	1	1	1	1	1	1	1
⑳	0	0	0	0	0	0	0	0	0	0	0	0	1	0	0	0	0	0	0	0
⑲	1	1	1	0	1	1	1	0	1	1	0	0	1	0	0	1	1	0	0	1
⑱	1	1	1	0	1	1	1	0	0	1	0	0	1	0	0	1	1	0	0	1
⑰	0	0	0	0	0	0	1	0	0	0	0	0	0	0	0	0	0	0	0	0
⑯	0	0	0	0	0	0	0	0	0	0	0	0	0	0	0	0	0	0	0	0
⑮	1	1	1	0	1	1	1	0	0	1	0	0	1	0	0	1	1	0	1	1
⑭	0	0	0	0	0	0	0	0	0	0	0	0	0	0	0	0	0	0	0	0
⑬	0	0	0	0	0	0	1	0	0	0	0	0	0	0	0	0	0	0	0	0
⑫	1	1	1	0	1	1	0	0	0	1	0	0	1	0	0	1	1	0	0	1
⑪	1	1	1	0	1	1	0	0	0	1	0	0	1	0	0	1	1	0	0	1
⑩	0	0	0	0	0	0	1	0	0	0	0	0	0	0	0	0	0	0	0	0
⑨	1	1	1	0	1	1	0	0	0	1	0	0	1	0	0	1	1	0	0	1
⑧	1	1	1	0	1	1	0	0	0	1	0	0	1	0	0	1	1	0	0	1
⑦	1	1	1	0	1	1	0	0	0	1	0	0	1	0	0	1	1	0	0	1
⑥	1	1	1	0	1	1	0	0	0	1	0	0	1	0	0	1	1	0	0	1
⑤	0	0	0	0	0	0	1	0	0	0	0	0	0	0	0	0	0	0	0	0
④	0	0	0	0	0	0	0	0	0	0	0	0	0	0	0	0	0	0	0	0
③	1	1	1	0	1	1	1	0	0	1	0	0	1	0	0	1	1	0	0	1
②	1	1	1	0	1	1	1	0	0	1	0	0	1	0	0	1	1	0	0	1
①	1	1	1	0	1	1	1	0	0	1	0	0	1	0	0	1	1	0	0	1

续表

编号	㊳	㊴	㊶	㊸	㊹	㊺	㊻	㊼	㊽	总计
①	0	0	1	1	0	1	1	1	0	29
②	0	0	1	1	0	1	1	1	0	29
③	0	0	0	0	0	0	0	0	0	1
④	0	0	0	0	0	0	0	0	0	3
⑤	0	0	1	0	0	1	1	0	0	30
⑥	0	0	1	0	0	1	1	0	0	30
⑦	0	0	1	1	0	1	1	0	0	29
⑧	0	0	1	0	0	1	1	1	0	29
⑨	0	0	1	0	0	1	1	1	0	29
⑩	0	0	0	0	0	0	0	0	0	2
⑪	0	0	1	0	0	1	1	0	0	30
⑫	0	0	1	0	0	1	1	0	0	29
⑬	0	0	0	0	0	0	0	0	0	1
⑭	1	1	1	0	1	1	1	1	1	38
⑮	0	0	0	0	0	0	0	0	0	1
⑯	0	0	1	0	0	1	1	0	0	29
⑰	0	0	0	0	0	0	0	0	0	1
⑱	0	0	1	0	0	1	1	0	0	29
⑲	0	0	1	0	0	1	1	0	0	29
⑳	0	0	1	0	0	1	1	0	0	29
㉑	0	0	1	0	1	1	1	0	0	30
㉒	0	0	1	0	1	1	1	0	0	30
㉓	0	0	1	0	0	1	1	0	0	29
㉔	0	0	1	0	1	1	1	0	0	29
㉕	0	0	0	0	0	0	0	0	0	3
㉖	0	0	1	0	0	1	1	0	0	30
㉗	0	0	0	0	0	0	0	0	0	1
㉘	1	1	1	0	1	1	1	1	0	38
㉙	0	0	0	0	0	0	0	0	0	2
㉚	0	0	1	0	1	1	1	0	0	29
㉛	1	0	1	1	1	1	1	0	1	47
㉜	0	0	1	0	1	1	1	0	0	30
㉝	0	0	0	0	0	0	0	0	0	1
㉞	0	0	1	0	1	1	1	0	0	29
㉟	0	1	1	0	1	1	1	0	0	33
㊱	0	1	1	0	1	1	1	0	0	32
㊲	0	0	0	0	0	0	0	0	0	2
㊳	0	0	1	0	1	1	1	0	0	33
㊴	0	0	1	0	1	1	1	0	0	29
㊵	0	0	1	0	1	1	1	0	0	32
㊶	1	1	1	0	1	1	1	0	0	34
㊷	0	0	0	0	0	0	0	0	0	1
㊸	0	0	1	0	1	1	1	0	0	29
㊹	0	0	1	0	1	1	1	0	0	33
㊺	0	0	0	0	0	0	0	0	0	1
㊻	0	1	1	0	1	1	1	0	0	32
㊼	0	0	0	0	0	0	0	1	0	1
㊽	1	1	1	1	1	1	1	1	1	48
总计	5	10	32	3	34	33	32	10	4	

相同，那么该风险因素可以从风险清单中移除，成为某层次中的一个风险因素。有且只有风险㊽满足该条件，所以组成层次Ⅰ。将风险㊽从风险因素集中移除，剩余的 47 个风险因素重复进行比较。在第二轮比较中，有且只有风险㉜满足该条件，所以组成层次Ⅱ，并将其从风险因素集中移除。在第三轮比较中，风险⑮、风险⑯、风险㉙、风险㉝、风险㊱、风险㊷满足该条件，所以组成层次Ⅲ，并被移出风险因素集。在第四轮比较中，风险⑥、风险⑪、风险㉖、风险㉗、风险㉚、风险㊴、风险㊼满足该条件，所以组成层次Ⅳ，并被移出风险因素集。在第五轮比较中，风险㉒、风险㊲、风险㊵、风险㊻满足该条件，所以组成层次Ⅴ，并被移出风险因素集。在第六轮比较中，风险①、风险②、风险③、风险⑦、风险⑧、风险⑨、风险⑫、风险⑰、风险⑲、风险⑳、风险㉑、风险㉓、风险㉔、风险㉛、风险㉟、风险㊶、风险㊺满足该条件，所以组成层次Ⅵ，并被移出风险因素集。在第七轮比较中，风险⑤、风险⑩、风险⑬、风险⑭、风险⑱、风险㉞、风险㊳、风险㊸、风险㊹满足该条件，所以组成层次Ⅶ，并被移出风险因素集。在第八轮比较中，风险④、风险㉕、风险㉘满足该条件，所以组成层次Ⅷ，并被移出风险因素集。至此，所有风险因素都进入了某一层次。风险因素分层结果如表 7-7 所示。可见，层次Ⅰ～层次Ⅷ分别包含 1、1、6、7、4、17、9、3 个风险因素。

表 7-7　风险因素分层结果

层次	风险因素
Ⅰ	㊽（还贷风险）
Ⅱ	㉜（未达到预期收益）
Ⅲ	⑮（成本超支），⑯（市场需求变化），㉙（延期完工），㉝（修复未达标），㊱（对声誉和形象的影响），㊷（规划风险）
Ⅳ	⑥（项目的审理和批复），⑪（延迟供应），㉖（较高的维护风险），㉗（制裁和处罚），㉚（融资成本高），㊴（诉讼风险），㊼（其他城市项目）
Ⅴ	㉒（不充分的财务审计），㊲（影响棕地周围固定资产的价值），㊵（维稳风险），㊻（污名）
Ⅵ	①（贪腐），②（利益相关者可靠性），③（公众或政府其他部门反对），⑦（资金可得性），⑧（设计方案改变），⑨（过度的合同变更），⑫（延迟解决合同纠纷、诉讼或仲裁争议），⑰（招标过程欠缺竞争性），⑲（组织和协调风险），⑳（环境与生态风险），㉑（私有投资方的改变），㉓（公私双方工作方式的不同），㉔（风险责任或权利分配不当），㉛（项目对投资方的吸引力不足），㉟（健康风险），㊶（监管风险），㊺（修复标准的变化）
Ⅶ	⑤（相关法律条款的执行差异），⑩（合同管理能力差），⑬（技术风险），⑭（不可抗力），⑱（私有投资方能力缺陷），㉞（缺少 PPP 协议的标准模板），㊳（认知风险和土地疫病），㊸（责任风险），㊹（错误的成本估计）
Ⅷ	④（相关法律体系不成熟），㉕（PPP 模式经验不足），㉘（研究与数据缺乏）

4. ISM

依据风险因素的最终可达矩阵(表 7-6)和风险因素分层结果(表 7-7),可以构建 PPP 模式下棕地修复项目风险因素的 ISM 图,如图 7-2 所示。一般来说,最终确定 ISM 后,为了方便理解,需要用因素全称替换掉因素的编号。但是,由于本章的 PPP 模式下棕地修复项目关键风险识别模型中包含的风险因素太多,无法在一个页面中将其呈现,使用风险因素的编号指代风险因素全称,这里的风险编号与表 7-3 中的风险因素完全对应。如图 7-2 所示,这 48 个风险因素被置于对应的层次中,箭头表示风险因素之间的影响与被影响的关系(箭尾连接的风险因素影响箭头连接的风险因素)。通过这个可视化的图可以很容易了解各风险因素在整个风险系统结构中的位置和风险因素之间的相互关系。

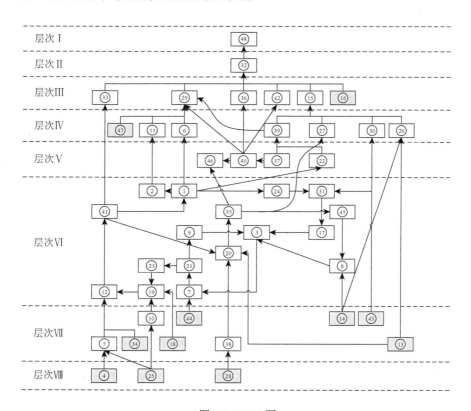

图 7-2　ISM 图

7.2.2　风险因素关系强度模型

ISM 只能判定风险因素之间是否存在相互影响的关系,但是不能显示相互影响关系的强度。MICMAC 法分析常常作为 ISM 的补充方法被采用，它可以通过因素的驱动力和依赖性体现相互关系的强度信息。其中，某个风险因素的驱动力是指其影响的风险因素的数量；而某个风险因素的依赖性是指被其影响的风险因素的数量。

通过驱动力和依赖性两个维度，本章识别的风险因素可以归为四类：第Ⅰ类（独立）、第Ⅱ类（依赖）、第Ⅲ类（联动）和第Ⅳ类（驱动）。一般来说，第Ⅰ类中风险因素的驱动力和依赖性都比较低，第Ⅱ类中风险因素的依赖性较高而驱动力较低，第Ⅲ类中风险因素的驱动力和依赖性都比较高，第Ⅳ类中风险因素的依赖性较低而驱动力较高。

驱动力的值对应最终可达矩阵（表 7-6）的行中"1"的总量。类似地，依赖性的值对应最终可达矩阵（表 7-6）的列中"1"的总量。风险因素 MICMAC 模型图如图 7-3 所示。第Ⅰ类（独立）包含 4 个风险因素，第Ⅱ类（依赖）包含 15 个风险因素，第Ⅲ类（联动）包含 17 个风险因素，第Ⅳ类（驱动）包含 12 个风险因素。图 7-3 中的风险因素编号与表 7-3 中的风险因素相对应。由图 7-3 可见，第Ⅲ类（联动）和第Ⅳ类（驱动）中的风险因素具有较高的驱动力，这意味着它们对其他风险因素的影响程度相对更大；第Ⅲ类（联动）和第Ⅱ类（依赖）中的风险因素具有较高的依赖性，这意味着它们被其他风险因素影响的程度相对更大。

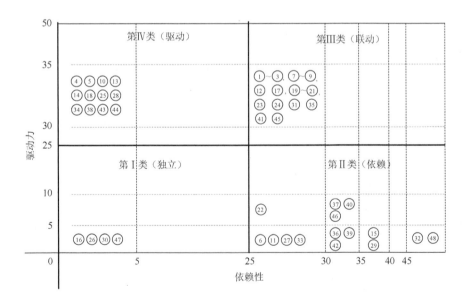

图 7-3　MICMAC 模型图

7.3　棕地修复项目关键风险的确定

确定关键风险是风险评估最重要的任务。根据帕累托最优原则，80%的影响通常是由 20%的重要因素导致的。因此，在制定风险管理战略时，应该首先考虑那些具有重要影响的关键风险因素。根据 7.2 节 ISM 和 MICMAC 模型的分析结果，可以识别 PPP 模式下棕地修复项目的关键风险因素。

图 7-2 中的风险因素可以分为源头风险、过程风险和结果风险三类。具体而言，那些被标记为灰色的风险因素为源头风险，因为它们不能被任何其他风险因素影响（没有箭头指向它们）。相反地，结果风险是指只能被其他风险因素影响而不能影响其他风险因素的风险（即没有连接箭尾的风险因素），只有风险㊽是结果风险。其他风险既能被其他风险因素影响，又能影响其他风险因素，因此称为过程风险。从 ISM 的视角来看，最重要的风险因素属于源头风险（11 个），因为其他风险因素都直接或间接地被这些风险因素影响。从 MICMAC 模型的角度分析，驱动力越强，意味着影响越大。因此，第Ⅲ类（联动）和第Ⅳ类（驱动）中的风险因素应该是最关键的风险因素。

如果某个风险既属于 ISM 的源头风险，又属于 MICMAC 模型的联动型风险或驱动型风险，那么该风险因素为关键风险因素。因此，本章可以确定 9 个关键风险因素：风险④（相关法律体系不成熟），风险⑬（技术风险），风险⑭（不可抗力），风险⑱（私有投资方能力缺陷），风险㉕（PPP 模式经验不足），风险㉘（研究与数据缺乏），风险㉞（缺少 PPP 协议的标准模板），风险㊸（责任风险），风险㊹（错误的成本估计）。关键风险因素数量占总风险因素数量的 18.75%（＝9/48），这与帕累托最优原则是基本相符的。

7.4　棕地修复项目关键风险控制的政策建议

PPP 融资被认为是走出我国棕地修复资金困境的一个有效途径，但是 PPP 模式在我国棕地修复项目中的应用尚未真正展开。2014 年，湘潭市岳塘区政府与永清集团在全国率先探索采用 PPP 模式实施棕地修复项目，被业界称为"岳塘模式"。然而，这一项目由于私有合作方的改变，至今未能成功。棕地修复和 PPP 都与高风险相关，且风险管理不当已经成为 PPP 项目失败的一个关键因素。本章识别了 9 个采用 PPP 模式为棕地修复项目融资的关键风险因素：相关法律体系不成熟，技术风险，不可抗力，私有投资方能力缺陷，PPP 模式经验不足，研究与数据缺乏，缺少 PPP 协议的标准模板，责任风险，错误的成本估计。为了推广 PPP 模式在棕地修复项目中的顺利应用，本节为控制这些关键风险提供一些宏观的政策建议。

（1）政府可以确定一些示范项目，第一，示范项目可以克服 PPP 模式在我国棕地修复领域经验不足（风险㉕，PPP 模式经验不足）的问题；第二，通过从示范项目积累的经验，可以设计 PPP 模式下棕地修复项目的协议模板（风险㉞，缺少 PPP 协议的标准模板）；第三，示范项目可以为棕地修复成本的估计（风险㉘，研究与数据缺乏）提供参考和数据支持（风险㊹，错误的成本估计）；第四，示范项目可以作为案例进行分析，为完善棕地和 PPP 相关的法律提供经验（风险④，相关法律体系不成熟）。

（2）棕地污染的不确定性使得棕地修复项目具有高风险性，急需相关保险行业的配套发展。为了抵抗不可抗力（风险⑭）、技术风险（风险⑬）和责任风险（风险㊸），政府应采取措施鼓励保险公司开发与棕地相关的保险业务。英美等发达国家已有相对成熟的棕地相关的保险体系，值得我国政府和企业借鉴。

（3）高校可以提供一些棕地相关的课程教育，其培养的专业人才将有利于克服技术风险（风险⑬）并提高相关企业的能力（风险⑱，私有投资方能力缺陷）。在市场需求的驱动下，我国开展棕地修复项目的企业在近几年极速增加：2013 年 9 月约有 300 家，2014 年底约有 500 家，2016 年已超过 1000 家，2017 年 5 月增长至大约 26000 家。但是这些企业与政府的合作方式并非 PPP 模式，而是通过雇佣关系进行棕地修复。企业缺少与政府合作进行棕地修复的经验，因此，政府在确定私有方合作伙伴时应充分考虑企业的能力。

（4）设计棕地相关的数据库，以应对数据缺少和研究不足的挑战（风险㉘，研究与数据缺乏）。我国土地相关的数据（包括土地用途、使用年限、变更使用人等信息）比较缺乏，这对棕地污染责任的划分极为不利。有了详细的数据支撑才能帮助政府制定合理的、宏观的棕地修复计划；同时也有助于棕地信息的公开化，方便群众查询棕地相关的信息。但是我国尚未出现关于棕地的统一的官方数据库，NLUD-PDL 等发达国家已有的数据库可以为我国提供经验基础。

（5）完善我国棕地相关的法律法规体系，以明确棕地的污染责任（风险㊸，责任风险）。目前的法律规定，如果土地使用权发生转移，那么该土地的污染责任随之转移，另有约定的除外。即使修复过的棕地，也有可能存在未被发现的污染。潜在的污染责任阻碍了投资者对棕地的投资信心。美国《小企业责任减免及棕地再生法》有效解决了该国的类似问题，值得我国借鉴。

本 章 小 结

本章首先通过现有文献找到了 96 个 PPP 模式下我国棕地修复项目可能面临的风险因素，其次通过德尔菲法对这些风险因素进行合并、补充、修改等操作，对风险因素集进行完善，最终确定了一个包含 48 个风险因素的风险清单。为了了解这些风险因素的相互影响关系，采用 ISM 对这些风险因素进行建模并将它们分为源头风险、过程风险和结果风险三类。同时，根据风险因素的依赖性和驱动力构建 MICMAC 模型，确定了风险因素之间相互影响关系的强弱。结合 ISM 和 MICMAC 法的分析结果，确定了 9 个关键风险因素：相关法律体系不成熟，技术风险，不可抗力，私有投资方能力缺陷，PPP 模式经验不足，研究与数据缺乏，缺少 PPP 协议的标准模板，责任风险，错误的成本估计。

第三篇　棕地再开发项目评价研究

第8章　EISBRP 研究

与其他项目评价研究一样，构建 EISBRP 是棕地再开发项目评价的首要工作。本章在对棕地再开发主要利益相关者进行分类的基础上，首先，从生态学视角初步提出 EISBRP，以此为基础，设计问卷对主要利益相关者进行调查；其次，利用 SPSS 软件计算 CA 值，进行 KMO 检验和巴特利特球形检验以验证问卷的效度和信度，并利用因子分析中的主成分分析法，提取六个公因子，对指标体系进行优化，获得优化后的 EISBRP；最后，利用 AMOS 软件对两个指标体系进行参数检验和模型拟合度检验，以此检验 EISBRP 的优化效果。

基于生态学视角构建的 EISBRP 包含环境和健康效益指标、财务指标、棕地位置指标、社会稳定性指标、政策和技术指标、实施效果指标等六大类指标，全面考虑了环境、财务、风险、社会效益、国民经济效益等五个方面的评价问题，并充分兼顾了各主要利益相关者的利益。该指标体系具有科学、全面、简单和实用的特点，为后续研究奠定了基础。

8.1　EISBRP 的建立和检验

本节将生态共生的思想引入棕地再开发项目的评价中，结合对棕地再开发过程各主要利益相关者的分析，提出生态学视角下基于利益相关者的EISBRP。

8.1.1　从生态学视角构建 EISBRP

1. 必要性

棕地是受到污染尚未得到充分利用或者被废弃的土地，其再开发将会带来很好的社会效益和环境生态效益。棕地再开发项目与一般工程项目的开发有着明显的区别：首先，必须先对它的项目用地即受到污染的土地进行治理，使之符合国家的标准，才可以进行后续开发；其次，为避免新的项目建设再次造成严重的污染，它对新的项目有着特殊的环境生态指标要求。棕地再开发项目评价是一个典型的需要考虑生态指标的综合评价项目。

因此，有必要将生态学中生态共生的理念引入棕地再开发项目的评价中，以自然系统、社会系统和人工系统共同组成的生态系统为研究对象，以生态系统的可持续性发展为最终目标。

2. 创新性

传统的评价指标侧重经济评价，通常以财务指标作为衡量项目优劣的标准，没有考虑环境和生态因素。这种评价模式违背了客观规律，从而可能造成环境污染、生态恶化、资源枯竭。

社会发展与进步促使人们不断思考人与自然的关系。1987 年世界环境与发展委员会提出"可持续发展"的概念，强调人与自然之间的协调发展。受可持续发展观念的启发，本章不仅从经济角度对棕地再开发项目进行评价，而且将环境评价、社会评价、国民经济评价、财务评价和风险评价有效集成到 EISBRP 中。

（1）环境评价。环境评价是通过对棕地再开发项目实施过程的环境影响进行分析、预测和评价，从而预防或者减轻对环境的破坏。棕地再开发项目环境评价主要从改善土壤质量、提高绿化率等方面展开。

（2）社会评价。可持续发展观念使人们认识到人与自然和谐发展的重要性。棕地再开发项目的评价既要考虑经济效益，也要考虑社会公平目标。

（3）国民经济评价。国民经济评价是按照资源合理配置的原则，从国家整体的角度评价项目的经济合理性。棕地再开发项目既有直接效益，又有间接效益，因此需要进行国民经济评价。

（4）财务评价。棕地再开发项目财务评价通常从投资收益率、投资回收期等角度开展。

（5）风险评价。工程项目实施过程中面临各种各样的不确定性，风险评价是降低项目不确定性、提高项目管理水平的有效途径。棕地再开发项目周期长、面临的不确定性较多，因此需要进行风险评价。

8.1.2　棕地再开发项目的利益相关者分析

1963 年，美国斯坦福研究所（Stanford Research Institute，SRI）最早明确提出"利益相关者"的概念，用于表示与企业有密切关系的群体或个人。随后不同领域的学者根据各自研究领域的特点对利益相关者进行了定义。在商业领域，Freeman（1984）将利益相关者定义为能够影响组织目标实现或能够被组织目标实现所影响的人和组织；Bowie（1988）将利益相关者定义为没有这些人或组织的支持，组织将不能够生存；Clarkson（1995）

将利益相关者定义为在过去、现在和将来拥有公司的所有权或其他权力和利益的个人和团体，进而会对公司的活动产生影响。在自然资源管理领域，Grimble 和 Wellard（1997）将利益相关者定义为在一个特定的事件或系统中分享共同的利益和风险的团体和个人，这些团体可以是有组织的，也可以是无组织的；Gass 等（1997）将利益相关者定义为在某一具体事件、过程和变化中会受到正面或负面影响的个人和团体。在健康政策领域，Varvasovszky 和 Brugha（2000）将利益相关者定义为在一个特定的事件中拥有利益的人，他会被该事件影响，或由于他的地位，他会对决策和执行过程产生积极或消极的影响。美国项目管理协会（Project Management Institute，PMI）将利益相关者定义为参与某项目的个人和组织，或一个项目的执行和成功完成会对其利益产生积极或消极影响的个人和组织。

利益相关者分类也是利益相关者理论研究的一个重要内容。利益相关者分类问题比较有影响的研究成果如下：Freeman（1984）的多维细分法，大卫·威勒和玛丽亚·西兰琶（2002）的广义利益相关者分类法，以及 Mitchell 等（1997）的基于贡献力量（attributes of power）的分类法。

在棕地再开发的研究中，利益相关者的分类与识别也是一个重点内容。Alker 等（2000）将棕地再开发中的利益相关者分成了 4 大类 21 个利益相关者，如表 8-1 所示。

表 8-1　棕地再开发利益相关者

开发利益	职业利益	管理利益	其他利益
土地和产权开发商	律师	中央政府部门	学术/研究机构
机构投资人和银行	设计规划者	环保机构	社会团体
土地所有者	土木和环境工程师	地方权力部门	环境保护团体
工业和商业企业	调查者	健康与安全管理者	数据管理组织
公共开发机构	保险人		个人
基础设施提供方	环境咨询师		

综上所述，棕地再开发和项目管理领域一样，涉及多个利益相关者，一旦出现利益不平衡，将可能导致棕地再开发的不成功。因此，棕地再开发必须综合考虑各方的利益，争取达到共赢的目的。结合我国棕地再开发的特点和国外棕地再开发研究现状，以及其他领域对利益相关者的定义和分类，本书将棕地再开发利益相关者分为以下几类。

（1）政府。棕地再开发项目的外部性和项目开发过程中的信息不对称等问题都是市场经济体制本身无法解决的问题，因此，棕地再开发过程需要政府的监督、控制。在棕地再开发项目中，政府更关心的是社会发展的总体绩效，通过棕地再开发改善周边群众生活质量、确保现在和未来居民的健康和安全、提高当地就业率、增加政府财政收入、提高棕地所在地政府形象、在城市的开发和增长中获得利益、减少基础设施投入、规避未来风险等都是政府的职责所在。

（2）投资者和开发商。投资者为棕地再开发项目提供资金来源，开发商是棕地再开发项目的执行者。投资者和开发商参与棕地再开发项目的激励来自对经济利益的追求。他们的参与使棕地变废为宝，促进了经济和社会的发展。

（3）社会公众。社会公众包括棕地所有者、生活在棕地周边的居民等，他们既是棕地再开发项目参与的主体，也是生态环境的最终消费者。棕地所有者主要关注出让土地的所有权转移与补偿问题，生活在棕地周边的居民则关注健康等个人利益及居住环境的和谐性、适宜性。

（4）非政府组织。非政府组织从事的是社会公益事业，其涉及的领域相当广泛，包括环境保护、医疗卫生、教育等领域。在棕地再开发项目中，非政府组织更关心的是社会环境权益。

8.1.3　EISBRP 的初步构建

本节基于生态学的视角，通过对棕地再开发项目利益相关者的分析，从社会经济、财务、环境健康和潜力 4 个维度提出如下生态学视角下的 EISBRP，构建过程如图 8-1 所示。

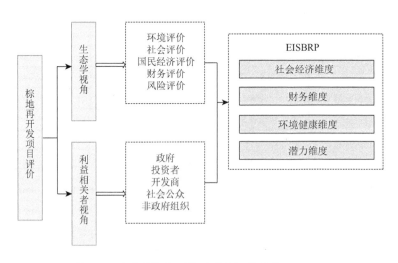

图 8-1　生态学视角下基于利益相关者的 EISBRP

（1）社会经济维度。从社会经济维度来评价棕地再开发对经济增长的作用和对棕地利益相关者中弱势群体的影响，主要从对提升棕地所在地社会及政府形象的作用、对提高当地就业率的影响程度、对增加当地税收的作用、对当地居民生活质量的提高程度等角度进行评价。

（2）财务维度。从财务维度来评价棕地再开发项目现金流量、发展潜力与盈利能力，主要从净现值、投资回报率、投资回收期、棕地治理与建设总成本等角度进行评价。

（3）环境健康维度。从环境健康维度来考察棕地及其周边地区环境的改善程度，主要从改善土壤质量、提高绿化率等角度进行评价。

（4）潜力维度。从潜力维度来衡量该棕地的地理位置，以及它的污染治理难度和国家对再开发的扶持程度，主要从棕地的地理位置、棕地的大小、棕地所在地的基础设施状况等角度进行评价。

从上述 4 个维度出发，提炼了 27 个指标，初步构建了 EISBRP，如图 8-2 所示。

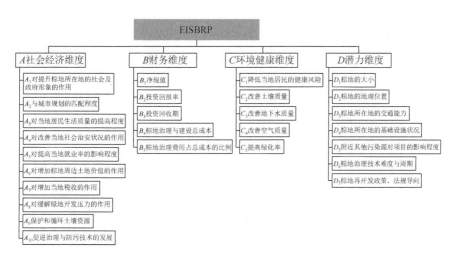

图 8-2　EISBRP

图 8-2 中各指标的详细含义如下。

（1）A 社会经济维度。A_1 对提升棕地所在地的社会及政府形象的作用：一个地区的棕地数量和面积会严重影响所在地区的整体形象，进而会对当地政府的形象产生特定影响。A_2 与城市规划的匹配程度：棕地是城市的疮疤，对其进行再开发时可选择的方案比较多，可以商用也可以民用，其开发方案的选择应该纳入城市整体规划，才更能满足未来需求，也更有吸引力。A_3 对当地居民生活质量的提高程度：棕地所在地居民是棕地再开发的直接受益人，再开发方案对当地居民生活质量的提高程度越大，他们对该再开发方案的支持力度也越大。A_4 对改善当地社会治安状况的作用：棕地的主要表现形式之一是一些废弃的建筑物，如废弃的厂房等，这些建筑物容易成为一些犯罪分子的栖息地和聚集地，从而影响周边地区的社会治安，通过再开发可以有效地改变这一情况。A_5 对提高当地就业率的影响程度：不同的再开发方案会对当地的就业产生不同的影响。例如，把棕地再开发为新的商业和工业用地，由此带来的就业率的提高就要大于把它再开发为居民小区而带来的就业率的提高。A_6 对增加棕地周边土地价值的作用：棕地再开发不但会提高棕地本身的价值，而且可以不同程度地提升周边土地价值。西安市的老机场的部分改造项目就是典型例子，在改造过程中，政府并不是直接将其用于房地产项目，而是将一块土地开发为公园，以此带动了周边土地价值的大幅度增加，实现了社会效益和经济效益的双丰收。A_7 对增加当地税收的作用：棕地再开发可以有效地扩大当地的税收基础，其税收增幅主要取决于棕地再开发后的用途。A_8 对缓解绿地开发压力的作用：对绿地开发压力的缓解作用主要取决于再开发棕地的面积和数量，这两个数值越大，它对缓解绿地开发压力的作用越大。A_9 保护和循环土壤资源：土壤资源是不能再生的稀缺资源，因此，循环利用土壤资源，形成可持续发展，也是棕地再开发项目中需要关注的问题。A_{10} 促进治理与防污技术的发展：棕地再开发过程必然会影响相关行业的发展，治理与防污技术行业正是其中之一。

（2）B 财务维度。B_1 净现值：是指投资方案所产生的现金净流量，以资金成本为贴现率，折现之后与原始投资额现值的差额。净现值大于零则方案可行，且净现值越大，方案越优，投资效益越好。B_2 投资回报率：是指达到产期正常年度利润或年均利润占投资总额的百分比。投资回报率越大，则方案越优，投资效益越好。B_3 投资回收期：是指通过资金回流量来回收投资的年限。依据是否考虑资金时间价值，投资回收期可分为静态投资回收期和动态投资回收期。上述三个指标是基本的财务指标，下列两个指标是棕地特有的财务指标。B_4 棕地治理与建设总成本：总成本直接反映棕地再开发项目的规模，总成本越大，项目规模越大，风险性越大。总成本过大也将影响整个项目的资金运行。B_5 棕地治理费用占总成本的比例：棕地治理费用是总成本一项重要的组成部分，也是其不同于其他建设项目的地方，更是其成本增加的主要方面。棕地治理费用占总成本的比例越高，说明项目本身带来的利益越小。

（3）C 环境健康维度。C_1 降低当地居民的健康风险：土地污染也会给人类带来健康方面的危害，棕地再开发过程中的一项重要工作就是污染的治理，这样就可以大幅度降低当地居民的健康风险。C_2 改善土壤质量：通过棕地再开发过程中对污染的治理可以有效地改善土壤质量。C_3 改善地下水质量：有些棕地的污染会通过雨水渗入地下水源，这样就会对地下水造成污染。通过对棕地的再开发，消除了污染源，进而改善地下水质量。C_4 改善空气质量：有些棕地不仅会污染土壤、地下水，而且会产生有毒的气体或难闻的气味，产生空气污染，通过对这些棕地的再开发，消除了污染源，进而改善空气质量。C_5 提高绿化率：棕地再开发过程中会通过种植草皮和树木来解决一些污染问题，这样就提高了城市的绿化面积。

（4）D 潜力维度。D_1 棕地的大小：是指棕地的面积，可以反映棕地治理的难易程度。棕地越大，需要投入的治理费用越高，使得再开发总成本越大。D_2 棕地的地理位置：棕地的地理位置影响对开发商的吸引力，地理位置好的棕地往往对开发商有较强的吸引力，而位置差的棕地（如我国特有的国防山区棕地）对开发商的吸引力就弱一些。D_3 棕地所在地的交通能力：交通能力对再开发的吸引力和开发方案的选择都有一定的影响。交通便利的棕地的吸引力较强，可选择的再开发方案也较多。D_4 棕地所在地的基础设施状况：基础设施的完备程度对再开发的吸引力和开发方案的选择都有一定的影响。基础设施完备的棕地的吸引力较强，可选择的再开发方案也较多。D_5 附近其他污染源对项目的影响程度：棕地再开发决策不仅要考虑项目本身的特点和成本，而且要考虑周边环境问题，如果周边存在其他污染源，也会影响其决策。D_6 棕地治理技术难度与周期：棕地的污染情况不尽相同，采用的治理技术也会有差异，治理技术难度大、周期长的项目的吸引力就差一些。D_7 棕地再开发政策、法规导向：好的棕地再开发政策和法规（如税收方面的优惠政策）会有效提高项目的吸引力，从而减少政府的投入。

从上述指标详细说明中可以看出，本书所提出的指标体系具有以下特点。

（1）全面性与系统性。该指标体系充分体现了环境学、农学、管理学、社会学、建筑学等领域的特点，兼顾了多个利益相关者的利益平衡。同时，该指标体系是一个涵盖多因素、多目标的复杂系统。它反映了棕地再开发项目的主要方面或主要特征。该指标体系既能反映系统的内部结构与功能，又能正确评估系统与外部环境的关联，既能反映直接效果，也能反映间接影响。

（2）科学性与合理性。该指标体系充分体现了棕地再开发项目的内涵，同时具有科学的理论依据，即指标本身具有科学性，客观合理地、科学地反映了棕地再开发项目的实质。每个指标的具体度量也可以应用于棕地其他方面的研究。在构建指标体系时，选择了各方面具有代表性的关键指标，以此得到科学合理的评价效果。

（3）独立性。指标体系中的指标互不相关、彼此独立。一方面，使指标体系保持比较清晰的结构；另一方面，保证指标体系中的指标之间不存在关联，更新指标体系不会影响其他指标的评价能力。每个指标都属于一元的评价结构，指标之间不存在重复性，耦合性相对较低，添加、修改或者删除任意一个指标，不影响其他指标的变化。

（4）易得性与可操作性。在尽可能简明的前提下，该指标体系选择了一些易于计算、容易取得，并且能够在要求水平上很好地反映棕地再开发实际情况的指标，使指标体系具有较强的可操作性。同时，该指标体系层次清晰、指标精炼、方法简洁。指标含义明确且易于被理解，不会使测量者产生歧义。此外，指标量化所需资料收集方便，能够用现有方法和模型求解，从而更有效地达到评价效果。

（5）可比性。该指标体系中的各指标具有较强的可比性。在确定评价指标和标准时，充分考虑了时间与空间的变化及其影响，合理地选用了相对指标与绝对指标。该指标体系不仅适用于一个棕地再开发项目多方案之间的比较，而且适用于不同棕地再开发项目之间的比较。

8.1.4　EISBRP 的信效度检验

1. 调研设计与抽样方法

本章采用问卷法获取数据，问卷由三个部分组成。第一部分是对棕地的简单介绍，同时列举一些具体实例。主要原因如下：①大部分调查对象对棕地的概念还不了解，不知道棕地的具体含义；②各个国家对棕地的定义不同，而我国还没有对棕地做出一个具体的定义。第二部分是指标体系部分，这部分是由调查对象对 4 个一级指标及 27 个二级指标对棕地再开发项目的重要程度进行判断。由于后续采用 SEM 进行数据分析，使用的 AMOS 软件要求变量的量尺最好是连续量尺，如果要用利克特量表法，最好使用 6 或 7 点量尺，以减少数据过度偏态现象。荣泰生（2009）认为变量的量尺超过 7 点即可视为连续量尺。因此，所有问题都采用 9 分制，以减少数据过度偏态现象。其中，1 分表示很不重要，3 分表示不重要，5 分表示一般，7 分表示重要，9 分表示非常重要，2 分、4 分、6 分、8 分分别表示介于它们之间。第三部分是调查对象的基本信息，包括所在的机构、是否了解或参与过棕地再开发项目、学历、职称、职务、年龄和收入情况。问卷采用单项选择方式，以便使调查对象对调查的问题做出唯一的评判标准，提高了问卷的有效率和回收率，增强了数据的真实性、可用性。

棕地对于我国大多数人来说是比较陌生的，这样进行问卷调查会影响问卷结果分析。因此，为了提高问卷调查的有效性及减少抽样误差，首先，选取一些与棕地再开发相关的部门和机构作为调查对象，包括国土资源部门、城市规划部门、环保部门、税务部门、棕地开发商、棕地的原使用者、金融机构等。其次，选取一些居民作为社会公众的调查对象。基于调查对象的特殊性，调研主要采取寄送方式，对社会公众采取随机抽样调查方式，增加样本量，纠正样本偏态。在这次调查中，总共发放 400 份问卷，回收 374 份，回收率为 93.5%，经过资料的整理、录入和清理，有效问卷为 359 份，有效率达 96.0%。有效问卷的调查对象构成如图 8-3 所示。

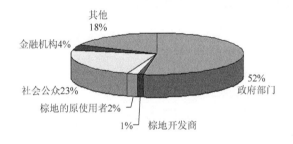

图 8-3 有效问卷调查对象构成

由图 8-3 可以看出，样本主要来源于政府部门（包括国土资源部门、城市规划部门、环保部门、税务部门）、社会公众、棕地的原使用者、棕地开发商和金融机构，其占比为 82%，涉及不同的主要的利益相关者，符合调查的目的。此外，从调查对象的基本特征（表 8-2～表 8-6）中可以看出，样本中本科学历及以上的占 78.83%，中级职称及以上的占 81.90%，科级职务及以上的占 66.29%，26 岁及以上的占 92.20%，收入在 1600 元及以上的占 78.28%。由此说明，本次的调查对象为社会的骨干工作者，受教育程度高，且调查比例合理，调查数据的可信度较高，符合预期的调查目的。

表 8-2 样本学历的基本特征

学历	问卷数量/份	占比/%
大专以下	19	5.29
大专	57	15.88

续表

学历	问卷数量/份	占比/%
本科	191	53.20
研究生	92	25.63
合计	359	100.00

表 8-3 样本职称的基本特征

职称	问卷数量/份	占比/%
初级及以下	65	18.10
中级	228	63.51
副高	49	13.65
正高	17	4.74
合计	359	100.00

表 8-4 样本职务的基本特征

职务	问卷数量/份	占比/%
一般职员	121	33.71
科级	142	39.55
处级	81	22.56
处级以上	15	4.18
合计	359	100.00

表 8-5 样本年龄的基本特征

年龄	问卷数量/份	占比/%
25 岁及以下	28	7.80
26~35 岁	184	51.25
36~60 岁	145	40.39
61 岁及以上	2	0.56
合计	359	100.00

表 8-6 样本收入的基本特征

收入	问卷数量/份	占比/%
700 元及以下	5	1.39
701~1600 元	73	20.33

续表

收入	问卷数量/份	占比/%
1601~3000 元	151	42.06
3001~5000 元	86	23.96
5001 元及以上	44	12.26
合计	359	100.00

2. 问卷的信度和效度分析

本章采用 CA 值作为测量变量的信度检验标准。李灿和辛玲（2008）认为 CA 值≥0.70 时，属于高信度；0.35≤CA 值<0.70 时，属于尚可；CA 值<0.35 时，属于低信度。通过 SPSS 16.0 软件对 27 个二级指标的信度检验结果如表 8-7 所示，其中，CA 值为 0.938，远远大于 0.70，说明问卷的信度水平是很高的。

表 8-7　二级指标的信度检验结果

可靠性统计	
CA	数量/个
0.938	27

效度能够反映与测量目的无关的变量引起的系统误差，效度越高，测量结果越能显示测量对象的真正特征。效度是一个多层面的概念，可从不同角度将效度划分为表面效度、内容效度、收敛效度和判别效度。评价收敛效度常用的统计方法是因子分析，其目的是了解属于相同概念的不同问卷项目是否如理论预测那样集中在同一个公因子里。在进行因子分析之前，必须进行因子分析适合性评估，以确定所获得的资料是否适合进行因子分析。一般采用 KMO 检验来进行适合性评估，KMO 值大，则所有变量之间的简单相关系数平方和远大于偏相关系数平方和，适合进行因子分析。当 KMO 值≤0.5 时，不适合进行因子分析；当 KMO 值≥0.9 时，非常适合进行因子分析（关信平，2004；宇传华，2007）。

在效度检验中，采用 KMO 检验和巴特利特球形检验，检验结果如表 8-8 所示。从表 8-8 中可以看出，KMO 值为 0.928，大于 0.9，说明非常适合进行因子分析；同时，巴特利特球形检验结果显示显著性水平为 0.000，小于显著性水平 0.05，因此拒绝巴特利特球形检验的零假设，认为适合进行因子分析。

表 8-8　KMO 检验和巴特利特球形检验结果

参数		数值
KMO 检验	KMO	0.928
巴特利特球形检验	近似 χ^2	5.215
	df	351
	显著性水平	0.000

8.2　EISBRP 的优化

8.2.1　方法原理及步骤

张红兵等（2007）提到因子分析的观念起源于 20 世纪初卡尔·皮尔逊（Karl Pearson）和查尔斯·斯皮尔曼（Charles Spearmen）等关于智力测验的统计工作。它是一种统计分析方法，用较少的非观测变量（因子）来描述多个观测变量的特性。它的数学模型可表示如下。

设有 n 个观测变量，表示为 $x_1, x_2, \cdots, x_n$，根据因子分析的要求，假设这些变量已经标准化，即均值为 0、标准差为 1，假设 n 个变量可以由 k 个因子 $f_1, f_2, \cdots, f_k$ 表示为线性组合，即

$$\begin{cases} x_1 = a_{11}f_1 + a_{12}f_2 + \cdots + a_{1k}f_k + \varepsilon_1 \\ x_2 = a_{21}f_1 + a_{22}f_2 + \cdots + a_{2k}f_k + \varepsilon_2 \\ \quad\quad\quad\quad\quad \cdots \\ x_n = a_{n1}f_1 + a_{n2}f_2 + \cdots + a_{nk}f_k + \varepsilon_n \end{cases} \quad (8.1)$$

式（8.1）为因子分析的数学模型，如果用矩阵形式，可以表示为 $X = AF + \varepsilon$。其中，X 为观测的 n 维变量向量，表示指标或变量；F 为因子向量，表示因子，由于它们出现在每个原始变量的线性表达式中，也称为公因子；A 为因子负荷矩阵，其元素 a_{ij} 为因子负荷；ε 为特殊因子，表示原始变量中不能由因子解释的部分，均值为 0。

因子分析主要分为三步。

（1）因子提取。基于变量之间的关系，依据因子负荷矩阵，提取数量较少的因子。常用的求解因子负荷矩阵的方法有主成分分析法、主轴因子法等。利用因子负荷矩阵求解变量相关矩阵的特征值，根据特征值确定因子的数量。

（2）因子旋转。因子提取虽然可以保证提取的因子之间的不相关性，但是因子不能充分解释变量，需要对因子模型进行旋转。因子旋转可以

使公因子的负荷系数更接近 1 或更接近 0，使公因子对变量的解释更加充分。

（3）因子命名与得分。根据其中变量的特点，对由因子旋转得到的公因子进行命名。通过计算因子得分，明确因子和观测变量之间的线性关系。因子得分的计算方法主要有回归法、巴特利特法和安德森-鲁宾（Anderson-Rubin）法。

8.2.2　结果分析

从效度分析可以看出，本章提出的指标集合适合进行因子分析。本章采用主成分分析法进行因子分析。主成分分析法是一种把系统中的多个变量（或指标）转化为较少的几个综合指标的统计分析方法，可将多变量的高维空间问题化简为低维的综合指标问题。主成分的数量一般由需反映的全部信息的百分比来决定，主成分之间是互不相关的。主成分分析的主要作用是发现隐含于系统数据内部的结构，找出存在于原有各变量之间的内在联系，并简化变量。基于此，侯杰泰等（2005）对变量样本进行分类，根据指标的得分在指标轴空间进行分类处理。

从表 8-9 中可以看出，经过主成分分析提取的公因子中，前 6 个因子的累计方差贡献率达到了 66.060%，且它们的特征值都大于 1。图 8-4 为因子分析的碎石图，显示了各因子的特征值。提取特征值大于 1 的 6 个公因子作为初始因子，其因子负荷矩阵如表 8-10 所示。为了使因子之间的信息更加独立，以及更加容易对因子进行解释，对因子负荷矩阵进行方差最大旋转，旋转后的因子负荷矩阵如表 8-11 所示。可以看出，旋转后变量集结程度比旋转前好，且更加直观。

表 8-9　抽取的主成分累计方差贡献率

旋转前的方差贡献率			旋转后的方差贡献率		
总值	方差百分比/%	累计百分比/%	总值	方差百分比/%	累计百分比/%
10.622	39.340	39.340	4.548	16.844	16.844
2.491	9.228	48.568	3.250	12.036	28.880
1.529	5.663	54.231	3.142	11.637	40.517
1.154	4.273	58.504	2.592	9.599	50.116
1.022	3.786	62.290	2.328	8.623	58.739
1.018	3.770	66.060	1.977	7.321	66.060

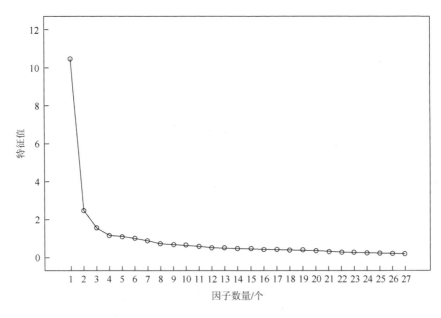

图 8-4　因子分析的碎石图

表 8-10　旋转前的因子负荷矩阵

指标	因子					
	1	2	3	4	5	6
提高绿化率	0.716	−0.373		−0.101	−0.140	
投资回报率	0.678	0.342		0.113	−0.295	
棕地治理与建设总成本	0.675	0.219	−0.145	0.199	−0.302	
促进治理与防污技术的发展	0.674	−0.385	−0.235			−0.137
改善空气质量	0.674	−0.448		−0.146	−0.159	
棕地所在地的交通能力	0.669	0.353		−0.345	0.117	
棕地治理费用占总成本的比例	0.666	0.247		0.114	−0.296	
改善土壤质量	0.659	−0.532		−0.113		
对缓解绿地开发压力的作用	0.650			0.312		−0.382
投资回收期	0.649	0.309		0.187	−0.357	
降低当地居民的健康风险	0.644	−0.427		−0.244		
棕地治理技术难度与周期	0.642	0.156	−0.390		0.131	
净现值	0.639	0.164	0.233	0.168	−0.179	−0.136
保护和循环土壤资源	0.634	−0.275	−0.378	0.243	0.101	−0.252
棕地所在地的基础设施状况	0.628	0.360	−0.104	−0.360		
与城市规划的匹配程度	0.618		0.175	0.190	0.202	0.420

续表

指标	因子					
	1	2	3	4	5	6
对当地居民的生活质量的提高程度	0.615	−0.280			0.157	−0.237
对提高当地就业率的影响程度	0.610	0.135	0.478		0.176	−0.145
对增加当地税收的作用	0.604		0.453	0.128	0.101	−0.245
棕地的地理位置	0.604	0.394	−0.235	−0.338		
对增加棕地周边土地价值的作用	0.604		0.125	0.210		0.384
附近其他污染源对项目的影响程度	0.585	0.160	−0.299		0.397	−0.158
棕地的大小	0.584	0.337		−0.378		0.139
对提升棕地所在地的社会及政府形象的作用	0.554	−0.102	0.254	0.197	0.301	0.378
对改善当地社会治安状况的作用	0.528		0.494	−0.195	0.149	−0.116
棕地再开发政策、法规导向	0.495	0.263	−0.371	0.240	0.281	0.223
改善地下水质量	0.588	−0.591	−0.116	−0.128	−0.180	0.177

注：提取方法为主成分分析法。

表 8-11 正交旋转因子负荷矩阵

指标	因子					
	1	2	3	4	5	6
改善地下水质量	0.856					
改善土壤质量	0.807					
改善空气质量	0.776					
降低当地居民的健康风险	0.729					
提高绿化率	0.719					
促进治理与防污技术的发展	0.600					
对当地居民的生活质量的提高程度	0.477					
投资回收期		0.756				
投资回报率		0.720				
棕地治理与建设总成本		0.704				
棕地治理费用占总成本的比例		0.663				
净现值		0.594				
棕地的地理位置			0.743			
棕地所在地的交通能力			0.722			
棕地所在地的基础设施状况			0.717			

续表

指标	因子					
	1	2	3	4	5	6
棕地的大小			0.667			
对提高当地就业率的影响程度				0.727		
对增加当地税收的作用				0.725		
对改善当地社会治安状况的作用				0.641		
保护和循环土壤资源					0.707	
附近其他污染源对项目的影响程度					0.580	
对缓解绿地开发压力的作用					0.451	
棕地治理技术难度与周期					0.568	
与城市规划的匹配程度						0.726
对提升棕地所在地的社会及政府形象的作用						0.674
对增加棕地周边土地价值的作用						0.581
棕地再开发政策、法规导向						0.483

注：旋转方法为 Kaiser 归一化的方差最大旋转法。

根据旋转后的因子负荷矩阵，将负荷系数小于 0.5 的变量删除。根据各因子包含变量的特点，分别将这 6 个提取的因子命名为环境和健康效益指标、财务指标、棕地位置指标、社会稳定性指标、政策和技术指标、实施效果指标。这样便得到了基于因子分析的 EISBRP，如表 8-12 所示。

表 8-12 基于因子分析的 EISBRP

EISBRP	
一级指标	二级指标
环境和健康效益指标（F_1）	改善地下水质量（F_{11}）
	改善土壤质量（F_{12}）
	改善空气质量（F_{13}）
	降低当地居民的健康风险（F_{14}）
	提高绿化率（F_{15}）
	促进治理与防污技术的发展（F_{16}）
财务指标（F_2）	投资回收期（F_{21}）
	投资回报率（F_{22}）
	棕地治理与建设总成本（F_{23}）

续表

一级指标	二级指标
	EISBRP
财务指标（F_2）	棕地治理费用占总成本的比例（F_{24}）
	净现值（F_{25}）
棕地位置指标（F_3）	棕地的地理位置（F_{31}）
	棕地所在地的基础设施状况（F_{32}）
	棕地所在地的交通能力（F_{33}）
	棕地的大小（F_{34}）
社会稳定性指标（F_4）	对增加当地税收的作用（F_{41}）
	对提高当地就业率的影响程度（F_{42}）
	对改善当地社会治安状况的作用（F_{43}）
政策和技术指标（F_5）	保护和循环土壤资源（F_{51}）
	附近其他污染源对项目的影响程度（F_{52}）
	棕地治理技术难度与周期（F_{53}）
实施效果指标（F_6）	与城市规划的匹配程度（F_{61}）
	对增加棕地周边土地价值的作用（F_{62}）
	对提升棕地所在地的社会及政府形象的作用（F_{63}）

8.3　EISBRP 优化的有效性验证

8.1 节和 8.2 节已经建立了两个 EISBRP（图 8-2 和表 8-12）。哪个 EISBRP 在棕地再开发项目评价中具有更好的适用性呢？这正是本节需要解决的问题。

本节采用 SEM 来评价这两个指标体系。SEM 是通过收集数据来验证理论模型是否成立的一种方法，使研究人员计算不同的可能模型（也称竞争性模型）的拟合指数，通过比较从中找出一个相对来说既简单又拟合得好的模型。

8.3.1　方法原理及步骤

对模型参数进行估计后，需要对模型进行检验和评价。利用 SEM 进行评价通常包括三个方面：参数检验、模型整体性评价和模型解释能力评价。

1. 参数检验

参数检验是模型评价的第一步。只有该检验通过，才能进行另外两项评价。模型参数的检验主要涉及参数的显著性检验和参数的合理性检验，以及评价参数的意义和合理性。①参数的显著性检验。SEM 中参数的显著性检验类似回归模型中参数的显著性检验，即参数的 t 检验。②参数的合理性检验。参数的合理性检验是指得到的参数估计值有合理的实际意义。侯杰泰等（2005）认为参数的合理性检验应包括取值范围是否合理，例如，路径系数是否在合理范围内（不存在矛盾的情况下路径系数是否符合常理），相关系数是否为 $-1 \sim 1$，标准化路径系数是否超过或太接近 1 等。

2. 模型整体性评价

模型整体性评价一般通过计算拟合指数完成。拟合指数是拟合优度统计量的简称，是人们从某一角度构造出来，用于反映模型拟合好坏的统计量。拟合指数都是 $S - \sum(\hat{\theta})$ 的函数，用于衡量观察到的协方差与期望协方差之间的差距。拟合指数一般包括绝对拟合指数、相对拟合指数和简约指数。

绝对拟合指数包括 χ^2 值、χ^2 自由比（χ^2/df）、近似均方根误差（root mean square error of approximation，RMSEA）、标准化残差均方根（standardized root mean square residual，SRMR）。其中，RMSEA 是一个较为理想的用于模型评价的绝对拟合指数，用于多个模型的比较筛选，其计算公式如下：

$$\mathrm{RMSEA} = (\hat{F}_0 / \mathrm{df})^{\frac{1}{2}} \qquad (8.2)$$

其中，

$$\hat{F}_0 = \max\left\{(\hat{F} - \mathrm{df}) / (N - 1), 0\right\}$$

$\hat{F}$ 为模型拟合函数估计值，通常取 χ^2；$(\hat{F} - \mathrm{df})$ 为离中参数；df 为自由度；N 为样本容量。

一般来讲，RMSEA＜0.05，表明模型拟合得很好，理论模型可以接受；0.05≤RMSEA＜0.08，表明模型拟合得不错；0.08≤RMSEA≤0.10，表明模型拟合得一般；RMSEA＞0.10，表明模型拟合效果不能接受；RMSEA＜0.01，表明模型拟合得非常好。

相对拟合指数构造的基本思想如下：理论构建的 SEM 分为饱和模型、不饱和模型和独立模型。饱和模型是拟合最好的模型。不饱和模型是从饱和模型中删除若干路径得到的模型，从模型中删除哪条路径，往往参考路径系数的显著性，一般来说，删除不显著的路径。独立模型是假设所有指标都不相关的模型，拟合独立模型得到的 χ^2 值比其他模型都大。最开始构建的模型称为假设模型，亦称定义模型或初始模型。若假设模型比独立模型拟合得好，则其 χ^2 值应减小，将假设模型与独立模型 χ^2 值进行比较得到的统计量就是相对拟合指数，可以用于评价模型优劣。常用的相对拟合指数有规范拟合指数（normed fit index，NFI）、比较拟合指数（comparative fit index，CFI）、非规范拟合指数（non-normed fit index，NNFI）、增值拟合指数（incremental fit index，IFI）、塔克-路易斯指数（Tucker-Lewis index，TLI），一般情况下，NFI 值大于 0.90、CFI 值大于 0.90、NNFI 值大于 0.90，表明模型拟合较好。CFI 的计算公式如下：

$$\text{CFI} = 1 - \left(\frac{\tau_M}{\tau_1} \right) \tag{8.3}$$

其中，$\tau_M = \max\left\{ \left(\chi_M^2 - \text{df}_M \right), 0 \right\}$；$\tau_1 = \max\left\{ \left(\chi_1^2 - \text{df}_1 \right), 0 \right\}$。CFI 通过规范化处理，取值范围为 $0 \sim 1$。

上述两种拟合指标一般用于衡量单一理论模型的好坏。不同的理论模型间的比较一般采用简约指数。简约指数引入模型的简洁原则表述为参数偏多的模型就是较差的模型，计算方法是用简约比 $\text{df}_T / \text{df}_N$ 乘以某指数，其中，分子和分母分别表示拟合假设模型和比较模型（虚拟模型）的自由度，通过引入惩罚因子来防止模型过于复杂。常用的简约指数包括俭省标准化拟合指数（parsimony normed fit index，PNFI，PNFI 值越大越好，以大于 0.5 为及格）、俭省拟合优度指数（parsimony goodness-of-fit index，PGFI，PGFI 值越大越好，以大于 0.5 为及格）、俭省比较拟合指数（parsimonious comparative fit index，PCFI，PCFI 值越接近 1 越好）、赤池信息准则（Akaike information criterion，AIC）。其中，AIC 是一种用于比较不同模型拟合数据效果的信息指数。AIC 值越小，表明模型拟合效果越好。

3. 模型解释能力评价

模型解释能力评价可以通过计算测定系数来完成，其计算公式如下：

$$R^2 = 1 - \frac{|\psi|}{\left| \sum xx \right|} \tag{8.4}$$

其中，$|\psi|$ 为 ψ 的行列式，用估计值计算；$\left| \sum xx \right|$ 为 $\sum xx$ 的行列式，用可测变量 X 的样本值计算，包括内生和外生的可测变量。

由式（8.4）可知，$0 < R^2 < 1$，R^2 越接近 1，模型解释能力越强。

利用测定系数评价整体 SEM 解释能力有明显的不足。当整体 SEM 有多个方程时，R^2 可能大于各个方程的可决系数。R^2 与整体 SEM 包含的方程数量有关。SEM 整体性评价采用拟合指数较好，不宜采用测定系数。

8.3.2 结果分析

1. 参数检验

参数检验结果如表 8-13 所示，AMOS 软件提供了一种简单便捷的检验方法，即利用 CR 值进行检验。CR 值是一个 Z 统计量，即参数估计值与其标准差之比，同时给出 CR 的统计检验相伴概率 P，其中，*表示 $P<5\%$，**表示 $P<1\%$，***表示 $P<0.1\%$。从表 8-13 中可以看出，P 都小于 0.1%，所有路径系数都通过显著性检验。

表 8-13 未标准化的路径系数

路径			估计值	标准差	CR	P	标签
F_2	←	F_0	1.044	0.105	9.943	***	par_3
F_1	←	F_0	1.000	—	—	—	—
F_3	←	F_0	0.949	0.099	9.586	***	par_4
F_4	←	F_0	1.125	0.122	9.221	***	par_5
F_5	←	F_0	1.089	0.111	9.811	***	par_6
F_6	←	F_0	0.955	0.098	9.745	***	par_7
F_{13}	←	F_1	1.049	0.062	16.919	***	par_1
F_{23}	←	F_2	0.963	0.070	13.757	***	par_2
F_{12}	←	F_1	1.003	0.056	17.911	***	par_8
F_{11}	←	F_1	1.000	—	—	—	—
F_{14}	←	F_1	0.849	0.055	15.436	***	par_9
F_{16}	←	F_1	0.922	0.065	14.185	***	par_10
F_{15}	←	F_1	1.008	0.061	16.525	***	par_11
F_{22}	←	F_2	1.053	0.071	14.831	***	par_12
F_{21}	←	F_2	1.000	—	—	—	—
F_{24}	←	F_2	0.974	0.073	13.342	***	par_13
F_{25}	←	F_2	0.839	0.067	12.522	***	par_14
F_{31}	←	F_3	1.000	—	—	—	—
F_{32}	←	F_3	0.956	0.071	13.465	***	par_15
F_{33}	←	F_3	1.081	0.072	15.014	***	par_16
F_{34}	←	F_3	0.810	0.064	12.656	***	par_17
F_{43}	←	F_4	0.846	0.085	9.953	***	par_18

续表

路径			估计值	标准差	CR	P	标签
F_{41}	←	F_4	1.000	—	—	—	—
F_{42}	←	F_4	1.040	0.085	12.235	***	par_19
F_{51}	←	F_5	1.000	—	—	—	—
F_{52}	←	F_5	0.747	0.081	9.222	***	par_20
F_{53}	←	F_5	1.078	0.095	11.347	***	par_21
F_{62}	←	F_6	1.004	0.094	10.681	***	par_22
F_{61}	←	F_6	1.000	—	—	—	—
F_{63}	←	F_6	1.074	0.098	10.959	***	par_23

在评价模型拟合度之前，需要检验所有估计参数是否超出可接受的范围。违反估计是指模型内统计所输出的估计系数超出可接受的范围，也就是模型获得不适当的解。Bollen（1989）提出违反估计的条件如下：①存在负的误差方差；②标准化路径系数超过或太接近 1（通常以 0.95 为门槛）。

根据表 8-14，模型中并无负的误差方差。同时，如表 8-15 所示，标准化的路径系数都没有超过 0.95，因此可以进行整体模型拟合度检验。

表 8-14　误差方差的估计系数

变量	估计值	标准差	CR	P	标签
F_0	0.883	0.144	6.132	***	par_24
e_{26}	0.427	0.078	5.474	***	par_25
e_{27}	0.530	0.087	6.092	***	par_26
e_{28}	0.734	0.133	5.519	***	par_27
e_{29}	0.384	0.108	3.556	***	par_28
e_{30}	0.343	0.083	4.133	***	par_29
e_{25}	0.881	0.118	7.466	***	par_30
e_1	0.917	0.085	10.788	***	par_31
e_2	0.868	0.083	10.458	***	par_32
e_3	1.061	0.098	10.827	***	par_33
e_4	1.032	0.088	11.727	***	par_34
e_5	1.051	0.096	10.948	***	par_35
e_6	1.569	0.130	12.069	***	par_36
e_7	1.055	0.096	10.99	***	par_37
e_8	0.946	0.092	10.283	***	par_38
e_9	1.033	0.094	10.989	***	par_39
e_{10}	1.195	0.106	11.274	***	par_40
e_{11}	1.135	0.097	11.701	***	par_41
e_{12}	0.923	0.090	10.256	***	par_42

续表

变量	估计值	标准差	CR	P	标签
e_{13}	1.030	0.095	10.842	***	par_43
e_{14}	0.793	0.087	9.115	***	par_44
e_{15}	1.004	0.088	11.409	***	par_45
e_{16}	1.472	0.159	9.258	***	par_46
e_{17}	1.367	0.161	8.491	***	par_47
e_{18}	2.209	0.193	11.446	***	par_48
e_{19}	1.592	0.159	10.013	***	par_49
e_{20}	1.482	0.129	11.488	***	par_50
e_{21}	1.446	0.156	9.269	***	par_51
e_{22}	1.056	0.111	9.514	***	par_52
e_{23}	1.598	0.147	10.871	***	par_53
e_{24}	1.429	0.139	10.281	***	par_54

表 8-15 标准化的路径系数

路径			估计值	路径			估计值
F_2	←	F_0	0.832	F_1	←	F_0	0.707
F_3	←	F_0	0.775	F_4	←	F_0	0.777
F_5	←	F_0	0.855	F_6	←	F_0	0.837
F_{13}	←	F_1	0.804	F_{23}	←	F_2	0.745
F_{12}	←	F_1	0.820	F_{11}	←	F_1	0.811
F_{14}	←	F_1	0.743	F_{16}	←	F_1	0.699
F_{15}	←	F_1	0.794	F_{22}	←	F_2	0.787
F_{21}	←	F_2	0.754	F_{24}	←	F_2	0.724
F_{25}	←	F_2	0.680	F_{31}	←	F_3	0.768
F_{32}	←	F_3	0.735	F_{33}	←	F_3	0.813
F_{34}	←	F_3	0.681	F_{43}	←	F_4	0.612
F_{41}	←	F_4	0.746	F_{42}	←	F_4	0.771
F_{51}	←	F_5	0.688	F_{52}	←	F_5	0.591
F_{53}	←	F_5	0.731	F_{62}	←	F_6	0.648
F_{61}	←	F_6	0.722	F_{63}	←	F_6	0.693

2. 模型整体性评价

表 8-16 列出了两个模型的绝对拟合指数。其中，Model1 表示初步建立的由 4 个一级指标、27 个二级指标组成的指标体系。Model2 表示通过因子分析得到的由 6 个一级指标、24 个二级指标组成的指标体系。

表 8-16　绝对拟合指数

模型	χ^2	χ^2/df	RMSEA
Model1	1081.788	3.402	0.172
Model2	740.843	3.012	0.075
评价标准	—	＜5.00	＜0.08

表 8-17 给出了两个模型的相对拟合指数。

表 8-17　相对拟合指数

模型	IFI	CFI	TLI
Model1	0.849	0.848	0.832
Model2	0.875	0.888	0.889
评价标准	＞0.90	＞0.90	＞0.90

表 8-18 给出了两个模型的简约指数。

表 8-18　简约指数

模型	PNFI	PCFI	AIC
Model1	0.723	0.768	1201.788
Model2	0.751	0.792	848.843
评价标准	＞0.5	＞0.5	越小越好

通过前面三组模型拟合指数的评价可以看出，两个模型均未取得最佳拟合效果，但是两个模型都已拥有较好的拟合效果。相比较而言，Model2 是较优模型，它的拟合指数均比 Model1 的拟合指数更加接近最佳值，而且一些拟合指数已经达到最佳值。例如，Model2 的 RMSEA 为 0.075，介于 0.05 和 0.08 之间，可以认为拟合得不错。RMSEA 受样本量的影响较小，是一个较为理想的用于模型评价的绝对拟合指数，也可以用于多个模型的比较筛选。

3. 模型解释能力评价

整体 SEM 的评价采用拟合指数较好，不宜采用测定系数。因此，这里没有计算整体 SEM 的解释能力。

8.4　棕地再开发项目评价指标赋权

指标权重对棕地再开发项目评价结果影响巨大，它体现了评价决策者的引导意图和价值观念。在确定指标权重时必须根据指标的特点、数据获取的方式、利益相关者的偏好等因素选择合适的方法。Saaty（1980）与陈国宏等（2007）认为，常用的赋权方法有主观赋权法、客观赋权法和组合赋权法。

评价指标体系的权重确定多采用专家群决策方法，以此来综合反映专家的意见。棕地再开发项目具有特殊性，只反映专家（如财务专家）的意见是远远不够的，必须兼顾主要利益相关者的意见。因此，本章首先采用AHP给指标赋权，以此反映专家对各指标重要性的认识；其次利用调查问卷获得的数据，运用SEM再次给指标赋权，以便反映主要利益相关者对指标重要性的看法；最后针对两次赋权的差异，采用相对熵来对权重信息进行综合平衡，以克服单一赋权方法的片面性。

8.4.1　基于 AHP 的指标权重

AHP 不仅简化了系统分析和计算，而且有助于决策者保持思维过程的一致性。AHP 充分利用了决策者的偏好信息，在决策分析与决策支持中发挥了定性与定量分析的优势，可以用于支持社会经济系统中的决策。

1. 方法原理及步骤

Saaty（1980）认为，AHP 是一种将解决问题的有关元素分解成目标、准则、方案等层次，并在此基础上进行定性分析和定量分析的决策方法。

AHP 对评价指标赋权主要分为以下四个步骤。

（1）两两比较，建立判断矩阵。通过两两比较判断的方式确定每个层次中元素的相对重要性，并用定量的方法表示，进而建立判断矩阵：

$$\begin{bmatrix} \dfrac{\omega_1}{\omega_1} & \dfrac{\omega_1}{\omega_2} & \cdots & \dfrac{\omega_1}{\omega_n} \\[2mm] \dfrac{\omega_2}{\omega_1} & \dfrac{\omega_2}{\omega_2} & \cdots & \dfrac{\omega_2}{\omega_n} \\[2mm] \vdots & \vdots & & \vdots \\[2mm] \dfrac{\omega_n}{\omega_1} & \dfrac{\omega_n}{\omega_2} & \cdots & \dfrac{\omega_n}{\omega_n} \end{bmatrix}$$

AHP通常使用1~9标度法对判断矩阵的元素进行赋值，1~9标度法的具体含义如表8-19所示。

表8-19 1~9标度法含义

标度	含义
1	表示两个元素相比，具有相同的重要性
3	表示两个元素相比，前者比后者稍重要
5	表示两个元素相比，前者比后者明显重要
7	表示两个元素相比，前者比后者强烈重要
9	表示两个元素相比，前者比后者极端重要
2、4、6、8	表示上述相邻判断的中间值

（2）求解权向量。应用AHP给出的层次中各种因素优先的排序权重，计算判断矩阵的最大特征根及其特征向量。

计算判断矩阵每一行元素的乘积：

$$M_i = \prod_{j=1}^{n} a_{ij}, i = 1, 2, \cdots, n$$

计算M_i的n次方根：

$$\overline{W_i} = \sqrt[n]{M_i}$$

对向量$W = [W_1, W_2, \cdots, W_n]^T$进行规范化：

$$W_i = \frac{\overline{W_i}}{\sum_{j=1}^{n} \overline{W_j}}$$

则$W = [W_1, W_2, \cdots, W_n]^T$即所求的特征向量。

计算判断矩阵的最大特征根：

$$\lambda_{\max} = \sum_{i=1}^{n} \frac{(AW)_i}{nW_i}$$

其中，$(AW)_i$为向量AW的第i个元素。

（3）层次单排序及其一致性检验。应用除最大特征根外的特征根负平均值进行一致性检验，即用一致性指数（consistency index，CI）判断决策者判断思维的一致性：

$$CI = \frac{\lambda_{\max} - n}{n - 1}$$

若$CI = 0$，$\lambda_1 = \lambda_{\max} = n$，则判断矩阵具有完全一致性。

为衡量不同阶判断矩阵是否具有满意的一致性，还需要引入判断矩阵的平均随机一致性指数（random index，RI）。1～9 阶判断矩阵的 RI 值如表 8-20 所示。

表 8-20   1～9 阶判断矩阵的 RI 值

1	2	3	4	5	6	7	8	9
0	0	0.58	0.90	1.12	1.24	1.32	1.41	1.45

当阶数大于 2 时，判断矩阵的 CI 与同阶 RI 之比称为随机一致性比率（consistency ratio，CR），当

$$CR = \frac{CI}{RI} < 0.10$$

时，认为判断矩阵具有满意的一致性，否则，需要对判断矩阵进行调整，直至通过一致性检验。

（4）赋权。

通过一致性检验后，最终的权重可以通过标准化的权向量进行确定。根据特征向量的大小分配权重，特征值越大的元素权重越高，权向量即各评价指标的相对重要性。这一过程确保了所赋予的权重在决策过程中符合逻辑一致性，保证了权重赋值的准确性和合理性。

2. AHP 的应用

以一级指标的赋权为例详述赋权过程。棕地再开发项目的一级指标包括环境和健康效益指标（F_1）、财务指标（F_2）、棕地位置指标（F_3）、社会稳定性指标（F_4）、政策和技术指标（F_5）、实施效果指标（F_6）等六个指标。基于 AHP 的指标赋权过程如下。

①组成专家小组。将财务专家、投资专家等纳入专家小组，请以上专家对 EISBRP 进行评价。

②向所有专家介绍 EISBRP，请专家以此为依据，以 1～9 标度为评语标度，对 EISBRP 中指标的重要程度进行两两比较。

③各位专家根据他们的经验和认识，提出自己的判断矩阵，并简述判断依据。

④将各位专家的评分信息进行汇总和对比后，再分发给各位专家，通过比较自己与他人的意见进行意见修改和判断。

⑤将所有专家的修改意见收集、汇总，再次分发给各位专家，以便进行第二轮修正。收集意见和信息反馈共经过三轮。经过三轮修正，专家意

见基本达到一致，并以此意见为指标赋权的基础信息。表 8-21 列出了棕地再开发项目的一级指标判断矩阵。

表 8-21　一级指标判断矩阵

棕地再开发项目	F_1	F_2	F_3	F_4	F_5	F_6
F_1		1	2	2	1	1
F_2	1		3	3	1	1
F_3	1/2	1/3		1	1	1
F_4	1/2	1/3	1		1/2	1/2
F_5	1	1	1	2		1
F_6	1	1	1	2	1	

根据评价信息，建立互反判断矩阵：

$$\begin{bmatrix} 1 & 1 & 2 & 2 & 1 & 1 \\ 1 & 1 & 3 & 3 & 1 & 1 \\ \dfrac{1}{2} & \dfrac{1}{3} & 1 & 1 & 1 & 1 \\ \dfrac{1}{2} & \dfrac{1}{3} & 1 & 1 & \dfrac{1}{2} & \dfrac{1}{2} \\ 1 & 1 & 1 & 2 & 1 & 1 \\ 1 & 1 & 1 & 2 & 1 & 1 \end{bmatrix}$$

经计算可知，$\lambda_{\max} = 6.1402$，CI = 0.0280，RI = 1.24，CR = 0.0226。

因此，环境和健康效益指标（F_1）、财务指标（F_2）、棕地位置指标（F_3）、社会稳定性指标（F_4）、政策和技术指标（F_5）、实施效果指标（F_6）的权重分别为 0.20、0.23、0.12、0.09、0.18、0.18。

同理，根据评价信息分别对棕地再开发项目的二级指标赋权，专家判断矩阵及其赋权结果如表 8-22～表 8-27 所示。

表 8-22　环境和健康效益指标判断矩阵

环境和健康效益指标	F_{11}	F_{12}	F_{13}	F_{14}	F_{15}	F_{16}
F_{11}		1	1	3	1/7	1/6
F_{12}	1		1	2	1/6	1/6
F_{13}	1	1		2	1/5	1/5
F_{14}	1/3	1/2	1/2		1/8	1/5
F_{15}	7	6	5	8		1
F_{16}	6	6	5	5	1	

计算得 $\lambda_{\max} = 6.16$，CI $= 0.032$，RI $= 1.24$，CR $= 0.026$。

进而确定二级指标权重为 $F_{11} = 0.07$，$F_{12} = 0.07$，$F_{13} = 0.08$，$F_{14} = 0.04$，$F_{15} = 0.39$，$F_{16} = 0.35$。

表 8-23　财务指标判断矩阵

财务指标	F_{21}	F_{22}	F_{23}	F_{24}	F_{25}
F_{21}		1/2	1/3	3	1
F_{22}	2		1	2	2
F_{23}	3	1		1	1
F_{24}	1/3	1/2	1		2
F_{25}	1	1/2	1	1/2	

计算得 $\lambda_{\max} = 5.428$，CI $= 0.107$，RI $= 1.12$，CR $= 0.096$。

进而确定二级指标权重为 $F_{21} = 0.17$，$F_{22} = 0.29$，$F_{23} = 0.24$，$F_{24} = 0.15$，$F_{25} = 0.15$。

表 8-24　棕地位置指标判断矩阵

棕地位置指标	F_{31}	F_{32}	F_{33}	F_{34}
F_{31}		1/2	1/3	1
F_{32}	2		1/2	2
F_{33}	3	2		3
F_{34}	1	1/2	1/3	

计算得 $\lambda_{\max} = 4.0101$，CI $= 0.0034$，RI $= 0.9$，CR $= 0.0037$。

进而确定二级指标权重为 $F_{31} = 0.14$，$F_{32} = 0.26$，$F_{33} = 0.46$，$F_{34} = 0.14$。

表 8-25　社会稳定性指标判断矩阵

社会稳定性指标	F_{41}	F_{42}	F_{43}
F_{41}		3	9
F_{42}	1/3		3
F_{43}	1/9	1/3	

计算得 $\lambda_{\max} = 3.0$，CI $= 0$，RI $= 0.58$，CR $= 0$。

进而确定二级指标权重 $F_{41} = 0.69$，$F_{42} = 0.23$，$F_{43} = 0.08$。

表 8-26　政策和技术指标判断矩阵

政策和技术指标	F_{51}	F_{52}	F_{53}
F_{51}		9	3
F_{52}	1/9		1/5
F_{53}	1/3	5	

计算得 $\lambda_{max}=3.026$，CI $=0.013$，RI $=0.58$，CR $=0.022$。

进而确定二级指标权重 $F_{51}=0.67$，$F_{52}=0.06$，$F_{53}=0.27$。

表 8-27　实施效果指标判断矩阵

实施效果指标	F_{61}	F_{62}	F_{63}
F_{61}		4	1/4
F_{62}	1/4		1/8
F_{63}	4	8	

计算得 $\lambda_{max}=3.054$，CI $=0.027$，RI $=0.58$，CR $=0.047$。

进而确定二级指标权重 $F_{61}=0.22$，$F_{62}=0.07$，$F_{63}=0.71$。

根据上述赋权结果可获得基于 AHP 的 EISBRP 赋权，具体赋权结果如表 8-28 所示。

表 8-28　基于 AHP 的 EISBRP 赋权

	棕地再开发项目评价指标	权重
F_1	环境和健康效益指标	0.20
F_{11}	改善地下水质量	0.07
F_{12}	改善土壤质量	0.07
F_{13}	改善空气质量	0.08
F_{14}	降低当地居民的健康风险	0.04
F_{15}	提高绿化率	0.39
F_{16}	促进治理与防污技术的发展	0.35
F_2	财务指标	0.23
F_{21}	投资回收期	0.17
F_{22}	投资回报率	0.29
F_{23}	棕地治理与建设总成本	0.24
F_{24}	棕地治理费用占总成本的比例	0.15
F_{25}	净现值	0.15
F_3	棕地位置指标	0.12
F_{31}	棕地的地理位置	0.14
F_{32}	棕地所在地的基础设施状况	0.26

续表

	棕地再开发项目评价指标	权重
F_{33}	棕地所在地的交通能力	0.46
F_{34}	棕地的大小	0.14
F_4	社会稳定性指标	0.09
F_{41}	对增加当地税收的作用	0.69
F_{42}	对提高当地就业率的影响程度	0.23
F_{43}	对改善当地社会治安状况的作用	0.08
F_5	政策和技术指标	0.18
F_{51}	保护和循环土壤资源	0.67
F_{52}	附近其他污染源对项目的影响程度	0.06
F_{53}	棕地治理技术难度与周期	0.27
F_6	实施效果指标	0.18
F_{61}	与城市规划的匹配程度	0.22
F_{62}	对增加棕地周边土地价值的作用	0.07
F_{63}	对提升棕地所在地的社会及政府形象的作用	0.71

8.4.2　基于 SEM 的指标权重

SEM 是一种统计分析工具，采用统计数据和定性因果假设相结合的方法来检测和估计因果关系。近年来，有学者尝试将 SEM 应用于指标体系的构建中（田飞，2007）。

1. 方法原理及步骤

在利用 SEM 构建的因子负荷拟合图中，因子负荷系数反映了各指标在其所属公因子中的重要性，因此，可以根据因子负荷系数确定其权重。根据回收问卷的数据，采用 SEM 对 EISBRP 进行赋权，主要步骤如下。

（1）根据优化后的 EISBRP，建立测量模型，以描述因子与指标之间的关系。

（2）根据回收问卷的数据，采用 AMOS 软件，得出因子负荷拟合图。

（3）对因子负荷拟合图中的因子负荷系数进行归一化处理，给相应的指标赋权。在这个步骤中，重要的是首先检验模型对数据的拟合程度。如果拟合指数比较好，也就是模型拟合程度较高，可以进行指标赋权。如果模型拟合得不好，要根据模型的输入结果［修正指数（modification indices，MI）］来进行修正，重复进行检验模型对数据的拟合程度的步骤，直到模型对数据拟合得很好。

2. SEM 的应用

采用 AMOS 软件对棕地数据进行分析,得到 EISBRP 因子负荷拟合图, 如图 8-5 所示。

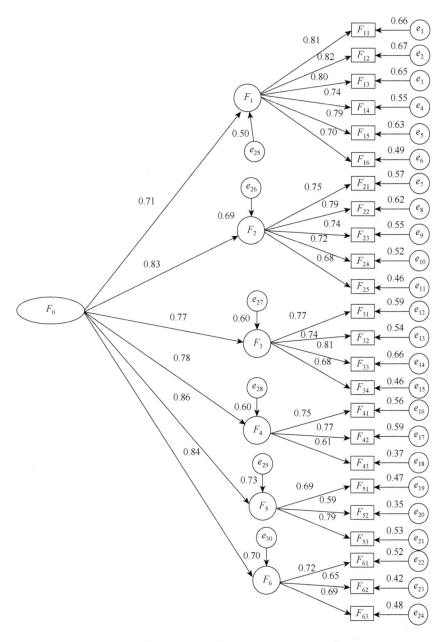

图 8-5　EISBRP 因子负荷拟合图

根据 AMOS 软件的输入结果，得出该模型的拟合指数，如表 8-29 所示。

表 8-29　模型拟合指数

参数	数值	评价标准	参数	数值	评价标准
χ^2	740.843	—	TFI	0.875	>0.90
χ^2/df	3.012	<5.00	CFI	0.888	>0.90
RMSEA	0.0753	<0.08	NNFI	0.889	>0.90

从表 8-29 中可以看出，该模型有三个拟合指数没有达到标准值，需要对其进行修正。从模型拟合后的 MI 值（表 8-30）中可以看出，$F_{16} \leftarrow F_{51}$ 的 MI 值最大，为 68.361。F_{16} 表示促进治理与防污技术的发展，F_{51} 表示保护和循环土壤资源，两者有相关性，从不同的侧面来促进棕地的治理与再开发。因此，增加 F_{16} 和 F_{51} 之间的关联。

表 8-30　模型拟合后的 MI 值

路径	MI	参数变化	路径	MI	参数变化	路径	MI	参数变化
$F_5 \leftarrow F_1$	7.914	0.123	$F_{61} \leftarrow F_{53}$	4.388	−0.073	$F_3 \leftarrow F_2$	4.491	0.096
$F_{53} \leftarrow F_4$	4.052	0.118	$F_2 \leftarrow F_3$	6.709	0.115	$F_{53} \leftarrow F_{42}$	4.949	0.087
$F_{53} \leftarrow F_{52}$	4.079	−0.096	$F_{53} \leftarrow F_{41}$	15.934	0.158	$F_{53} \leftarrow F_{34}$	4.971	−0.117
$F_{53} \leftarrow F_{32}$	7.244	−0.130	$F_{53} \leftarrow F_{15}$	4.531	0.091	$F_{52} \leftarrow F_3$	10.777	0.208
$F_{52} \leftarrow F_{33}$	16.611	0.181	$F_{52} \leftarrow F_{32}$	10.048	0.144	$F_{51} \leftarrow F_3$	4.583	−0.147
$F_{52} \leftarrow F_{31}$	10.085	0.144	$F_{51} \leftarrow F_4$	5.011	−0.134	$F_{51} \leftarrow F_1$	13.321	0.211
$F_{51} \leftarrow F_{42}$	10.618	−0.130	$F_{51} \leftarrow F_{33}$	11.421	−0.162	$F_{51} \leftarrow F_{12}$	20.028	0.202
$F_{51} \leftarrow F_{34}$	4.554	−0.114	$F_{51} \leftarrow F_{16}$	62.545	0.331	$F_{43} \leftarrow F_{34}$	5.897	0.148
$F_{51} \leftarrow F_{11}$	19.604	0.198	$F_{42} \leftarrow F_{51}$	6.713	−0.108	$F_{34} \leftarrow F_{43}$	7.772	0.084
$F_{42} \leftarrow F_{11}$	9.992	−0.140	$F_{33} \leftarrow F_{52}$	7.809	0.101	$F_{32} \leftarrow F_{53}$	4.127	−0.067
$F_{41} \leftarrow F_{53}$	13.475	0.153	$F_{31} \leftarrow F_4$	4.012	−0.092	$F_{31} \leftarrow F_{62}$	4.928	−0.076
$F_{31} \leftarrow F_{43}$	5.461	−0.070	$F_{31} \leftarrow F_{12}$	4.582	−0.074	$F_{25} \leftarrow F_{42}$	7.041	0.086
$F_{31} \leftarrow F_{42}$	6.002	−0.075	$F_{25} \leftarrow F_4$	7.650	0.134	$F_{25} \leftarrow F_{41}$	8.127	0.093
$F_{31} \leftarrow F_{25}$	4.169	−0.079	$F_{25} \leftarrow F_{43}$	10.194	0.101	$F_{25} \leftarrow F_{24}$	4.026	−0.075
$F_{25} \leftarrow F_{14}$	6.041	0.096	$F_{23} \leftarrow F_{41}$	5.729	−0.076	$F_{22} \leftarrow F_{33}$	8.591	0.110
$F_{24} \leftarrow F_{25}$	4.693	−0.092	$F_{23} \leftarrow F_{24}$	7.573	0.101	$F_{22} \leftarrow F_{32}$	5.543	0.090

续表

路径			MI	参数变化	路径			MI	参数变化	路径			MI	参数变化
F_{24}	←	F_{23}	6.949	0.107	F_{22}	←	F_{43}	5.017	−0.068	F_{22}	←	F_{25}	4.104	0.080
F_{22}	←	F_{14}	5.209	−0.086	F_{21}	←	F_{14}	6.798	−0.101	F_{16}	←	F_{6}	4.859	0.158
F_{22}	←	F_{12}	4.435	−0.074	F_{21}	←	F_{13}	4.083	−0.069	F_{16}	←	F_{5}	23.469	0.312
F_{21}	←	F_{53}	4.243	−0.069	F_{16}	←	F_{0}	6.500	0.202	F_{16}	←	F_{53}	15.965	0.157
F_{16}	←	F_{52}	9.711	0.143	F_{15}	←	F_{0}	4.307	0.140	F_{15}	←	F_{5}	4.460	0.115
F_{16}	←	F_{51}	68.361	0.329	F_{15}	←	F_{6}	4.095	0.123	F_{15}	←	F_{3}	5.005	0.123
F_{15}	←	F_{2}	4.676	0.115	F_{15}	←	F_{53}	12.436	0.117	F_{15}	←	F_{22}	5.741	0.089
F_{15}	←	F_{63}	5.728	0.085	F_{15}	←	F_{31}	7.210	0.105	F_{15}	←	F_{13}	7.276	0.091
F_{15}	←	F_{62}	4.816	0.078	F_{15}	←	F_{24}	4.718	0.080	F_{14}	←	F_{34}	4.682	0.090
F_{13}	←	F_{15}	7.711	0.098	F_{11}	←	F_{0}	10.168	−0.202	F_{11}	←	F_{4}	18.169	−0.193
F_{12}	←	F_{53}	4.924	−0.068	F_{11}	←	F_{6}	5.627	−0.137	F_{11}	←	F_{3}	13.427	−0.190
F_{12}	←	F_{31}	4.448	−0.076	F_{11}	←	F_{5}	8.989	−0.155	F_{11}	←	F_{33}	9.723	−0.156
F_{11}	←	F_{61}	4.453	−0.079	F_{11}	←	F_{42}	24.406	−0.149	F_{11}	←	F_{33}	11.954	−0.125
F_{11}	←	F_{53}	12.253	−0.110	F_{11}	←	F_{41}	11.417	−0.103	F_{11}	←	F_{32}	4.967	−0.083
F_{11}	←	F_{52}	5.914	−0.089	F_{11}	←	F_{34}	11.305	−0.136	F_{11}	←	F_{31}	7.601	−0.102
F_{11}	←	F_{25}	6.954	−0.101	F_{11}	←	F_{21}	5.712	−0.085	F_{11}	←	F_{22}	6.907	−0.093
F_{11}	←	F_{24}	8.756	−0.104										

对模型再次进行拟合，得出各种拟合指数，如表 8-31 所示。

表 8-31　修正后的模型拟合指数

参数	数值	评价标准	参数	数值	评价标准
χ^2	662.482	—	TFI	0.906	＞0.90
χ^2/df	2.704	＜5.00	CFI	0.906	＞0.90
RMSEA	0.069	＜0.08	NNFI	0.894	＞0.90

从表 8-31 中可以看出，该模型的拟合指数只有 NNFI = 0.894 没有达到标准值，但是很接近 0.90，说明该模型拟合程度比较高。因此，选用该模型的因子负荷拟合图的因子负荷系数作为指标的权重。

修正后的 EISBRP 因子负荷拟合图如图 8-6 所示。

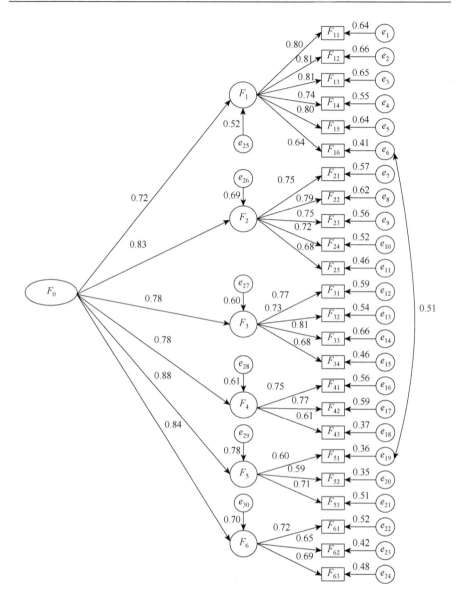

图 8-6 修正后的 EISBRP 因子负荷拟合图

从图 8-6 中可以看出，F_1，F_2，…，F_6 的因子负荷分别为 0.72、0.83、0.78、0.78、0.88、0.84，总和为 4.83，则 F_1 的权重为 0.72/4.83 = 0.15，F_2 的权重为 0.83/4.83 = 0.17，F_3 的权重为 0.78/4.83 = 0.16，F_4 的权重为 0.78/4.83 = 0.16，F_5 的权重为 0.88/4.83 = 0.18，F_6 的权重为 0.84/4.83 = 0.18（权重加和不等于 1.00 系数据四舍五入所致）。用同样的方法可以计算出二级指标的权重，如表 8-32 所示。

表 8-32 基于 SEM 的 EISBRP 赋权

	棕地再开发项目评价指标	权重
F_1	环境和健康效益指标	0.15
F_{11}	改善地下水质量	0.17
F_{12}	改善土壤质量	0.18
F_{13}	改善空气质量	0.18
F_{14}	降低当地居民的健康风险	0.16
F_{15}	提高绿化率	0.17
F_{16}	促进治理与防污技术的发展	0.14
F_2	财务指标	0.17
F_{21}	投资回收期	0.20
F_{22}	投资回报率	0.21
F_{23}	棕地治理与建设总成本	0.20
F_{24}	棕地治理费用占总成本的比例	0.20
F_{25}	净现值	0.19
F_3	棕地位置指标	0.16
F_{31}	棕地的地理位置	0.26
F_{32}	棕地所在地的基础设施状况	0.24
F_{33}	棕地所在地的交通能力	0.27
F_{34}	棕地的大小	0.23
F_4	社会稳定性指标	0.16
F_{41}	对增加当地税收的作用	0.35
F_{42}	对提高当地就业率的影响程度	0.36
F_{43}	对改善当地社会治安状况的作用	0.29
F_5	政策和技术指标	0.18
F_{51}	保护和循环土壤资源	0.32
F_{52}	附近其他污染源对项目的影响程度	0.31
F_{53}	棕地治理技术难度与周期	0.37
F_6	实施效果指标	0.18
F_{61}	与城市规划的匹配程度	0.35
F_{62}	对增加棕地周边土地价值的作用	0.32
F_{63}	对提升棕地所在地的社会及政府形象的作用	0.33

8.4.3　基于相对熵的组合赋权

通过比较 SEM 赋权结果和 AHP 赋权结果不难发现，两者在指标赋权方面存在一定差异。存在差异的主要原因为对同一组指标进行赋权的主体构成不同。AHP 赋权过程所选专家主要来自财务和投资领域，比较单一，理性成分较多。SEM 赋权过程使用的信息主要来自棕地再开发项目的各利益相关者，如政府、投资者、当地居民、环境保护组织成员等，各利益相关者在棕地再开发项目中的价值取向不同，利益诉求也不相同。因此，两种赋权结果存在差异。两种赋权结果都包含评价主体的有用信息，有必要采取一定方式融合各单一赋权方法的有用信息，以便克服各单一赋权方法的片面性。

组合赋权的目的在于消除单一赋权的片面性。通过指标权重的组合，尽可能客观地反映指标的重要程度。邱菀华（2002）提到现有的组合赋权方法主要有基于简单平均的指标组合赋权方法、基于加权平均的指标组合赋权方法、基于主客观权重乘积的归一化方法。

基于相对熵的组合赋权方法已成为一种重要的组合赋权方法。采用相对熵测量指标权重之间的距离，通过优化距离，解出与各单一赋权方法获取的指标权重距离最小的权重。

1. 方法原理及步骤

设 $x_i, y_i \geq 0, i = 1, 2, \cdots, N$ 且 $1 = \sum_{i=1}^{N} x_i \geq \sum_{i=1}^{N} y_i$ ，则

$$H(X, Y) = \sum_{i=1}^{N} x_i \ln \frac{x_i}{y_i}$$

称为 X 相对于 Y 的相对熵，其中， $X = (x_1, x_2, \cdots, x_N)$ ， $Y = (y_1, y_2, \cdots, y_N)$ 。

【定理 8.1】　如果函数 $H(X, Y)$ 为 X 相对于 Y 的相对熵，那么其满足以下性质：

$$H(X, Y) = \sum_{i=1}^{N} x_i \ln \frac{x_i}{y_i} \geq 0$$

$$H(X, Y) = \sum_{i=1}^{N} x_i \ln \frac{x_i}{y_i} = 0, 当且仅当 x_i = y_i, \forall i$$

记 $X = (x_1, x_2, \cdots, x_M)$ 为相对熵准则下待求指标权重； $Y = (y_1, y_2, \cdots, y_N)$ 为单一赋权方法集合； C_3 为第 i 种单一赋权方法对第 j 个指标赋予的权重， $i = 1, 2, \cdots, N$ ， $j = 1, 2, \cdots, M$ ，根据相对熵的思想，可构建如下优化模型：

$$\min \quad \sum_{i=1}^{N}\sum_{j=1}^{M} x_j \ln \frac{x_j}{y_{ij}}$$

$$\begin{cases} \text{s.t.} \quad \sum_{j=1}^{M} x_j = 1 \\ x_j > 0, \forall j \in M \end{cases} \tag{8.5}$$

【定理 8.2】　模型（8.5）的最优解为

$$x_j = \frac{\prod\limits_{i=1}^{N}(y_{ij})^{\frac{1}{N}}}{\sum\limits_{j=1}^{M}\prod\limits_{i=1}^{N}(y_{ij})^{\frac{1}{N}}} \tag{8.6}$$

在获得各单一方法赋权的基础上，使用定理 8.2 获得评价对象指标的组合权重。

2. 基于相对熵的组合赋权方法的应用

以一级指标的组合赋权过程为例说明基于相对熵的组合赋权方法。棕地再开发项目的一级评价指标包括环境和健康效益指标（F_1）、财务指标（F_2）、棕地位置指标（F_3）、社会稳定性指标（F_4）、政策和技术指标（F_5）、实施效果指标（F_6）等六个指标。对 SEM 赋权方法和 AHP 赋权方法分别得到的指标权重进行组合，如表 8-33 所示。

表 8-33　SEM 赋权结果与 AHP 赋权结果

一级指标	SEM 赋权	AHP 赋权
F_1	0.15	0.20
F_2	0.17	0.23
F_3	0.16	0.12
F_4	0.16	0.09
F_5	0.18	0.18
F_6	0.18	0.18

根据定理 8.2 计算各一级指标的组合权重：

$$x_1 = \frac{\sqrt{0.15 \times 0.20}}{\sqrt{0.15 \times 0.20} + \sqrt{0.17 \times 0.23} + \sqrt{0.16 \times 0.12} + \sqrt{0.16 \times 0.09} + \sqrt{0.18 \times 0.18} + \sqrt{0.18 \times 0.18}}$$
$$= 0.18$$

同理，$x_2 = 0.20$，$x_3 = 0.14$，$x_4 = 0.12$，$x_5 = 0.18$，$x_6 = 0.18$。

依据同样的方法计算各二级指标的组合权重，如表 8-34 所示。

表 8-34　基于相对熵的组合赋权方法的 EISBRP 赋权

	棕地再开发项目评价指标	AHP 赋权	SEM 赋权	基于相对熵的组合赋权
F_1	环境和健康效益指标	0.20	0.15	0.18
F_{11}	改善地下水质量	0.07	0.17	0.12
F_{12}	改善土壤质量	0.07	0.18	0.12
F_{13}	改善空气质量	0.08	0.18	0.13
F_{14}	降低当地居民的健康风险	0.04	0.16	0.09
F_{15}	提高绿化率	0.39	0.17	0.29
F_{16}	促进治理与防污技术的发展	0.35	0.14	0.25
F_2	财务指标	0.23	0.17	0.20
F_{21}	投资回收期	0.17	0.20	0.19
F_{22}	投资回报率	0.29	0.21	0.25
F_{23}	棕地治理与建设总成本	0.24	0.20	0.22
F_{24}	棕地治理费用占总成本的比例	0.15	0.20	0.17
F_{25}	净现值	0.15	0.19	0.17
F_3	棕地位置指标	0.12	0.16	0.14
F_{31}	棕地的地理位置	0.14	0.26	0.20
F_{32}	棕地所在地的基础设施状况	0.26	0.24	0.26
F_{33}	棕地所在地的交通能力	0.46	0.27	0.36
F_{34}	棕地的大小	0.14	0.23	0.18
F_4	社会稳定性指标	0.09	0.16	0.12
F_{41}	对增加当地税收的作用	0.69	0.35	0.53
F_{42}	对提高当地就业率的影响程度	0.23	0.36	0.31
F_{43}	对改善当地社会治安状况的作用	0.08	0.29	0.16
F_5	政策和技术指标	0.18	0.18	0.18
F_{51}	保护和循环土壤资源	0.67	0.32	0.50
F_{52}	附近其他污染源对项目的影响程度	0.06	0.31	0.15
F_{53}	棕地治理技术难度与周期	0.27	0.37	0.35
F_6	实施效果指标	0.18	0.18	0.18
F_{61}	与城市规划的匹配程度	0.22	0.35	0.30
F_{62}	对增加棕地周边土地价值的作用	0.07	0.32	0.17
F_{63}	对提升棕地所在地的社会及政府形象的作用	0.71	0.33	0.53

为了直观地反映基于相对熵的组合赋权对 AHP 赋权和 SEM 赋权有效信息的融合情况，特将表 8-34 中的结果转化为折线图，如图 8-7 所示。

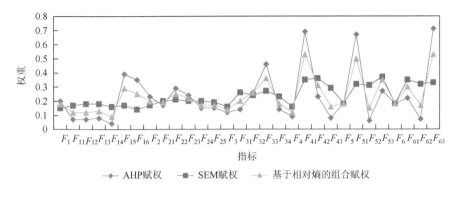

图 8-7 指标权重比较图

从图 8-7 中可以看出，基于相对熵的组合赋权方法很好地对 AHP 和 SEM 所得指标权重进行了融合，使得最终得到的权重既尊重了专家意见，又充分反映了主要利益相关者的偏好。

本 章 小 结

指标体系的构建是棕地再开发项目选择评价的首要工作。第一，本章探讨了从生态学视角研究棕地再开发评价问题的必要性，将环境、财务、风险、社会效益、国民经济效益五个方面综合考虑到 EISBRP 的构建中。第二，在利益相关者理论的指导下，本章对棕地再开发项目中的各主要利益相关者进行了分析。从社会经济指标、财务指标、环境健康指标和潜力指标四个方面提出生态学视角下基于利益相关者的 EISBRP。第三，以此指标体系为基础，设计了调查问卷，对棕地再开发主要利益相关者进行了问卷调查。利用 SPSS 软件，通过计算 CA 和因子分析检验了问卷调查的信度和效度。①利用主成分分析法提取了 6 个因子，并根据旋转后的因子负荷矩阵，将负荷系数小于 0.5 的变量删除。②根据各因子包含变量的特点，将这 6 个提取的因子分别命名为环境和健康效益指标、财务指标、棕地位置指标、社会稳定性指标、政策和技术指标、实施效果指标，完成了指标体系的优化。第四，运用 AMOS 软件对已经建立的两个 EISBRP 进行参数检验和评价，检验了其优化效果。优化后的 EISBRP 具有科学、全面、简单和实用的特点。第五，运用 AHP、SEM 和基于相对熵的组合赋权方法对指标进行赋权。由结果可以看出，基于相对熵的组合赋权方法可以兼顾主观判断和客观信息，克服了各单一赋权方法的片面性。

第9章　棕地再开发项目组合评价模型研究

棕地再开发项目评价中的一项重要工作就是选择合适的方法。经过几十年的发展，国内外学者已经提出了许多评价方法。典型的评价方法有Saaty（1980）、张润楚（2006）、刘思峰（2004）、岳超源（2003）、汪继华等（2004）、杜栋和庞庆华（2005）提到的 AHP、网络 AHP、模糊综合评价法、灰色关联评价法、人工神经网络评价法、主成分分析法、逼近理想解排序法（technique for order preference by similarity to ideal solution，TOPSIS）等。由于各种方法的机理不同、属性层次不同，评价结果存在差异，这种差异称为评价结果的非一致性。郭显光（1995）、陈国宏和李美娟（2004）等提出了组合评价的思路，即选用多种单一方法进行评价，再将单一评价结果进行组合。陈国宏等（2007）认为组合评价的作用主要体现在以下三个方面：第一，通过不同方法的组合，可以达到取长补短的效果；第二，通过不同方法的组合，可以利用更多的信息；第三，通过组合评价可以减少或消除非一致性问题。组合评价的这些优点使得它可以很好地解决棕地再开发项目由于利益相关者众多、涉及面广泛、环境和经济方面限制条件过多、不确定性因素众多及需要花费大量时间等所带来的评价难题。

本章根据现有组合评价的研究成果，以 EISBRP 指标数据为例，根据其特点，提出基于方法集的棕地再开发项目组合评价框架，并应用案例对该框架的有效性进行验证。

9.1　EISBRP 评分规则

9.1.1　评分方式

EISBRP 评分方式说明如表 9-1 所示。EISBRP 可以分为定量指标和定性指标两类，其中，财务指标属于定量指标，环境和健康效益指标、棕地位置指标、社会稳定性指标、政策和技术指标、实施效果指标等则属于定性指标。

定量指标通过备选方案的统计调查获得，以实际统计值作为评价对象指标数值；定性指标通过专家打分方式获得，以专家打分加权平均值作为评价对象指标数值。

表 9-1　EISBRP 评分方式

目标层	一级指标	二级指标	指标代码	指标性质	指标单位	评分方式
棕地再开发项目综合评价	环境和健康效益指标	改善地下水质量	F_{11}	定性	百分制	专家打分
		改善土壤质量	F_{12}	定性	百分制	专家打分
		改善空气质量	F_{13}	定性	百分制	专家打分
		降低当地居民的健康风险	F_{14}	定性	百分制	专家打分
		提高绿化率	F_{15}	定性	百分制	专家打分
		促进治理与防污技术的发展	F_{16}	定性	百分制	专家打分
	财务指标	投资回收期	F_{21}	定量	年	预计值
		投资回报率	F_{22}	定量	%	预计值
		棕地治理与建设总成本	F_{23}	定量	万元	预计值
		棕地治理费用占总成本的比例	F_{24}	定量	%	预计值
		净现值	F_{25}	定量	万元	预计值
	棕地位置指标	棕地的地理位置	F_{31}	定性	百分制	专家打分
		棕地所在地的基础设施状况	F_{32}	定性	百分制	专家打分
		棕地所在地的交通能力	F_{33}	定性	百分制	专家打分
		棕地的大小	F_{34}	定性	百分制	专家打分
	社会稳定性指标	对增加当地税收的作用	F_{41}	定性	百分制	专家打分
		对提高当地就业率的影响程度	F_{42}	定性	百分制	专家打分
		对改善当地社会治安状况的作用	F_{43}	定性	百分制	专家打分
	政策和技术指标	保护和循环土壤资源	F_{51}	定性	百分制	专家打分
		附近其他污染源对项目的影响程度	F_{52}	定性	百分制	专家打分
		棕地治理技术难度与周期	F_{53}	定性	百分制	专家打分
	实施效果指标	与城市规划的匹配程度	F_{61}	定性	百分制	专家打分
		对增加棕地周边土地价值的作用	F_{62}	定性	百分制	专家打分
		对提升棕地所在地的社会及政府形象的作用	F_{63}	定性	百分制	专家打分

9.1.2　专家评分依据

　　为了方便和指导专家利用 EISBRP 对棕地再开发项目进行评价打分，特别设计了专家评分依据表，如表 9-2 所示。

表 9-2 专家评分依据

指标名称	评分说明	优秀（>90 分）	良好（81~90 分）	一般（61~80 分）	较差（50~60 分）	很差（<50 分）
改善地下水质量	如果所评价再开发方案实施，其对改善地下水质量的作用					
改善土壤质量	如果所评价再开发方案实施，其对改善土壤质量的作用					
改善空气质量	如果所评价再开发方案实施，其对改善空气质量的作用					
降低当地居民的健康风险	如果所评价再开发方案实施，其对降低当地居民的健康风险作用					
提高绿化率	如果所评价再开发方案实施，其对提高绿化率的作用					
促进治理与防污技术的发展	如果所评价再开发方案实施，其对促进治理与防污技术发展的作用					
投资回收期	棕地再开发项目投资回收期					
投资回报率	棕地再开发项目投资回报率					
棕地治理与建设总成本	对棕地进行治理和建设所产生的费用总和					
棕地治理费用占总成本的比例	棕地治理费用在棕地治理与建设总成本中所占的份额					
净现值	棕地再开发项目净现值					
棕地的地理位置	棕地所在地地理位置对项目的影响程度					
棕地所在地的基础设施状况	棕地所在地周边供水、供电、供气、学校、医院等情况					
棕地所在地的交通能力	棕地所在地周边交通线路覆盖程度、路面质量情况等					
棕地的大小	棕地大小对项目的影响程度					
对增加当地税收的作用	如果所评价再开发方案实施，其对增加当地税收的作用					
对提高当地就业率的影响程度	如果所评价再开发方案实施，其对提高当地就业率的作用					
对改善当地社会治安状况的作用	如果所评价再开发方案实施，其对改善当地社会治安状况的作用					
保护和循环土壤资源	如果所评价再开发方案实施，其对保护和循环土壤资源的作用					

续表

指标名称	评分说明	优秀 （>90 分）	良好 （81～ 90 分）	一般 （61～ 80 分）	较差 （50～ 60 分）	很差 （<50 分）
附近其他污染源对项目的影响程度	如果所评价再开发方案实施，附近其他污染源对项目的影响程度					
棕地治理技术难度与周期	所评价再开发方案实施的技术难度和周期					
与城市规划的匹配程度	所评价再开发方案与城市规划的匹配程度					
对增加棕地周边土地价值的作用	所评价再开发方案对增加棕地周边土地价值的作用					
对提升棕地所在地的社会及政府形象的作用	所评价再开发方案对提升棕地所在地的社会及政府形象的作用					

9.2　基于方法集的棕地再开发项目组合评价框架

实践中，应用组合评价方法有两个需要解决的问题：第一，当单一评价结果存在非一致性时，如何在单一评价方法集中确定相关性较强的评价方法，剔除不相关的评价方法；第二，当组合评价的结果依然存在非一致性时，即当采用不同的组合评价方法对同一组单一评价方法结果进行组合且结果不一致时，如何对评价方案进行排序。

针对上述问题，王刚等（2009）提出了基于肯德尔一致性系数（记为 Kendall-W 系数）的单一方法集事前一致性检验的研究思路，即使用非参数统计理论中的 Kendall-W 系数对单一评价方法的排序结果进行一致性检验，当结果满足一致性要求时，对单一评价方法的排序结果进行组合；当结果不满足一致性要求时，通过对评价结果两两一致性检验确定符合实际且满足一致性要求的方法集；陈国宏和李美娟（2005）运用大量的随机模拟数据和实例数据对不同类型评价方法的组合和再组合进行了计算机模拟，实验结果表明，组合评价具有很好的收敛性，经过若干次组合，组合评价的结论能够迅速趋于一致，从而得到一致性的评价结果；刘艳春（2007）从数理的角度证明了组合评价的收敛性。

根据以上研究成果，结合 EISBRP 指标数据特点，本章提出一种基于方法集的棕地再开发项目组合评价框架。该框架将事前一致性检验与循环组合评价方法相结合，其主要思路如下：首先，使用 Kendall-W 系数对单一评价方法集进行一致性检验，确定具有统计一致性的方法集合；其次，使用不同组合评价方法对单一评价方法的排序结果进行组合，若不同组合评价方法的结果具有完全一致性，则作为最终结果输出，否则，重复循环组合，直至结论具有完全一致性，并输出排序结果。基于方法集的棕地再开发项目组合评价框架的流程图如图 9-1 所示。

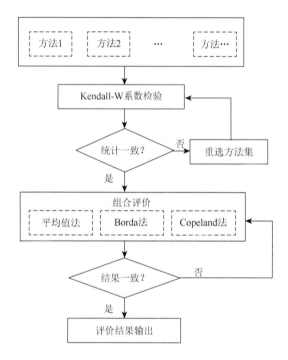

图 9-1　基于方法集的棕地再开发项目组合评价框架流程图

Borda 法指波达法；Copeland 法指科普兰法

9.2.1　单一方法评价

针对 EISBRP 的特点和各指标的数据要求，分别选取灰色关联评价法、模糊综合评价法、TOPSIS 和主成分分析法进行评价。

1. 灰色关联评价法

刘思峰（2004）提到了灰色系统理论，该理论认为关联性是事物的普遍属性，基本思路是首先确定一个参考数列（一般是各属性条件下的理想解），其次计算各对象与参考数列之间的关联程度。关联度越大，则评价对象与参考数列（理想解）越接近，即该方案优于其他方案，可以据此排出各方案的顺序。

常用的系统绝对关联度表示为

$$\gamma(x_0(k), x_i(k)) = \frac{\min_i \min_k |x_0(k) - x_i(k)| + \xi \max_i \max_k |x_0(k) - x_i(k)|}{|x_0(k) - x_i(k)| + \xi \max_i \max_k |x_0(k) - x_i(k)|}$$

灰色关联评价法的主要步骤如下。

（1）确定参考数列和比较数列。反映系统行为特征的数据序列称为参考数列；由影响系统行为的因素组成的数据序列称为比较数列。

（2）对参考数列和比较数列进行无量纲化处理。当系统中的各因素量纲不一致时，为便于各因素之间的比较，需要对数据进行无量纲化处理。

（3）求参考数列与比较数列的灰色关联系数。

（4）计算综合关联度。

（5）方案排序。

2. 模糊综合评价法

模糊综合评价法不仅可以依据综合分值对评价对象进行排序，而且可以依据最大隶属度原则确定评价对象的等级。模糊综合评价法克服了传统评价方法结果单一性的缺陷，很好地解决了传统评价中的模糊性和不确定性问题。模糊综合评价法的步骤如下。

（1）给出备择对象集。

（2）找出评语集（或称等级集）。

（3）按评价指标体系的标准分值和评语集对项目中的各个指标进行评判，并得出模糊评判矩阵，模糊关系用模糊评判矩阵 R 来描述：

$$R^k = \begin{bmatrix} R_{11}^k & R_{12}^k & \cdots & R_{1n}^k \\ R_{21}^k & R_{22}^k & \cdots & R_{2n}^k \\ \vdots & \vdots & & \vdots \\ R_{m1}^k & R_{m2}^k & \cdots & R_{mn}^k \end{bmatrix}$$

矩阵中 R_{ij}^k（$i = 1, 2, \cdots, m$；$j = 1, 2, \cdots, n$）表示对第 k 个单位第 i 个评价指标作出的 j 级评语的隶属度。隶属度的具体求法如下：根据模型初始化的实际情况，定出考核跨度，并把考核跨度内的数据取出，作为第 k 个单位考核数据，整理后得到第 i 个评价指标有 W_{i1} 个 W_1 级评语、W_{i2} 个 W_2 级评语……W_{in} 个 W_n 级评语，因此，对 $i = 1, 2, \cdots, m$，有 $R_{ij}^k = W_i / \sum W_{ij}$（$j = 1, 2, \cdots, n$）。

（4）利用模糊评判矩阵的合成运算，得综合评价模型 B 为

$$B = A \bullet R = (B_1, B_2, \cdots, B_n)$$

模糊数学中的算子"$\bullet$"有很多类型，在计算中应结合实际情况采取科学合理的合成算子。本章的算子"$\bullet$"采用加权平均法。

（5）选出最优项目。在对应的评语集中，计算 $W_P = \sum_{k=1}^{m} b_{pk} y_k$ ，其中，p 为备选方案集，得到的 W_P 值最大所对应的项目即最优项目。

3. TOPSIS

岳超源（2003）认为，TOPSIS 是逼近理想解的排序方法，它借助多属性问题的理想解和负理想解给方案集 X 中各方案排序。理想解 X^* 的每个属性值都是决策矩阵中最好的值，而负理想解 X^0 的每个属性值都是决策矩阵中最差的值。在 N 维空间中，将方案集 X 中的各备选方案与理想解 X^* 和负理想解 X^0 的距离进行比较，既靠近理想解又远离负理想解的方案就是方案集中的最佳方案，并据此排定方案集 X 中各备选方案的优先序。TOPSIS 的主要步骤如下。

（1）用向量规范化方法求得规范化决策矩阵。设多属性决策问题的决策矩阵 $Y = \left\{ y_{ij} \right\}$ ，规范化决策矩阵 $Z = \left\{ z_{ij} \right\}$ ，则

$$z_{ij} = y_{ij} / \sqrt{\sum_{i=1}^{m} y_{ij}^2} , i = 1, 2, \cdots, m; j = 1, 2, \cdots, n$$

（2）根据指标权重构成加权规范化决策矩阵 $X = \left\{ x_{ij} \right\}$ 。设由决策人给定 $W = \left(w_1, w_2, \cdots, w_n \right)^{\mathrm{T}}$ ，则

$$x_{ij} = w_j \times z_{ij} , i = 1, 2, \cdots, m; \quad j = 1, 2, \cdots, n$$

（3）确定理想解和负理想解，并计算各方案到理想解与负理想解的距离。设理想解 X^* 的第 j 个属性值为 x_j^* ，负理想解 X^0 的第 j 个属性值为 x_j^0 ，则

$$\text{理想解 } x_j^* = \begin{cases} \max_i x_{ij}, & j \text{为效益型属性} \\ \min_i x_{ij}, & j \text{为成本型属性} \end{cases} (j = 1, 2, \cdots, n)$$

$$\text{负理想解 } x_j^0 = \begin{cases} \min_i x_{ij}, & j \text{为效益型属性} \\ \max_i x_{ij}, & j \text{为成本型属性} \end{cases} (j = 1, 2, \cdots, n)$$

备选方案 x_j 到理想解的距离为

$$d_i^* = \sqrt{\sum_{j=1}^{n} \left(x_{ij} - x_j^* \right)^2} \ , \ i = 1, 2, \cdots, m$$

备选方案 x_j 到负理想解的距离为

$$d_i^0 = \sqrt{\sum_{j=1}^{n} \left(x_{ij} - x_j^0 \right)^2} \ , \ i = 1, 2, \cdots, m$$

（4）计算各方案的加权综合评价指数并排序：

$$c_i^* = d_i^0 \Big/ \left(d_i^0 + d_i^* \right) \ , \ i = 1, 2, \cdots, m$$

按 c_i^* 由大到小排出方案的优劣次序。

4. 主成分分析法

主成分分析法是霍特林（Hotelling）于 1933 年首次提出的，它是利用降维的思想，通过研究指标体系的内在结构关系，把多指标转换成少数几个相互独立的、包含原有指标大部分信息的综合指标的多元统计方法。主成分分析法通过投影的方法将高维数据进行降维处理，使高维数据以尽可能少的信息损失投影到低维空间，达到简化数据结构的目的，并将通过高维数据降维方法找出的影响评价对象的因素作为新的评价指标，进而根据指标得分对评价对象进行排序。主成分分析法的主要步骤如下。

（1）样本数据标准化处理，并根据标准化的样本数据计算样本相关矩阵，求出样本相关矩阵的特征值和特征向量。

①样本数据标准化处理。设样本数据矩阵为 $X = (x_{ij})_{m \times n}$，即 n 个指标、m 个样本，标准化数据矩阵为 $Y = (y_{ij})_{m \times n} = (Y_1, Y_2, \cdots, Y_n)$。

②计算样本相关矩阵 R，设样本相关矩阵 $R = (r_{ij})_{m \times n}$，则相关系数

$$r_{ij} = \frac{1}{m-n} \sum_{i=1}^{m} y_{ti} y_{tj} \quad (i, j = 1, 2, \cdots, n)$$

且有 $r_{ij} = r_{ji}, r_{ii} = 1$。因此，$R = (r_{ij})_{m \times n}$ 为实对称矩阵，且主对角线元素均为 1。

③计算样本相关矩阵 R 的特征值和对应的特征向量，由特征方程 $|R - \lambda I| = 0$ 解出 n 个特征值 $\lambda_1 \geqslant \lambda_2 \geqslant \cdots \geqslant \lambda_n$，由齐次线性方程组 $(R - \lambda I)L = 0$ 解出对应的特征向量 $L_1, L_2, \cdots, L_n$。

（2）建立主成分，按照累计方差贡献率 $\left(\sum_{i=1}^{k} \lambda_t \right) \left(\sum_{i=1}^{n} \lambda_t \right)^{-1}$ 大于 85% 或 80% 的原则确定主成分数量。计算各主成分的方差贡献率：

$$b_j = \lambda_j \left(\sum_{i=1}^{n} \lambda_t \right)^{-1}, \quad j = 1, 2, \cdots, n$$

以累计方差贡献率大于 85% 为准则，提取 k 个主成分，且第 i 个主成分指标的权重为 $\omega_i = \lambda_i \Big/ \left(\sum_{i=1}^{k} \lambda_i \right), \quad i = 1, 2, \cdots, k$。

（3）计算各主成分值和综合主成分值，并对样本进行排序。

9.2.2 事前一致性检验

本节对各单一评价结果的一致性进行检验。假设备选方案的数量为 n，单一方法集的数量为 m，样本的观察值为 x，Kendall-W 检验的基本思想如下：从行出发，计算各备选方案在各单一评价方法下的秩，并求得各备选方案的秩和，如表 9-3 所示。

表 9-3 Kendall-W 检验

	方案 1	方案 2	…	方案 n
方法 1	R_{11}	R_{12}	…	R_{1n}
方法 2	R_{21}	R_{22}	…	R_{2n}
…	…	…	…	…
方法 m	R_{m1}	R_{m2}	…	R_{mn}
秩和	R_1	R_2	…	R_n

利用 Kendall-W 系数对各个排序结果进行一致性检验的步骤如下。

（1）建立零假设和备择假设。

H_0：m 种评价方法之间不具有一致性。

H_1：m 种评价方法之间具有一致性。

（2）构造统计量：

$$\chi^2 = m(n-1)W$$

其中，$W = \sum_{j=1}^{n} \dfrac{\left(R_j - \dfrac{m(n+1)}{2} \right)^2}{\dfrac{m^2 n(n^2-1)}{12}}$，$m$ 为评价方法的数量，n 为备选方案的数量，R_j 为各个评价方法的秩和。在零假设成立时，χ^2 统计量近似服从 df 为 $n-1$ 的卡方分布。

（3）统计分析。对于给定的显著性水平 α，若统计量的值落入否定域 $\Theta = \{\chi^2 \mid \chi^2 > \chi_\alpha^2(n-1)\}$，则拒绝零假设，即 m 种单一评价方法之间存在显著一致性；否则，接受零假设，即 m 种单一评价方法之间不存在显著一致性。

9.2.3　相关性检验

如果事前一致性检验未通过，就需要使用斯皮尔曼（Spearman）等级相关系数检验（简称 Spearman 检验）或 Kendall-τ 检验对单一评价方法进行两两相关性检验，并对具有一致性的单一评价方法聚类，结合对样本资料、评价结果和评价方法的分析，对原方法集进行修正，剔除无显著相关性的方法，保留具有明显一致性的方法，作为组合评价的对象。

Kendall-τ 检验和 Spearman 检验用于检验两个变量之间是否存在相关关系。若以排序的形式给出两个变量，即对于以顺序测量的变量，可以借助 Kendall-τ 检验和 Spearman 检验测度其相关性，检验思路与 Kendall-W 检验类似，相关方法和原理可参见非参数数理统计类教材。

9.2.4　组合评价

使用多种组合评价方法对单一评价方法的排序结果进行组合，得到对应的组合评价结果。若不同组合评价方法得出的排序结果完全一致，则作为最终排序结果输出；否则，对具有非一致性的组合评价结果进行循环组合评价，直至评价结果完全一致，并作为最终排序结果输出。岳超源（2003）提到常用的组合评价方法有平均值法、Borda 法、Copeland 法。

1. 平均值法

设 R_{ik} 为方案 i 在第 k 种方法下所排的位次，用排序打分法将每种方法排序的名次转换为分数，即第 1 名得 n 分，第 n 名得 1 分。

2. Borda 法

这是一种少数服从多数的方法。若评价认为方案 i 优于方案 k 的数量大于认为方案 k 优于方案 i 的数量，则记为 $i \succ k$。

先定义 Borda 矩阵 $B = [b_{ik}]_{n \times n}$，其中，

$$b_{ik} = \begin{cases} 1, & i \succ k \\ 0, & \text{其他} \end{cases}$$

再定义方案 i 的总得分 $b_i = \sum_{k=1}^{n} b_{ik}$，并根据 b_i 的大小进行排序。

3. Copeland 法

Copeland 法较 Borda 法有所改进，区分"相等"和"劣"，即在计算"优"的次数的同时，还要计算"劣"的次数。先定义

$$b_{ik} = \begin{cases} 1, i \succ k \\ 0, i = k \\ -1, i \prec k \end{cases}$$

再定义方案 i 的总得分 $b_i = \sum_{k=1}^{n} b_{ik}$，并根据 b_i 的大小进行排序。因为评价结论的量纲可能不同，且量纲同一化的过程容易造成信息丢失，所以认为具有相同得分的方案排序相同。

9.3 应 用 案 例

9.3.1 案例背景与备选方案评分

1. 案例背景

我国西部地区某市是重要的政治、经济、文化中心，占地 9000 余平方千米，拥有 700 多万人口。待开发棕地位于该市西郊，占地 3000 余亩（1 亩≈666.7 平方米），属于因国防工业废弃用地而形成的棕地。近年来，为了发展地方经济，该市加大了投资建设力度。为了广泛吸引国内外客商投资，该市政府制定了相关优惠政策，吸引了众多投资商，使该市城区面貌日新月异；该市运输方式以公路运输为主，形成了纵横交错、发达的交通网络，交通较为便利；该棕地附近区域的自然环境条件和人文环境条件较好；学校、医院、商场、农贸市场等配套设施的完善程度较高，人口密集。

针对该棕地特征及其周边环境情况，设计 5 个方案作为该棕地再开发项目的备选方案，分别为工业用地方案 A、商业性用地方案 B、工业景观用地方案 C、住宅用地方案 D 和公共用地方案 E。

工业用地方案 A 旨在对棕地所在地进行改造，兴建新的工厂、车间、建筑安装的生产场地、废弃物处理场地等，继续发挥原土地的工业用地功能，棕地治理成本较小，但是由于该棕地附近人口密集、自然景观较好，项目建成投入使用后有可能再次污染当地环境，承担环境污染治理成本。

商业性用地方案 B 旨在将棕地所在地建设成满足商业需求的用地，该

棕地附近交通便利、人口密集，建设商业性用地预期收益较高，同时，棕地治理成本相对于住宅用地方案具有优势。

工业景观用地方案 C 旨在将棕地所在地改造为创意产业园、现代艺术区、主题博物馆等休闲和娱乐场所，同时尽可能保留工业遗产，如具有历史、技术、社会、建筑或科学价值的工业文化遗迹。工业景观用地改造成本较小，但是项目建成后的预期收益不如住宅用地和商业性用地显著。

住宅用地方案 D 旨在将棕地所在地建设成新的城镇居民住宅用地。因该棕地遭受过污染，所以将其再开发成住宅用地的成本较高。但是由于该棕地周边自然和人文环境良好、交通便利，经过再开发，其市场升值潜力较大。

公共用地方案 E 旨在将棕地所在地改造为与居住人口规模相对应的、为居民服务和使用的各类设施的用地，包括建筑基底占地及其所属场院、绿地和配建停车场等，如幼儿园、小学、中学、粮店、菜店、居委会、派出所等。公共用地方案的棕地治理要求较高，因此需要承担较高的治理成本。

2. 备选方案评分

备选方案的评分过程主要采用德尔菲法，选取一组有代表性的专家，这些专家涉及棕地再开发项目的各个方面，既包括财务专家、环境专家，也包括政府官员、棕地附近居民、环保组织成员等各利益相关方。备选方案评分的主要步骤如下。

（1）组成专家小组。将财务专家、环境专家、政府官员、棕地附近居民、环保组织成员等各利益相关方纳入专家小组。

（2）向所有专家介绍所要评价的各棕地再开发方案的有关情况，并附上所有背景材料及评分指标体系和评分标准，请专家以此为依据对备选方案进行评分。

（3）各位专家根据他们的经验和认识，提出自己的评分意见，并简述评分依据。

（4）将各位专家的评分意见汇总成图表，进行对比后再分发给专家，让每位专家将自己与他人的意见进行比较，并据此调整自己的意见。

（5）将所有专家的修改意见收集、汇总后，再次分发，进行第二轮修正。收集意见和信息反馈共经过四轮。经过四轮修正，专家意见基本达到一致，并以此意见为备选方案评分的基础数据。

各备选方案评分结果如表 9-4 所示。

表 9-4　备选方案评分结果

	棕地再开发项目评价指标	方案 A	方案 B	方案 C	方案 D	方案 E
F_1	环境和健康效益指标					
F_{11}	改善地下水质量/分	75	85	77	95	86
F_{12}	改善土壤质量/分	70	82	60	92	75
F_{13}	改善空气质量/分	78	84	65	80	75
F_{14}	降低当地居民的健康风险/分	80	89	68	85	95
F_{15}	提高绿化率/分	77	87	85	81	85
F_{16}	促进治理与防污技术的发展/分	75	80	90	75	80
F_2	财务指标					
F_{21}	投资回收期/年	5	7	4	6	6
F_{22}	投资回报率/%	21	30	17	28	20
F_{23}	棕地治理与建设总成本/万元	1500	2700	2100	3500	2900
F_{24}	棕地治理费用占总成本的比例/%	15	27	18	30	25
F_{25}	净现值/万元	2580	3500	2600	3200	3300
F_3	棕地位置指标					
F_{31}	棕地的地理位置/分	75	85	80	92	93
F_{32}	棕地所在地的基础设施状况/分	85	82	90	92	90
F_{33}	棕地所在地的交通能力/分	80	88	90	87	82
F_{34}	棕地的大小/分	55	80	85	85	84
F_4	社会稳定性指标					
F_{41}	对增加当地税收的作用/分	90	92	75	85	82
F_{42}	对提高当地就业率的影响程度/分	85	90	72	70	75
F_{43}	对改善当地社会治安状况的作用/分	80	75	88	90	85
F_5	政策和技术指标					
F_{51}	保护和循环土壤资源/分	75	90	75	90	90
F_{52}	附近其他污染源对项目的影响程度/分	60	65	60	55	60
F_{53}	棕地治理技术难度与周期/分	60	90	85	95	90
F_6	实施效果指标					
F_{61}	与城市规划的匹配程度/分	70	85	80	85	90
F_{62}	对增加棕地周边土地价值的作用/分	70	80	85	75	80
F_{63}	对提升棕地所在地的社会及政府形象的作用/分	75	70	85	85	78

9.3.2 单一方法评价

1. 灰色关联评价法

（1）计算各一级指标灰色关联度，如表 9-5～表 9-10 所示。由于财务指标具有不同量纲，应对财务指标进行无量纲化处理，在此基础上确定参考数列并计算关联度。

表 9-5　环境和健康效益指标

指标	方案 A	方案 B	方案 C	方案 D	方案 E	参考数列	关联度	综合排序
F_{11}	75	85	77	95	86	95	0.5524	5
F_{12}	70	82	60	92	75	92	0.7870	1
F_{13}	78	84	65	80	75	84	0.6971	4
F_{14}	80	89	68	85	95	95	0.7393	2
F_{15}	77	87	85	81	85	87	0.7198	3
F_{16}	75	80	90	75	80	90		

表 9-6　财务指标

指标	方案 A	方案 B	方案 C	方案 D	方案 E	参考数列	关联度	综合排序
F_{21}	0.667	0	1	0.333	0.333	1	0.5188	4
F_{22}	0.308	1	0	0.846	0.231	1	0.6709	1
F_{23}	0	0.6	0.3	1	0.7	1	0.5439	3
F_{24}	1	0.2	0.8	0	0.333	1	0.6521	2
F_{25}	0	1	0.021	0.674	0.783	1	0.5088	5

表 9-7　棕地位置指标

指标	方案 A	方案 B	方案 C	方案 D	方案 E	参考数列	关联度	综合排序
F_{31}	75	85	80	92	93	93	0.5442	5
F_{32}	85	90	90	92	90	92	0.8125	4
F_{33}	80	88	90	87	82	90	0.8766	2
F_{34}	55	80	85	85	84	85	0.9275	1
							0.8330	3

表 9-8　社会稳定性指标

指标	方案 A	方案 B	方案 C	方案 D	方案 E	参考数列	关联度	综合排序
F_{41}	90	92	85	85	82	92	0.7283	2
F_{42}	85	90	85	70	75	90	0.9040	1

续表

指标	方案 A	方案 B	方案 C	方案 D	方案 E	参考数列	关联度	综合排序
F_{43}	80	75	88	90	85	90	0.6518	3
							0.5751	4
							0.4957	5

表 9-9　政策和技术指标

指标	方案 A	方案 B	方案 C	方案 D	方案 E	参考数列	关联度	综合排序
F_{51}	75	90	75	90	90	90	0.5026	5
F_{52}	60	65	60	55	60	65	0.9222	2
F_{53}	60	90	85	95	90	95	0.6086	4
							0.9455	1
							0.8889	3

表 9-10　实施效果指标

指标	方案 A	方案 B	方案 C	方案 D	方案 E	参考数列	关联度	综合排序
F_{61}	70	85	80	85	90	90	0.4330	5
F_{62}	70	80	85	75	80	85	0.5253	4
F_{63}	75	70	85	85	78	85	0.8500	1
							0.8150	2
							0.7251	3

（2）计算综合关联度，如表 9-11 所示。

表 9-11　综合关联度

方案	F_1	F_2	F_3	F_4	F_5	F_6	综合关联度	综合排序
方案 A	0.5524	0.5188	0.5442	0.7283	0.5026	0.4330	0.5352	5
方案 B	0.7870	0.6709	0.8125	0.9040	0.9222	0.5253	0.7586	2
方案 C	0.6971	0.5439	0.8766	0.6518	0.6086	0.8500	0.6977	4
方案 D	0.7393	0.6521	0.9275	0.5751	0.9455	0.8150	0.7792	1
方案 E	0.7198	0.5088	0.8330	0.4957	0.8889	0.7251	0.6979	3

通过基于灰色关联评价法的综合排序结果发现，方案 D 为最佳方案，方案 B、方案 E、方案 C 次之，方案 A 最差。

2. 模糊综合评价法

（1）给出备择对象集。棕地再开发项目的备择对象集为方案 A、方案 B、方案 C、方案 D、方案 E。

（2）找出评语集（或称等级集）。使用 $V = (v_1优，v_2良，v_3中，v_4差)$ 四级评语。

（3）根据打分表，得到模糊评判矩阵。

①方案 A 的模糊评判矩阵：

$$R_1 = \begin{bmatrix} 0.2 & 0.1 & 0.2 & 0.5 \\ 0.1 & 0.2 & 0.1 & 0.6 \\ 0.1 & 0.3 & 0.2 & 0.4 \\ 0.3 & 0.2 & 0.2 & 0.3 \\ 0 & 0.1 & 0.3 & 0.6 \\ 0.2 & 0.1 & 0.2 & 0.5 \end{bmatrix}$$

$$R_2 = \begin{bmatrix} 0.2 & 0.3 & 0.3 & 0.2 \\ 0.3 & 0.2 & 0.3 & 0.2 \\ 0.7 & 0.2 & 0.1 & 0 \\ 0.7 & 0.2 & 0.1 & 0 \\ 0.5 & 0.2 & 0.1 & 0.2 \end{bmatrix}$$

$$R_3 = \begin{bmatrix} 0 & 0.2 & 0.3 & 0.5 \\ 0.3 & 0.3 & 0.2 & 0.2 \\ 0.4 & 0.2 & 0.4 & 0 \\ 0.1 & 0.3 & 0.2 & 0.4 \end{bmatrix}$$

$$R_4 = \begin{bmatrix} 0.8 & 0.2 & 0 & 0 \\ 0.7 & 0.2 & 0.1 & 0 \\ 0.5 & 0.4 & 0.1 & 0 \end{bmatrix}$$

$$R_5 = \begin{bmatrix} 0 & 0.3 & 0.2 & 0.5 \\ 0.3 & 0.2 & 0.4 & 0.1 \\ 0.2 & 0.1 & 0.3 & 0.4 \end{bmatrix}$$

$$R_6 = \begin{bmatrix} 0.3 & 0.3 & 0.3 & 0.1 \\ 0.5 & 0.2 & 0.3 & 0 \\ 0.2 & 0.2 & 0.6 & 0 \end{bmatrix}$$

②方案 B 的模糊评判矩阵：

$$R_1 = \begin{bmatrix} 0.4 & 0.3 & 0.2 & 0.1 \\ 0.4 & 0.3 & 0.2 & 0.1 \\ 0.4 & 0.3 & 0.2 & 0.1 \\ 0.2 & 0.3 & 0.5 & 0 \\ 0.1 & 0.2 & 0.3 & 0.4 \\ 0.2 & 0.1 & 0.2 & 0.5 \end{bmatrix}$$

$$R_2 = \begin{bmatrix} 0.2 & 0.3 & 0.3 & 0.2 \\ 0.9 & 0.1 & 0 & 0 \\ 0.2 & 0.2 & 0.5 & 0.1 \\ 0.2 & 0.2 & 0.5 & 0.1 \\ 1 & 0 & 0 & 0 \end{bmatrix}$$

$$R_3 = \begin{bmatrix} 0.7 & 0.2 & 0.1 & 0 \\ 0.6 & 0.2 & 0.2 & 0 \\ 0.4 & 0.5 & 0.1 & 0 \\ 0.7 & 0.2 & 0.1 & 0 \end{bmatrix}$$

$$R_4 = \begin{bmatrix} 0.8 & 0.2 & 0 & 0 \\ 0.9 & 0.1 & 0 & 0 \\ 0.5 & 0.2 & 0.1 & 0.2 \end{bmatrix}$$

$$R_5 = \begin{bmatrix} 0.3 & 0.4 & 0.2 & 0.1 \\ 0.5 & 0.2 & 0.3 & 0 \\ 0.2 & 0.1 & 0.3 & 0.4 \end{bmatrix}$$

$$R_6 = \begin{bmatrix} 0.6 & 0.3 & 0.1 & 0 \\ 0.6 & 0.2 & 0.2 & 0 \\ 0.7 & 0.2 & 0.1 & 0 \end{bmatrix}$$

③方案 C 的模糊评判矩阵：

$$R_1 = \begin{bmatrix} 0.6 & 0.3 & 0.1 & 0 \\ 0.6 & 0.3 & 0.1 & 0 \\ 0.6 & 0.3 & 0.1 & 0 \\ 0.2 & 0.3 & 0.5 & 0 \\ 0.7 & 0.2 & 0.1 & 0 \\ 0.2 & 0.1 & 0.2 & 0.5 \end{bmatrix}$$

$$R_2 = \begin{bmatrix} 0.1 & 0.1 & 0.3 & 0.6 \\ 0.1 & 0.1 & 0.1 & 0.7 \\ 0.5 & 0.4 & 0.1 & 0 \\ 0.5 & 0.4 & 0.1 & 0 \\ 0.2 & 0 & 0 & 0.8 \end{bmatrix}$$

$$R_3 = \begin{bmatrix} 0.6 & 0.2 & 0.2 & 0 \\ 0.5 & 0.3 & 0.2 & 0 \\ 0.3 & 0.2 & 0.1 & 0.4 \\ 0.6 & 0.1 & 0.1 & 0.2 \end{bmatrix}$$

$$R_4 = \begin{bmatrix} 0.2 & 0.1 & 0.2 & 0.6 \\ 0.1 & 0.1 & 0.5 & 0.3 \\ 0.7 & 0.2 & 0.1 & 0 \end{bmatrix}$$

$$R_5 = \begin{bmatrix} 0.3 & 0.4 & 0.2 & 0.1 \\ 0.2 & 0.2 & 0.3 & 0.3 \\ 0.9 & 0.1 & 0 & 0 \end{bmatrix}$$

$$R_6 = \begin{bmatrix} 0.6 & 0.3 & 0.1 & 0 \\ 0.6 & 0.2 & 0.2 & 0 \\ 0.7 & 0.2 & 0 & 0.1 \end{bmatrix}$$

④方案 D 的模糊评判矩阵：

$$R_1 = \begin{bmatrix} 0.6 & 0.3 & 0 & 0.1 \\ 0.5 & 0.3 & 0.2 & 0 \\ 0.5 & 0.3 & 0.2 & 0 \\ 0.4 & 0.2 & 0 & 0.4 \\ 0.1 & 0.2 & 0.4 & 0.3 \\ 0.2 & 0.1 & 0.5 & 0.2 \end{bmatrix}$$

$$R_2 = \begin{bmatrix} 0.2 & 0.3 & 0.3 & 0.2 \\ 0.9 & 0.1 & 0 & 0 \\ 0.1 & 0.1 & 0.2 & 0.6 \\ 0.1 & 0.1 & 0.2 & 0.6 \\ 0.4 & 0.2 & 0.2 & 0.2 \end{bmatrix}$$

$$R_3 = \begin{bmatrix} 0.7 & 0.2 & 0.1 & 0 \\ 0.6 & 0.2 & 0.2 & 0 \\ 0.4 & 0.5 & 0.1 & 0 \\ 0.7 & 0.2 & 0.1 & 0 \end{bmatrix}$$

$$R_4 = \begin{bmatrix} 0.6 & 0.2 & 0 & 0.2 \\ 0.6 & 0.1 & 0.3 & 0 \\ 0.5 & 0.2 & 0.1 & 0.2 \end{bmatrix}$$

$$R_5 = \begin{bmatrix} 0.3 & 0.4 & 0.2 & 0.1 \\ 0.6 & 0.1 & 0.3 & 0 \\ 0.4 & 0.1 & 0.3 & 0.2 \end{bmatrix}$$

$$R_6 = \begin{bmatrix} 0.7 & 0.2 & 0.1 & 0 \\ 0.6 & 0.2 & 0.2 & 0 \\ 0.7 & 0.2 & 0.1 & 0 \end{bmatrix}$$

⑤方案 E 的模糊评判矩阵：

$$R_1 = \begin{bmatrix} 0.5 & 0.3 & 0.2 & 0 \\ 0.4 & 0.3 & 0.2 & 0.1 \\ 0.5 & 0.3 & 0.1 & 0.1 \\ 0.2 & 0.3 & 0.5 & 0 \\ 0.1 & 0.2 & 0.3 & 0.4 \\ 0.2 & 0.1 & 0.3 & 0.4 \end{bmatrix}$$

$$R_2 = \begin{bmatrix} 0.2 & 0.1 & 0.2 & 0.5 \\ 0.2 & 0.1 & 0.7 & 0 \\ 0.2 & 0.2 & 0.5 & 0.1 \\ 0.2 & 0.2 & 0.5 & 0.1 \\ 0.6 & 0.2 & 0.2 & 0 \end{bmatrix}$$

$$R_3 = \begin{bmatrix} 0.7 & 0.2 & 0.1 & 0 \\ 0.5 & 0.3 & 0.2 & 0 \\ 0.4 & 0.5 & 0.1 & 0 \\ 0.6 & 0.2 & 0.1 & 0.1 \end{bmatrix}$$

$$R_4 = \begin{bmatrix} 0.4 & 0.2 & 0.2 & 0.2 \\ 0.4 & 0.1 & 0.3 & 0.2 \\ 0.3 & 0.2 & 0.1 & 0.4 \end{bmatrix}$$

$$R_5 = \begin{bmatrix} 0.2 & 0.5 & 0.3 & 0 \\ 0.5 & 0.2 & 0.3 & 0 \\ 0.2 & 0.1 & 0.2 & 0.5 \end{bmatrix}$$

$$R_6 = \begin{bmatrix} 0.6 & 0.3 & 0.1 & 0 \\ 0.4 & 0.2 & 0.2 & 0.2 \\ 0.8 & 0.2 & 0 & 0 \end{bmatrix}$$

（4）利用模糊评判矩阵的合成运算，得到综合评价模型 B：

$$B = A \bullet R = (B_1, B_2, \cdots, B_n)$$

其中，A 为各指标因素的权重，$R = (R_1, R_2, \cdots, R_6)^{\mathrm{T}}$，经计算可得

$$B_{方案A} = A \bullet R_A = (0.30828, 0.21236, 0.25350, 0.22586)$$

$$B_{方案B} = A \bullet R_B = (0.49074, 0.22428, 0.18210, 0.10348)$$

$$B_{方案C} = A \bullet R_C = (0.44510, 0.20556, 0.14068, 0.20866)$$

$$B_{方案D} = A \bullet R_D = (0.47082, 0.21356, 0.18296, 0.13266)$$

$$B_{方案E} = A \bullet R_E = (0.38642, 0.23612, 0.23930, 0.13816)$$

（5）选出最优项目。在对应的评语集 $V = (v_1 优=7,\ v_2 良=5,\ v_3 中=3,$ $v_4 差=1)$ 中，计算 $W_P = \sum_{k=1}^{m} b_{pk} y_k$，其中，$p =$（方案 A，方案 B，方案 C，方案 D，方案 E），得到的 W_P 值最大所对应的项目即最优项目。

经计算可知，$W_A = 4.2061$，$W_B = 5.2022$，$W_C = 4.7742$，$W_D = 5.0451$，$W_E = 4.7416$。因此，方案 B 为最佳方案，方案 D、方案 C、方案 E 次之，方案 A 最差。

3. TOPSIS

（1）用向量规范化方法求得规范化决策矩阵，如表 9-12 所示。

表 9-12 规范化决策矩阵

棕地再开发项目评价指标		方案 A	方案 B	方案 C	方案 D	方案 E
F_1	环境和健康效益指标					
F_{11}	改善地下水质量	0.39975	0.45305	0.41041	0.50635	0.45838
F_{12}	改善土壤质量	0.40885	0.47894	0.35045	0.53735	0.43806
F_{13}	改善空气质量	0.45498	0.48998	0.37915	0.46665	0.43748
F_{14}	降低当地居民的健康风险	0.42643	0.47441	0.36247	0.45308	0.50639
F_{15}	提高绿化率	0.41450	0.46833	0.45757	0.43603	0.45757
F_{16}	促进治理与防污技术的发展	0.41828	0.44617	0.50194	0.41828	0.44617
F_2	财务指标					
F_{21}	投资回收期	0.39284	0.54997	0.31427	0.47141	0.47141
F_{22}	投资回报率	0.39587	0.56554	0.32047	0.52783	0.37702

续表

棕地再开发项目评价指标		方案 A	方案 B	方案 C	方案 D	方案 E
F_{23}	棕地治理与建设总成本	0.25497	0.45895	0.35696	0.59493	0.49294
F_{24}	棕地治理费用占总成本的比例	0.28332	0.50998	0.33999	0.56664	0.47220
F_{25}	净现值	0.37150	0.51164	0.38007	0.46778	0.48240
F_3	棕地位置指标					
F_{31}	棕地的地理位置	0.39331	0.44575	0.41953	0.48246	0.48770
F_{32}	棕地所在地的基础设施状况	0.42506	0.45006	0.45006	0.46006	0.45006
F_{33}	棕地所在地的交通能力	0.41852	0.46038	0.47084	0.45515	0.42889
F_{34}	棕地的大小	0.31272	0.45488	0.48331	0.48331	0.47762
F_4	社会稳定性指标					
F_{41}	对增加当地税收的作用	0.46329	0.47359	0.43755	0.43755	0.42211
F_{42}	对提高当地就业率的影响程度	0.46738	0.49487	0.46738	0.38490	0.41239
F_{43}	对改善当地社会治安状况的作用	0.46920	0.39100	0.45877	0.46920	0.44313
F_5	政策和技术指标					
F_{51}	保护和循环土壤资源	0.37510	0.48228	0.40190	0.48228	0.48228
F_{52}	附近其他污染源对项目的影响程度	0.44659	0.48381	0.44659	0.40938	0.44659
F_{53}	棕地治理技术难度与周期	0.33941	0.46996	0.44385	0.49606	0.46996
F_6	实施效果指标					
F_{61}	与城市规划的匹配程度	0.38047	0.46200	0.43482	0.46200	0.48917
F_{62}	对增加棕地周边土地价值的作用	0.40049	0.45770	0.48631	0.42910	0.45770
F_{63}	对提升棕地所在地的社会及政府形象的作用	0.42557	0.39720	0.48231	0.48231	0.44259

（2）根据指标权重构成加权规范化决策矩阵。

根据指标权重计算结果（表 8-34），构成加权规范化决策矩阵，如表 9-13 所示。

表 9-13　加权规范化决策矩阵

棕地再开发项目评价指标		方案 A	方案 B	方案 C	方案 D	方案 E
F_1	环境和健康效益指标					
F_{11}	改善地下水质量	0.04797	0.05437	0.04925	0.06076	0.05501
F_{12}	改善土壤质量	0.04906	0.05747	0.04205	0.06448	0.05257

续表

棕地再开发项目评价指标		方案 A	方案 B	方案 C	方案 D	方案 E
F_{13}	改善空气质量	0.05915	0.06370	0.04929	0.06067	0.05687
F_{14}	降低当地居民的健康风险	0.03838	0.04267	0.03262	0.04078	0.04558
F_{15}	提高绿化率	0.12021	0.13582	0.13269	0.12645	0.13269
F_{16}	促进治理与防污技术的发展	0.10457	0.11154	0.12549	0.10457	0.11154
F_2	财务指标					
F_{21}	投资回收期	0.07464	0.10450	0.05971	0.08957	0.08957
F_{22}	投资回报率	0.09897	0.14138	0.08012	0.13196	0.09426
F_{23}	棕地治理与建设总成本	0.05609	0.10097	0.07853	0.13089	0.10845
F_{24}	棕地治理费用占总成本的比例	0.04816	0.08670	0.05780	0.09633	0.08027
F_{25}	净现值	0.06412	0.08698	0.06461	0.07952	0.08201
F_3	棕地位置指标					
F_{31}	棕地的地理位置	0.07866	0.08915	0.08391	0.09649	0.09754
F_{32}	棕地所在地的基础设施状况	0.11052	0.11702	0.11702	0.11962	0.11702
F_{33}	棕地所在地的交通能力	0.15067	0.16574	0.16950	0.16385	0.15444
F_{34}	棕地的大小	0.05629	0.08188	0.08670	0.08670	0.08597
F_4	社会稳定性指标					
F_{41}	对增加当地税收的作用	0.24554	0.25100	0.23190	0.23190	0.22372
F_{42}	对提高当地就业率的影响程度	0.14489	0.05341	0.14489	0.11932	0.12784
F_{43}	对改善当地社会治安状况的作用	0.07976	0.06647	0.07799	0.07976	0.07533
F_5	政策和技术指标					
F_{51}	保护和循环土壤资源	0.18755	0.24114	0.20095	0.24114	0.24114
F_{52}	附近其他污染源对项目的影响程度	0.06699	0.07257	0.06699	0.06141	0.06699
F_{53}	棕地治理技术难度与周期	0.11879	0.16448	0.15535	0.17362	0.16448
F_6	实施效果指标					
F_{61}	与城市规划的匹配程度	0.11414	0.13856	0.13045	0.13860	0.14675
F_{62}	对增加棕地周边土地价值的作用	0.06808	0.07781	0.08267	0.07295	0.07781
F_{63}	对提升棕地所在地的社会及政府形象的作用	0.22555	0.21051	0.25562	0.25562	0.23457

（3）确定理想解和负理想解，并计算各方案到理想解与负理想解的距离，如表 9-14～表 9-19 所示。

表 9-14　环境和健康效益指标

指标	理想解	负理想解	方案	理想解距离	负理想解距离	综合评价指数
F_{11}	0.06076	0.04797	方案 A	0.03399	0.01340	0.28272
F_{12}	0.06448	0.04205	方案 B	0.01711	0.02967	0.63422
F_{13}	0.06370	0.04929	方案 C	0.03195	0.02440	0.43295
F_{14}	0.04558	0.03262	方案 D	0.02361	0.03003	0.05983
F_{15}	0.13558	0.12021	方案 E	0.02064	0.02429	0.54064
F_{16}	0.12549	0.10457				

表 9-15　财务指标

指标	理想解	负理想解	方案	理想解距离	负理想解距离	综合评价指数
F_{21}	0.10450	0.05971	方案 A	0.04206	0.09968	0.70324
F_{22}	0.08012	0.14138	方案 B	0.08516	0.05930	0.41048
F_{23}	0.05609	0.13089	方案 C	0.05570	0.08933	0.61595
F_{24}	0.04816	0.09633	方案 D	0.10431	0.03490	0.25068
F_{25}	0.08698	0.06412	方案 E	0.06496	0.06496	0.49923

表 9-16　棕地位置指标

指标	理想解	负理想解	方案	理想解距离	负理想解距离	综合评价指数
F_{31}	0.09754	0.07866	方案 A	0.04216	0.00202	0.04567
F_{32}	0.12173	0.10850	方案 B	0.01151	0.03262	0.73913
F_{33}	0.16950	0.15067	方案 C	0.01443	0.03738	0.72156
F_{34}	0.08696	0.05629	方案 D	0.00612	0.03947	0.86573
			方案 E	0.01582	0.03639	0.69703

表 9-17　社会稳定性指标

指标	理想解	负理想解	方案	理想解距离	负理想解距离	综合评价指数
F_{41}	0.25100	0.22372	方案 A	0.01012	0.03615	0.78129
F_{42}	0.15341	0.11932	方案 B	0.01329	0.04366	0.76661
F_{43}	0.07976	0.06647	方案 C	0.02099	0.02921	0.58193
			方案 D	0.03908	0.01561	0.28547
			方案 E	0.03765	0.01230	0.24618

表 9-18　政策和技术指标

指标	理想解	负理想解	方案	理想解距离	负理想解距离	综合评价指数
F_{51}	0.24114	0.18755	方案 A	0.07687	0.00558	0.06777
F_{52}	0.07257	0.06147	方案 B	0.00914	0.07130	0.88640
F_{53}	0.17362	0.11880	方案 C	0.04450	0.03932	0.46915
			方案 D	0.01116	0.07667	0.87289
			方案 E	0.01071	0.07064	0.86837

表 9-19　实施效果指标

指标	理想解	负理想解	方案	理想解距离	负理想解距离	综合评价指数
F_{61}	0.14675	0.11414	方案 A	0.04670	0.01504	0.24356
F_{62}	0.08267	0.06800	方案 B	0.04610	0.02635	0.36373
F_{63}	0.25562	0.21021	方案 C	0.01631	0.05016	0.75468
			方案 D	0.01269	0.05155	0.80245
			方案 E	0.02161	0.04170	0.65868

（4）计算各方案的加权综合评价指数并排序，如表 9-20 所示。

表 9-20　各方案加权综合评价指数与排序

方案	加权综合评价指数	综合排序
方案 A	0.3117	5
方案 B	0.6168	1
方案 C	0.5923	4
方案 D	0.6079	2
方案 E	0.5992	3

通过基于 TOPSIS 的综合排序结果发现，方案 B 为最佳方案，方案 D、方案 E、方案 C 次之，方案 A 最差。

4. 主成分分析法

（1）样本数据标准化处理，并根据标准化的样本数据计算样本相关矩阵，求出样本相关矩阵的特征值和特征向量。使用 SPSS 15.0 软件对样本数据进行统计分析，计算出的特征值、方差贡献率和累计方差贡献率如表 9-21 所示。

表 9-21 样本相关矩阵的特征值和累计方差贡献率

成分	初始特征值			提取负荷平方和		
	总值	方差百分比/%	累计百分比/%	总值	方差百分比/%	累计百分比/%
1	10.458	43.575	43.575	10.458	43.575	43.575
2	7.980	33.251	76.826	7.980	33.251	76.826
3	4.202	17.510	94.336	4.202	17.510	94.336
4	1.359	5.664	100.000	1.359	5.664	100.000

（2）由于第一、二、三个成分的特征值大于 1，且累计方差贡献率达到 94.336%，其他成分对方差影响较小，可以提出前三个成分作为主成分。

（3）初始因子负荷矩阵如表 9-22 所示，根据初始因子负荷矩阵和特征值，得到各主成分表达式及综合主成分表达式。

表 9-22 初始因子负荷矩阵

因子	成分			
	1	2	3	4
改善地下水质量	0.920	0.179	−0.323	0.128
改善土壤质量	0.845	−0.251	−0.404	0.244
改善空气质量	0.588	−0.774	−0.176	0.156
降低当地居民的健康风险	0.740	−0.417	−0.084	−0.521
提高绿化率	0.468	0.287	0.832	−0.074
促进治理与防污技术的发展	−0.324	0.631	0.704	0.033
投资回收期	0.838	−0.534	0.104	−0.039
投资回报率	0.729	−0.485	−0.037	0.482
棕地治理与建设总成本	0.934	0.316	−0.158	0.061
棕地治理费用占总成本的比例	0.986	0.091	−0.048	0.131
净现值	0.942	−0.214	0.233	−0.110
棕地的地理位置	0.890	0.328	−0.133	−0.286
棕地所在地的基础设施状况	0.130	0.852	−0.488	−0.140
棕地所在地的交通能力	0.224	0.518	0.501	0.656
棕地的大小	0.626	0.706	0.327	0.044
对增加当地税收的作用	0.252	−0.949	−0.112	0.153
对提高当地就业率的影响程度	−0.090	−0.909	0.403	0.058
对改善当地社会治安状况的作用	0.026	0.873	−0.487	0.010

续表

因子	成分			
	1	2	3	4
保护和循环土壤资源	0.986	−0.090	0.012	−0.143
附近其他污染源对项目的影响程度	−0.070	−0.519	0.848	−0.086
棕地治理技术难度与周期	0.825	0.505	0.237	0.096
与城市规划的匹配程度	0.843	0.367	0.265	−0.292
对增加棕地周边土地价值的作用	0.125	0.635	0.762	−0.033
对提升棕地所在地的社会及政府形象的作用	−0.088	0.894	−0.405	0.172

主成分的表达式系数通过各子成分因子负荷值与其特征值的平方根之差计算而得:

$$
\begin{aligned}
F_1 =\ & 0.284F_{11} + 0.261F_{12} + 0.182F_{13} + 0.229F_{14} + 0.145F_{15} \\
& - 0.100F_{16} + 0.259F_{21} + 0.225F_{22} \\
& + 0.289F_{23} + 0.305F_{24} + 0.291F_{25} + 0.275F_{31} + 0.040F_{32} \\
& + 0.069F_{33} + 0.194F_{34} + 0.078F_{41} \\
& - 0.028F_{42} + 0.008F_{43} + 0.305F_{51} - 0.022F_{52} + 0.255F_{53} \\
& + 0.261F_{61} + 0.039F_{62} - 0.027F_{63}
\end{aligned}
$$

$$
\begin{aligned}
F_2 =\ & 0.063F_{11} - 0.089F_{12} - 0.274F_{13} - 0.148F_{14} + 0.102F_{15} \\
& + 0.223F_{16} - 0.189F_{21} - 0.172F_{22} \\
& + 0.112F_{23} + 0.032F_{24} - 0.076F_{25} + 0.116F_{31} + 0.302F_{32} \\
& + 0.183F_{33} + 0.250F_{34} + 0.336F_{41} \\
& - 0.322F_{42} + 0.309F_{43} - 0.032F_{51} - 0.184F_{52} + 0.179F_{53} \\
& + 0.130F_{61} + 0.225F_{62} + 0.316F_{63}
\end{aligned}
$$

$$
\begin{aligned}
F_3 =\ & -0.158F_{11} - 0.197F_{12} - 0.086F_{13} - 0.041F_{14} + 0.406F_{15} \\
& + 0.343F_{16} + 0.051F_{21} - 0.018F_{22} - 0.077F_{23} - 0.023F_{24} \\
& + 0.114F_{25} - 0.065F_{31} - 0.238F_{32} + 0.244F_{33} + 0.160F_{34} \\
& - 0.055F_{41} - 0.197F_{42} - 0.238F_{43} + 0.006F_{51} + 0.414F_{52} \\
& + 0.116F_{53} + 0.129F_{61} + 0.372F_{62} - 0.198F_{63}
\end{aligned}
$$

以各主成分的方差贡献率为系数,计算综合主成分,表达式如下:

$$
F = 0.462F_1 + 0.352F_2 + 0.186F_3
$$

综上,各主成分和综合主成分的计算结果如表 9-23 所示。

表 9-23   各主成分和综合主成分得分

方案	F_1得分	排名	F_2得分	排名	F_3得分	排名	综合得分	排名
方案 A	−3.318	5	−2.865	5	−1.904	4	−2.8959	5
方案 B	2.254	2	−1.933	4	1.907	1	0.7138	3
方案 C	−2.695	4	3.706	1	1.424	2	0.3259	4
方案 D	2.967	1	1.377	2	−2.485	5	1.3947	1
方案 E	1.684	3	0.898	3	0.075	3	1.1083	2

将上述四种单一评价方法的评价结果进行汇总，如表 9-24 所示。

表 9-24   单一评价方法评价结果汇总

方案	灰色关联评价法	排名	模糊综合评价法	排名	TOPSIS	排名	主成分分析法	排名
方案 A	0.5352	5	4.2061	5	0.3117	5	−2.8959	5
方案 B	0.7586	2	5.2022	1	0.6168	1	0.7138	3
方案 C	0.6977	4	4.7742	3	0.5923	4	0.3259	4
方案 D	0.7792	1	5.0451	2	0.6079	2	1.3947	1
方案 E	0.6979	3	4.7416	4	0.5992	3	1.1083	2

9.3.3   事前一致性检验

（1）建立零假设和备择假设。

H_0：四种评价方法之间不具有一致性。

H_1：四种评价方法之间具有一致性。

（2）构造统计量：

$$\chi^2 = m(n-1)W$$

其中，$W = \sum_{j=1}^{n} \dfrac{\left(R_j - \dfrac{m(n+1)}{2}\right)^2}{\dfrac{m^2 n(n^2-1)}{12}}$，$m$ 为评价方法的数量，取 $m=4$，n 为备

选方案的数量，取 $n=5$，R_j 为各个评价方法的秩和。在零假设成立时，χ^2 统计量近似服从 df 为 $n-1$ 的卡方分布。

（3）统计分析。

使用 SPSS 15.0 软件对单一评价方法的一致性进行检验，在给定 $\alpha = 0.05$ 条件下，检验结果如表 9-25 所示。

表 9-25　Kendall-W 检验结果

参数	数值
评价方法的数量	4
Kendall-W 系数	0.838
χ^2	13.400
df	4
渐近显著性	0.009

从上述输出结果可以看出，Kendall-W 系数为 0.838，χ^2 统计量的值为 13.400，渐近显著性为 0.009（小于 0.05）。因此，四种单一评价方法的结果具有较高的一致性，无须使用 Spearman 检验或 Kendall-τ 检验对单一评价方法进行两两相关性检验，可以直接以四种单一评价结果为对象进行组合评价。

9.3.4　组合评价

分别使用平均值法、Borda 法、Copeland 法对单一评价的排序结果进行组合。

1. 平均值法

以方案 B 为例说明：方案 B 在灰色关联评价法中排名第 2，因此得 4 分；在模糊综合评价法中排名第 1，因此得 5 分；在 TOPSIS 中排名第 1，因此得 5 分；在主成分分析法中排名第 3，因此得 3 分。因此，方案 B 的总得分为 17 分。

2. Borda 法

以方案 B 的计算过程为例说明：
$N(B \succ A) = 4 > N(B \prec A) = 0$，因此得 1 分；
$N(B \succ C) = 4 > N(B \prec C) = 0$，因此得 1 分；
$N(B \succ D) = 2 > N(B \prec D) = 2$，因此得 0 分；
$N(B \succ E) = 3 > N(B \prec E) = 1$，因此得 1 分。
因此，方案 B 的总得分为 3 分。

3. Copeland 法

以方案 C 的计算过程为例说明：

$N(C \succ A) = 4 > N(C \prec A) = 0$，因此得 1 分；

$N(C \succ B) = 0 > N(C \prec B) = 4$，因此得-1 分；

$N(C \succ D) = 0 > N(C \prec D) = 4$，因此得-1 分；

$N(C \succ E) = 1 > N(C \prec E) = 3$，因此得-1 分。

因此，方案 C 的总得分为-2 分。

组合评价计算结果如表 9-26 所示

表 9-26　组合评价结果

方案	平均值法	排名	Borda 法	排名	Copeland 法	排名
方案 A	4	5	0	5	−4	5
方案 B	17	2	3	2	3	2
方案 C	9	4	2	4	−2	4
方案 D	18	1	3	1	3	1
方案 E	12	3	2	3	−2	3

从表 9-26 中可以看出，平均值法、Borda 法、Copeland 法对单一评价方法的排序进行组合的结果具有非一致性，即结果不相同。由于单一评价方法已具有统计意义上的一致性，组合评价的结果无须再次实施一致性检验，循环组合时直接以组合评价的排序结果为对象进行组合即可。因此，对上述排序结果再次使用平均值法、Borda 法、Copeland 法进行组合评价。再次组合评价计算结果如表 9-27 所示。

表 9-27　再次组合评价结果

方案	平均值法	排名	Borda 法	排名	Copeland 法	排名
方案 A	3	5	0	5	−4	5
方案 B	14	2	3	2	2	2
方案 C	8	4	1	4	−2	4
方案 D	15	1	4	1	4	1
方案 E	9	3	2	3	0	3

通过再一次循环组合，发现平均值法、Borda 法、Copeland 法的排序结果迅速收敛到具有完全一致性的排序结果，因此，该排序结果作为最终排序结果输出，即认为在 5 个备选方案中，方案 D 为最佳方案，方案 B、方案 E、方案 C 次之，方案 A 最差。

9.3.5　稳健性检验

稳健性也称鲁棒性，在实证分析中是指实证结果随着参数设定改变而发生变化的情况。张立军和陶璐（2011）认为组合评价模型的鲁棒性是指模型参数（或环境参数）改变时，评价排序结果保持相对稳定的能力。Vincke（1999）将稳健性分为环境参数、模型参数和模型三个层次，并分别在各个层次上进行稳健性分析。郭亚军等（2009）对几种组合评价方法评价结果的稳健性进行了分析，认为在平均值法、Borda 法、Copeland 法、偏差平方最小法、奇异值分解（singular value decomposition，SVD）方法、整体差异组合方法、最满意组合方法中，偏差平方最小法是最有效的组合评价方法。

针对包括 24 个二级指标的 EISBRP，指标替换对模型稳健性检验效果较差。同时，以 5 个棕地再开发方案为评价对象，在既定的指标权重下，减少或者增加样本容量不会影响评价对象的相对排序。因此，为了检验在既定指标体系和数据的情况下不同方法可能导致的评价结果有较大差异的稳健性问题，本节参考郭亚军等（2009）、郝枫等（2016）的研究成果，通过权重体系调整和组合评价方法替换对已建立的模型进行稳健性分析。

1. 基于权重体系调整的稳健性检验

根据郝枫等（2016）针对组合评价稳健性检验的研究，通过数据标准化方法的改变和指标权重体系的调整，可以验证评价模型的稳健性。同时，唐晓彬等（2020）、刘思明等（2019）运用均等权重赋权法、主成分赋权法进行基于权重体系调整的稳健性检验。本节借鉴此方法对指标重新赋权，利用已有评价模型再次对 5 个棕地再开发方案进行组合评价，并通过原有评价结果和现有评价结果差异对比验证评价模型的稳健性。以现有指标体系为基础，首先利用均等权重赋权法、主成分赋权法对现有指标重新赋权，其次应用主成分分析法、灰色关联评价法和 TOPSIS 单独进行评价。根据单一评价方法的评价结果检验评价一致性，并应用平均值法、Borda 法和 Copeland 法进行组合评价。评价结果表明，通过运用均等权重赋权法、主成分赋权法对指标重新赋权，最终 5 个棕地再开发方案的排序与现有评价模型的结果一致，说明本章建立的棕地再开发项目组合评价模型能有效地评价棕地再开发项目的优劣。

2. 基于组合评价方法替换的稳健性检验

9.3 节采用灰色关联评价法、模糊综合评价法、TOPSIS 和主成分分析法建立了棕地再开发项目评价模型，并应用平均值法、Borda 法和 Copeland 法进行了组合评价。即使针对同一个指标体系及调研数据，采用不同的评价模型产生的结果可能也有较大差异，因此，本节应用其他组合评价方法验证已建立模型的稳健性。根据郭亚军等（2009）对组合评价方法稳健性的研究，在平均值法、Borda 法、Copeland 法、偏差平方最小法、SVD 方法、整体差异组合方法、最满意组合方法中，偏差平方最小法和 SVD 方法是稳健性更好的组合评价方法。因此，本节在保持既有指标体系、指标权重及单一评价方法的基础上，将组合评价方法替换为偏差平方最小法、SVD 方法、整体差异组合方法，对 5 个棕地再开发方案进行组合评价。替换组合评价方法的模型对 5 个棕地再开发方案的评价结果与原模型保持一致，具体结果如表 9-28 所示。通过组合评价替换方法也验证了原模型对棕地再开发项目评价的稳健性。

表 9-28 调整权重体系和替换组合评价方法后的评价结果

棕地再开发项目	权重体系调整	组合评价方法替换	原模型
方案 A	5	5	5
方案 B	2	2	2
方案 C	4	4	4
方案 D	1	1	1
方案 E	3	3	3

本 章 小 结

首先，本章提出了一种基于方法集的棕地再开发项目组合评价框架，该框架将事前一致性检验与循环组合评价方法结合在一起，可以较好地克服单一评价方法评价结果的非一致问题。其次，利用第 8 章获得的 EISBRP 及其权重，以某棕地再开发项目的 5 个备选方案为评价对象，分别使用灰色关联评价法、模糊综合评价法、TOPSIS 和主成分分析法对备选方案进行评价。通过对单一评价方法排序结果的 Kendall-W 检验，尽管单一评价方法的排序结论不完全相同，但是在统计意义上，四种单一评价方法的排序结果具有统计一致性。再次，以四种单一评价方法的排序结果为基础进行组合，分别使用平均值法、Borda 法、Copeland 法进行组合评价。综合各单一评价结果的信息，得到各种组合评价方法下的综合排序结果。通过分析发现，上述三种方法的组合评价结果依然不完全相同，因此又进行了一次循环组合，使得不同组合评价方法的排序结论收敛到具有完全一致性的结果，从而验证了模型的有效性和实用性。最后，通过权重体系调整和组合评价方法替换对已建立的模型进行了稳健性分析，证明了该评价模型对棕地再开发项目评价的有效性。同时，通过对备选方案样本数据的分析和排序结果的比较发现，利用该框架进行组合评价的结果是科学、准确的。该组合评价框架在棕地再开发项目评价领域可以得到广泛的应用，只需根据指标体系和权重特点对评价方法集进行调整即可。

第四篇　棕地再开发项目风险管理研究

第 10 章 基于利益相关者的棕地再开发风险评估指标体系的建立

风险评估指标体系的构建是棕地再开发风险评估的基础，是为科学决策服务的。建立有效而全面的风险评估指标体系是一个十分重要而复杂的工程，且"仁者见仁，智者见智"，不同的利益相关者从不同的利益角度出发，会给出不一样的风险评估指标。棕地再开发过程离不开利益相关者的参与或投入，他们之间的利益相互冲突，能够影响项目，决策者必须考虑他们的要求或者接受他们的约束。为建立一个全面性的棕地再开发风险评估指标体系，必须考虑利益相关者的不同风险关注点，利益相关者群体充分参与风险评估指标体系的构建过程，对降低棕地再开发的风险、保证棕地再开发的成功和发展经济有极其重要的意义。

初始指标体系的建立一般分为两个步骤：①明确评估对象和评估目的。棕地再开发风险评估的目的是对棕地再开发项目的风险进行综合分析，为决策者提供决策参考和依据；指标设计者对棕地再开发有系统的认识，熟悉可能对棕地再开发造成影响的风险因素，并对项目工程的风险评估指标体系进行一定的研究。②选择指标体系的建立方法，可以选择一种指标体系的构建方法或者采用多种方法结合构建指标体系，通常采用的指标体系构建方法有系统分析方法、德尔菲法、目标层次方法和头脑风暴法等。棕地再开发涉及土壤污染的鉴定、污染治理、工程开发、经营、管理与服务等一系列连续的、有机联系的经济活动，这些经济活动构成了棕地再开发风险评估指标体系的客观基础。

首先，以 Mitchell 的利益相关者理论与第三方研究视角相结合的研究方法为基础，结合具体的棕地再开发项目进行调研，对棕地再开发利益相关者进行认定和属性研究；其次，对棕地再开发的一系列复杂的经济活动进行深入剖析，对棕地再开发涉及的众多利益相关者的可能行为进行风险分析；最后，对影响棕地再开发的风险源进行分析，挖掘对棕地再开发产生影响的风险因素，在主要利益相关者参与的基础上，结合指标体系的构建原则建立初始的棕地再开发风险评估指标体系，具体流程如图 10-1 所示。

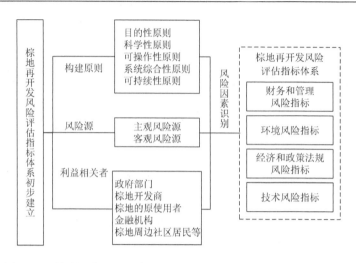

图 10-1　利益相关者视角下的棕地再开发风险评估指标体系初建流程

10.1　棕地再开发利益相关者的识别

利益相关者理论是 20 世纪 60 年代左右在美国、英国等发达国家中逐步发展起来的；Freeman（1984）开创性地从所有权、经济依赖性和社会利益三个维度对利益相关者进行了分类；Charkham（1992）按照相关群体与企业是否存在交易性的合同关系对利益相关者进行了分类；Clarkson（1995）根据相关群体在企业经营活动中承担的风险种类及相关群体与企业联系的紧密性对利益相关者进行了分类；Wheeler 和 Sillanpää（1998）则将社会性维度引入利益相关者的分类中；Mitchell 等（1997）根据三个属性来对利益相关者分类，大大提高了分类的可操作性；杨瑞龙和周业安（2000）从企业理论角度开展研究，认为对利益相关者进行界定和分类是一个很关键的问题，为了从总体上把握利益相关者的利益要求，研究与分析过程必须基于实证调研的资料。在特定的时间与空间上，特殊项目的利益相关者与常规项目的利益相关者有所不同，相应的利益要求也会有所不同。因此，为了掌握特殊项目（即棕地再开发项目）的利益相关者及其利益要求，需要进行棕地再开发项目的利益相关者认定分析。

10.1.1　改进的 Mitchell 利益相关者认定方法

Mitchell 详细研究了利益相关者理论的产生和发展历史，对 20 世纪 60～90 年代的近 30 种利益相关者的定义进行了研究。Mitchell 用表 10-1 来表示利益相关者三个属性，分别如下：①权力性，即某一群体是否拥有影响企业决策的地位、能力和相应的手段；②正当性，即某一群体是否被赋予法律上的、道义上的或者特定的合理诉求；③紧迫性，即某一群体的要求是否急迫和能否立即引起企业管理层的关注。Mitchell 认为，要成为一个企业或者大型工程项目的利益相关者，至少要拥有以上一个属性，并据此将利益相关者分为三大类型，进而了解利益相关者是否可能采取行动。在表 10-1 中，利益相关者拥有的属性数量和所属种类不同，对应的利益相关者需求不同，对棕地再开发项目产生的影响也不同。

表 10-1　利益相关者的属性、类型和认定的种类

类型	属性	认定的种类
潜在型的利益相关者	权力性	休眠型的利益相关者：他们只有权力性属性，不经常使用权力
	正当性	裁量型的利益相关者：他们只有正当性属性，没有权力性去影响决策层
	紧迫性	要求型的利益相关者：他们只有紧迫性属性，缺乏影响力和正当性去影响决策层
期待型的利益相关者	权力性、正当性	支配型的利益相关者：他们有正当性的要求，并用其影响力为其要求采取行动
	权力性、紧迫性	危险型的利益相关者：他们不具有正当性的要求，但要用其影响力和紧迫性去影响决策层
	正当性、紧迫性	依存型的利益相关者：对于正当而紧迫的需求缺乏影响力去影响决策层，必须依赖其他权力性去影响决策层
决定型的利益相关者	权力性、正当性、紧迫性	具有三个属性，他们有能力去影响决策层，因此，其要求常常会得到满足

Mitchell 利益相关者认定方法在一定程度上为管理人员认定利益相关者和他们的利益优先顺序提供了有效的方法。考虑到管理人员存在的偏见、管理上内在利益相关者认同的缺乏及棕地再开发的特殊性，本章在 Mitchell 理论应用的基础上进行修正，引入第三方（棕地再开发研究课题组），提倡内部利益相关者认同，并以另一个视角分析利益相关者特征。虽然第三方本身也会产生偏差，但是第三方可以提供一个合理有效的观察视角。本章的利益相关者分析理论在一定程度上补充了利益相关者认定过程的完整性，并从客观角度为棕地再开发可行性分析提供了一个系统的利益相关者分析框架。

本章结合实际棕地再开发案例，选取西安市的老机场部分改造项目进行利益相关者认定分析。以改善环境质量、提高土地利用效率为目的的棕地再开发常常会对一些群体、机构、个人产生深远的影响，棕地再开发常常使政府部门、棕地的原使用者、棕地开发商、棕地周边社区居民等这些群体紧密地联系在一起，这些群体存在一定利益重推。认定步骤如下。

（1）在棕地再开发前的可行性分析阶段进行领导群体确认，并为可行性分析建立目标。在本书的科研团队进行充分调研、向有关专家咨询，以及参考国外棕地再开发经验的基础上，认定中国民用航空西北地区管理局为该项目的领导者，该领导者将为可行性分析建立管理目标，并分析棕地再开发将给该棕地区域及周边社区居民带来的潜在收益。中国民用航空西北地区管理局既追求短期目标收益也重视长期规划，如改善环境质量、创造新的土地收益、可持续发展、内部经济的多样化、相关工作人员的机遇。除此之外，和中国民用航空西北地区管理局相似，政府部门和棕地周边社区居民也将从这块土地的再开发中受益。

（2）挖掘一个详尽的潜在利益相关者名单并进行评估。采用关键人物访谈法对利益相关者名单进行挖掘：通过同专家或者有影响力的领导人进行访谈和咨询来进行资料的收集。首先，对这些关键人物的认定和筛选，研究人员向中国民用航空西北地区管理局咨询认定哪些人是对该项目具有影响力的领导，包含赞成和反对该项目的领导。其次，同政府官员、棕地开发商、中国民用航空西北地区管理局、生态环境局等成员进行访谈，并对他们参与棕地再开发的可能性进行评估。在最初的会晤中，研究人员要求这些关键人物列出哪些人会对这个项目产生影响，或者这个项目将会对哪些人产生影响。在利益相关者的认定过程中，采取滚雪球式取样方式，确保其可以代表更加广泛群体的利益并尽可能消除研究人员偏好带来的影响。

（3）在确定棕地再开发利益相关者的详尽名单之后，运用 Mitchell 理论对利益相关者进行深层次的分析和分类。研究人员在掌握棕地再开发知识的基础上，充分了解可行性分析及当前社会政治经济观点等，独立地评估每一个潜在的利益相关者。每一个研究人员都要深入认识 Mitchell 利益相关者的权力性、正当性及紧迫性这三个属性。如果属性与潜在的利益相关者匹配，就把该属性赋予这个潜在的利益相关者。为了便于对将来可能产生的关联作出解释，研究人员对每一个关联进行评估，并对利益相关者由某些特征的变动引起的分类变化的可能性作出预测。

10.1.2　利益相关者认定与分析

1. 棕地再开发的利益相关者认定

基于利益相关者利益和关注焦点的冲突性，要尝试多种方法使主观偏好最小化，确保可以代表更广泛的利益相关者。棕地再开发的利益相关者不仅是前面进行访谈的关键人物，而且包含在利益相关者认定过程中由他们推荐的其他潜在利益相关者。最终确定的利益相关者名单包括西安市人民政府、棕地所在地的莲湖区人民政府、中国民用航空西北地区管理局、棕地的原使用者（西部机场集团）、棕地开发商（西北航空公司）、棕地周边社区居民、环保部门（西安生态环境局）、金融机构、相关咨询机构、保险公司、污染修复企业、民间环保组织、棕地的未来使用者、交通部门、环保节能设施生产企业、媒体、从事棕地再开发的科研人员共 17 个群体，他们体现了不同层次上利益相关者的多样性。

棕地再开发的利益相关者认定具体列示在表 10-2 中。与常规的开发项目的利益相关者群体相比，棕地的原使用者和环保部门是比较特殊的利益相关者，他们是决定型的利益相关者。由于早期工业的粗放式发展和环保知识的匮乏，棕地的原使用者在生产过程中对土地造成污染，使这类土地不能再直接开发，棕地的原使用者对土地污染治理负有直接且主要的责任。环保部门要对棕地的污染情况进行评估，并要求在再开发之前对棕地进行治理，符合国家的环境标准之后才可以进行相应的再开发，而且再开发过程中要监督环保技术的实施。其他决定型的利益相关者与常规的开发项目基本一致。

表 10-2　棕地再开发的利益相关者认定

利益相关者	权力性	正当性	紧迫性	认定种类
决定型的利益相关者（7）				
中国民用航空西北地区管理局	高	高	高	
棕地开发商（西北航空公司）	高	高	高	
环保部门（西安生态环境局）	高	高	高	
棕地的原使用者（西部机场集团）	高	中	高	决定型
西安市人民政府	高	高	高	
莲湖区人民政府	高	高	高	
从事棕地再开发的科研人员	中	高	高	
期待型的利益相关者（5）				
棕地的未来使用者	低	高	中	
环保节能设施生产企业	低	高	中	依存型
棕地周边社区居民	低→递增	高	中	
民间环保组织	中→递增	中	低→递增	危险型

续表

利益相关者	权力性	正当性	紧迫性	认定种类
交通部门	中	中	低	支配型
潜在型的利益相关者（5）				
保险公司	低	高	低	要求型
污染修复企业	低	高	低	
金融机构	高	低→递增	低→递增	休眠型
相关咨询机构	低	中	低	裁量型
媒体	低→递增	中	低→递增	

利益相关者分析结果表明，棕地再开发的许多利益相关者处于动态变化中。在再开发内外部环境发生变化后，金融机构、媒体等利益相关者可能会跃升为期待型的利益相关者，而棕地周边社区居民、民间环保组织也可能成为决定型的利益相关者。

棕地再开发的决策层只有明确不同的利益相关者特征，并充分把握他们的当前状态和发展趋势，才能制定和实施相应的战略来满足其适当的利益要求，以取得棕地再开发项目的成功。

2. 利益相关者的策略选择分析

当开发商进行项目开发时，对于项目的用地，开发商有两种策略选择：一种是选择棕地进行治理后再开发；另一种是直接选择绿地。假设有两个对称的开发商 1 和 2，在进行开发土地选择时，如果双方都选择棕地并对其治理后进行再开发，那么各得 a 单位的收益；如果双方都选择绿地，那么各得 d 单位的收益；当一方选择棕地并进行治理再开发，而另一方直接选择绿地时，选择棕地者得 b 单位的收益，选择绿地者得 c 单位的收益（选择棕地的开发商收益包含当地政府为支持棕地再开发所给予的各种补贴和激励措施间接或直接带来的收益），支付矩阵如表 10-3 所示。

表 10-3　支付矩阵

开发商 1	开发商 2	
	棕地	绿地
棕地	a, a	b, c
绿色	c, b	d, d

　　由于双方演化博弈中，每一个开发商的收益不仅与其策略选择相关，而且取决于另一个开发商的策略选择，即他们的策略选择和收益有相互影响性，表 10-3 中的 a、b、c、d 代表的不同情况下的收益通常是不相等的。当博弈双方的两个开发商同时满足完全理性假设时，博弈结果与由 a、b、c、d 代表的不同情况下的收益值完全相关；当博弈双方的两个开发商不满足完全理性假设或者理性层次很低时，两个开发商之间要经过多次博弈，博弈结果才会与由 a、b、c、d 代表的不同情况下的收益值相关。

　　现在考虑在一个大群体的开发商之间随机配对进行该博弈。假设在该群体中，有比例 x 的开发商采用棕地再开发策略，比例 $1-x$ 的开发商采用绿地开发策略，x 通常是时间 t 的函数。当开发商的学习速度比较慢（即当某一开发商改变策略时，其他开发商模仿的速度比较慢）时，采用棕地再开发策略的开发商的比例动态变化速度可以用复制动态方程来表示：

$$\frac{dx}{dt} = x(w_t - \overline{w}) = x(1-x)(w_t - w_f) \tag{10.1}$$

其中，w_t 为采用棕地再开发策略的开发商的期望收益；w_f 为采用绿地开发策略的开发商的期望收益；$w = xw_t + (1-x)w_f$ 为所有开发商的平均期望收益。

　　将 $w_t = xa + (1-x)b$，$w_f = xc + (1-x)d$ 代入式（10.1）中，令

$$F(x) = \frac{dx}{dt} = x(1-x)[x(a-c) + (1-x)(b-d)] \tag{10.2}$$

令 $\frac{dx}{dt} = 0$，得式（10.2）的可能稳定状态为

$$x_1^* = 0, x_2^* = 1, x_3^* = \frac{d-b}{a-b-c+d} \tag{10.3}$$

　　令 $F(x) = \frac{dx}{dt}$，该微分方程最多有 3 个稳定状态解，但是只有当 $F(x^*) < 0$ 时，x^* 才是该复制动态的演化稳定策略。

　　（1）若 $a > c$ 且 $b > d$，即无论一方是否选择棕地，另一方采用棕地进行治理再开发的收益总大于采用绿地的收益。这种情况发生在政府充分认识到治理与开发棕地的重要性及保护有限绿地的责任，对绿地的开发采取严格的限制措施等，使采用绿地开发策略的开发商的成本增加；对参与棕地治理与再开发的企业给予补贴、财政资助及各种激励措施，使采用棕地再开发策略的开发商从中获得巨大收益，企业的形象得到提升。此时，$F(x_1^*) > 0, F(x_2^*) < 0$，$x_3^*$ 不是稳定状态，$x_2^* = 1$ 是唯一演化稳定策略。博

弈结果如下：有限理性的开发商经过长期反复博弈均趋向于采用棕地再开发策略。

（2）若 $a < c$ 且 $b < d$，即无论一方是否选择棕地，另一方采用棕地进行治理再开发的收益总小于采用绿地的收益。这种情况通常发生在棕地问题的严重性尚未引起政府部门的关注，政府没有意愿协助开发商进行棕地的治理与再开发，或者说政府对参与棕地治理与再开发企业的补贴与激励措施不足，使采用绿地开发策略的开发商的成本与难度小于采用棕地再开发策略的开发商。此时，$F(x_1^*) < 0, F(x_2^*) > 0$，$x_3^*$ 不是稳定状态，$x_1^* = 0$ 是唯一演化稳定策略。博弈结果如下：有限理性的开发商经过长期反复博弈均趋向于采用绿地开发策略。

（3）若 $a > c$ 且 $b < d$，即当一方采用棕地再开发策略时，另一方采用棕地再开发策略的收益大于采用绿地开发策略的收益；而当一方采用绿地开发策略时，另一方采用棕地再开发策略的收益小于采用绿地开发策略的收益。这种情况发生在政府部门不能很好地履行促进棕地治理与再开发的职责，只有在其他开发商都采用棕地再开发策略时，采用绿地开发策略的开发商才会受到严格的限制；当所有开发商采用绿地开发策略时，由于各种原因，开发商的绿地占用反而得不到限制，采用绿地开发策略而受到各种限制引起的费用小于其采用棕地再开发策略的治理污染和其他责任带来的费用。此时，$F(x_1^*) < 0, F(x_2^*) < 0$，$x_1^* = 0, x_2^* = 1$ 都是演化稳定策略。博弈的结果取决于 x 的初始水平。当初始 $x \in (0, x_3^*)$ 时，有限理性的开发商经过长期反复博弈均趋向于采用绿地开发策略；当初始 $x \in (x_3^*, 1)$ 时，有限理性的开发商经过长期反复博弈均趋向于采用棕地再开发策略。显然，$x_3^* = \dfrac{d-b}{a-b-c+d}$ 随着 $d-b$ 的增加而增加，随着 $a-c$ 的增加而减少。特别地，当 $d = b, a \neq c$ 时，$x_3^* = 0$，反复博弈的结果为开发商选择棕地再开发策略；当 $d \neq b, a = c$ 时，$x_3^* = 1$，反复博弈的结果为开发商选择绿地开发策略。

（4）若 $a < c$ 且 $b > d$，即当一方采用棕地再开发策略时，另一方采用棕地再开发策略的收益小于采用绿地开发策略的收益，而当一方采用绿地开发策略时，另一方采用棕地再开发策略的收益大于采用绿地开发策略的收益。这是由于政府对绿地开发的限制随着采用绿地开发策略开发商数量的增加而增加。当其他开发商采用棕地再开发策略、开发商自己采用绿地开发策略时，对整个地区的经济环境不会产生严重的不良影响，绿地开发受到的限制较少；当其他开发商采用绿地开发策略、开发商自己也采用绿地开发策略时，整个地区的绿地资源将会明显减少，棕地的情况得不到改善时，政府形象会受损，绿地开发受到的限制就比较多。这时，

$F(x_1^*) > 0, F(x_2^*) > 0$, $F(x_3^*) < 0$, $x_3^* = \dfrac{b-d}{c-a+b-d}$ 是唯一演化稳定策略。

博弈结果如下：有限理性的开发商经过长期反复博弈，比例为 $\dfrac{b-d}{c-a+b-d}$ 的开发商趋向于采用棕地再开发策略，比例为 $\dfrac{c-a}{c-a+b-d}$ 的开发商趋向于采用绿地开发策略。显然，$b-d$ 越大，趋向于采用棕地再开发策略的开发商的比例就越大，而 $c-a$ 越大，趋向于采用棕地再开发策略的开发商的比例就越小。

当一个开发商对其他开发商是否采用棕地再开发策略一无所知时，可以认为，在其他开发商中有 50% 的比例采用棕地再开发策略，50% 的比例采用绿地开发策略。此时，它采用棕地再开发策略的期望收益为 $0.5(a+b)$，采用绿地开发策略的期望收益为 $0.5(c+d)$。当棕地再开发策略的期望收益小于绿地开发策略的期望收益，即 $0.5(a+b) < 0.5(c+d)$ 时，$\dfrac{b-d}{c-a+b-d} < \dfrac{c-a}{c-a+b-d}$。演化博弈的结果如下：在开发商大群体中，采用棕地再开发策略的比例小于采用绿地开发策略的比例。反之，采用棕地再开发策略的比例大于采用绿地开发策略的比例。

从上面的讨论可知，某些地区存在开发商大量使用绿地、棕地治理与再开发停滞不前的现象，主要原因是开发商绿地开发策略的收益大于棕地再开发策略的收益。因此，要保护绿地、改善环境、刺激棕地地区的经济复原发展，就必须采取各种有效措施来刺激棕地再开发的进展，提高棕地开发商的收益，同时，采取一定的措施限制绿地开发。

10.2　利益相关者视角下的棕地再开发风险因素分析

10.2.1　利益相关者行为的风险分析

10.1 节对利益相关者（以潜在的棕地开发商和政府为例）的策略选择进行了演化博弈分析，政府的行为会对开发商的风险产生重大影响，甚至会改变开发商的决策，政府与开发商之间的策略相互影响。从采用 Mitchell 理论和第三方视角相结合的方法对利益相关者认定得出的棕地再开发 17 个利益相关者群体中选取 7 个代表性的利益相关者群体：政府

部门、棕地的原使用者、棕地开发商、棕地周边社区居民、污染修复企业、金融机构、媒体，下面将从风险的角度对这些代表性的利益相关者群体的行为进行分析。

1. 政府部门

政府部门包括中央政府、地方政府、环保部门等相关的所有部门。从棕地再开发的研究背景了解到，政府一般会采取激励棕地再开发顺利进行的措施，并会对棕地再开发的过程进行监管。如果政府对棕地置之不理，可能会面临该地区经济逐渐衰退、环境不断恶化、周边居民的健康受到威胁的风险，相应地，也会产生该地区税收减少、就业压力增加的风险。如果城市中大量的棕地得不到治理和利用，那么政府将会承担不作为的风险，并严重损害政府的形象。出于对以上风险的考虑，加上国内外对环境保护呼声的日益高涨，政府会制定相关的政策法规来促使棕地再开发工作的顺利进行。

2. 棕地的原使用者

棕地的原使用者是棕地土壤污染的始作俑者。他们追求利润最大化，在生产经营中，回避污染问题，不采取治理措施，或者由于当时的技术问题解决不了某些污染问题，从而对土地造成污染，形成棕地。根据我国的污染治理由污染者负担的原则，棕地的原使用者应该对棕地治理负主要责任。棕地的原使用者应该向污染修复企业提供历年来的环境监测数据，并协助其鉴定土壤污染，但是这会给棕地的原使用者带来很高的治理费用，他们可能会选择隐瞒某些污染物，降低自己可能面临的较高污染修复成本风险。

3. 棕地开发商

棕地再开发项目是先对污染进行治理，再进行一般土地项目再开发的特殊项目，其周期比一般项目的周期更长，资金投入也比一般项目的更大，开发商面临的风险也更大。由开发商选择棕地和绿地的博弈分析可知，选择棕地的开发商在土地购买成本和税收上占有优势，但是他们面临的环境风险很高，往往依赖政府相关法律政策来降低其环境风险。由于政府关于棕地修复治理方面的政策变动性会给他们带来一定的风险，部分开发商会选择相应的棕地保险来降低其风险，此外，开发商还必须面对一般土地开发的其他风险。

4. 棕地周边社区居民

棕地周边社区居民是长期居住在棕地周边的社区居民及将来可能居住在再开发后的新建筑内的居民。他们面临的风险是棕地的土壤污染，以及再开发后的土壤、空气及地下水的质量问题对他们的身体和周边环境的损害。当棕地再开发能够极大地改善棕地区域的环境和经济状况时，他们会极力支持棕地再开发。但是当棕地再开发形成新的污染源，使周边的环境质量恶化时，他们会采取一定的措施，积极宣传该用途的棕地再开发的负面环境影响，从潜在型的利益相关者上升为决定型的利益相关者，可能会让棕地再开发中断，甚至无法进行。

5. 污染修复企业

污染修复企业是为棕地开发商提供土壤污染治理修复的技术、方案并进行施工的企业。他们拥有的污染治理修复技术对棕地开发商至关重要，采用的有针对性的污染治理修复方案将会对开发商产生重要影响。污染修复企业不仅面临受到国家环境法律变动影响的风险，国家的环境标准提高可能让他们拥有的技术不再适用，而且面临技术更新和替代的风险；一旦修复不成功，还将会面临开发商索赔的风险。

6. 金融机构

金融机构是向棕地开发商和污染修复企业提供贷款的机构。影响棕地再开发的风险因素众多，特别是环境污染因素，有可能导致棕地再开发的失败，从而会给金融机构带来贷款无法回收或者还款延期的风险。因此，他们一般不愿意将资金贷给棕地开发商。政府会出台相关的政策来降低金融机构的风险，提高他们向棕地开发商提供资金的意愿，解决棕地开发商融资难的问题。

7. 媒体

刊物、报纸、电视、广播、网络等媒体在社会中的作用越来越大。这些媒体一方面可以通过棕地相关报道，对社会各界进行宣传教育；另一方面可以作为社会各界的舆论平台，通过交流有助于发现新问题并推进问题的解决，起到良好的监督作用。如果媒体对棕地的重视程度不够、宣传不到位，将大大削弱社会公众对棕地的关注程度，从而影响人们对土地资源的保护意识。此外，媒体监督也是一把双刃剑，在缺乏制约或运用不当的情况下，也可能出现夸大棕地再开发存在的风险等情况，产生负面影响。

10.2.2 棕地再开发风险源分析

风险识别是指确定可能影响项目的风险事件，并将其整理为文档的过程。风险源分析对棕地再开发的风险分析、评估与风险控制具有重要意义。棕地再开发涉及众多利益相关者，如果不能识别项目所面临的风险源，尤其是重大风险，将会导致整个项目的失败。下面将对棕地再开发的风险源进行分析。棕地再开发的风险源分为客观风险源和主观风险源。

1. 客观风险源

客观风险源主要是指外部环境的异常变化或市场发育不成熟给棕地再开发带来的风险。目前，棕地再开发风险的客观原因主要是政策法规环境和技术。

（1）政策法规环境风险源。在棕地再开发的整个过程中，相当一部分的不确定性来自政策法规的变动。我国的棕地再开发刚刚起步，政策法规不够健全，每一个政策法规的出台都会给棕地再开发带来一定的风险影响。例如，国家出台激励棕地再开发的措施，降低或者减免相关税收，将会降低开发商开发棕地的财务风险；国家出台法律，提高棕地治理修复的标准，会使原有的修复技术不能适用，污染修复企业必须提升相应的技术来满足新标准，将会引起修复成本的提高及修复周期的延长，增加开发商的技术风险和财务风险。

（2）技术风险源。技术风险是指由于项目所应用或拟采用技术的不确定及技术与经济互动过程的不确定所引起的收益与损失的不确定性。棕地再开发有别于一般大型工程项目，它是对污染进行治理后才进行开发的特殊项目，比一般项目更为复杂，所以它的技术风险分为一般项目的技术风险和污染修复的技术风险，这里主要介绍污染修复的技术风险。技术的不确定性既包括现有的土壤污染认定技术和污染修复本身技术的不确定，也包括与之相关技术（互补和替代技术）变动的不确定。土壤污染对周边居民的身体伤害需要长时间的累积才会爆发，在对棕地进行再开发规划时，需要进行土壤污染成分的鉴定和评估，这就涉及技术的不确定性。由于土壤污染的隐蔽性及现有技术的不确定性，在构建修复计划的过程中，不能鉴定或者无法检测已经存在的某些污染物，在再开发过程中，检测到这类污染物，造成修复技术的相应变动，也会带来修复成本增加和工期延长的风险。

2. 主观风险源

风险客观存在于棕地再开发中，但是由于在项目制订计划和项目实施过程中，项目的决策者和执行者及项目的其他利益相关者对棕地再开发的认识并不都是客观的，每一方都将从自己的角度出发来考虑风险，加上这些人员所了解的信息知识有限及对棕地再开发的风险认识会出现一定程度上的偏差，这会给棕地再开发带来不确定性。例如，棕地开发商从自己的角度出发，并且对土壤污染的程度和危害性认识不够，会依照成本最低及修复周期最短的原则选择治理修复方案，这可能导致修复土壤的质量不达标和后期的赔偿风险增加。

10.2.3　基于利益相关者的风险因素识别

风险因素的识别方法主要有风险清单法、头脑风暴法、流程图法、德尔菲法、优势-劣势-机会-威胁（strengths-weaknesses-opportunities-threats，SWOT）法等。本节从利益相关者角度出发，采用头脑风暴法对棕地再开发的风险因素进行识别。头脑风暴法是指通过营造没有评论的自由会议环境，使每一位与会者自由思考，产生大量创造性想法的过程。头脑风暴法以共同目标为中心，包括收集意见和评价意见两个步骤，与会者可以提出自己对问题的看法，也可以对他人的想法进行改进。它可以体现每一位与会者的智慧，提高风险识别的正确性和效率。风险因素识别具体步骤如下。

（1）选择人员。参加头脑风暴会议的人员主要由各利益相关者群体的代表组成，并邀请少量的风险分析专家、相关专业领域专家。选择棕地资深研究人员为头脑风暴会议的主持人。

（2）明确中心议题。参加头脑风暴会议的各利益相关者代表及专家应集中讨论的议题如下：棕地再开发在项目运行中会遇到哪些风险问题，这些风险的高低程度如何，什么因素导致该风险问题等。

（3）轮流发表想法并做会议记录。对每一位与会者的想法不加任何评论，在轮流发言时，暂时没有想法的与会者可以跳过发言。严格按照与会者的发言内容进行记录并向发言人核对表述是否正确。

（4）发言终止并对意见进行评价。轮流发言的过程可以循环进行，但当每一位与会者都曾跳过发言时，发言即可停止。所有与会者共同评价记录的每一条风险因素，并由主持人对会议进行总结。

棕地再开发是一个复杂的系统工程，涉及众多利益相关者，风险影响因素很多，本节从项目利益相关者角度出发，采用头脑风暴法认定棕地再开发所面临的风险因素。

1. 财务和管理风险

棕地再开发的特殊性导致它的开发周期比普通土地项目要长，开发商要承担项目由污染的不确定性带来的投资回收期的变化及投资回报率的变动风险，相应的投资总成本和融资难度也会增加风险，还涉及对各项生产要素（包括工作人员和各种原材料、技术）、工程质量的监控及众多利益相关者的利益冲突管理带来的风险。

财务和管理风险具体包含如下子风险因素：项目开发过程中修复成本较大的风险、实际再开发总成本与计划成本之间存在差异的风险、投资者的回报没有预期高的风险、修复工期变动的风险、开发进度缓慢及其引起的投资回收期难以控制的风险、由棕地的特殊性带来的融资困难风险、项目工程的质量风险、公众对项目的关注度引起的相关风险。

2. 环境风险

任何一个开发项目都会对周边的环境产生影响。棕地再开发的首要问题就是对原有的土壤污染进行治理，重视环境问题尤为重要。棕地再开发会对周边的土壤污染改善起到一定的效果，但同时可能因项目的进行而对土壤形成新的污染源，给棕地区域的水及空气带来一定的污染风险。同样，周边区域的土壤、水及存在的污染源也会给棕地再开发带来一定的不确定性。

环境风险具体包含如下子风险因素：棕地再开发对周边的空气、地下水、土壤的质量改善与预期存在差异的风险，项目本身及附近的污染源造成新污染的风险，对周边绿化率和周边居民身体健康的影响风险。

3. 经济和政策法规风险

任何一个项目都和社会大环境紧密联系。国内生产总值（gross domestic product，GDP）增长趋势等宏观经济因素会给项目带来经济方面的风险。经济风险主要反映在项目产品的市场需求、购买力状况，以及项目融资成本、融资方式、各种原材料的供应方面。棕地是没有被有效利用的污染土地，对它的再开发会对棕地区域产生一系列税收、就业、政府形象等不确定的变动。政策法规风险主要是指由于国家政策、法规、社会和经济环境等条件发生变化给棕地再开发带来的一定风险。中央政府和地方政府往往对与本地区经济发展规划有关的棕地再开发采取政策性倾斜和鼓励，当与棕地相关的政策法规变动时，会给棕地再开发带来相应的风险。

经济和政策法规风险具体包含如下子风险因素：国家经济形势变化风险、中央政府和地方政府关于棕地和绿地开发的政策法规变动风险、棕地再开发与城市未来规划匹配风险、棕地再开发带来的棕地区域税收和人口密度变动风险、棕地再开发对就业率的影响风险、棕地再开发对政府形象提升的变动风险。

4. 技术风险

棕地再开发过程除了涉及很多与环境相关的高新技术，还有涉及一般工程项目的其他技术，本节主要讨论环境方面的技术。土壤污染的鉴定会给项目带来鉴定结论与土壤实际污染不完全相符的风险；采用的土壤污染修复技术的难易程度及对土壤修复的有效性会给项目带来修复程度增加不确定性的风险；有可能被新出现的修复技术在可靠性及成本上替代，以及在新的建筑物中采取的环保节能技术被其他更先进的技术替代给项目带来的风险；项目涉及很多新颖的环境技术，可能会给项目带来知识产权方面的风险。

技术风险具体包含如下子风险因素：由土壤污染的复杂性带来的污染程度和污染物鉴定的不确定性风险、污染修复技术不适用的风险、污染物的修复程度与预期存在差异的风险、污染修复中技术的知识产权风险、新的环保技术使用与预期存在差异的风险、政府对污染物的鉴定和修复技术的支持性变动风险。

10.3　棕地再开发风险评估指标体系的构建原则及其建立

棕地再开发风险评估指标体系的构建过程是利益相关者对棕地再开发面临的风险本质特征的认识逐步深化、逐步精细、逐步系统化的过程。通过指标体系层次结构的设计，可以明确指标间的层次相互关系。指标体系层次结构的复杂性由评估问题的复杂性决定。

10.3.1　指标体系构建原则

棕地再开发风险评估指标体系的构建遵循以下重要原则。

1. 目的性原则

我国是发展中国家，棕地的治理和再开发还处于起步阶段，与之相对应的棕地再开发风险评估指标体系也处于形成时期。因此，建立的棕地再开发风险评估指标体系必须围绕研究目的——客观、真实、全面、系统地反映我国棕地再开发的风险现状，综合考虑指标之间的相互关系。从这个目的出发，建立客观反映棕地再开发风险状况的特性指标。

2. 科学性原则

科学性原则是指建立的棕地再开发风险评估指标体系应能揭示棕地再开发项目运行的基本规律，并能客观、准确地反映棕地再开发项目运行中的风险现状。棕地再开发风险评估指标体系要准确反映棕地再开发项目风险源本质的、内在的、必然的联系，并且各个指标之间不存在矛盾冲突。因此，要结合我国棕地再开发的实际情况，在有充分的科学理论依据的基础上，运用经济学、信息论和控制论等理论方法来科学地确定棕地再开发风险评估指标体系的构造结构和路径。

3. 可操作性原则

可操作性原则是指在选取指标体系时应充分考虑该指标是否便于获取、统计、易于操作。棕地再开发风险评估指标的选取要本着"实、通、精"的原则。"实"就是棕地再开发风险评估指标不能只是理论上的概念，指标的数据采集能够实际操作，指标的计算方法科学合理。"通"就是要符合通用的惯例，同时，棕地再开发风险评估指标从历史逻辑上要有延续性。"精"就是通过尽量少的棕地再开发风险评估指标，从多层面反映棕地再开发风险变动的状况，使决策者和利益相关者能通过指标值了解具体棕地再开发项目的风险。

4. 系统综合性原则

系统综合性原则是指棕地再开发风险评估指标体系应能系统完整地反映棕地再开发风险的内在特质，包括污染的认定、污染的修复、工程开发、经营、管理与服务等各个环节。由于棕地再开发是先对土壤污染进行认定和治理，再进行项目开发的工程，在指标设计时，除一般土地项目的风险评估指标外，要特别关注土壤污染方面的风险评估指标。

另外，在设计棕地再开发风险评估指标体系时，既要满足政府的宏观管理需要，也要满足开发商自身经营管理及棕地周边社区居民的需要。政府着重需要掌握反映棕地再开发风险的情况，以调整促进棕地再开发的政策和激励措施，降低开发商的风险，从而提升开发商从事棕地再开发的意愿。开发商需要充分了解棕地再开发项目的各个风险因素及项目的综合风险，从而确定投资意向。棕地周边社区居民需要了解棕地再开发项目对棕地区域的环境改善情况和造成二次污染风险等方面的指标。因此，棕地再开发风险评估指标体系应兼顾多方利益相关者的利益和要求。

5. 可持续性原则

可持续性原则是指在设计棕地再开发风险评估指标体系时要考虑其相对稳定性。在设计棕地再开发风险评估指标体系时，要有可持续性发展的观念，充分考虑各种风险因素的影响及变动趋势，考虑棕地再开发项目对自然环境、社会与经济的影响。棕地再开发是一种与其他行业关联度极大的产业，棕地区域是一个环境和经济衰退的区域，因此，要考虑棕地再开发区域的环境风险和新建设项目的环保性风险等问题。

10.3.2　指标体系的建立

在对棕地再开发风险源进行分析，从利益相关者角度对棕地再开发的风险因素进行识别，并分析利益相关者行为的风险后，本节依据棕地再开发风险评估指标体系的构建原则，从风险因素识别的财务和管理风险、环境风险、经济和政策法规风险及技术风险四个维度建立初始棕地再开发风险评估指标体系，共 34 个二级指标，具体如表 10-4 所示。

表 10-4　初始的棕地再开发风险评估指标体系

一级指标	二级指标
财务和管理风险 C_1	修复成本比例大带来的风险 C_{11}
	再开发总成本控制风险 C_{12}
	投资回收期风险 C_{13}
	污染修复工期控制风险 C_{14}
	投资回报率风险 C_{15}
	项目融资风险 C_{16}
	项目开发进度风险 C_{17}
	项目开发质量风险 C_{18}
	项目开发中与公众的冲突风险 C_{19}
环境风险 C_2	二次污染风险 C_{21}
	附近的其他污染源带来的风险 C_{22}
	周边地下水污染风险 C_{23}

续表

一级指标	二级指标
环境风险 C_2	提高棕地区域绿化率风险 C_{24}
	周边空气污染风险 C_{25}
	周边土壤污染风险 C_{26}
	对周边居民身体健康影响的风险 C_{27}
经济和政策法规风险 C_3	宏观经济形势不确定性风险 C_{31}
	棕地区域城市规划匹配的风险 C_{32}
	棕地区域就业压力变动的风险 C_{33}
	绿地开发政策的变动风险 C_{34}
	棕地区域及当地政府形象提升压力带来的风险 C_{35}
	棕地法律的不完善性带来的风险 C_{36}
	棕地相关政策的变动性风险 C_{37}
	棕地区域人口变动的风险 C_{38}
	棕地区域税收变动的风险 C_{39}
	棕地周边配套设施的不完整性风险 C_{310}
	周边土地价值变动的风险 C_{311}
技术风险 C_4	污染程度的鉴定风险 C_{41}
	治理修复技术的适用性风险 C_{42}
	治理修复技术的替代风险 C_{43}
	修复程度的不确定性风险 C_{44}
	新建筑的节能环保技术适用性风险 C_{45}
	侵权风险 C_{46}
	政府对技术的支持变动性风险 C_{47}

1. 财务和管理风险维度

（1）修复成本比例大带来的风险 C_{11}。棕地再开发的污染修复是棕地再开发的一个特性，也是棕地再开发项目高风险的原因所在。修复成本比例大，说明棕地污染程度严重，污染的治理费用攀升，将会带来项目利润降低和融资困难的风险。

（2）再开发总成本控制风险 C_{12}。棕地再开发项目的规模通过再开发总成本反映。总成本越大，项目规模越大，风险性越大，这将带来总成本控制不当影响整个项目的资金正常运行的风险。

（3）投资回收期风险 C_{13}。投资回收期是通过资金回流量来回收投资的年限，分为静态投资回收期和动态投资回收期，其风险是指回收期有可能变动给项目的投资者带来的风险。

（4）污染修复工期控制风险 C_{14}。棕地再开发的土壤污染在鉴定方面和修复方面存在不确定性，导致整个污染修复计划变动，进而影响污染修复工期的风险。

（5）投资回报率风险 C_{15}。投资回报率是指年均利润占投资总额的比例。它的变动会对棕地再开发项目的所有人和投资者产生重大影响，是一个主要风险因素，是投资者投资的重要参考。

（6）项目融资风险 C_{16}。项目融资风险是指由棕地再开发项目的特殊性和复杂性给项目的融资活动带来变动的风险。

（7）项目开发进度风险 C_{17}。项目开发进度风险是指由项目某些因素发生变动使得项目进度难以控制，不能按计划进行而产生变化的风险。

（8）项目开发质量风险 C_{18}。项目开发质量风险是指实际项目开发质量与原定质量标准之间的差异给棕地再开发项目带来的风险。

（9）项目开发中与公众的冲突风险 C_{19}。棕地再开发是一个特殊项目，土壤污染使得周边社区居民和棕地开发商存在利益冲突，这将给棕地再开发项目带来风险。

2. 环境风险维度

（1）二次污染风险 C_{21}。二次污染风险是指棕地再开发过程中由污染治理技术的不适用造成的污染或项目建筑在投入使用后易产生污染的风险。

（2）附近的其他污染源带来的风险 C_{22}。附近的其他污染源带来的风险是指附近存在的其他已知或者未知污染源给棕地再开发项目带来污染的风险，或者项目邻近污染源给项目带来的风险。

（3）周边地下水污染风险 C_{23}。棕地的土壤污染会渗入地下水，对地下水造成污染，在棕地污染认定和治理过程中存在不确定性，使得周边地下水质量改善达不到预期结果产生的风险。

（4）提高棕地区域绿化率风险 C_{24}。提高棕地区域绿化率风险是指不同棕地再开发方案对提高棕地区域绿化率变动的风险。

（5）周边空气污染风险 C_{25}。棕地的土壤污染可能会在一定程度上产生有毒气体，造成空气污染，在棕地污染认定和治理过程中存在不确定性，使得周边空气质量改善达不到预期效果产生的风险。

（6）周边土壤污染风险 C_{26}。在棕地污染认定和治理过程中存在不确定性或者技术不适用，使得土壤污染改善达不到预期效果产生的风险。

（7）对周边居民身体健康影响的风险 C_{27}。棕地的污染会通过地下水、空气等来影响居民的身体健康，使得土壤、地下水质量改善不达标而影响居民健康的风险。

3. 经济和政策法规风险维度

（1）宏观经济形势不确定性风险 C_{31}。宏观经济形势不确定性风险是指宏观经济形势的不稳定给棕地再开发项目造成影响的风险。

（2）棕地区域城市规划匹配的风险 C_{32}。棕地区域城市规划匹配的风险是指棕地再开发项目与棕地区域的城市规划匹配程度风险，匹配程度高的棕地再开发项目与城市规划相一致，才更加具有吸引力。

（3）棕地区域就业压力变动的风险 C_{33}。棕地区域就业压力变动的风险是指不同棕地再开发方案对棕地区域就业率的影响变动风险。

（4）绿地开发政策的变动风险 C_{34}。绿地开发政策是相对于棕地再开发政策而言的，它的变动必然会引起开发商的策略变动。

（5）棕地区域及当地政府形象提升压力带来的风险 C_{35}。棕地是城市的伤疤，对当地政府形象造成一定的负面影响，棕地再开发能大幅提升政府形象。棕地区域及当地政府形象提升压力带来的风险是指地方政府期望通过棕地再开发来提升其形象，从而给棕地再开发项目带来变动的风险。

（6）棕地法律的不完善性带来的风险 C_{36}。棕地法律的不完善性带来的风险是指由于棕地治理、棕地审批、棕地开发等方面的法律法规不完善而产生的变动风险。

（7）棕地相关政策的变动性风险 C_{37}。政府对棕地再开发一般采取政策激励手段，鼓励棕地再开发的顺利进行，区域内存在的棕地数量及棕地再开发进展情况会造成政策在一定程度上的变动。

（8）棕地区域人口变动的风险 C_{38}。棕地区域由于存在土壤污染对周边社区居民的身体健康造成威胁，使得居民搬离棕地区域。棕地再开发使周边环境改善，这在一定程度上会产生人口密度变化。

（9）棕地区域税收变动的风险 C_{39}。棕地再开发会改善棕地区域的经济状况，提升该区域的税收。棕地区域税收变动的风险是指不同棕地再开发项目将会带来不同的税收变动的风险。

（10）棕地周边配套设施的不完整性风险 C_{310}。棕地周边配套设施的不完整性风险是指棕地周边配套设施的不完整给棕地再开发项目带来的风险。

（11）周边土地价值变动的风险 C_{311}。棕地再开发会改善棕地周边的环境，使得周边的土地价值上涨。周边土地价值变动的风险是指不同棕地再开发项目将会给周边土地带来不同的价值变动的风险。

4. 技术风险维度

（1）污染程度的鉴定风险 C_{41}。污染程度的鉴定风险是指棕地污染物的种类鉴定结果少于实际存在的污染物种类的风险；鉴定出的污染物的污染程度与棕地的实际污染程度之间存在偏差的风险。

（2）治理修复技术的适用性风险 C_{42}。治理修复技术的适用性风险是指棕地治理和修复中实际采用的技术有可能不适用，不能把污染物完全清理或者不能把污染程度降低到预期目标的风险。

（3）治理修复技术的替代风险 C_{43}。治理修复技术的替代风险是指随着污染治理技术的进步，原有污染治理技术与新的污染治理技术相比，治理成本高昂，造成原有污染治理技术被取代的风险。

（4）修复程度的不确定性风险 C_{44}。棕地再开发的污染修复程度达不到标准的风险；相关的修复标准变动产生的风险。

（5）新建筑的节能环保技术适用性风险 C_{45}。棕地再开发过程中本着可持续发展的原则，一般会选用环保节能产品，但是这些产品的环保节能技术有可能无法满足建筑节能性要求。

（6）侵权风险 C_{46}。侵权风险是指在棕地再开发过程中所应用的技术侵犯到其他技术人员或研究机构的知识产权，从而给棕地再开发项目带来的风险。

（7）政府对技术的支持变动性风险 C_{47}。棕地污染修复技术是受到政府支持的，政府对技术的支持性变动将对棕地再开发项目产生影响。

本 章 小 结

棕地再开发过程离不开利益相关者的参与或投入，他们之间的利益相互冲突，会对项目产生影响。要建立一个全面性的棕地再开发风险评估指标体系，必须考虑利益相关者的不同风险关注点。本章将 Mitchell 的利益相关者理论与第三方研究视角相结合来对利益相关者进行认定分类；采用博弈论进一步分析了开发商的土地策略选择与国家对棕地支持的各项举措之间的相互影响、相互作用的密切关系，并在棕地激励措施与棕地再开发之间的演变关系中得到了验证。因此，要想控制绿地开发与促进棕地再开发，需针对我国的土地政策具体情况，制定棕地再开发计划与详尽的棕地再开发激励措施。

在对棕地再开发的利益相关者认定的基础上，首先，选择主要的利益相关者，从风险的角度对他们的行为进行分析；其次，从客观风险源和主观风险源两个方面对棕地再开发的风险源进行了分析；再次，从利益相关者的角度采用头脑风暴法对棕地再开发的风险因素进行了识别，与一般的土地开发项目相比较，棕地再开发项目除常规项目的风险影响因素以外，还有一个更为重要的风险影响因素，就是污染土壤的认定和治理，尤其是在项目的立项阶段和污染修复阶段，应对这方面的风险因素给予足够的重视；最后，结合指标体系构建的五大原则，从财务和管理风险、环境风险、经济和政策法规风险、技术风险四个维度初步建立了棕地再开发风险评估指标体系，并对每一个具体指标进行了释义。

第11章　基于粗糙集模型的棕地再开发风险评估指标体系优化

指标体系构建过程是一个由粗到细、由细到精的思量协商过程，也是一个对风险认识进一步深化的过程。在设计指标体系时，选取能切实反映棕地再开发风险因素本质特征的具有代表性的指标，一般来说，指标数量越多、指标内容越全面，越能明显地反映评价对象之间的差异。不过，这也在一定程度上造成指标数量过多，出现指标冗余现象。指标体系要全面、客观、有效地反映评估对象的各项特征和评估目的，在系统分析的基础上，综合运用定量和定性分析方法，从指标信息中进行有效挖掘，在保证对评估对象的分类质量条件下删除冗余指标，对指标体系进行优化，确定最终的指标体系。

在指标体系理论研究中，张文修和仇国芳（2005）提出了用协调近似表示空间的概念，用属性协调集的判定定理及属性约简方法，给出了三类不同属性的特征定理；关欣等（2009）借助离散化获得的断点，提出了一种基于粗糙集的属性约简新方法，并提出了一种改进的连续属性值离散化方法；陈洪涛等（2007）通过引入粗糙集理论与属性约简规则，在保证分类质量的情况下，对企业绩效评价指标属性进行约简；邓建高等（2010）通过引入粗糙集理论中的属性约简法，结合已实施企业资源计划（enterprise resource planning，ERP）系统的企业实例，对 ERP 系统实施风险控制指标进行了属性约简。

本章结合对属性约简和指标体系优化文献的研究分析，针对初始棕地再开发风险评估指标体系的指标特点，针对属性约简过程中计算的时间复杂度和空间复杂度，构建基于灰色关联度的粗糙集属性约简模型，并将该模型应用于初始棕地再开发风险评估指标体系，对其冗余指标进行约简，进而对指标体系进行优化，获得一个有效又全面的棕地再开发风险评估指标体系。

11.1　问题描述

初始指标体系往往会出现不精练的问题，即指标的全面性与精练性、有效性之间存在矛盾，在一定程度上存在指标冗余问题，需要对其冗余指标进行约简或者筛选。现有的指标约简方法一般分为以下三个类型：数理统计约简方法、融入专家主观判断的约简方法和知识挖掘型的约简方法。约简方法要依据指标体系的类型来选择，对于可量化的指标体系，统计数据取得方便，可以采取条件广义方差极小法等统计方法挖掘指标之间的相关性和差异性，把对评估对象区分能力弱、相关性强的指标去除；对于定性指标与定量指标并存的指标体系，由于定性指标往往由具有丰富经验和专业知识的专家来评定，不能采用统计方法来约简指标，需要依据定性指标的特性来选择适合的约简方法和模型。粗糙集是定性指标约简的一个典型方法，它可以有效处理需要人的主观判断、不确定、不精确的问题，很好地兼顾定性指标的主观性和定量指标的客观性。

　　棕地再开发风险评估指标体系是定性指标和定量指标的结合，依据此特点，本章选择粗糙集方法对初始棕地再开发风险评估指标体系的冗余指标进行约简。粗糙集方法在融入专家主观判断方法的基础上，可以对评估指标信息进行深度挖掘，发现评估指标与粗糙集分类结果之间的规律，进而确定指标约简。本章建立的基于灰色关联度的粗糙集属性约简模型先依据决策属性和条件属性的结合将评估对象分类，进而计算属性的重要度，求出粗糙集的核，即指标体系的核心；再通过灰色关联度计算条件属性相对于决策属性的重要度，在保留指标体系核心的基础上，据此确定属性约简的优先次序，在保证分类质量不变的情况下，顺利实现对指标的快速有效约简，完成对指标体系的优化工作。基于灰色关联度的粗糙集属性约简流程如图 11-1 所示。

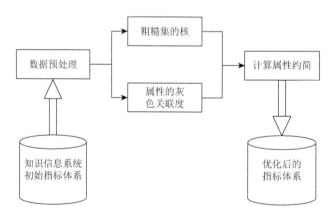

图 11-1　基于灰色关联度的粗糙集属性约简流程图

　　本章讨论的问题具有以下特点。

　　（1）棕地再开发是特殊的土地项目，其风险评估指标体系既包括定量指标，也包括定性指标，因此选择粗糙集方法作为冗余指标的约简方法，该方法可以很好地兼顾定性指标的主观性和定量指标的客观性。

（2）粗糙集属性约简模型的核心目标是对评估对象进行有效分类，保证去除冗余指标并不影响原有的分类质量和效果，以条件属性相对于决策属性的灰色关联度为约简顺序，大大降低了计算的复杂度。

（3）棕地再开发风险评估指标体系是一个多层次指标体系，对其优化是通过对一级指标包含的二级指标约简完成的。

11.2　指标约简模型的构建

粗糙集理论是波兰数学家 Pawlak（1982）提出的用于数据分析的理论，是一种处理模糊、不精确、不完备信息的软计算方法，广泛应用在模式识别、数据挖掘、人工智能等方面。以分类机制为基础的粗糙集理论将分类理解为在特定空间上的等价关系，依据这些等价关系对特定空间进行划分。不同信息系统的属性约简是粗糙集应用的核心问题之一。

11.2.1　粗糙集理论

设 $T = \{x_1, x_2, \cdots, x_i, \cdots, x_n\}$ $(i = 1, 2, \cdots, n)$ 是所有研究对象的有限集，$T \neq \varnothing$，称为论域。设 R 为论域 T 上的一个等价关系，X 为论域 T 上的任意一个子集，$X \subseteq T$，记为

$$[x_i]_R = \{x_j \in T : (x_i, x_j) \in R\}$$

则 $T/R = \{[x_i]_R : x_i \in T\}$ 构成了 T 的一个划分，且 $\delta(T/R) = \left\{ \bigcup_{x_i \in X} [x_i]_R : X \subseteq T \right\}$ 是 U 上的 δ 的代数。

【定义 11.1】　设 R 是 T 上的等价关系，称 (T, R) 为近似空间，对于任意 $X \subseteq T$，记为

$$\begin{cases} R_-(X) = x_i \in T : [x_i]_R \subseteq X \\ R_-(X) = \bigcup \{[x_i]_R : [x_i]_R \subseteq X\} \end{cases}$$

则 $R_-(X)$ 称为 X 关于 (T, R) 的下近似，$R_-(X)$ 也记为 $\mathrm{pos}_R(X)$；

$$\begin{cases} R^-(X) = \{x_i \in T : [x_i]_R \cap X \neq \varnothing\} \\ R^-(X) = \bigcup \{[x_i]_R : [x_i]_R \cap X \neq \varnothing\} \end{cases}$$

则 $R^-(X)$ 称为 X 关于 (T, R) 的上近似。若 $R^-(X) = X = R_-(X)$，则 X 是可定义的，也称精确的；否则，X 是不可定义的，也称不精确的，二元集 $(R_-(X), R^-(X))$ 为粗糙集。

集合 $\mathrm{bn}_R(X) = R^-(X) - R_-(X)$ 称为 X 的 R 边界域；集合 $R_-(X)$ 称为 X 的 R 正域；集合 $\mathrm{neg}_R(X) = T - R^-(X)$ 称为 X 的 R 负域。R 边界域 $\mathrm{bn}_R(X)$ 是由依据等价关系 R 既不能判定不属于 X 又不能判定属于 X 的论域 U 中对象的集合；R 负域 $\mathrm{neg}_R(X)$ 是由依据等价关系 R 肯定不属于 X 的论域 U 中对象的集合。它们之间的关系如图 11-2 所示。

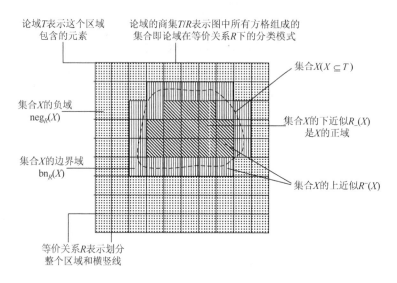

图 11-2　集合 X 的上近似、下近似、边界域图

属性子集 R 上的 X 的下近似 $R_-(X)$ 和上近似 $R^-(X)$ 的另一种表达方式如下：

$$\begin{cases} R_-(X) = \bigcup \{Y \in T/R \mid Y \subset X\} \\ R^-(X) = Y \in T/R \mid Y \bigcap X \neq \varnothing \end{cases} \tag{11.1}$$

由式（11.1）可见，下近似 $R_-(X)$ 是根据属性分类规则来判断肯定属于 X 的 T 中的对象组成的集合，下近似中的对象反映了对象属于子集 X 的充分条件，因此形成分类规则；上近似 $R^-(X)$ 是根据属性分类规则来判断可能属于 X 的 T 中的对象组成的集合，上近似中的对象反映了对象属于子集 X 的必要条件，因此形成特征规则。

1. 粗糙集的知识信息系统

【定义 11.2】 对于四元组 $S = (T, A, V, f)$，其中，$T = \{x_1, x_2, \cdots, x_i, \cdots, x_n\}$ $(i = 1, 2, \cdots, n)$，T 是研究对象的非空有限集，称为论域；$A = C \cup D$，A 是研究对象 T 的属性的非空有限集，$C = \{c_1, c_2, \cdots, c_j, \cdots, c_m\}$ $(j = 1, 2, \cdots, m)$，子集 C 和 D 分别是条件属性集和决策属性集，且 $C \cap D = \varnothing$；$V = (T_{a \in A}, V_r)$，V 是属性 A 取值的集合，V_a 是属性 a 的值域，即取值范围；$f : T \times A \to V$ 是一个信息函数，它对每一个研究对象的每一个属性赋予一个信息值，即 $\forall a \in A, x \in U$，有 $f(x, a) \in V_a$。若 $D = \varnothing$，则称知识信息系统为数据表；否则，称知识信息系统为决策表。若存在一个 $a \in C, x \in T$ 且 $f(x, a)$ 未知，则称知识信息系统是不完备的；否则，称知识信息系统是完备的。本章涉及的知识信息系统都是完备的知识信息系统，可以用知识表达信息表来表示，行表示研究对象，列表示属性指标，具体如表 11-1 所示。

表 11-1　知识表达信息表

		属性集 A						
		c_1	c_2	...	c_j	...	c_m	D
论域 T	x_1				$\vdots$			
	x_2				$\vdots$			
	$\vdots$				$\vdots$			
	x_i	...	...	...				
	$\vdots$							
	x_n							

【定义 11.3】 对于决策表 $S = (T, A, V, f)$，设 R 为属性 A 的一个子集，记为 $R \subseteq A$，对于 $\forall X, Y \in U, \forall R \subseteq A$，若存在 $\mathrm{Ind}(R)$，其中，$\mathrm{Ind}(R) = \{(X, Y) \in T \times T \mid \forall a \in R, f(X, a) = f(Y, a)\}$，则称 (X, Y) 为 R 上的不可分辨关系，构成了 T 的一个划分，用 $T / \mathrm{Ind}(R)$ 表示，简记为 T / R。若 T / R 中的任何元素满足 $[X]_R = \{Y \subset T \mid \forall a \in A, f(X, a) = f(Y, a)\}$，则称为等价类。条件属性 C 和决策属性 D 的等价关系 $\mathrm{Ind}(C)$ 和 $\mathrm{Ind}(D)$ 的等价类分别称为条件类和决策类。

2. 分类精度与分类质量

【定义 11.4】　对于给定的知识信息系统 $S = (T, A, V, f)$，$R \subseteq A$，$X \subseteq T$，X 关于属性子集 R 的粗糙度定义为 $\rho_R(X)$，记为

$$\rho_R(X) = 1 - \frac{\sum_k \text{card}(R\_(X_k))}{\sum_k \text{card}(R^-(X_k))} \qquad (11.2)$$

$$0 \leqslant \rho_R(X) \leqslant 1$$

当且仅当 $\rho_R(X) = 0$ 时，X 是可定义的；当且仅当 $\rho_R(X) \succ 0$ 时，X 是粗糙的。粗糙度 $\rho_R(X)$ 反映了知识的不完全程度。

X 关于属性子集 R 的分类精度定义为 $\alpha_R(X)$，记为

$$\alpha_R(X) = \frac{\sum_k \text{card}(R\_(X_k))}{\sum_k \text{card}(R^-(X_k))} \qquad (11.3)$$

其中，$\text{card}()$ 表示集合的基数。分类精度 $\alpha_R(X)$ 是一个介于 $[0,1]$ 的实数，表示子集 X 的可定义程度，即集合 X 的确切度。分类精度反映了依据现有知识对 X 的了解程度。

【定义 11.5】　对于给定的知识信息系统 $S = (T, A, V, f)$，$R \subseteq A$，$X \subseteq T$，X 关于属性子集 R 的分类质量定义为 $\gamma_R(X)$，记为

$$\gamma_R(X) = \frac{\sum_k \text{card}(R\_(X_k))}{\text{card}(T)} \qquad (11.4)$$

分类质量 $\gamma_R(X)$ 用来描述属性子集 R 的近似分类能力。

11.2.2　粗糙集的核与约简

属性约简就是检测近似空间中的每一个等价关系是否都是必要的，在保证原有的分类质量和分类能力下约简冗余的属性，进而完成对指标体系的优化。粗糙集的核是粗糙集属性约简的基础。

对于知识信息系统 $S = (T, A, V, f)$，$A = C \cup D$，子集 C 和 D 分别表示条件属性集和决策属性集，属性重要度是对属性及知识信息系统分类能力的一种反映，属性 c 在条件属性 C 中的重要度定义为 $\text{Sig}_{C-c}(D)$，$c \subset C$，其计算不需要附加任何信息，只需要知识信息系统自身的数据就可以求出。若某一个属性被删除，则该属性的重要度体现在其对知识信息系统的分类能力的影响，属性越重要，则影响越大，属性越不重要，则影响越小。$\text{Sig}_{C-c}(D)$ 的计算公式如下：

$$\text{Sig}_{C-c}(D) = (\gamma_C(D) - \gamma_{C-c}(D))/\gamma_C(D) \tag{11.5}$$

若 $\text{Sig}_{C-c}(D) = 0$ ，即属性的重要度为 0 ，则称属性 c 是条件属性 C 中不必要的，可以约简属性 c ；否则，称属性 c 是条件属性 C 中必要的。

T 是一个论域， R 为定义在 T 上的一个等价关系， R 中所有必要关系组成的集合称为 R 的核，即保证知识分类质量不减的最小属性集合，记为

$$B_0 = \text{Core}(R), \quad \text{Core}(R) = \bigcap \text{Red}(R) \tag{11.6}$$

其中， $\text{Red}(R)$ 为等价关系 R 的所有约简。从粗糙集中核的定义看出，它是计算所有约简的基础，核被包含在每一个约简中；核是知识信息系统最重要部分的集合，进行约简时不能约简它。

11.2.3　属性间的灰色关联系数计算

灰色关联分析方法是邓聚龙教授提出的。灰色关联分析方法对系统动态发展过程进行量化分析，根据曲线间的相似程度来判定因素之间的关联程度。若两条曲线的形状相似度大，则关联度大；反之，则关联度小。目前判断因素序列间灰色关联度的方法有一般关联度、绝对关联度、斜率关联度、改进关联度等。本章采用应用较为广泛的一般关联度计算方法。

设参考序列为 X_0 、被比较序列为 X_j ，且

$$X_0 = \left\{ X_0(1), X_0(2), \cdots, X_0(i), \cdots, X_0(n) \right\}$$
$$X_j = \left\{ X_j(1), X_j(2), \cdots, X_j(i), \cdots, X_j(n) \right\}$$
$$i = 1, 2, \cdots, n; \quad j = 1, 2, \cdots, m$$

则参考序列 X_0 与被比较序列 X_j 之间的灰色关联系数为

$$\xi(j) = \xi(X_0, X_j) = \frac{1}{n} \sum_{i=1}^{n} \xi(X_0(i), X_j(i)) \tag{11.7}$$

其中，

$$\xi(X_0(i), X_j(i)) = \sum_{i=1}^{n} \frac{\min\limits_{j} \min\limits_{i} \left| X_0(i) - X_j(i) \right| + \rho \max\limits_{j} \max\limits_{i} \left| X_0(i) - X_j(i) \right|}{\left| X_0(i) - X_j(i) \right| + \rho \max\limits_{j} \max\limits_{i} \left| X_0(i) - X_j(i) \right|} \tag{11.8}$$

其中， ρ 为分辨系数， ρ 的取值范围为[0, 1]，在最小信息原理下， $\rho = 0.5$ ，以保证 $\xi_j^{(r)} \in [0,1]$ 。将求得的 m 个序列灰色关联系数 $\xi(j)$ 按照从大到小的顺序排列，得到灰色关联度集，并据此判断序列 X_0 和 X_j 之间的相关性。

根据上述灰色关联思想，在知识信息系统 $S = (T, A, V, f)$ 中，将决策属性 D 的值序列当作参考序列，将条件属性 C 的值序列当作各比较因素序列，根据式（11.7）可以求出决策属性 D 与条件属性 C 的灰色关联系数 $\xi(j)$ ，

并按照大小顺序来排列。条件属性与决策属性的灰色关联系数 $\xi(j)$ 越大，表明该条件属性对决策属性的影响程度越大，即该条件属性相对于决策属性的重要程度越高。

11.2.4　改进的粗糙集属性约简算法

属性约简过程就是决策规则挖掘的过程，基于灰色关联度的粗糙集属性约简算法的基本思想如下：对于决策表中除核外的可能被约简的条件属性，计算它们与决策属性之间的灰色关联度，据此来判断这些条件属性相对于决策属性的重要程度，并以此为基础来决定条件属性的约简顺序，实现对条件属性的有效、快速约简。输入一个知识信息系统 $S=(T,A=C\cup D,V,f)$，输出知识信息系统 S 的一个属性约简的具体步骤如下。

（1）运用数据预处理方法对决策表的数据进行预处理。

（2）根据核的计算方式，计算条件属性 C 相对于决策属性 D 的核 $B_0=\mathrm{Core}(C)$。

（3）对于条件属性 C，除核外的条件属性记为
$$E=C-B_0,\ e_r\in C-B_0,\ E=(e_1,e_2,\cdots,e_r,\cdots)$$

根据条件属性与决策属性的灰色关联系数计算方法求出 $\xi(j)$，将除核外的条件属性集 E 按照关联度顺序排列。

（4）按照条件属性集 E 的灰色关联度，由大到小地将 $E=(e_1,e_2,\cdots,e_r,\cdots)$ 中的单个属性依次并入核，有
$$B_0\to B_0\cup e_1\to B_0\cup e_1\cup e_2\to\cdots\to B_0\cup e_1\cup e_2\cup\cdots\cup e_r$$
记为
$$B_1=B_0\cup e_1$$
$$B_2=B_0\cup e_1\cup e_2$$
$$\vdots$$
$$B_r=B_0\cup e_1\cup e_2\cup\cdots\cup e_r$$

计算分类质量 $\gamma_B(D),\gamma_{B_1}(D),\gamma_{B_2}(D),\cdots$，并将它们与 $\gamma_c(D)$ 比较，直到 $\gamma_{B_r}(D)=\gamma_c(D)$，则停止计算。

（5）当 $\gamma_{B_r}(D)=\gamma_c(D)$ 时，B_r 就是条件属性 C 相对于决策属性 D 的一个约简。

11.3　实例分析

初始棕地再开发风险评估指标体系共有 4 个一级指标、34 个二级指标。

研究小组经过研究与讨论，认为风险因素的指标数量过多，而且不同的风险因素间存在一定的重复和冗余现象，风险因素之间还存在隐性关系，不适合直接作为棕地再开发风险评估指标体系。因此，本章采用粗糙集属性约简模型来对棕地再开发风险评估指标体系进行有效的约简，在保证分类质量的情况下，以期得到一个精简而有效的棕地再开发风险评估指标体系。

根据粗糙集属性约简算法对棕地再开发风险评估指标体系的 4 个一级指标分别进行约简。例如，取棕地再开发风险评估指标体系的一级指标财务和管理风险下的 9 个二级指标作为约简对象，即条件属性，以 C_{11}、C_{12}、C_{13}、C_{14}、C_{15}、C_{16}、C_{17}、C_{18}、C_{19} 来表示；D_1 为决策属性，通过风险等级来表示。对于条件属性，数字代码 1、2、3 表示一般重要、重要、非常重要；对于决策属性，数字代码 1、2、3 表示风险大、风险中等、风险小。通过对 20 个棕地再开发案例的实际数据调查及与关键的利益相关者进行的访谈，得到指标约简的风险决策表。

11.3.1　指标体系的知识信息系统

1. 财务和管理风险

财务和管理风险包含 9 个二级指标：①修复成本比例大带来的风险 C_{11}；②再开发总成本控制风险 C_{12}；③投资回收期风险 C_{13}；④污染修复工期控制风险 C_{14}；⑤投资回报率风险 C_{15}；⑥项目融资风险 C_{16}；⑦项目开发进度风险 C_{17}；⑧项目开发质量风险 C_{18}；⑨项目开发中与公众的冲突风险 C_{19}。财务和管理风险的约简决策表如表 11-2 所示。

表 11-2　一级指标财务和管理风险下的约简决策表

案例	C_{11}	C_{12}	C_{13}	C_{14}	C_{15}	C_{16}	C_{17}	C_{18}	C_{19}	D_1
x_1	2	3	1	2	2	2	3	1	2	2
x_2	3	2	2	3	2	3	2	2	2	3
x_3	2	2	2	2	1	2	1	1	2	1
x_4	2	3	3	2	2	2	2	2	1	3
x_5	1	2	1	2	3	1	2	1	2	2
x_6	2	1	3	2	2	2	2	1	3	2
x_7	2	2	2	2	2	1	3	2	2	2
x_8	1	2	2	3	1	2	2	3	1	3
x_9	2	2	3	1	1	2	1	2	2	1
x_{10}	2	1	2	2	3	3	3	2	2	3

续表

案例	C_{11}	C_{12}	C_{13}	C_{14}	C_{15}	C_{16}	C_{17}	C_{18}	C_{19}	D_1
x_{11}	2	3	1	2	2	1	1	3	1	2
x_{12}	1	2	1	2	2	1	2	1	2	1
x_{13}	3	3	2	1	3	1	2	2	3	2
x_{14}	2	2	1	1	2	3	3	2	2	3
x_{15}	1	2	2	3	1	1	1	1	2	1
x_{16}	2	2	2	1	1	2	1	2	2	2
x_{17}	1	3	2	1	2	2	2	1	1	1
x_{18}	2	3	3	2	2	2	3	2	1	3
x_{19}	3	2	2	1	3	3	2	3	2	3
x_{20}	2	1	2	1	1	2	2	2	3	2

根据粗糙集核的计算方式，计算该决策表的核（为方便表示，将案例数值表示中的 x 去掉）：

$$U/D_1 = \{(3,7,9,12,15,17),(1,5,6,11,13,16,20),(2,4,8,10,14,18,19)\}$$

$$U/C_1 = \{(1),(2),(3),(4),(5),(6),(7),(8),(9),(10),(11),$$
$$(12),(13),(14),(15),(16),(17),(18),(19),(20)\}$$

$$U/(C_1-C_{11}) = \{(1),(2),(3),(4),(5),(6),(7),(8),(9),(10),(11),$$
$$(12),(13),(14),(15),(16),(17),(18),(19),(20)\}$$

$$U/(C_1-C_{12}) = \{(1),(2),(3),(4),(5),(6),(7,11),(8),(9),(10),(12),$$
$$(13),(14),(15),(16),(17),(18),(19),(20)\}$$

$$\text{pos}_{(C_1-C_{11})}(U) = U/(C_1-C_{11})$$

$$\text{pos}_{(C_1-C_{12})}(U) = \{(1),(2),(3),(4),(5),(6),(8),(9),(10),(12),(13),$$
$$(14),(15),(16),(17),(18),(19),(20)\}$$

$$\gamma_{(C_1)}(D_1) = 1$$

$$\gamma_{(C_1-C_{11})}(D_1) = \frac{\text{card}(\text{pos}_{(C_1-C_{11})}(U))}{\text{card}(U/C_1)} = 20/20 = 1$$

$$\gamma_{(C_1-C_{12})}(D_1) = \frac{\text{card}(\text{pos}_{(C_1-C_{12})}(U))}{\text{card}(U/C_1)} = 18/20 = 9/10$$

$$\gamma_{(C_1-C_{13})}(D_1) = \gamma_{(C_1-C_{14})}(D_1) = \gamma_{(C_1-C_{16})}(D_1)$$
$$= \gamma_{(C_1-C_{18})}(D_1) = \gamma_{(C_1-C_{19})}(D_1) = 1$$

$$\gamma_{(C_1-C_{15})}(D_1) = 9/10$$

$$\gamma_{(C_1-C_{17})}(D_1) = 19/20$$

根据式（11.5），C_{12}、C_{15}、C_{17} 的重要度分别为 $\text{Sig}_{C_1,D_1}(C_{12}) = \text{Sig}_{C_1,D_1}(C_{15}) = 1/10$，$\text{Sig}_{C_1,D_1}(C_{17}) = 1/20$，其他指标的重要度为 0。根据核的定义，$\{C_{12}, C_{15}, C_{17}\}$ 构成决策表的相对核 $B_1(0) = \text{Core}(R)$。

根据式（11.7），求得除核外的条件属性与决策属性的灰色关联度，如表 11-3 所示。

表 11-3　一级指标财务和管理风险下的灰色关联度

条件属性	灰色关联度	条件属性	灰色关联度
C_{11}	0.825	C_{16}	0.850
C_{13}	0.767	C_{18}	0.808
C_{14}	0.775	C_{19}	0.725

显然，$\xi(6) > \xi(1) > \xi(8) > \xi(4) > \xi(3) > \xi(9)$。

$$U/B_1(0) = \{(1,18),(2,12),(3,9,15,16),(4,17),(5,19),$$
$$(6),(7),(8),(10),(11),(13),(14),(20)\}$$
$$\text{pos}_{B_1(0)}(U) = \{(6),(7),(8),(10),(11),(13),(14),(15),(20)\}$$

$$\gamma_{B_1(0)}(D_1) = \frac{\text{card}(\text{pos}_{B_1(0)}(U))}{\text{card}(U/C_1)} = 9/20$$

依据计算步骤中的第四步，将灰色关联度最大的条件属性 C_{16} 并入 $B_1(0)$，即 $B_1(0) \to B_1(0) \bigcup C_{16}$，$B_1(1) = \{C_{12}, C_{15}, C_{17}, C_{16}\}$，则

$$U/B_1(1) = \{(1,18),(2),(3,9,16),(4,17),(5),(6),(7),(8),(10),(11),$$
$$(12),(13),(14),(15),(19),(20)\}$$
$$\text{pos}_{B_1(1)}(U) = \{(2),(5),(6),(7),(8),(10),(11),(12),(13),(14),(15),(19),(20)\}$$

$$\gamma_{B_1(1)}(D_1) = \frac{\text{card}(\text{pos}_{B_1(1)}(U))}{\text{card}(U/C_1)} = 13/20$$

由于 $\gamma_{(C_1)}(D_1) \neq \gamma_{B_1(1)}(D_1)$，重复上面的计算过程，将 C_{11} 并入 $B_1(1)$，$B_1(1) \to B_1(1) \bigcup C_{11}$，$B_1(2) = \{C_{12}, C_{15}, C_{17}, C_{16}, C_{11}\}$，则

$$U/B_1(2) = \{(1,18),(2),(3,9,16),(4),(5),(6),(7),(8),(10),(11),$$
$$(12),(13),(14),(15),(17),(19),(20)\}$$
$$\text{pos}_{B_1(2)}(U) = \{(2),(4),(5),(6),(7),(8),(10),(11),(12),(13),$$
$$(14),(15),(17),(19),(20)\}$$

$$\gamma_{B_1(2)}(D_1) = \frac{\text{card}(\text{pos}_{B_1(2)}(U))}{\text{card}(U/C_1)} = 15/20$$

由于 $\gamma_{(C_1)}(D_1) \neq \gamma_{B_1(2)}(D_1)$，重复上面的计算过程，将 C_{18} 并入 $B_1(2)$，$B_1(2) \to B_1(2) \bigcup C_{18}$，$B_1(3) = \{C_{12}, C_{15}, C_{17}, C_{16}, C_{11}, C_{18}\}$，则

$$U / B_1(3) = \{(1),(2),(3),(4),(5),(6),(7),(8),(9,16),(10),(11),(12),$$
$$(13),(14),(15),(17),(18),(19),(20)\}$$
$$\text{pos}_{B_1(3)}(U) = \{(1),(2),(3),(4),(5),(6),(7),(8),(10),(11),(12),(13),$$
$$(14),(15),(17),(18),(19),(20)\}$$

$$\gamma_{B_1(3)}(D_1) = \frac{\text{card}(\text{pos}_{B_1(3)}(U))}{\text{card}(U / C_1)} = 18 / 20 = 9 / 10$$

由于 $\gamma_{(C_1)}(D_1) \neq \gamma_{B_1(3)}(D_1)$，重复上面的计算过程，将 C_{14} 并入 $B_1(3)$，$B_1(3) \to B_1(3) \bigcup C_{14}$，$B_1(4) = \{C_{12}, C_{15}, C_{17}, C_{16}, C_{11}, C_{18}, C_{14}\}$，则

$$U / B_1(4) = \{(1),(2),(3),(4),(5),(6),(7),(8),(9,16),(10),(11),(12),$$
$$(13),(14),(15),(17),(18),(19),(20)\}$$
$$\text{pos}_{B_1(4)}(U) = \{(1),(2),(3),(4),(5),(6),(7),(8),(10),(11),(12),(13),$$
$$(14),(15),(17),(18),(19),(20)\}$$

$$\gamma_{B_1(4)}(D_1) = \frac{\text{card}(\text{pos}_{B_1(4)}(U))}{\text{card}(U / C_1)} = 18 / 20 = 9 / 10$$

由于 $\gamma_{(C_1)}(D_1) \neq \gamma_{B_1(4)}(D_1)$，重复上面的计算过程，将 C_{13} 并入 $B_1(4)$，$B_1(4) \to B_1(4) \bigcup C_{13}$，$B_1(5) = \{C_{12}, C_{15}, C_{17}, C_{16}, C_{11}, C_{18}, C_{14}, C_{13}\}$，则

$$U / B_1(5) = \{(1),(2),(3),(4),(5),(6),(7),(8),(9),(10),(11),(12),$$
$$(13),(14),(15),(16),(17),(18),(19),(20)\}$$
$$\text{pos}_{B_1(5)}(U) = \{(1),(2),(3),(4),(5),(6),(7),(8),(9),(10),(11),(12),$$
$$(13),(14),(15),(16),(17),(18),(19),(20)\}$$

$$\gamma_{B_1(5)}(D_1) = \frac{\text{card}(\text{pos}_{B_1(5)}(U))}{\text{card}(U / C_1)} = 20 / 20 = 1$$

得出 $\gamma_{(C_1)}(D_1) = \gamma_{B_1(5)}(D_1)$，计算终止。

属性集 $B_1(5) = \{C_{12}, C_{15}, C_{17}, C_{16}, C_{11}, C_{18}, C_{14}, C_{13}\}$ 为该决策表的一个相对约简。

2. 环境风险

环境风险包含 7 个指标：①二次污染风险 C_{21}；②附近的其他污染源带来的风险 C_{22}；③周边地下水污染风险 C_{23}；④提高棕地区域绿化率风险 C_{24}；

⑤周边空气污染风险 C_{25}；⑥周边土壤污染风险 C_{26}；⑦对周边居民身体健康影响的风险 C_{27}。环境风险的约简决策表如表 11-4 所示。

表 11-4　一级指标环境风险下的约简决策表

案例	C_{21}	C_{22}	C_{23}	C_{24}	C_{25}	C_{26}	C_{27}	D_2
x_1	1	2	1	1	3	2	1	1
x_2	3	2	2	2	3	2	3	3
x_3	2	1	2	3	1	1	3	1
x_4	2	3	2	2	1	2	2	2
x_5	3	2	3	1	2	1	1	2
x_6	2	3	2	3	3	3	2	3
x_7	2	1	1	2	1	1	1	1
x_8	2	3	3	2	1	3	2	2
x_9	1	1	1	2	3	2	1	1
x_{10}	2	3	2	3	1	3	2	2
x_{11}	3	2	2	2	2	2	3	3
x_{12}	2	1	2	2	1	2	2	1
x_{13}	1	1	2	1	3	1	2	1
x_{14}	1	1	1	1	1	2	1	1
x_{15}	2	3	3	2	3	3	1	3
x_{16}	3	2	3	3	1	1	2	2
x_{17}	2	3	2	1	2	2	1	2
x_{18}	3	2	1	2	3	2	1	3
x_{19}	1	2	1	2	1	1	3	1
x_{20}	3	2	2	1	3	3	1	2

根据的粗糙集核的计算方式，计算该决策表的核：

$$\gamma_{(C_2)}(D_2)=1$$

$$\gamma_{(C_2-C_{21})}(D_2)=\frac{\text{card}(\text{pos}_{C_2-C_{21}}(U))}{\text{card}(U/C_2)}=20/20=1$$

$$\gamma_{(C_2-C_{22})}(D_2)=\frac{\text{card}(\text{pos}_{C_2-C_{22}}(U))}{\text{card}(U/C_2)}=18/20=9/10$$

$$\gamma_{(C_2-C_{23})}(D_2)=\gamma_{(C_2-C_{24})}(D_2)=\gamma_{(C_2-C_{26})}(D_2)=\gamma_{(C_2-C_{27})}(D_2)=1$$

$$\gamma_{(C_2-C_{25})}(D_2)=9/10$$

根据式（11.5），C_{22}、C_{25} 的重要度分别为 $\text{Sig}_{C_2,D_2}(C_{22})=\text{Sig}_{C_2,D_2}(C_{25})=$

1/10，其他指标的重要度为 0。根据核的定义，$\{C_{22}, C_{25}\}$ 构成决策表的相对核 $B_2(0) = \text{Core}(R)$，则计算

$$\gamma_{B_2(0)}(D_2) = \frac{\text{card}(\text{pos}_{B_2(0)}(U))}{\text{card}(U / C_2)} = 5 / 20 = 1 / 4$$

根据式（11.7），求得除核外的条件属性与决策属性的灰色关联度，如表 11-5 所示。

表 11-5   一级指标环境风险下的灰色关联度

条件属性	灰色关联度	条件属性	灰色关联度
C_{21}	0.867	C_{26}	0.800
C_{23}	0.825	C_{27}	0.783
C_{24}	0.733		

显然，$\xi(1) > \xi(3) > \xi(6) > \xi(7) > \xi(4)$。

依据计算步骤中的第四步，将灰色关联度最大的条件属性 C_{21} 并入 $B_2(0)$，即 $B_2(0) \rightarrow B_2(0) \bigcup C_{21}, B_2(1) = \{C_{22}, C_{25}, C_{21}\}$，则

$$\gamma_{B_2(1)}(D_2) = \frac{\text{card}(\text{pos}_{B_2(1)}(U))}{\text{card}(U / C_2)} = 9 / 20$$

重复上面的计算过程，依次将 C_{23}、C_{26} 并入 $B_2(2)$：$B_2(2) \rightarrow B_2(2) \bigcup C_{23} \rightarrow B_2(2) \bigcup C_{26}$，此时，$B_2(3) = \{C_{22}, C_{25}, C_{21}, C_{23}, C_{26}\}$，则

$$\gamma_{B_2(3)}(D_2) = \frac{\text{card}(\text{pos}_{B_2(3)}(U))}{\text{card}(U / C_2)} = 20 / 20 = 1$$

得出 $\gamma_{(C_2)}(D_2) = \gamma_{B_2(3)}(D_2)$，计算终止。

属性集 $B_2(3) = \{C_{22}, C_{25}, C_{21}, C_{23}, C_{26}\}$ 为该决策表的一个相对约简。

3. 经济和政策法规风险

经济和政策法规风险包含 11 个二级指标：①宏观经济形势不确定性风险 C_{31}；②棕地区域城市规划匹配的风险 C_{32}；③棕地区域就业压力变动的风险 C_{33}；④绿地开发政策的变动风险 C_{34}；⑤棕地区域及当地政府形象提升压力带来的风险 C_{35}；⑥棕地法律的不完善性带来的风险 C_{36}；⑦棕地相关政策的变动性风险 C_{37}；⑧棕地区域人口变动的风险 C_{38}；⑨棕地区域税收变动的风险 C_{39}；⑩棕地周边配套设施的不完整性风险 C_{310}；

⑪周边土地价值变动的风险 C_{311}。经济和政策法规风险的约简决策表如表 11-6 所示。

表 11-6　一级指标经济和政策法规风险下的约简决策表

案例	C_{31}	C_{32}	C_{33}	C_{34}	C_{35}	C_{36}	C_{37}	C_{38}	C_{39}	C_{310}	C_{311}	D_3
x_1	2	1	2	1	2	3	2	2	1	3	2	2
x_2	1	2	1	1	1	1	2	2	1	3	2	1
x_3	3	2	3	2	3	3	3	2	2	2	1	3
x_4	1	2	2	3	2	2	2	2	1	2	2	2
x_5	3	1	1	1	1	1	2	1	1	2	2	1
x_6	1	2	1	2	1	1	1	2	3	1	1	1
x_7	2	3	3	1	2	1	3	2	2	2	2	3
x_8	2	2	3	1	3	2	2	1	2	2	2	2
x_9	1	2	2	3	2	2	1	2	2	1	2	2
x_{10}	3	2	2	3	3	2	3	1	2	3	1	2
x_{11}	2	1	1	2	1	3	2	2	1	1	1	1
x_{12}	1	3	3	2	2	3	2	2	3	3	3	3
x_{13}	1	2	2	3	2	2	2	2	3	2	2	2
x_{14}	3	2	2	2	3	2	1	2	2	3	2	3
x_{15}	2	2	3	3	3	2	1	3	2	3	1	3
x_{16}	2	1	2	2	2	1	3	1	2	1	3	1
x_{17}	2	1	3	2	2	1	3	2	2	2	2	2
x_{18}	2	1	2	1	2	2	2	2	1	3	2	2
x_{19}	3	3	2	2	1	1	3	2	2	2	3	2
x_{20}	2	1	3	3	1	2	2	1	2	1	3	1

根据粗糙集核的计算方法计算该决策表的核：

$$\gamma_{(C_3)}(D_3) = 1$$

$$\gamma_{(C_3-C_{31})}(D_3) = \frac{\text{card}(\text{pos}_{C_3-C_{31}}(U))}{\text{card}(U/C_3)} = 18/20 = 9/10$$

$$\gamma_{(C_3-C_{32})}(D_3) = \frac{\text{card}(\text{pos}_{C_3-C_{32}}(U))}{\text{card}(U/C_3)} = 20/20 = 1$$

$$\gamma_{(C_3-C_{33})}(D_3) = \gamma_{(C_3-C_{34})}(D_3) = \gamma_{(C_3-C_{35})}(D_3) = \gamma_{(C_3-C_{37})}(D_3)$$
$$= \gamma_{(C_3-C_{38})}(D_3) = \gamma_{(C_3-C_{310})}(D_3) = \gamma_{(C_3-C_{311})}(D_3) = 1$$

$$\gamma_{(C_3 - C_{36})}(D_3) = \gamma_{(C_3 - C_{39})}(D_3) = 19/20$$

根据式（11.5），C_{31}、C_{36}、C_{39} 的重要度分别为 $\mathrm{Sig}_{C_3, D_3}(C_{31}) = 1/10$，$\mathrm{Sig}_{C_3, D_3}(C_{36}) = \mathrm{Sig}_{C_3, D_3}(C_{39}) = 1/20$，其他指标的重要度为 0。根据核的定义，$\{C_{31}, C_{36}, C_{39}\}$ 构成决策表的相对核 $B_3(0) = \mathrm{Core}(R)$，则计算

$$\gamma_{B_3(0)}(D_3) = \frac{\mathrm{card}(\mathrm{pos}_{B_3(0)}(U))}{\mathrm{card}(U/C_3)} = 13/20$$

根据式（11.7），求得除核外的条件属性与决策属性的灰色关联度，如表 11-7 所示。

表 11-7　一级指标经济和政策法规风险下的灰色关联度

条件属性	灰色关联度	条件属性	灰色关联度
C_{32}	0.850	C_{37}	0.825
C_{33}	0.875	C_{38}	0.775
C_{34}	0.733	C_{310}	0.858
C_{35}	0.892	C_{311}	0.792

显然，$\xi(5) > \xi(3) > \xi(10) > \xi(2) > \xi(7) > \xi(11) > \xi(8) > \xi(4)$。

依据计算步骤中的第四步，将灰色关联度最大的条件属性 C_{35} 并入 $B_3(0)$，即 $B_3(0) \rightarrow B_3(0) \bigcup C_{35}$，$B_3(1) = \{C_{31}, C_{36}, C_{39}, C_{35}\}$，则

$$\gamma_{B_3(1)}(D_3) = \frac{\mathrm{card}(\mathrm{pos}_{B_3(1)}(U))}{\mathrm{card}(U/C_3)} = 14/20 = 7/10$$

由于 $\gamma_{(C_3)}(D_3) \neq \gamma_{B_3(1)}(D_3)$，重复上面的计算过程，依次将 C_{33}、C_{310}、C_{32}、C_{37} 并入 $B_3(4)$：$B_3(4) \rightarrow B_3(4) \bigcup C_{35} \rightarrow B_3(4) \bigcup C_{33} \rightarrow B_3(4) \bigcup C_{310} \rightarrow B_3(4) \bigcup C_{32} \rightarrow B_3(4) \bigcup C_{37}$，此时，$B_3(5) = \{C_{31}, C_{36}, C_{39}, C_{35}, C_{33}, C_{310}, C_{32}, C_{37}\}$，则

$$\gamma_{B_3(5)}(D_3) = \frac{\mathrm{card}(\mathrm{pos}_{B_3(5)}(U))}{\mathrm{card}(U/C_3)} = 20/20 = 1$$

得出 $\gamma_{(C_3)}(D_3) = \gamma_{B_3(5)}(D_3)$，计算终止。

属性集 $B_3(5) = \{C_{31}, C_{36}, C_{39}, C_{35}, C_{33}, C_{310}, C_{32}, C_{37}\}$ 为该决策表的一个相对约简。

4. 技术风险

技术风险包含 7 个二级指标：①污染程度的鉴定风险 C_{41}；②治理修复技术的适用性风险 C_{42}；③治理修复技术的替代风险 C_{43}；④修复程度的不确定性风险 C_{44}；⑤新建筑的节能环保技术适用性风险 C_{45}；⑥侵权

风险 C_{46}；⑦政府对技术的支持变动性风险 C_{47}。技术风险的约简决策表如表 11-8 所示。

表 11-8　一级指标技术风险下的约简决策表

案例	C_{41}	C_{42}	C_{43}	C_{44}	C_{45}	C_{46}	C_{47}	D_4
x_1	1	2	1	3	1	1	2	1
x_2	2	1	2	2	1	2	3	2
x_3	2	2	1	2	2	2	3	2
x_4	2	1	2	3	2	1	2	2
x_5	1	1	1	2	3	1	1	1
x_6	2	3	2	1	2	2	2	2
x_7	1	1	2	1	1	2	2	1
x_8	3	1	3	3	3	2	3	3
x_9	3	3	2	1	3	3	2	3
x_{10}	2	1	2	2	2	2	1	2
x_{11}	1	2	1	1	1	1	3	1
x_{12}	1	1	2	1	2	2	1	1
x_{13}	2	2	2	2	1	3	2	2
x_{14}	3	3	2	3	3	3	2	3
x_{15}	2	2	2	2	3	2	2	2
x_{16}	3	3	2	3	2	1	2	3
x_{17}	1	2	1	3	2	1	1	1
x_{18}	2	3	2	2	2	3	1	2
x_{19}	1	1	2	1	1	2	3	1
x_{20}	3	2	3	3	1	2	2	3

根据粗糙集核的计算方式，计算该决策表的核：

$$\gamma_{(C_4)}(D_4) = 1$$

$$\gamma_{(C_4-C_{41})}(D_4) = \frac{\mathrm{card}(\mathrm{pos}_{C_4-C_{41}}(U))}{\mathrm{card}(U/C_4)} = 18/20 = 9/10$$

$$\gamma_{(C_4-C_{42})}(D_4) = \frac{\mathrm{card}(\mathrm{pos}_{C_4-C_{42}}(U))}{\mathrm{card}(U/C_4)} = 20/20 = 1$$

$$\gamma_{(C_4-C_{44})}(D_4) = \gamma_{(C_4-C_{45})}(D_4) = \gamma_{(C_4-C_{47})}(D_4) = 1$$

$$\gamma_{(C_4-C_{43})}(D_4) = \gamma_{(C_4-C_{46})}(D_4) = 19/20$$

根据式（11.5），C_{41}、C_{43}、C_{46} 的重要度分别为 $\mathrm{Sig}_{C_4,D_4}(C_{41}) = 1/10$，$\mathrm{Sig}_{C_4,D_4}(C_{43}) = \mathrm{Sig}_{C_4,D_4}(C_{46}) = 1/20$，其他指标的重要度为 0。根据核的定义，$\{C_{41}, C_{43}, C_{46}\}$ 构成决策表的相对核 $B_4(0) = \mathrm{Core}(R)$，则计算

$$\gamma_{B_4(0)}(D_4) = \frac{\text{card}(\text{pos}_{B_4(0)}(U))}{\text{card}(U/C_4)} = 12/20 = 3/5$$

根据式（11.7），求得除核外的条件属性与决策属性的灰色关联度，如表 11-9 所示。

表 11-9　一级指标技术风险下的灰色关联度

条件属性	灰色关联度	条件属性	灰色关联度
C_{42}	0.867	C_{45}	0.825
C_{44}	0.850	C_{47}	0.767

显然，$\xi(2) > \xi(4) > \xi(5) > \xi(7)$。

依据计算步骤中的第四步，将灰色关联度最大的条件属性 C_{42} 并入 $B_4(0)$，即 $B_4(0) \rightarrow B_4(0) \bigcup C_{42}$，$B_4(1) = \{C_{41}, C_{43}, C_{46}, C_{42}\}$，则

$$\gamma_{B_4(1)}(D_4) = \frac{\text{card}(\text{pos}_{B_4(1)}(U))}{\text{card}(U/C_4)} = 17/20$$

由于 $\gamma_{(C_4)}(D_4) \neq \gamma_{B_4(1)}(D_4)$，重复上面的计算过程，将 C_{44} 并入 $B_4(1)$，$B_4(1) \rightarrow B_4(1) \bigcup C_{44}$，$B_4(2) = \{C_{41}, C_{43}, C_{46}, C_{42}, C_{44}\}$，则计算

$$\gamma_{B_4(2)}(D_4) = \frac{\text{card}(\text{pos}_{B_4(2)}(U))}{\text{card}(U/C_4)} = 20/20 = 1$$

得出 $\gamma_{(C_4)}(D_4) = \gamma_{B_4(2)}(D_4)$，计算终止。

属性集 $B_4(2) = \{C_{41}, C_{43}, C_{46}, C_{42}, C_{44}\}$ 为该决策表的一个相对约简。

11.3.2　优化后的棕地再开发风险评估指标体系

根据上述粗糙集属性约简规则的分析，在保证与原属性集分类质量相同的情况下，结合 20 个实际案例进行研究，对 4 个一级指标（财务和管理风险指标、环境风险指标、经济和政策法规风险指标、技术风险指标）的子指标进行约简。在保证分类质量不变的前提下，对于一级指标财务和管理风险，约简去其二级指标项目开发中与公众的冲突风险 C_{19}；对于一级指标环境风险，约简去其二级指标提高棕地区域绿化率风险 C_{24} 和对周边居民身体健康影响的风险 C_{27}；对于一级指标经济和政策法规风险，约简去其二级指标绿地开发政策的变动风险 C_{34}、棕地区域人口变动的风险 C_{38} 和周边土地价值变动的风险 C_{311}；对于一级指标技术风险，约简去其二级指标新建筑的节能环保技术适用性风险 C_{45} 和政府对技术的支持变动性风险 C_{47}。由此可见，粗糙集属性约简可以减少冗余和关联指标，在剔除不相关

或不重要的指标的同时，并不影响分类质量，达到有效约简指标的目的。依据约简结果，建立约简后的棕地再开发风险评估指标体系，共 4 个一级指标、26 个二级指标，用 B_{ij} ($i=1,2,\cdots,m$; $j=1,2,\cdots,n_i$) 表示，具体如表 11-10 所示。

表 11-10　约简后的棕地再开发风险评估指标体系

一级指标	二级指标
财务和管理风险 B_1	修复成本比例大带来的风险 B_{11}
	再开发总成本控制风险 B_{12}
	投资回收期风险 B_{13}
	投资回报率风险 B_{14}
	项目融资风险 B_{15}
	项目开发进度风险 B_{16}
	项目开发质量风险 B_{17}
	污染修复工期控制风险 B_{18}
环境风险 B_2	二次污染风险 B_{21}
	附近的其他污染源带来的风险 B_{22}
	周边地下水污染风险 B_{23}
	周边空气污染风险 B_{24}
	周边土壤污染风险 B_{25}
经济和政策法规风险 B_3	宏观经济形势不确定性风险 B_{31}
	棕地区域城市规划匹配的风险 B_{32}
	棕地区域就业压力变动的风险 B_{33}
	棕地区域及当地政府形象提升压力带来的风险 B_{34}
	棕地法律的不完善性带来的风险 B_{35}
	棕地相关政策的变动性风险 B_{36}
	棕地区域税收变动的风险 B_{37}
	棕地周边配套设施的不完整性风险 B_{38}
技术风险 B_4	污染程度的鉴定风险 B_{41}
	治理修复技术的适用性风险 B_{42}
	治理修复技术的替代风险 B_{43}
	修复程度的不确定性风险 B_{44}
	侵权风险 B_{45}

本 章 小 结

粗糙集理论建立在分类机制的基础上，它是一种处理不完备、不精确、不确定数据的典型数学工具。粗糙集属性约简是数据挖掘的核心内容，寻找快速而有效的属性约简方法是其研究热点之一，其基本思想如下：在保证属性对知识信息系统的分类质量和分类能力的条件下，以粗糙集的核为基础，逐步对属性约简，删除不必要的或者冗余的属性，使指标体系得到优化。

本章首先介绍了粗糙集的一些基本概念，包括粗糙集、上下近似、分类质量、分类精度、粗糙集的核、属性重要度等，这些概念是粗糙集属性约简研究的基础。其次，本章研究了粗糙集的属性约简理论和灰色关联理论，将两者结合，构建了基于灰色关联度的粗糙集属性约简模型，并采用该模型对棕地再开发风险评估指标体系进行了优化，得到一个快速而有效的约简结果。该算法同矩阵式约简相比，降低了计算的时间复杂度和空间复杂度；同其他启发式属性约简方法一样，得到了一个相对满意的属性约简优化结果，在保证属性分类质量的前提下，通过对冗余指标的约简，进而对指标体系进行了优化，建立了最终的全面而有效的包含 4 个一级指标和 26 个二级指标的棕地再开发风险评估指标体系。

第12章 基于证据推理模型的棕地再开发项目多方案风险评估

棕地再开发风险评估是对棕地再开发项目的备选方案风险进行综合分析，依据建立的风险评估指标体系和评估模型确定备选方案的整体风险水平。它是一个对备选方案风险进行量化和排序的过程，其结果为棕地再开发方案决策提供科学依据，并为如何处置风险提供参考。进行风险评估的一项主要工作就是依据项目的特点选择合适的评估模型，由于棕地再开发风险评估问题的复杂性和不确定性高，评估往往不是由个体做出，而是由利益相关者群体做出。这些利益相关者基于自身立场，且在个人经历、文化水平等方面存在差异，难以对棕地再开发风险提供一致的属性参数准确值，群体风险评估模型主要研究如何采用模型协调不同意见和看法，以形成群体的共识。

对群体意见的研究已经有两百多年的历史，它源于人们近代对股票的研究。Arrow（1964，1977）提出了著名的不可能性定理，该定理成为群体评估决策研究中的经典理论；Gibbard（1973，1977）提出的防操纵性不可能性定理，以及 Sen（1970，1996）提出的个人主权不可能性定理等使人们对群体意见的集结展开更为深刻的研究。孙昭旭和韩敏（2007）从专家群体评估信息的相似度角度出发，对群体不完全评估信息进行集结，得到了专家群体关于方案集的评估矩阵，并对方案进行优劣排序；王坚强等（2009）以前景理论为基础，发展了模糊多准则评估模型，并将群体的风险心理因素考虑在内；朱建军等（2006，2008）研究了多种结构形式、多个评估阶段的判断偏好集结方法，在考虑偏好信息转化的一致性条件下给出权重的集结方法。证据推理方法可以对群体完全信息和不完全信息进行直接有效的集结，在群体意见集结中得到了广泛应用（王坚强，2007）。Hua 等（2008）提出了证据推理-层次分析法（Dempster-Shafer-analytic hierarchy process，DS-AHP）模型，对不完全信息下的待评估问题进行了求解；龚本刚等（2007）针对完全和不完全语言信息环境下的评价问题提出了改进的证据推理方法，进行焦元识别、信度的分配计算，并对不同的群体信息进行了有效的集结；侯俊（2006）对证据推理理论在评价中的应用进行了分类与总结。

在以上研究的基础上，本章针对利益相关者对不同方案的棕地再开发风险偏好的不同，采用冲突因子和证据距离对利益相关者给出的冲突风险信息进行修正，利用证据推理理论对利益相关者群体的信息进行有效融合，结合评价指标的权重信息对方案进行风险评估并排序。

12.1　问　题　描　述

一般评估问题是指对于给定的评估指标 $B_{ij}(i=1,2,\cdots,m;\ j=1,2,\cdots,n_i)$ 和备选方案 $c(c=1,2,\cdots,q)$ ，按照某种评估模型或者方法对方案进行优劣排序，在某些决策情况下，由于项目的利益相关者众多，难以从方案中获取一致的信息，必须对不同群体的意见进行集结。群体评估问题与一般评估问题的区别在于方案的评估信息是由利益相关者给出的冲突信息，必须先对这些冲突信息进行修正、融合。本章提出的基于证据推理的风险评估模型的实质是将持有不同意见的利益相关者的风险评估信息进行融合，取得棕地再开发利益相关者最大程度上的对风险的一致认同，从而完成对棕地再开发方案的风险评估，为决策者提供决策依据，是群体意见集结的应用之一，可以很好地应用到不同领域的风险评估问题中。利益相关者的风险冲突信息集结过程如图 12-1 所示。

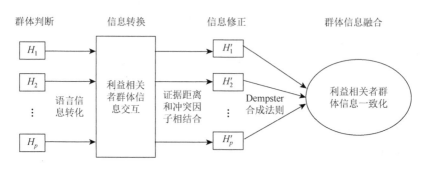

图 12-1　利益相关者的风险冲突信息集结过程

本章讨论的问题具有以下特点。

（1）基于风险评估的不确定性与利益相关者思维的模糊性，利益相关者将采用自然语言的方式表达方案的风险评价信息，即方案基于风险评估指标的属性值为语言变量，本章采用加性语言评估标度。

（2）对方案风险语言信息进行评定的过程中，由于利益相关者的出发点、关注点和对棕地再开发的认识等有差异，他们给出的方案风险语言信息具有很强的冲突性,本章采用证据距离和冲突因子相结合对其进行修正,对高冲突性信息进行协调。

(3)在评估过程中,风险评估指标权重确定是重要问题,既要重视方案信息产生的评估指标客观权重,也要考虑决策者对权重的主观偏好信息。

如上所述,棕地再开发风险评估指标难以用准确数据量化。下面从利益相关者角度,用语言信息来描述棕地再开发方案的风险,对采用的语言信息标度进行定义并进行利益相关者的风险语言信息说明。

1. 评估标度——加性语言评估标度

语言信息评估的基础是语言评估标度。利益相关者在对棕地再开发方案的风险进行测度之前,需要确定合适的语言评估标度。本章选用加性语言评估标度作为棕地再开发风险评估指标体系的语言评估标度。徐泽水(2008)以语言术语下标为正整数且语言术语的数量可为奇数也可为偶数来定义加性语言评估标度:

$$S=\{S_\alpha|\alpha=1,2,\cdots,\tau\}$$

式中,S_α 为语言术语;τ 为正整数;S_1 与 S_τ 分别为对风险评估指标进行定性测度时的语言术语的下限和上限。S 满足条件:若 $\alpha \succ \beta$,则 $S_\alpha \succ S_\beta$。

语言术语集合 S 不能太多,也不能太少。若太少,则得到的语言信息过于粗略,不利于评估对象之间的比较和排序;若太多,则对决策者的知识背景要求过高。常用的标度一般取 $\tau=7$ 或者 $\tau=9$。本章选取 $\tau=7$ 的加性语言评估标度作为棕地再开发风险的评估标度:

$$S=\{S_1=极高, S_2=很高, S_3=较高, S_4=中等, S_5=较低, S_6=很低, S_7=极低\}$$

2. 利益相关者的风险语言信息说明

棕地再开发风险评估指标体系包括三个层次:目标层、一级指标 B_i、二级指标 $B_{ij}(i=1,2,\cdots,m; j=1,2,\cdots,n_i)$,$n_i$ 为与一级指标 B_i 对应的二级指标的数量。备选方案为 $c(c=1,2,\cdots,q)$,设 r_{ij}^c 为二级指标 B_{ij} 下不同利益相关者的风险评估信息的融合值,U^c 为第 c 个方案的风险综合评估值。

第 10 章对棕地再开发的利益相关者进行了认定,本章选取关键的利益相关者(政府部门、棕地开发商、金融机构、周边社区居民和棕地的原使用者五方)作为所有利益相关者的代表,他们将依据加性语言评估标度对棕地再开发方案的风险给出评估信息。利益相关者关于棕地再开发方案的风险评估信息如表 12-1 所示。

表 12-1 棕地再开发方案的风险评估信息

一级指标	二级指标	风险						
		极高 （S_1）	很高 （S_2）	较高 （S_3）	中等 （S_4）	较低 （S_5）	很低 （S_6）	极低 （S_7）
财务和管理风险 B_1	修复成本比例大带来的风险 B_{11}							
	再开发总成本控制风险 B_{12}							
	投资回收期风险 B_{13}							
	投资回报率风险 B_{14}							
	项目融资风险 B_{15}							
	项目开发进度风险 B_{16}							
	项目开发质量风险 B_{17}							
	污染修复工期控制 风险 B_{18}							
环境风险 B_2	二次污染风险 B_{21}							
	附近的其他污染源带来的风险 B_{22}							
	周边地下水污染风险 B_{23}							
	周边空气污染风险 B_{24}							
	周边土壤污染风险 B_{25}							
经济和政策法规风险 B_3	宏观经济形势不确定性风险 B_{31}							
	棕地区域城市规划匹配的风险 B_{32}							
	棕地区域就业压力变动的风险 B_{33}							
	棕地区域及当地政府形象提升压力带来的风险 B_{34}							
	棕地法律的不完善性带来的风险 B_{35}							
	棕地相关政策的变动性风险 B_{36}							
	棕地区域税收变动的风险 B_{37}							
	棕地周边配套设施的不完整性风险 B_{38}							
技术风险 B_4	污染程度的鉴定风险 B_{41}							
	治理修复技术的适用性风险 B_{42}							
	治理修复技术的替代风险 B_{43}							
	修复程度的不确定性风险 B_{44}							
	侵权风险 B_{45}							

12.2　基于冲突信息的证据推理模型的建立

12.2.1　证据推理理论

证据推理理论由 Dempster 在 1967 年提出，Shafer（1976）对其进行了深入研究并将其推广应用。证据推理理论提出较概率方法要求更低的不确定性处理框架，通过持续积累证据，能够逐渐缩小假设的集合，在设计专家系统及其他智能系统中有着重要的应用价值，并逐渐发展成为一种重要的不确定性推理方法。证据推理模型的介绍如下。

在某一个待评估问题中，定义其所有的可能结果集合 Θ 为识别框架，Θ 为有限的集合。若集函数 $m : 2^{\Theta} \mapsto [0,1]$ 满足（2^{Θ} 为 Θ 的幂集）下列关系式：

$$m(\varnothing) = 0$$
$$\sum_{A \subseteq \Theta} m(A) = 1 \qquad (12.1)$$

则称 m 为框架 Θ 上的基本信度分配（basic probability assignment，BPA），也称为 mass 函数（即概率质量函数），$m(A)$ 称为 A 的基本信度值。其中，使得 $m(A) > 0$ 的 A 称为焦元。

设 Θ 为识别框架，集函数 $m : 2^{\Theta} \mapsto [0,1]$ 为框架 Θ 上的基本信度分配，称

$$\mathrm{Bel}(\varnothing) = 0$$
$$\mathrm{Bel}(\Theta) = 1$$
$$\mathrm{Bel}(A) = \sum_{B \subset A} m(B) \qquad (12.2)$$
$$\forall A \subseteq \Theta$$

所定义的函数 $\mathrm{Bel} : 2^{\Theta} \mapsto [0,1]$ 为框架 Θ 上的信度函数。

设 Θ 为识别框架，集函数 $m : 2^{\Theta} \mapsto [0,1]$ 为框架 Θ 上的基本信度分配，称

$$\mathrm{Pls}(A) = \sum_{A \cap B \neq \varnothing} m(B) \qquad (12.3)$$
$$\forall A \subseteq \Theta$$

所定义的函数 $\mathrm{Pls} : 2^{\Theta} \mapsto [0,1]$ 为框架 Θ 上的似真函数。

对于 A，信度函数 Bel 反映了对其的最低信任程度，似真函数 Pls 反映了对其的最高信任程度，信度函数和似真函数共同构成了对其的一个信任区间。

Bel_1 和 Bel_2 是同一识别框架 Θ 上的两个信度函数，m_1 和 m_2 分别是其对应的基本信度分配，焦元分别为 $A_1, A_2, \cdots, A_i, \cdots, A_k$ 和 $B_1, B_2, \cdots, B_j, \cdots, B_l$，设

$$\sum_{A_i \cap B_j = \varnothing} m_1(A_i) m_2(B_j) < 1, \qquad i = 1, 2, \cdots, k; \ j = 1, 2, \cdots, l$$

则定义函数 $m: 2^{\Theta} \mapsto [0,1]$ 为基本信度分配：

$$m(A) = \begin{cases} 0, & A = \varnothing \\ \dfrac{\displaystyle\sum_{A_i \cap B_j = A} m_1(A_i) m_2(B_j)}{1 - \displaystyle\sum_{A_i \cap B_j = \varnothing} m_1(A_i) m_2(B_j)}, & A \neq \varnothing, \ A \subseteq \Theta \end{cases} \qquad (12.4)$$

$$i = 1, 2, \cdots, k; \ j = 1, 2, \cdots, l$$

式（12.4）称为两个信度函数合成的规则，记为 $m_1 \oplus m_2$，也称 Dempster 合成法则。它可以相应地扩展到多个证据。设 $\mathrm{Bel}_1, \mathrm{Bel}_2, \cdots, \mathrm{Bel}_n$ 是同一个识别框架 Θ 上的信度函数，$m_1, m_2, \cdots, m_n$ 分别是其对应的基本信度分配，若 $\mathrm{Bel}_1 \oplus \mathrm{Bel}_2 \oplus \cdots \oplus \mathrm{Bel}_n$ 存在且基本信度分配为 m，则

$$m(A) = \begin{cases} 0, & A = \varnothing \\ \dfrac{1}{1 - K} \displaystyle\sum_{A_1 \cap A_2 \cap \cdots \cap A_n = A} m_1(A_1) m_2(A_2) \cdots m_n(A_n), & A \neq \varnothing, \ A \subseteq \Theta \end{cases}$$

$$(12.5)$$

其中，

$$K = \sum_{A_1 \cap A_2 \cap \cdots \cap A_n = \varnothing} m_1(A_1) m_2(A_2) \cdots m_n(A_n)$$

K 为证据之间的冲突因子，K 越大，利益相关者之间对方案风险的评估信息差异越大，即由多个信度函数合成的 Dempster 合成法则满足交换性和结合性。

12.2.2 基于证据距离和冲突因子的冲突信息融合

由于利益相关者对方案的关注点和关注程度不同，他们对不同的方案在同一指标下有不同的偏好，构成了利益冲突群体，导致方案风险的语言评估信息具有很大的冲突性。考虑一般的证据推理理论难以解决高冲突性的证据融合问题，接下来采用证据距离和冲突因子相结合的方法来作为高冲突性证据的协调依据。

1. 证据距离

证据推理理论将要进行评估的指标有限属性集看作证据推理理论中的识别框架 Θ。利益相关者根据棕地再开发方案信息、自身知识与经验，给出自己的风险判断信息，形成评估矩阵。

设 m_1 和 m_2 为识别框架 Θ 下的两个基本信度分配，则 m_1 和 m_2 的距离可以表示为

$$d_{\mathrm{BPA}(m_1,m_2)} = \sqrt{\frac{1}{2}(m_1 - m_2)^{\mathrm{T}} \overline{D} (m_1 - m_2)}$$

其中，$\overline{D}$ 为一个 $2^{|\Theta|} \times 2^{|\Theta|}$ 的正定系数矩阵，$\overline{D}(A_i, B_j) = \dfrac{|A_i \cap B_j|}{|A_i \cup B_j|}$，$|\quad|$ 为焦元属性所包含基元的数量；A_i、B_j 分别为识别框架 Θ 的两个证据 m_1 和 m_2 的幂集 2^{Θ} 中的元素。上述公式的另一种表示为

$$d_{\mathrm{BPA}(m_1,m_2)} = \sqrt{\frac{1}{2}\left(\|m_1\|^2 + \|m_2\|^2 - 2\langle m_1, m_2 \rangle\right)} \tag{12.6}$$

其中，$\langle m_1, m_2 \rangle = \displaystyle\sum_{i=1}^{2^{|\Theta|}} \sum_{j=1}^{2^{|\Theta|}} m_1(A_i) m_2(B_j) \dfrac{|A_i \cap B_j|}{|A_i \cup B_j|}$，$\|m\|^2 = \langle m, m \rangle$。

很显然，$\overline{D}$ 有以下性质。

（1）$\overline{D} \in [0,1]$，当且仅当 $A_i = B_j$ 时，$\overline{D} = 1$。

（2）当焦元 A_i、B_j 的属性差异很小、趋向相同时，$\overline{D} \in [0,1]$ 接近 1。

（3）当焦元 A_i、B_j 的属性差异很大、趋向相反时，$\overline{D} \in [0,1]$ 接近 0。

当冲突因子和证据距离单独使用时，都能够在一定程度上降低证据间的冲突性，但是不能全面地描述证据冲突程度。冲突因子表示两个或者多个证据合成时不相容焦元结合产生的冲突信息的大小，证据距离表示证据间相容焦元基本信度分配的差异性，两者具有一定程度的互补性。由此，本章采用冲突因子和证据距离相结合来对证据信息进行修正，降低证据间的冲突性。

2. 折扣因子

由前面的研究可以得到证据 m_i 和 m_j 之间的证据距离 $d_{\mathrm{BPA}(m_i,m_j)}$ 及两者合成时的冲突因子 K_{ij}，由于一般反映证据间的冲突程度的数值都为 0～1，本章采用证据距离 $d_{\mathrm{BPA}(m_i,m_j)}$ 和冲突因子 K_{ij} 来表达证据间的组合冲突 $\mathrm{con}(i,j)$：

$$\mathrm{con}(i,j) = \frac{K_{ij} + d_{\mathrm{BPA}(m_i,m_j)}}{1 + K_{ij} d_{\mathrm{BPA}(m_i,m_j)}} \tag{12.7}$$

由式（12.7）计算得到各个证据间的冲突程度。据此，构建各个证据间 $n \times n$ 的冲突方阵：

$$\text{con} = \begin{bmatrix} 0 & \text{con}_{1,2} & \cdots & \text{con}_{1,n} \\ \text{con}_{2,1} & 0 & \cdots & \text{con}_{2,n} \\ \vdots & \vdots & & \vdots \\ \text{con}_{n,1} & \text{con}_{n,2} & \cdots & 0 \end{bmatrix}_{n \times n}$$

得到第 i 个证据与其他 $n-1$ 个证据的总冲突程度为冲突方阵的第 i 行之和：

$$\text{con}_i = \sum_{j=1}^{n} \text{con}(i,j) \tag{12.8}$$

进而求得第 i 个证据对其他 $n-1$ 个证据的支持度 $\sup_i$：

$$\sup_i = (n-1) - \text{con}_i \tag{12.9}$$

将 n 个证据中支持度最大的证据作为关键证据，关键证据为

$$\sup_{max} = \max(\sup_1, \sup_2, \cdots, \sup_n) \tag{12.10}$$

以关键证据为标准，对支持度 $\sup_i$ 进行标准化，即可得第 i 个证据的相对重要度，也称折扣因子 dis_i：

$$\text{dis}_i = \frac{\sup_i}{\sup_{max}} \tag{12.11}$$

3. 证据冲突信息的修正与融合

依据折扣因子 dis_i 对第 i 个证据的基本信度分配 $m_i(A_k)$ 进行修正，修正后的信息记为 $m_i^*(A_k)$：

$$\begin{aligned} m_i^*(A_k) &= \text{dis}_i \times m_i(A_k), \quad A_k \neq \Theta \\ m_i^*(\Theta) &= 1 - \sum m_i^*(A_k) \end{aligned} \tag{12.12}$$

对修正后的证据信息采用 Dempster 合成法则进行冲突信息的融合。

12.2.3 指标的组合权重

指标权重确定方法主要分为主观赋权法和客观赋权法两种，前者包括常用的 AHP、德尔菲法等，后者包括主成分分析法、熵值法等。本章在确定指标权重时结合 AHP 和熵值法两种方法对评估指标进行组合赋权。

1. 基于 AHP 的主观权重

AHP 是美国匹兹堡大学教授萨蒂（Saaty）等于 20 世纪 70 年代提出的一种对较为模糊或较为复杂的问题做出决策的定性与定量分析相结合的决策方法。AHP 建模的主要步骤如下。

（1）建立递阶层次。本章的风险评估层次为目标层、一级指标 B_i、二级指标 B_{ij}。

（2）构建判断矩阵。利用专家（决策者）给出的对同一级的指标判断矩阵来求解指标的权重。设一级指标 B_i 包含的同一级的指标为 $B_{11}, B_{12}, \cdots,$ B_{1n_1}，对这 n_1 个指标两两相互比较，对重要度进行赋值。本章采用 Saaty 等的方法对重要度进行赋值，具体如表 12-2 所示。

表 12-2　Saaty 等的重要度赋值说明

标度（B_{1j}/B_{1s}）	含义
1	表示 2 个指标相比，具有相同的重要性
3	表示 2 个指标相比，指标 j 比属性指标 s 稍重要
5	表示 2 个指标相比，指标 j 比属性指标 s 明显重要
7	表示 2 个指标相比，指标 j 比属性指标 s 强烈重要
9	表示 2 个指标相比，指标 j 比属性指标 s 极端重要
2, 4, 6, 8	表示重要程度在上述两相邻判断的中间值

注：j 和 s 分别表示两个不同的指标。

根据专家对两两指标给出的重要度，构造判断矩阵 $A = (x_{js})_{n_1 \times n_1}$。

（3）对判断矩阵求解并进行一致性检验。Saaty 等对 AHP 求解的多种方法进行了比较和分析，论证了特征根法是唯一合理有效的判断矩阵求解方法。本章采用特征根法对判断矩阵 A 求解的最大特征根为 $\lambda_{\max}$，对应的特征向量为 $\alpha = (\alpha_{11}, \alpha_{12}, \cdots, \alpha_{1n_1})$，对判断矩阵的一致性进行检验：

$$\mathrm{CI} = \frac{\lambda_{\max} - n_1}{n_1 - 1}, \quad \mathrm{CR} = \frac{\mathrm{CI}}{\mathrm{RI}}$$

当 CR ＜ 0.1 时，判断矩阵 A 通过一致性检验，具有满意的一致性；否则，要求专家对判断矩阵 A 进行修正，直到满足一致性检验。

通过一致性检验的判断矩阵 A 的最大特征根 $\lambda_{\max}$ 对应的特征向量 $\alpha = (\alpha_{11}, \alpha_{12}, \cdots, \alpha_{1n_1})$ 即指标对应的权重。

2. 基于熵值法的客观权重

信息熵 $F(p_1, p_2, \cdots, p_{n_i})$ 表示系统的有序程度。由熵的极值性知，各指标评估信息越接近，熵值就会越大，风险指标对综合评估的不确定性越大。本章根据各因素相对于评判集中的隶属度，利用信息熵原理，依据各方案的风险评估指标具体信息计算指标权重，具体方法如下：

$$F(p_1, p_2, \cdots, p_{n_i}) = -\sum_{j=1}^{n_i} p_j \ln p_j$$

二级指标 B_{ij} 的相对重要性可由熵值来度量：

$$F_{ij} = -\sum_{c=1}^{q} r_{ij}^c \ln r_{ij}^c$$

其中，$r_{ij}^c (c=1,2,\cdots,q)$ 的值越接近，熵值就越大，二级指标 B_{ij} 对一级指标 B_i 的不确定性就越大；当 r_{ij}^c 取值相等时，熵值最大，为 $F_{max} = \ln c$，用 F_{max} 对 F_{ij} 进行归一化处理，得到二级指标 B_{ij} 的相对权重熵值：

$$e_{ij} = -\frac{1}{\ln q} \sum_{c=1}^{q} r_{ij}^c \ln r_{ij}^c \tag{12.13}$$

当 r_{ij}^c 取值相等时，e_{ij} 为最大值 1，即 $0 \leqslant e_{ij} \leqslant 1$。由于熵值最大时，二级指标 B_{ij} 对一级指标 B_i 的风险评估贡献最小，可用 $1-e_{ij}$ 来测度二级指标 B_{ij} 的权重，并对其归一化得到二级指标 B_{ij} 的权重 β_{ij}：

$$\beta_{ij} = \frac{1-e_{ij}}{\sum_{j=1}^{n_i}(1-e_{ij})} = \frac{1}{n - \sum_{j=1}^{n_i} e_{ij}}(1-e_{ij}) \tag{12.14}$$

其中，$0 \leqslant e_{ij} \leqslant 1, \sum_{j=1}^{n_i} e_{ij} = 1$。

3. 指标的组合赋权

组合权重的计算方法通常有加法合成法和乘法合成法。依据最小鉴别信息原理，应使组合权重与主观权重和客观权重尽可能接近。设组合权重向量为 $\omega_i = (\omega_{i1}, \omega_{i2}, \cdots, \omega_{in_i})$，建立如下目标函数：

$$\min F = \sum_{j=1}^{n_i} \omega_{ij} \cdot \left| \ln \frac{\omega_{ij}}{\alpha_{ij}} \right| + \sum_{j=1}^{n_i} \omega_{ij} \cdot \left| \ln \frac{\omega_{ij}}{\beta_{ij}} \right|$$

$$\text{s.t.} \quad \omega_{ij} > 0$$

采用拉格朗日乘子法求解上述问题，可得最优解：

$$\omega_{ij} = \frac{\left[\alpha_{ij} \cdot \beta_{ij}\right]^{0.5}}{\sum_{j=1}^{n_i}\left[\alpha_{ij} \cdot \beta_{ij}\right]^{0.5}} \tag{12.15}$$

以上是二级指标的组合权重计算方法，可按照此方法得到一级指标权重 $\omega = (\omega_1, \omega_2, \cdots, \omega_m)$，这里不再介绍。

12.2.4 项目多方案的证据推理综合风险评估

对于存在矛盾冲突的利益相关者给出的不同方案风险语言信息，为了便于对语言变量值进行量化，本章采用麦克里蒙（MacCrimmon）提出的两极比方法对语言术语进行转化，如表 12-3 所示。

表 12-3　语言术语转化

属性	属性量化值	归一化	属性	属性量化值	归一化
风险极高	S_1	0	风险低	S_5	0.7
风险很高	S_2	0.1	风险很低	S_6	0.9
风险高	S_3	0.3	风险极低	S_7	1
风险中等	S_4	0.5			

对于转化后的利益相关者的风险评估矩阵，把每个属性值看作识别框架，采用 12.2.2 节的基于证据距离和冲突因子相结合的折扣因子对证据信息进行修正，并对修正后的信息采用多个信度函数合成的 Dempster 合成法则进行合成。

依据各方案的信息融合值 r_{ij}^c 和指标的组合权重 $\omega_i = (\omega_{i1}, \omega_{i2}, \cdots, \omega_{in_i})$ 计算一级指标的风险评估矩阵。第 c 个方案关于一级指标 B_i 的风险评估值记为 a_i^c，计算如下：

$$A_i = \omega_i \times R_i = (\omega_{i1}, \omega_{i2}, \cdots, \omega_{in_i}) \times \begin{bmatrix} r_{i1}^1 & \cdots & r_{i1}^c & \cdots & r_{i1}^q \\ r_{i2}^1 & \cdots & r_{i2}^c & \cdots & r_{i2}^q \\ \vdots & & \vdots & & \vdots \\ r_{ij}^1 & \cdots & r_{ij}^c & \cdots & r_{ij}^q \\ \vdots & & \vdots & & \vdots \\ r_{in_i}^1 & \cdots & r_{in_i}^c & \cdots & r_{in_i}^q \end{bmatrix} = (a_i^1, a_i^2, \cdots, a_i^c, \cdots, a_i^q)$$

得到方案整体风险评估矩阵 A：

$$A = \begin{bmatrix} A_1 \\ A_2 \\ \vdots \\ A_m \end{bmatrix} = \begin{bmatrix} a_1^1 & \cdots & a_1^c & \cdots & a_1^q \\ a_2^1 & \cdots & a_2^c & \cdots & a_2^q \\ \vdots & & \vdots & & \vdots \\ a_m^1 & \cdots & a_m^c & \cdots & a_m^q \end{bmatrix}$$

以及第 c 个方案的风险综合评估值 U^c：

$$U = \omega A = (\omega_1, \omega_2, \cdots, \omega_m) \times \begin{bmatrix} a_1^1 & \cdots & a_1^c & \cdots & a_1^q \\ a_2^1 & \cdots & a_2^c & \cdots & a_2^q \\ \vdots & & \vdots & & \vdots \\ a_m^1 & \cdots & a_m^c & \cdots & a_m^q \end{bmatrix} = (U^1, U^2, \cdots, U^c, \cdots, U^q)$$

依据 U^c 值，可得到各方案风险评估大小的排序。U^c 值越大，表示该方案越优，开发该方案面临的风险越小。

12.3 实例分析

西安是一座历史名城，也是西部地区的政治、经济、文化重镇。近年来，西安的城市版图不断扩张。欲开发的棕地位于该市的西郊，该地块的原使用者是一个化工厂，建厂初期，该地处于离市区较远的郊区，周围居住人员稀少。随着经济的发展、城市化进程的加剧，城市的版图日益扩大，该地周围居住人员增加，化工厂的存在引起周边居民的强烈不满。随着国家对环境质量的重视和市政规划的变动，该化工厂计划迁往离城市更远的地方，这使得该地块成为受到污染的棕地而被闲置。针对该棕地的地理位置和周边的人文环境情况，设计 5 个方案作为该棕地再开发项目的备选方案，分别为工厂方案 A、小学方案 B、住宅区方案 C、景观方案 D、写字楼方案 E。

（1）工厂方案 A：对棕地的土壤污染进行修复后，建造新的厂房。根据市政规划，用于污染较少的行业和政府允许在市区有生产车间的某行业生产厂房。相对于住宅用地，建设工业厂房用地承担的污染修复成本稍低，但存在投资回收期较长的风险。由于该棕地的地理位置较好，周围的人口密度较大，新的行业可能再次对土壤造成污染，形成新的污染源，损害周围人群健康，并让该土地再次成为棕地。

（2）小学方案 B：学生长期在教室上课，且他们处于生长发育阶段，如果污染严重且复杂，鉴定结果的不确定性高，将会带来极大的安全隐患。此方案要求提高修复标准，污染修复周期一般较长，政府和企业要承担的污染修复成本很高。

（3）住宅区方案 C：由于住宅区长期由固定的人员居住，为降低居住人员的健康风险，必须针对土壤污染的具体情况，采取短期内十分有效的修复措施。此方案将承担污染修复成本较高的风险，但由于该棕地的地理位置良好，其收益风险和投资回收期风险较低。

（4）景观方案 D：根据对土地污染情况的评估，稍做修复后，即可选择相应的植被种植，该植被对土壤污染有自我修复的功能。此方案的污染修复成本最低，但是收益情况不太理想。由于该棕地附近人口密集且景观较少，修建景观将较大程度地改善周围的环境质量，同时一定程度上提升该区域的形象。

（5）写字楼方案 E：该棕地的地理位置较好、交通方便、周围人口密集，依据污染的鉴定结果和对周围市场环境的调查，按照有关的修复标准对土地污染进行修复。相对于住宅区方案，该方案的污染修复成本和技术风险稍低，且收益风险和投资回收期风险较低。

邀请五方的利益相关者对该棕地再开发方案的风险依据语言评估标度进行评估，五个方案的风险评估信息如表 12-4 所示。

表 12-4　备选方案的风险评估信息

指标	利益相关者 1					利益相关者 2					利益相关者 3				
	A	B	C	D	E	A	B	C	D	E	A	B	C	D	E
B_{11}	S_1	S_4	S_3	S_4	S_3	S_6	S_3	S_5	S_2	S_5	S_3	S_3	S_2	S_2	S_2
B_{12}	S_3	S_3	S_2	S_3	S_3	S_5	S_2	S_4	S_3	S_3	S_3	S_3	S_4	S_2	S_3
B_{13}	S_3	S_3	S_3	S_4	S_5	S_6	S_2	S_3	S_1	S_4	S_2	S_2	S_3	S_5	S_3
B_{14}	S_2	S_2	S_3	S_4	S_6	S_6	S_2	S_3	S_5	S_4	S_3	S_3	S_4	S_3	S_4
B_{15}	S_2	S_3	S_4	S_5	S_6	S_5	S_1	S_4	S_3	S_5	S_2	S_3	S_3	S_3	S_3
B_{16}	S_3	S_4	S_3	S_5	S_5	S_3	S_3	S_2	S_3	S_5	S_4	S_3	S_7	S_3	S_3
B_{17}	S_3	S_3	S_2	S_4	S_4	S_5	S_4	S_1	S_2	S_3	S_4	S_3	S_3	S_4	S_3
B_{18}	S_4	S_3	S_5	S_5	S_5	S_5	S_2	S_2	S_3	S_4	S_3	S_4	S_3	S_4	S_4
B_{21}	S_4	S_5	S_6	S_7	S_6	S_6	S_3	S_5	S_5	S_6	S_5	S_4	S_3	S_3	S_2
B_{22}	S_6	S_4	S_5	S_3	S_3	S_2	S_4	S_5	S_5	S_5	S_3	S_3	S_4	S_4	S_4
B_{23}	S_4	S_3	S_2	S_3	S_2	S_3	S_5	S_3	S_5	S_4	S_3	S_2	S_3	S_2	S_3
B_{24}	S_4	S_3	S_2	S_2	S_4	S_3	S_4	S_3	S_5	S_4	S_6	S_4	S_4	S_3	S_4
B_{25}	S_5	S_4	S_4	S_4	S_3	S_3	S_4	S_3	S_5	S_3	S_3	S_4	S_3	S_3	S_3
B_{31}	S_3	S_4	S_2	S_5	S_6	S_3	S_3	S_4	S_3	S_4	S_2	S_3	S_3	S_4	S_4
B_{32}	S_5	S_4	S_3	S_2	S_6	S_3	S_5	S_6	S_3	S_4	S_4	S_3	S_3	S_4	S_3
B_{33}	S_4	S_3	S_3	S_4	S_6	S_5	S_5	S_4	S_4	S_4	S_3	S_5	S_5	S_5	S_5
B_{34}	S_4	S_2	S_3	S_5	S_4	S_6	S_3	S_3	S_3	S_4	S_5	S_3	S_3	S_4	S_5
B_{35}	S_3	S_3	S_3	S_5	S_6	S_4	S_6	S_6	S_7	S_4	S_4	S_3	S_4	S_3	S_3
B_{36}	S_4	S_3	S_3	S_5	S_5	S_4	S_5	S_4	S_4	S_4	S_3	S_4	S_6	S_5	S_3
B_{37}	S_4	S_3	S_2	S_4	S_4	S_4	S_3	S_6	S_4	S_3	S_2	S_2	S_4	S_2	S_2
B_{38}	S_4	S_3	S_3	S_4	S_5	S_5	S_5	S_4	S_3	S_5	S_3	S_4	S_6	S_5	S_3
B_{41}	S_4	S_3	S_5	S_3	S_3	S_4	S_6	S_4	S_4	S_4	S_4	S_3	S_2	S_3	S_3
B_{42}	S_3	S_3	S_3	S_4	S_4	S_3	S_3	S_2	S_4	S_4	S_3	S_2	S_3	S_2	S_2
B_{43}	S_4	S_3	S_3	S_4	S_3	S_5	S_2	S_3	S_3	S_4	S_2	S_3	S_3	S_3	S_3
B_{44}	S_4	S_3	S_2	S_4	S_4	S_3	S_3	S_5	S_4	S_2	S_3	S_3	S_4	S_3	S_3
B_{45}	S_4	S_5	S_4	S_6	S_5	S_3	S_3	S_5	S_4	S_4	S_4	S_6	S_4	S_4	S_4

续表

指标	利益相关者 4					利益相关者 5				
	A	B	C	D	E	A	B	C	D	E
B_{11}	S_6	S_3	S_5	S_6	S_4	S_6	S_5	S_4	S_6	S_4
B_{12}	S_1	S_2	S_3	S_5	S_4	S_6	S_5	S_4	S_6	S_5
B_{13}	S_7	S_5	S_6	S_3	S_3	S_4	S_4	S_6	S_4	S_3
B_{14}	S_6	S_5	S_4	S_1	S_2	S_3	S_5	S_7	S_6	S_4
B_{15}	S_5	S_6	S_4	S_1	S_2	S_4	S_6	S_6	S_4	S_4
B_{16}	S_2	S_3	S_3	S_5	S_4	S_5	S_4	S_6	S_5	S_4
B_{17}	S_4	S_3	S_5	S_6	S_5	S_4	S_5	S_6	S_5	S_4
B_{18}	S_3	S_3	S_4	S_3	S_4	S_3	S_5	S_4	S_5	S_4
B_{21}	S_2	S_3	S_3	S_5	S_4	S_6	S_5	S_4	S_4	S_5
B_{22}	S_4	S_4	S_5	S_2	S_3	S_4	S_4	S_2	S_5	S_2
B_{23}	S_4	S_3	S_4	S_6	S_5	S_3	S_4	S_4	S_5	S_5
B_{24}	S_2	S_3	S_4	S_6	S_5	S_4	S_4	S_5	S_7	S_4
B_{25}	S_1	S_3	S_2	S_4	S_5	S_6	S_5	S_6	S_4	S_5
B_{31}	S_5	S_3	S_5	S_1	S_2	S_6	S_3	S_3	S_6	S_2
B_{32}	S_2	S_3	S_4	S_5	S_5	S_4	S_6	S_3	S_4	S_4
B_{33}	S_4	S_5	S_3	S_3	S_2	S_6	S_4	S_4	S_2	S_3
B_{34}	S_3	S_4	S_3	S_1	S_2	S_4	S_4	S_4	S_3	S_3
B_{35}	S_6	S_2	S_3	S_5	S_4	S_3	S_5	S_5	S_4	S_4
B_{36}	S_4	S_3	S_4	S_5	S_6	S_3	S_4	S_3	S_4	S_3
B_{37}	S_1	S_5	S_2	S_2	S_4	S_3	S_3	S_2	S_5	S_2
B_{38}	S_1	S_6	S_5	S_4	S_3	S_4	S_3	S_2	S_4	S_5
B_{41}	S_2	S_2	S_6	S_4	S_5	S_3	S_4	S_4	S_5	S_3
B_{42}	S_1	S_4	S_5	S_3	S_5	S_4	S_4	S_6	S_5	S_4
B_{43}	S_3	S_2	S_3	S_5	S_4	S_4	S_5	S_4	S_3	S_3
B_{44}	S_2	S_2	S_3	S_5	S_4	S_5	S_5	S_3	S_3	S_4
B_{45}	S_3	S_2	S_3	S_4	S_5	S_5	S_4	S_4	S_5	S_4

12.3.1 利益相关者的风险冲突信息融合

下面以指标 B_{44}、B_{45} 为例对利益相关者的风险冲突信息融合进行详细的计算。指标 B_{44}、B_{45} 的风险语言信息如表 12-5 所示。

表 12-5　指标 B_{44} 和 B_{45} 的风险语言信息

利益相关者	B_{44}					B_{45}				
	A	B	C	D	E	A	B	C	D	E
1	4	3	2	4	4	4	5	4	6	5
2	3	3	5	4	2	3	3	5	4	4
3	3	3	4	3	3	4	6	4	4	4
4	2	2	3	5	4	3	2	3	4	5
5	5	5	3	3	4	5	4	4	5	4

（1）处理开发方案指标属性信息系统中的风险语言信息。采用两极比方法使之转化为 0～1 的数据，并对其进行归一化处理，把归一化后的数据当作证据推理理论中的基本信度分配值，如表 12-6 所示。

表 12-6　指标 B_{44} 和 B_{45} 基本信度分配

利益相关者	B_{44}					B_{45}				
	A	B	C	D	E	A	B	C	D	E
1	0.263	0.158	0.053	0.263	0.263	0.152	0.212	0.152	0.273	0.212
2	0.158	0.158	0.368	0.263	0.053	0.130	0.130	0.304	0.217	0.217
3	0.176	0.176	0.294	0.176	0.176	0.172	0.310	0.172	0.172	0.172
4	0.059	0.059	0.176	0.412	0.294	0.158	0.053	0.158	0.263	0.368
5	0.280	0.280	0.120	0.120	0.200	0.241	0.172	0.172	0.241	0.172

（2）依据 12.2.2 节的计算公式和步骤计算基于证据距离和冲突因子的折扣因子，如表 12-7 所示。

表 12-7　指标 B_{44} 和 B_{45} 折扣因子

利益相关者	B_{44}	B_{45}
1	0.935	1
2	0.896	0.931
3	1	0.884
4	0.863	0.879
5	0.869	0.967

（3）依据 12.2.2 节的冲突信息修正方法，用求得的折扣因子对初始的基本信度分配值进行修正，修正后的指标 B_{44} 和 B_{45} 基本信度分配值如表 12-8 所示。

表 12-8 修正后的指标 B_{44} 和 B_{45} 基本信度分配

利益相关者	B_{44}						B_{45}					
	A	B	C	D	E	Θ	A	B	C	D	E	Θ
1	0.246	0.148	0.049	0.246	0.246	0.065	0.152	0.212	0.152	0.273	0.212	0
2	0.141	0.141	0.330	0.236	0.047	0.104	0.121	0.121	0.283	0.202	0.202	0.069
3	0.176	0.176	0.294	0.176	0.176	0	0.152	0.274	0.152	0.152	0.152	0.116
4	0.051	0.051	0.152	0.355	0.254	0.137	0.139	0.046	0.139	0.231	0.324	0.121
5	0.243	0.243	0.104	0.104	0.174	0.131	0.234	0.167	0.167	0.234	0.167	0.033

（4）依据 12.2.1 节的 Dempster 合成法则对修正后的指标 B_{44} 和 B_{45} 冲突信息进行融合，如表 12-9 所示。

表 12-9 指标 B_{44} 和 B_{45} 冲突信息融合后的信息

B_{44}					B_{45}				
A	B	C	D	E	A	B	C	D	E
0.165	0.113	0.173	0.376	0.172	0.106	0.105	0.147	0.370	0.272

同样地，采取上面的步骤，可以得到所有风险评估指标冲突信息融合值，如表 12-10 所示。

表 12-10 方案冲突信息融合后的信息

方案	B_{11}	B_{12}	B_{13}	B_{14}	B_{15}	B_{16}	B_{17}	B_{18}	B_{21}	B_{22}	B_{23}	B_{24}	B_{25}
A	0.488	0.234	0.303	0.312	0.049	0.124	0.243	0.103	0.160	0.154	0.102	0.123	0.145
B	0.160	0.076	0.092	0.081	0.200	0.106	0.109	0.160	0.134	0.275	0.182	0.149	0.092
C	0.118	0.156	0.383	0.270	0.365	0.106	0.069	0.063	0.149	0.240	0.084	0.105	0.137
D	0.119	0.325	0.109	0.061	0.134	0.362	0.383	0.290	0.281	0.199	0.386	0.378	0.351
E	0.115	0.210	0.113	0.276	0.252	0.302	0.195	0.385	0.275	0.132	0.247	0.244	0.275

方案	B_{31}	B_{32}	B_{33}	B_{34}	B_{35}	B_{36}	B_{37}	B_{38}	B_{41}	B_{42}	B_{43}	B_{44}	B_{45}
A	0.076	0.065	0.323	0.364	0.126	0.176	0.122	0.128	0.131	0.102	0.261	0.165	0.106
B	0.126	0.156	0.342	0.194	0.108	0.064	0.242	0.192	0.169	0.123	0.106	0.113	0.105
C	0.125	0.164	0.139	0.145	0.248	0.117	0.185	0.106	0.341	0.125	0.143	0.173	0.147
D	0.328	0.313	0.088	0.101	0.348	0.299	0.327	0.209	0.237	0.302	0.300	0.376	0.370
E	0.345	0.302	0.107	0.196	0.170	0.343	0.125	0.365	0.122	0.349	0.190	0.172	0.272

12.3.2　指标的组合赋权

根据 12.2.3 节中 AHP 求主观权重的步骤，邀请专家对一级指标 B_i 的重要度进行比较，对构造的判断矩阵求解特征根，并对判断矩阵进行一致性检验。在一致性检验通过的基础上，求出各个指标的主观权重。具体数值如表 12-11 所示。

表 12-11　指标权重信息表

指标权重	B_{11}	B_{12}	B_{13}	B_{14}	B_{15}	B_{16}	B_{17}	B_{18}	B_{21}	B_{22}	B_{23}	B_{24}	B_{25}
客观权重	0.167	0.072	0.135	0.128	0.122	0.114	0.119	0.143	0.108	0.075	0.314	0.255	0.247
主观权重	0.247	0.137	0.110	0.150	0.127	0.054	0.101	0.076	0.231	0.194	0.274	0.134	0.168
组合权重	0.207	0.101	0.125	0.141	0.127	0.080	0.112	0.106	0.165	0.129	0.301	0.234	0.293

指标权重	B_{31}	B_{32}	B_{33}	B_{34}	B_{35}	B_{36}	B_{37}	B_{38}	B_{41}	B_{42}	B_{43}	B_{44}	B_{45}
客观权重	0.171	0.129	0.160	0.100	0.100	0.158	0.078	0.104	0.157	0.263	0.133	0.184	0.263
主观权重	0.105	0.192	0.073	0.086	0.106	0.154	0.133	0.151	0.287	0.204	0.127	0.243	0.139
组合权重	0.137	0.161	0.110	0.095	0.106	0.160	0.104	0.128	0.217	0.237	0.133	0.217	0.196

根据 12.2.3 节中熵值法求客观权重的步骤，以融合后方案风险的信息表为基础，求得各个指标的客观权重。具体数据如表 12-11 所示。

在已知主观权重和客观权重的基础上，利用组合权重的求解公式求得二级指标 B_{ij} 的组合权重。具体数据如表 12-11 所示。

为了更直观地反映组合权重法对 AHP 求得的主观权重和熵值法求得的客观权重进行的有效组合，将表 12-11 制成折线图，如图 12-2 所示，可以明显观察到，组合权重是对主观权重和客观权重有效融合的结果。

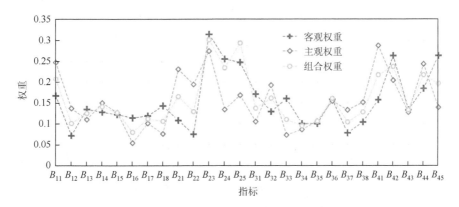

图 12-2　指标权重折线图

12.3.3　方案的综合风险值计算

依据指标的组合权重和方案风险的融合信息数据，计算一级指标的评估矩阵（以 β_4 为例）：

$$A_4 = \omega_i \times R_i = (0.217, 0.237, 0.133, 0.217, 0.196)$$

$$\times \begin{bmatrix} 0.131 & 0.169 & 0.341 & 0.237 & 0.122 \\ 0.102 & 0.123 & 0.125 & 0.302 & 0.349 \\ 0.261 & 0.106 & 0.143 & 0.300 & 0.190 \\ 0.165 & 0.113 & 0.173 & 0.376 & 0.172 \\ 0.106 & 0.105 & 0.147 & 0.37 & 0.272 \end{bmatrix}$$

$$= (0.144, 0.100, 0.189, 0.320, 0.230)$$

依次求得 A_1、A_2、A_3：

$$A_1 = (0.261, 0.100, 0.195, 0.200, 0.220)$$
$$A_2 = (0.148, 0.200, 0.145, 0.380, 0.270)$$
$$A_3 = (0.162, 0.200, 0.150, 0.260, 0.260)$$

A_1、A_2、A_3、A_4 共同构成方案整体风险评估矩阵 $A = (A_1, A_2, A_3, A_4)$，依据组合权重的求解公式得一级指标 B_i 的组合权重 $\omega = (0.313, 0.238, 0.173, 0.275)$，计算方案的综合风险评估值 U：

$$U = (U^A, U^B, U^C, U^D, U^E) = \omega \times A$$

$$= (0.313, 0.238, 0.173, 0.275) \times \begin{pmatrix} 0.261 & 0.100 & 0.195 & 0.200 & 0.220 \\ 0.148 & 0.200 & 0.145 & 0.380 & 0.270 \\ 0.162 & 0.200 & 0.150 & 0.260 & 0.260 \\ 0.144 & 0.100 & 0.189 & 0.320 & 0.230 \end{pmatrix}$$

$$= (0.185, 0.145, 0.174, 0.285, 0.24)$$

从评估结果中可以看出，方案 B 的综合风险评估水平最高，这是由于该棕地是一块污染较为严重的土地，有多年的化工方面的使用史，加上棕地的原使用者的产品非常多样，排放的污染物种类较多，该棕地的污染情况不仅严重，而且很复杂，污染鉴定结果的不确定性较高，如果建成小学，那么将会产生高昂的污染修复费用，而且可能会面临潜在污染物带来的健康伤害这一高风险。方案 D 的综合风险评估水平最低，该块棕地比较适合作为景观用地，如改造成城中公园，综合风险最小。

本 章 小 结

　　本章针对棕地再开发的利益相关者从自身角度出发，对棕地再开发风险给出的高冲突性评估信息，提出了用基于证据距离和冲突因子相结合的折扣因子，对冲突风险信息进行有效的修正，并对修正后的信息采用 Dempster 合成法则进行融合，相对于一般采用的平均法或者加权平均法取得的信息值更为有效。结合第 11 章建立的棕地再开发风险评估指标体系，以西安的某棕地再开发为例，采用语言评估标度的方式收集了五方利益相关者针对该棕地不同再开发方案的风险评估信息，采用两极比方法对语言信息进行转化并归一化，把归一化后的值作为证据推理理论的基本信度分配值，采用折扣因子对其修正并有效融合，形成了风险评估初始矩阵。

　　针对主观权重和客观权重的特点，本章采用 AHP 与熵值法结合的组合权重法确定风险评估指标的权重，既重视专家经验，也充分利用了评估指标的客观信息数据，有较强的数学理论依据，提高了评估结果的准确性。将对冲突信息有效融合后的风险评估初始矩阵和用组合权重法获得的指标权重应用于具体的棕地再开发方案，验证模型的有效性和适用性。通过对方案的风险评估结果进行分析，认为利用该指标体系对棕地再开发风险进行评估是合理的、科学的。该模型可以对群体冲突信息进行修正并有效融合，使评估结果更准确，可以广泛应用于具有较强冲突信息的其他评估对象中。

第13章 基于区间灰靶模型的区域
棕地再开发多项目风险评估

　　区域棕地再开发风险评估是指对某一区域（或国家）在同一时期进行的多个棕地再开发项目风险进行评估。它是棕地再开发风险评估的研究重点之一。第12章对棕地再开发项目多方案风险评估进行了研究，本章将对同一区域内的不同棕地再开发项目风险进行分类评估，对其分类评估进行系统的分析，以便政府部门准确掌握管辖范围内不同类别棕地再开发项目的差异化风险，制定有针对性的差异化风险监督和引导政策，指导和促进该区域棕地再开发工作的顺利开展并取得更好的成效。

　　灰靶理论通过衡量各方案与标准模式（称为靶心）的距离来评估其优劣，与经典的评估方法相比较，其思想容易理解且应用简单，得到了广泛应用，例如，解志坚和薄玉成（2006）把灰靶理论应用于武器效能的评估；Feng和Zhang（2002）将灰靶理论应用于企业财务的评估；刘思峰等（2010）针对具有满意域的效益型、成本型和适中型等不同性质的评估目标，提出一种新的多目标加权灰靶模型，并应用于我国商用大型飞机项目的供应商评估。在实际评估问题中，由于评估环境具有复杂性、不确定性和模糊性，往往无法给出效果测度的具体数值，指标值难以精确化，只能以区间数形式列出。很多文献涉及区间数的理论方法研究，例如，钟诗胜等（2008）提出了一种基于灰色系统理论的多指标灰区间数关联评估模型，对大型水轮机案例进行了评估；王正新等（2009）基于区间数距离和灰熵的评估分析，采用基于区间数的多目标灰色局势评估模型对企业的新产品决策进行了评估分析。

　　棕地再开发是一个复杂的系统工程，在污染认定、污染修复及工程建设中涉及的风险因素和利益相关者众多。通过对上述灰靶理论文献的分析，本章针对棕地再开发风险的不确定性和复杂性等特点，研究基于灰靶思想的不确定背景下的分类评估模型，提出基于样本学习的新的针对决策问题的分类评估方法，由决策者先从总体案例集中给出样本学习集，并对它们进行分类，再采用灰靶模型确定评估指标的权重和分类临界值，据此对众多案例进行分类评估。

13.1　问　题　描　述

基于样本集的分类评估问题的实质是基于评估指标将案例按照某种特征进行类别划分，考虑决策的工作量和问题的复杂性，这种基于案例的分类评估过程具有广阔的应用前景。已有文献涉及分类评估模型的研究，但是缺乏对不确定背景下的分类评估模型的研究；现有基于案例集的分类评估方法往往假设决策者的分类参考标准已知，实际上其确定相对复杂；现有分类评估方法根据参考标准分为优于、相当和劣于三类，但是分类数往往需要根据实际情况来确定，因此，现有分类评估方法的应用存在局限性。

本章提出基于样本学习集的分类评估模型。采用样本学习集分类思想，决策者依据实际数据和自己的经验对小部分评估对象进行判定，并将它们分为三类；基于样本分类规则的挖掘，对其他评估对象进行分类评估。$A = \left\{ A^1, A^2, \cdots, A^i, \cdots, A^m \right\}$ 表示总体案例集，$C = \left\{ C_1, C_2, \cdots, C_j, \cdots, C_n \right\}$ 表示评估指标集。对于众多评估对象，要求决策者给出 k 个非空的案例子集 $T_1, \cdots, T_{k-1}, T_k$，决策者根据改进的历史记录和自己的经验从 A 中选择一些案例，并对它们进行分类以作为样本学习集 T，其中，$T_1 = \left\{ t_1^1, \cdots, t_1^r, \cdots, t_1^m \right\}, \cdots,$ $T_{k-1} = \left\{ t_{k-1}^1, \cdots, t_{k-1}^r, \cdots, t_{k-1}^{m_{k-1}} \right\}, T_k = \left\{ t_k^1, \cdots, t_k^r, \cdots, t_k^{m_k} \right\}$。

此外，有 $|T_1| = m_1, \cdots, |T_{k-1}| = m_{k-1}, |T_k| = m_k$。

定义 $T = T_1 \bigcup \cdots \bigcup T_{k-1} \bigcup T_k, s = m_1 + \cdots + m_{k-1} + m_k$。构建模型，对决策者给出的样本 k 种分类进行研究，并得出决策者对属性的偏好，进而得出评估指标的权重向量 W 为

$$W = (\omega_1, \omega_2, \cdots, \omega_j, \cdots, \omega_n), \qquad \sum_{j=1}^{n} \omega_j = 1$$

依据此指标权重对众多评估对象分类评估，按照样本分类类型对总体案例集 A 分类评估。基于问题的复杂性，决策者给出的总体案例集的属性值可能不是确定数，分类数不固定，分类参考点也不易确定。本章依据灰靶思想，研究不确定背景下的分类评估模型，将正负理想点作为分类参考点，将分类数由固定的 3 类扩展为 k 类，流程如图 13-1 所示。

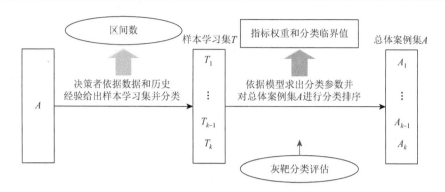

图 13-1　基于案例的灰靶分类评估流程图

13.2　基于区间数的灰靶模型的建立

13.2.1　区间数的靶心距测度

1. 区间数的距离计算

设 $\tilde{a} = \left[a_{j1}^r, a_{j2}^r \right] = \left\{ x \middle| a_{j1}^r \leqslant x \leqslant a_{j2}^r \right\}$，$\tilde{a}$ 称为区间数，当 $a_{j1}^r = a_{j2}^r$ 时，$\tilde{a}$ 为实数。

设 $A = [a_1, a_2](a_1 \leqslant a_2)$ 和 $B = [b_1, b_2](b_1 \leqslant b_2)$ 为已知案例中的任意两个区间数，则区间数 A 和区间数 B 之间的距离记为

$$D(A, B) = \frac{1}{2^{\frac{1}{p}}} \left[(a_1 - b_1)^p + (a_2 - b_2)^p \right]^{\frac{1}{p}}$$

当 $p = 1$ 时，区间数 A 和区间数 B 之间的距离为汉明距离，记为

$$D_1(A, B) = \frac{1}{2} \left[\left| a_1 - b_1 \right| + \left| a_2 - b_2 \right| \right]$$

当 $p = 2$ 时，区间数 A 和区间数 B 之间的距离为欧氏距离，记为

$$D(A, B) = \frac{1}{\sqrt{2}} \left[(a_1 - b_1)^2 + (a_2 - b_2)^2 \right]^{\frac{1}{2}}$$

本章的区间数距离采用欧氏距离。

2. 数据标准化方法

决策对象的决策信息并不是一个具体的精确数，而是一个区间数，$\widetilde{x_j^r} = \left[x_{j1}^r, x_{j2}^r \right]$ 为样本学习集中第 r 个案例对应的指标 C_j 的原始区间数据。

由于因素的物理意义和计量单位均可能不同，数据的量纲和数量级可能不同，需要对原始数据进行归一化处理。处理后样本学习集中第 r 个案例对应的指标 C_j 的区间数为 $\widetilde{y_j^r} = \left[y_{j1}^r, y_{j2}^r \right]$，计算步骤如下。

（1）当指标 C_j 为效益型指标，也就是说指标值越大越好时，有

$$y_{j1}^r = \frac{x_{j1}^r}{\displaystyle\sum_{r=1}^{s} x_{j1}^r}, y_{j2}^r = \frac{x_{j2}^r}{\displaystyle\sum_{r=1}^{s} x_{j2}^r} \tag{13.1}$$

（2）当指标 C_j 为成本型指标，也就是说指标值越小越好时，为尽量保持指标值的原分布形式，不采用取倒数的处理方式，用 $(x_{j1}^r)' = \max_{1 \leqslant r \leqslant s} x_{j1}^r - x_{j1}^r + \min_{1 \leqslant r \leqslant s} x_{j1}^r$ 对指标值进行处理，再进行归一化处理：

$$y_{j1}^r = \frac{(x_{j1}^r)'}{\displaystyle\sum_{r=1}^{s} (x_{j1}^r)'}, y_{j2}^r = \frac{(x_{j2}^r)'}{\displaystyle\sum_{r=1}^{s} (x_{j2}^r)'} \tag{13.2}$$

将成本型指标进行坐标平移处理，使之转化为正向指标。结合区间数的特殊性，在标准化时，各案例的某一指标的区间值的标准化上限值是上限值除以该指标的各案例的下限值之和；反之，各案例的某一指标的区间值的标准化下限值是下限值除以该指标的各案例的上限值之和，避免造成标准化后的指标区间值的逆序，也一定程度上放大了标准化后的指标取值区间，提高了决策化矩阵的分辨度。

3. 区间数的靶心距计算方法

设 $\widetilde{y_j^+} = \left[y_{j1}^+, y_{j2}^+ \right]$，$\widetilde{y_j^+}$ 为指标 C_j 在 s 个样本学习集标准化后的正理想区间值，设 $\widetilde{y_j^-} = \left[y_{j1}^-, y_{j2}^- \right]$，$\widetilde{y_j^-}$ 为指标 C_j 在 s 个样本学习集标准化后的负理想区间值，记为

$$\begin{aligned} y_{j1}^+ = \max_{1 \leqslant r \leqslant s} y_{j1}^r, y_{j2}^+ = \max_{1 \leqslant r \leqslant s} y_{j2}^r \\ y_{j1}^- = \min_{1 \leqslant r \leqslant s} y_{j1}^r, y_{j2}^+ = \min_{1 \leqslant r \leqslant s} y_{j2}^r \end{aligned} \tag{13.3}$$

对于指标 C_j，样本学习集中第 r 个案例与指标正理想区间值 $\widetilde{y_j^+}$ 的距离为 $d_j(\widetilde{y_j^+}, \widetilde{y_j^r})$，简记为 d_j^{r+}，样本学习集中第 r 个案例与指标负理想区间值 $\widetilde{y_j^-}$ 的距离为 $d_j(\widetilde{y_j^-}, \widetilde{y_j^r})$，简记为 d_j^{r-}，计算公式如下：

$$\begin{cases} d_j^{r+} = \dfrac{1}{\sqrt{2}} \left[\left(y_{j1}^+ - y_{j1}^r \right)^2 + \left(y_{j2}^+ - y_{j2}^r \right)^2 \right]^{\frac{1}{2}} \\ d_j^{r-} = \dfrac{1}{\sqrt{2}} \left[\left(y_{j1}^- - y_{j1}^r \right)^2 + \left(y_{j2}^- - y_{j2}^r \right)^2 \right]^{\frac{1}{2}} \end{cases} \tag{13.4}$$

设指标的权重向量 $W = (\omega_1, \omega_2, \cdots, \omega_j, \cdots, \omega_n)$，则案例与正负理想区间值的距离分别为

$$\begin{cases} d^{r+} = \displaystyle\sum_{j=1}^{n} d_j^{r+} \times \omega_j \\ d^{r-} = \displaystyle\sum_{j=1}^{n} d_j^{r-} \times \omega_j \end{cases} \tag{13.5}$$

d^{r+} 表示案例与正理想区间的靶心距离，数值越大，表示案例越差；数值越小，表示案例越好；d^{r-} 表示案例与负理想区间的靶心距离，数值越小，表示案例越好；数值越大，表示案例越差。定义综合靶心距 d^r 为

$$d^r = \frac{d^{r-}}{d^{r+} + d^{r-}} = \frac{\displaystyle\sum_{j=1}^{n} d_j^{r-} \times \omega_j}{\displaystyle\sum_{j=1}^{n} d_j^{r+} \times \omega_j + \displaystyle\sum_{j=1}^{n} d_j^{r-} \times \omega_j} \tag{13.6}$$

d^r 越大，案例越好。显然，$0 \leqslant d^r \leqslant 1$。

13.2.2 基于靶心距的分类规则分析

1. 靶心距分类

基于样本学习的分类评估过程的关键是根据决策者给出的分类样本学习集，反推评估标准的权重及决策者对样本进行归类的临界值。本章提出基于区间数的正负靶心距的方法来对样本学习集进行分析，决策者依据样本案例数据和自己的历史经验把样本学习集分为 K 类，基于综合靶心距的分类规则如图 13-2 所示。假设 T_k 类优于 T_{k-1} 类，h_{k-1} 和 h_k 为样本判断第 r 个案例属于 T_s 类的临界值，根据综合靶心距的定义，案例越优，则综合靶心距越大，它们之间的关系描述如下：

若第 r 个案例属于第 T_k 类，则有 $h_{k-1} < d^r \leqslant h_k$；

若第 r 个案例属于第 T_{k-1} 类，则有 $h_{k-2} < d^r \leqslant h_{k-1}$；

若第 r 个案例属于第 T_1 类，则有 $0 \leqslant d^r \leqslant h_1$。

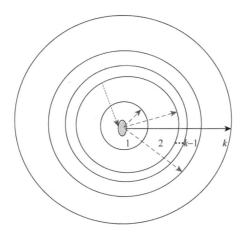

图 13-2　基于综合靶心距的分类规则分析

2. 偏差分析

（1）在学习子集 T_k 中，把案例按偏好度进行降序排列。因此，若 $1 \leqslant r \leqslant m_k$，第 r 个案例的综合靶心距 d^r 小于或者等于临界值 h_k，定义偏差变量 $d_k^{rh_k} \in [0,1]$，约束于条件 $h_k - d^r + d_k^{rh_k} \geqslant 0$；第 r 个案例的综合靶心距 d^r 大于临界值 h_{k-1}，定义偏差变量 $d_k^{rh_{k-1}} \in [0,1]$，约束于条件 $h_{k-1} - d^r + d_k^{rh_{k-1}} < 0$，将学习子集 T_k 中的每一个案例的 d^r 都与临界值 h_{k-1} 和 h_k 进行比较，则得到学习子集 T_k 的总偏差变量 d_k，记为

$$d_k = \sum_{1 \leqslant r \leqslant m_k} d_k^{rh_k} + \sum_{1 \leqslant r \leqslant m_k} d_k^{rh_{k-1}}$$

（2）在学习子集 T_{k-1} 中，把案例按偏好度进行降序排列。因此，若 $1 \leqslant r \leqslant m_{k-1}$，第 r 个案例的综合靶心距 d^r 小于或者等于临界值 h_{k-1}，定义偏差变量 $d_{k-1}^{rh_{k-1}} \in [0,1]$，约束于条件 $h_{k-1} - d^r + d_{k-1}^{rh_{k-1}} \geqslant 0$；第 r 个案例的综合靶心距 d^r 大于临界值 h_{k-2}，定义偏差变量 $d_{k-1}^{rh_{k-2}} \in [0,1]$，约束于条件 $h_{k-2} - d^r + d_{k-1}^{rh_{k-2}} < 0$，将学习子集 T_{k-1} 中的每一个案例的 d^r 都与临界值 h_{k-2} 和 h_{k-1} 进行比较，则得到学习子集 T_{k-1} 的总偏差变量 d_{k-1}，记为

$$d_{k-1} = \sum_{1 \leqslant r \leqslant m_{k-1}} d_{k-1}^{rh_{k-2}} + \sum_{1 \leqslant r \leqslant m_{k-1}} d_{k-1}^{rh_{k-1}}$$

（3）在学习子集 T_1 中，把案例按偏好度进行降序排列。因此，若 $1 \leqslant r \leqslant m_1$，第 r 个案例的综合靶心距 d^r 小于或者等于临界值 h_1，定义偏差变量 $d_1^{rh_1} \in [0,1]$，约束于条件 $h_1 - d^r + d_1^{rh_1} \geqslant 0$，将学习子集 T_1 中的每一个案例的 d^r 都与临界值 h_1 进行比较，则得到学习子集 T_1 的总偏差变量 d_1，记为

$$d_1 = \sum_{1 \leqslant r \leqslant m_1} d_1^{rh_1}$$

（4）样本学习集的总偏差。学习子集 $T_1, \cdots, T_{k-1}, T_k$ 的偏差都是非负的，则 T 的总偏差为其偏差量之和，记为

$$d_T = d_1 + \cdots + d_{k-1} + d_k = \sum_{1 \leqslant r \leqslant m_1} d_1^{rh_1} + \cdots + \sum_{1 \leqslant r \leqslant m_{k-1}} d_{k-1}^{rh_{k-2}}$$
$$+ \sum_{1 \leqslant r \leqslant m_{k-1}} d_{k-1}^{rh_{k-1}} + \sum_{1 \leqslant r \leqslant m_k} d_k^{rh_k} + \sum_{1 \leqslant r \leqslant m_k} d_k^{rh_{k-1}}$$

（5）指标分类权重的先验信息。评估指标的权重确定相对敏感，直接影响案例的分类。根据决策者提供的关于评估指标的相关信息，评估指标的不完全信息有以下几种形式，将其记为 H：

$$\begin{cases} \omega_i^t \geqslant \omega_j^t \\ \omega_i^t - \omega_j^t \geqslant \alpha_i \\ \omega_i^t \geqslant \delta_i \omega_j^t \\ \omega_j^t \in \left[\omega_j^{tL}, \omega_j^{tU} \right] \\ \omega_i^t - \omega_j^t \geqslant \omega_k^t - \omega_l^t \end{cases} \quad (13.7)$$

此外，指标权重还应该满足归一化条件，即 $\sum_{j=1}^{n} \omega_j = 1$。

3. 靶心分类距离临界值的分析

分类的临界值直接决定案例集分类的指标权重，临界值的设置一般要符合常识，这里分为线性设置和非线性设置。线性标度意为决策者对事物的认识遵循线性规律；指数标度则意为决策者对事物的认识呈现非线性规律。线性标度中各分格间距与对应的分格值呈常数比例关系的标度，两相邻分类临界值之差为常数 $a(0 < a < 1)$，如图 13-3 所示。由此，分类临界值具有如下的数学关系：

$$\begin{cases} \forall 1 \leqslant e \leqslant k, h_e \in [0,1] \\ h_2 - h_1 = a \\ \cdots \\ h_e - h_{e-1} = a \\ \cdots \\ h_k - h_{k-1} = a \end{cases}$$

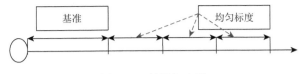

图 13-3　线性标度图

13.2.3　权重模型优化与求解

基于样本学习集，根据下面的优化模型求出最小偏差下各个指标的权重和靶心距临界值。

$$\min \quad d_T = d_1 + \cdots + d_{k-1} + d_k$$

s.t.

$$\forall 1 \leqslant r \leqslant s, d^r = \frac{d^{r+}}{d^{r+} + d^{r-}}$$

$$d^{i+} = \sum_{j=1}^{n} d_j^{i+} \times \omega_j, d^{i-} = \sum_{j=1}^{n} d_j^{i-} \times \omega_j$$

$$\forall 1 \leqslant r \leqslant m_1, d_1^{rh_1} \in [0,1]$$

$$\cdots$$

$$\forall 1 \leqslant r \leqslant m_{k-1}, d_{k-1}^{rh_{k-2}} \in [0,1], d_{k-1}^{rh_{k-1}} \in [0,1]$$

$$\forall 1 \leqslant r \leqslant m_k, d_k^{rh_{k-1}} \in [0,1], d_k^{rh_k} \in [0,1]$$

$$1 \leqslant j \leqslant n, \omega_j \succ 0$$

$$\sum_{j=1}^{n} \omega_j = 1$$

$$\forall 1 \leqslant r \leqslant m_1$$

$$h_1 - d^r + d_1^{rh_1} \geqslant 0$$

$$\cdots$$

$$\forall 1 \leqslant r \leqslant m_{k-1}$$

$$h_{k-1} - d^r + d_{k-1}^{rh_{k-1}} \geqslant 0, h_{k-2} - d^r + d_{k-1}^{rh_{k-2}} < 0$$

$$\forall 1 \leqslant r \leqslant m_k$$

$$h_k - d^r + d_k^{rh_k} \geqslant 0; h_{k-1} - d^r + d_k^{rh_{k-1}} < 0$$

$$d_1 = \sum_{1 \leqslant r \leqslant m_1} d_1^{rh_1}$$

$$\cdots$$

$$d_{k-1} = \sum_{1 \leqslant r \leqslant m_{k-1}} d_{k-1}^{rh_{k-1}} + \sum_{1 \leqslant r \leqslant m_{k-1}} d_{k-1}^{rh_{k-2}}$$

$$d_k = \sum_{1 \leqslant r \leqslant m_k} d_k^{rh_k} + \sum_{1 \leqslant r \leqslant m_k} d_k^{rh_{k-1}}$$

设模型的最优解为 $d_T^* = 0$，则可能有两种情况。

情况 1：存在最优解。

情况 2：无解。这种情况一般是由于专家给出的样本学习集不合理，采用灰色关联系数方法对案例间的关联性进行分析，核查决策者给出的分类评估的不合理性，把样本学习集重新返给决策者，要求给出新的样本学习集；或者把不合理的案例剔除。

样本的灰色关联系数计算步骤如下：

$$\xi_j^{(r)} = \frac{\min\limits_{1 \leqslant r \leqslant s} \left(\min\limits_{1 \leqslant j \leqslant n} d_j(\widetilde{y_j^+}, \widetilde{y_j^r})\right) + \rho \max\limits_{1 \leqslant r \leqslant s} \left(\max\limits_{1 \leqslant j \leqslant n} d_j(\widetilde{y_j^+}, \widetilde{y_j^r})\right)}{d_j(\widetilde{y_j^+}, \widetilde{y_j^r}) + \rho \max\limits_{1 \leqslant r \leqslant s} \left(\max\limits_{1 \leqslant j \leqslant n} d_j(\widetilde{y_j^+}, \widetilde{y_j^r})\right)}$$

(13.8)

$$\xi^{(r)} = \frac{1}{n} \sum_{j=1}^{n} \xi_j^{(r)}$$

其中，$\xi^{(r)}$ 为第 r 个案例与最优指标集之间的灰色关联系数；分辨系数 $\rho \in [0,1]$，在最小信息原理下，$\rho = 0.5$，以保证 $\xi_j^{(r)} \in [0,1]$。

13.2.4 对总体案例集风险分类评估

根据前面对样本学习集的分析，求出评估指标 C_j 的权重向量 $W = (\omega_1, \omega_2, \cdots, \omega_j, \cdots, \omega_n)$ 和分类临界值 $H = (h_1, \cdots, h_{k-1}, h_k)$。利用式（13.1）和式（13.2）对总体案例集进行标准化处理，利用式（13.3）计算指标 C_j 在总体案例集 A 标准化后的正负理想区间值，根据式（13.4）求得指标 C_j 下总体案例集中第 r 个案例与指标正负理想区间值的距离 d_j^{r+}、d_j^{r-}，利用式（13.5）计算第 r 个案例与正负理想区间值的距离分别为 d^{r+}、d^{r-}，根据式（13.6）求得综合靶心距 d^r，最后根据分类临界值 $H = (h_1, \cdots, h_{k-1}, h_k)$，把总体案例集分为 k 类，即 $A_k, A_{k-1}, \cdots, A_1$，并按照降序排列。

13.3 实 例 分 析

我国棕地再开发处于起步阶段，缺乏棕地再开发的相关数据。马萨诸塞州位于美国的东北部，其工业始于 19 世纪初，是美国的一个主要工业区，早期的工业发展形成大量的棕地，政府致力于对区域内的棕地进行再开发，以恢复老工业区的经济。因此，本节采用美国马萨诸塞州区域的部分相关数据，利用棕地再开发风险评估指标体系的 4 个一级指标作为评估标准，即财务和管理风险、环境风险、经济和政策法规风险、技术风险，分别用 C_1、C_2、C_3、C_4 表示。

13.3.1　区域棕地再开发项目风险的评分说明

依据区域内棕地再开发项目的灰靶分类评估流程（图 13-1），$A = \{A^1, A^2, \cdots, A^i, \cdots, A^m\}$ 表示区域内不同棕地再开发项目组成的总体案例集，$C = \{C_1, C_2, C_3, C_4\}$ 表示区域棕地再开发风险评估指标集。根据风险的特点，建立风险信息评语集 $V = \{V_k\}$，$k = 1, 2, 3, 4, 5$。按照风险发生的等级划分，$V_1 =$ 低，$V_2 =$ 较低，$V_3 =$ 中等，$V_4 =$ 较高，$V_5 =$ 高。风险评语集对应的分值范围如下：

$$V = \{V_1(90,100], V_2(80,90], V_3(65,80], V_4(50,65], V_5(30,50]\}$$

由于棕地再开发的风险评估指标都属于定性指标，这里采用区间数的方式来获取项目风险信息。邀请棕地再开发利益相关者，对区域内待分类评估的所有棕地再开发项目进行风险打分，风险打分表如表 13-1 所示。

表 13-1　区域棕地再开发项目风险打分表

一级指标	风险低	风险较低	风险中等	风险较高	风险高
财务和管理风险					
环境风险					
经济和政策法规风险					
技术风险					

13.3.2　基础数据及计算分析过程

总体案例集共 31 个案例，其中，样本学习集的风险原始信息表如表 13-2 所示。

表 13-2　样本学习集的风险原始信息表

样本	C_1	C_2	C_3	C_4	样本类别
2	[79.31, 83.39]	[86.53, 92.50]	[92.13, 95.10]	[84.15, 85.79]	T_3
18	[83.18, 90.09]	[76.09, 83.55]	[86.18, 92.13]	[92.75, 94.70]	T_3
6	[88.42, 94.28]	[64.15, 71.61]	[57.95, 63.92]	[69.91, 72.11]	T_2
9	[81.29, 84.91]	[55.26, 61.17]	[44.58, 47.55]	[66.63, 71.11]	T_2
20	[62.89, 68.11]	[56.69, 62.66]	[41.61, 46.06]	[81.44, 84.62]	T_2
23	[79.63, 85.18]	[49.23, 53.71]	[77.27, 80.24]	[32.46, 34.49]	T_2
12	[29.82, 32.14]	[37.30, 41.77]	[66.87, 71.33]	[50.91, 53.68]	T_1
15	[47.51, 48.74]	[25.36, 28.35]	[62.41, 63.96]	[47.24, 50.77]	T_1

注：T_3 表示棕地再开发风险低或较低的项目集合，T_2 表示棕地再开发风险中等或者较高的项目集合，T_1 表示棕地再开发风险高的项目集合，余表同。

将区域棕地再开发项目的信息和风险打分通过电子邮件和邮寄的方式发给棕地再开发项目的利益相关者代表，对收回的有效信息进行加权平均，得出 31 个案例的风险信息基础数据，将该数据交给棕地再开发的风险管理决策者，决策者从中给出样本学习集（T_1、T_2、T_3），以及棕地再开发风险评估指标权重的先验信息和偏好信息：

$$\begin{cases} w_2 > 0 \\ w_4 > 0 \\ w_1 \in (0.2, 0.35) \\ w_3 < 0.2 \\ w_1 + w_2 + w_3 + w_4 = 1 \end{cases}$$

1. 数据标准化处理

对样本学习集的数据进行标准化处理，财务和管理风险 C_1、环境风险 C_2、经济和政策法规风险 C_3、技术风险 C_4 四个指标均是效益型指标，指标值越大越好，采用式（13.1）进行标准化处理。标准化后的样本学习集数据如表 13-3 所示。

表 13-3　标准化后的样本学习集数据

样本	C_1	C_2	C_3	C_4	样本类别
2	[0.1352, 0.1511]	[0.1747, 0.2053]	[0.1645, 0.1798]	[0.1538, 0.1633]	T_3
18	[0.1418, 0.1632]	[0.1536, 0.1854]	[0.1538, 0.1742]	[0.1695, 0.1802]	T_3
6	[0.1507, 0.1706]	[0.1295, 0.1589]	[0.1034, 0.1208]	[0.1277, 0.1372]	T_2
9	[0.1385, 0.1538]	[0.1114, 0.1358]	[0.0796, 0.0899]	[0.1217, 0.1353]	T_2
20	[0.1072, 0.1234]	[0.1145, 0.1391]	[0.0743, 0.0871]	[0.1488, 0.1610]	T_2
23	[0.1357, 0.1543]	[0.0994, 0.1192]	[0.1379, 0.1517]	[0.0593, 0.0656]	T_2
12	[0.0508, 0.0582]	[0.0753, 0.0927]	[0.1194, 0.1348]	[0.0930, 0.1022]	T_1
15	[0.0810, 0.0883]	[0.0512, 0.0629]	[0.1114, 0.1208]	[0.0863, 0.0966]	T_1

2. 样本靶心距计算

$\widetilde{y_j^+}$ 为指标 C_j 在 8 个样本标准化后的正理想区间值。根据式（13.3），得

$$\left\{ \widetilde{y_1^+}, \widetilde{y_2^+}, \widetilde{y_3^+}, \widetilde{y_4^+} \right\} = \left\{ \begin{array}{l} [0.1507, 0.1706], [0.1747, 0.2053], \\ [0.1645, 0.1798], [0.1695, 0.1802] \end{array} \right\}$$

$\widetilde{y_j^-}$ 为指标 C_j 在 8 个样本标准化后的负理想区间值。根据式（13.3），得

$$\{\widetilde{y_1^-}, \widetilde{y_2^-}, \widetilde{y_3^-}, \widetilde{y_4^-}\} = \begin{Bmatrix} [0.0508, 0.0582], [0.0512, 0.0629], \\ [0.0743, 0.0871], [0.0593, 0.0656] \end{Bmatrix}$$

根据式（13.4）计算第 r 个案例指标 C_j 与正理想区间值的靶心距 d_j^{r+}，第 r 个案例指标 C_j 与负理想区间值的靶心距 d_j^{r-}，如表 13-4 所示。

表 13-4　样本正负靶心距

样本	d_1^{r+}	d_2^{r+}	d_3^{r+}	d_4^{r+}	d_1^{r-}	d_2^{r-}	d_3^{r-}	d_4^{r-}
2	0.0177	0	0	0.0163	0.0887	0.1333	0.0915	0.0961
18	0.0082	0.0205	0.0085	0	0.0982	0.1129	0.0834	0.1124
6	0	0.0458	0.0600	0.0424	0.1063	0.0876	0.0315	0.0700
9	0.0147	0.0665	0.0874	0.0463	0.0917	0.0668	0.0042	0.0662
20	0.0454	0.0633	0.0915	0.0199	0.0609	0.0700	0	0.0925
23	0.0157	0.0809	0.0273	0.1124	0.0907	0.0524	0.0641	0
12	0.1063	0.1062	0.045	0.0773	0	0.0271	0.0464	0.0351
15	0.0763	0.1333	0.0561	0.0834	0.0301	0	0.0355	0.0291

设指标权重为 $W = (\omega_1, \omega_2, \omega_3, \omega_4)$，则根据式（13.5）计算第 r 个案例指标与正理想区间值的靶心距 d^{r+}，第 r 个案例指标与负理想区间值的靶心距 d^{r-}，并利用式（13.6）求得含有未知权重变量的综合靶心距 d^r。

3. 权重与分类临界值计算

样本学习集共 8 个样本，分为 T_3、T_2、T_1 三类。

样本 2、18 属于 T_3 类，根据靶心距分析规则和偏差分析，有

$$h_2 < d^2 \leqslant h_3, h_3 - d^2 + d_3^{2h_3} \geqslant 0, h_2 - d^2 + d_3^{2h_2} < 0$$
$$h_2 < d^{18} \leqslant h_3, h_3 - d^{18} + d_3^{18h_3} \geqslant 0, h_2 - d^{18} + d_3^{18h_2} < 0$$
$$d_3 = d_3^{2h_3} + d_3^{2h_2} + d_3^{18h_3} + d_3^{18h_2}$$

样本 6、9、20、23 属于 T_2 类，根据靶心距分析规则和偏差分析，有

$$h_1 < d^6 \leqslant h_2, h_2 - d^6 + d_2^{6h_2} \geqslant 0, h_1 - d^6 + d_2^{6h_1} < 0$$
$$h_1 < d^9 \leqslant h_2, h_2 - d^9 + d_2^{9h_2} \geqslant 0, h_1 - d^9 + d_2^{9h_1} < 0$$
$$h_1 < d^{20} \leqslant h_2, h_2 - d^{20} + d_2^{20h_2} \geqslant 0, h_1 - d^{20} + d_2^{20h_1} < 0$$
$$h_1 < d^{23} \leqslant h_2, h_2 - d^{23} + d_2^{23h_2} \geqslant 0, h_1 - d^{23} + d_2^{23h_1} < 0$$
$$d_2 = d_2^{6h_2} + d_2^{9h_2} + d_2^{20h_2} + d_2^{23h_2} + d_2^{6h_1} + d_2^{9h_1} + d_2^{20h_1} + d_2^{23h_1}$$

样本 12、15 属于 T_1 类，根据靶心距分析规则和偏差分析，有

$$0 \leqslant d^{12} \leqslant h_1, h_1 - d^{12} + d_1^{12h_1} \geqslant 0$$
$$0 \leqslant d^{15} \leqslant h_1, h_1 - d^{15} + d_1^{15h_1} \geqslant 0$$
$$d_1 = d_1^{12h_1} + d_1^{15h_1}$$

把含有未知权重变量样本的靶心距与未知的分类临界值约束关系及偏差代入优化与求解权重模型，求得最小偏差情况下的权重为

$$\omega_1 = 0.35, \quad \omega_2 = 0.2616, \quad \omega_3 = 0.1735, \quad \omega_4 = 0.2150$$

分类临界值为

$$h_1 = 0.9335, \quad h_2 = 0.7296, \quad h_3 = 0.3646$$

具体数据如表 13-5 所示。

表 13-5 样本的靶心距和分类临界值

样本	d^{r+}	d^{r-}	d^r	分类临界值	样本类别
2	0.0097	0.1024	0.9134	$0.7296 < d^2 < d^{18} \leqslant 0.9335$	T_3
18	0.0097	0.1025	0.9135		
6	0.0315	0.0807	0.7192	$0.3646 < d^{23} < d^{20}$ $< d^9 < d^6 \leqslant 0.7296$	T_2
9	0.0476	0.0646	0.5754		
20	0.0526	0.0595	0.5308		
23	0.0555	0.0566	0.5045		
12	0.0894	0.0227	0.2025	$0 \leqslant d^{12} < d^{15} \leqslant 0.3646$	T_1
15	0.0892	0.0229	0.2045		

13.3.3 对区域多项目的风险分类评估分析

31 个棕地再开发项目（包含样本学习集）的风险原始信息表如表 13-6 所示。

表 13-6 总体案例集的风险原始信息表

案例	C_1	C_2	C_3	C_4
1	[60.36, 66.33]	[69.15, 73.24]	[62.33, 66.82]	[83.82, 86.72]
2	[79.31, 83.39]	[86.53, 92.56]	[92.13, 95.21]	[84.15, 85.79]
3	[72.19, 75.24]	[63.66, 68.75]	[89.71, 94.26]	[89.56, 94.70]
4	[36.93, 39.64]	[60.07, 63.48]	[64.35, 67.29]	[62.85, 67.06]
5	[68.35, 75.64]	[51.64, 53.24]	[82.43, 85.42]	[53.23, 57.33]
6	[88.42, 94.28]	[64.15, 71.61]	[57.95, 63.92]	[69.91, 72.11]

续表

案例	C_1	C_2	C_3	C_4
7	[32.22, 34.95]	[62.82, 67.58]	[48.41, 51.45]	[41.14, 49.02]
8	[76.63, 79.34]	[49.83, 53.24]	[64.39, 67.38]	[67.33, 71.36]
9	[81.29, 84.91]	[55.26, 61.17]	[44.58, 47.55]	[66.63, 71.11]
10	[40.53, 50.23]	[46.42, 49.15]	[59.81, 64.32]	[51.51, 57.82]
11	[32.25, 38.46]	[71.67, 76.45]	[70.28, 73.27]	[75.54, 81.22]
12	[29.82, 32.14]	[37.34, 41.77]	[66.87, 71.33]	[50.91, 53.68]
13	[63.55, 69.98]	[77.97, 81.75]	[83.73, 87.74]	[72.51, 75.05]
14	[37.53, 44.37]	[62.12, 69.63]	[71.77, 77.75]	[70.92, 77.46]
15	[47.51, 48.74]	[25.36, 28.35]	[62.41, 63.96]	[47.24, 50.77]
16	[78.39, 81.75]	[77.13, 86.01]	[79.29, 81.77]	[86.47, 92.74]
17	[48.84, 56.28]	[43.69, 48.47]	[51.44, 54.39]	[42.29, 47.79]
18	[83.18, 90.09]	[76.09, 83.55]	[86.18, 92.13]	[92.75, 94.72]
19	[43.46, 51.28]	[39.59, 43.08]	[43.36, 47.85]	[34.27, 38.45]
20	[62.89, 68.11]	[56.69, 62.66]	[41.61, 46.06]	[81.44, 84.62]
21	[91.17, 95.23]	[89.42, 94.28]	[52.93, 55.89]	[81.42, 88.01]
22	[87.25, 89.57]	[69.63, 73.72]	[74.76, 80.74]	[76.19, 80.29]
23	[79.63, 85.18]	[49.23, 53.71]	[77.27, 80.24]	[32.46, 34.49]
24	[48.44, 51.54]	[66.95, 73.04]	[64.31, 71.77]	[83.28, 90.33]
25	[44.09, 45.28]	[58.73, 63.48]	[53.92, 56.91]	[40.28, 44.06]
26	[57.14, 61.56]	[67.58, 73.72]	[69.45, 74.89]	[49.34, 52.73]
27	[74.08, 79.83]	[82.67, 86.69]	[71.77, 76.26]	[72.63, 77.18]
28	[61.83, 64.36]	[70.31, 74.48]	[83.83, 86.82]	[58.61, 64.63]
29	[76.45, 79.44]	[46.42, 50.51]	[65.93, 69.47]	[40.59, 40.99]
30	[34.03, 36.73]	[62.83, 66.98]	[68.41, 72.98]	[46.66, 50.81]
31	[51.52, 53.47]	[66.92, 73.04]	[80.37, 83.36]	[52.34, 54.74]

1. 数据标准化

对 31 个总体案例集的数据采用区间数的标准化方法进行标准化,由于 4 个一级指标均属于效益型指标,指标值越大,风险越低,采用式(13.1)对其进行标准化处理。

2. 靶心距计算

$\widetilde{y}_j^+$ 为指标 C_j 在 31 个总体案例标准化后的正理想区间值。根据式(13.3),得

$$\left\{\widetilde{y_1^+},\widetilde{y_2^+},\widetilde{y_3^+},\widetilde{y_4^+}\right\} = \left\{\begin{matrix}[0.0454,0.0509],[0.0434,0.0494],\\[0.0417,0.0456],[0.0444,0.0484]\end{matrix}\right\}$$

$\widetilde{y_j^-}$ 为指标 C_j 在 31 个总体案例标准化后的负理想区间值。根据式（13.3），得

$$\left\{\widetilde{y_1^-},\widetilde{y_2^-},\widetilde{y_3^-},\widetilde{y_4^-}\right\} = \left\{\begin{matrix}[0.0149,0.0172],[0.0123,0.0149],\\[0.0188,0.0221],[0.0155,0.0176]\end{matrix}\right\}$$

根据式（13.4）计算第 r 个案例指标 C_j 与正理想区间值的距离 d_j^{r+}，第 r 个案例指标 C_j 与负理想区间值的距离 d_j^{r-}，依据 13.3.2 节求出的指标权重，再结合式（13.5）分别求出第 r 个案例指标 C_j 与正负理想区间值的距离 d^{r+}、d^{r-}。在正负靶心距已知的基础上，利用式（13.6）计算得出第 r 个案例指标的综合靶心距 d^r。依据 13.3.2 节的模型求出的分类临界值 $h_1 = 0.9335$，$h_2 = 0.7296$，$h_3 = 0.3646$，对 31 个案例进行分类。具体信息如表 13-7 所示。

表 13-7 总体案例的靶心距

案例	d^{r+}	d^{r-}	d^r
1	0.0114	0.0189	0.6249
2	0.0034	0.0269	0.8883
3	0.0073	0.0231	0.7599
4	0.0192	0.0111	0.3654
5	0.0139	0.0164	0.5409
6	0.0086	0.0218	0.7174
7	0.0230	0.0073	0.2417
8	0.0129	0.0174	0.5732
9	0.0128	0.0176	0.5792
10	0.0212	0.0093	0.3042
11	0.0162	0.0142	0.4668
12	0.0246	0.0057	0.1893
13	0.0091	0.0212	0.6991
14	0.0165	0.0139	0.4582
15	0.0240	0.0063	0.2084
16	0.0053	0.0251	0.8260
17	0.0219	0.0085	0.2801
18	0.0032	0.0272	0.8960
19	0.0249	0.0054	0.1789

案例	d^{r+}	d^{r-}	d^r
20	0.0144	0.0159	0.5245
21	0.0042	0.0262	0.8632
22	0.0065	0.0238	0.7859
23	0.0149	0.0154	0.5083
24	0.0135	0.0168	0.5541
25	0.0214	0.0089	0.2929
26	0.0152	0.0151	0.4989
27	0.0075	0.0229	0.7536
28	0.0121	0.0182	0.6004
29	0.0162	0.0141	0.4641
30	0.0207	0.0096	0.3181
31	0.0155	0.0148	0.4888

利用式（13.1）和式（13.2）对总体案例集数据进行标准化处理，根据 13.2.1 节中区间数的正负靶心距及 13.2.3 节中的指标权重，计算案例的综合靶心距 d^r。根据 T_3、T_2、T_1 三类分类临界值对总体案例集中的 31 个案例进行分类评估。

（1）当 $0.7296 < d^r \leqslant 0.9335$ 时，第 r 个案例归属于 T_3 类，共有 7 个，关系如下：

$$0.7296 < d^{27} < d^3 < d^{22} < d^{16} < d^{21} < d^2 < d^{18} < 0.9335$$

（2）当 $0.3646 < d^r \leqslant 0.7296$ 时，第 r 个案例归属于 T_2 类，共有 16 个，关系如下：

$$0.3646 < d^4 < d^{14} < d^{29} < d^{11} < d^{31} < d^{26} < d^{23} < d^{20} < d^5 < d^{24} < d^8$$
$$< d^9 < d^{28} < d^1 < d^{13} < d^6 < 0.7296$$

（3）当 $0 \leqslant d^r \leqslant 0.3646$ 时，第 r 个案例归属于 T_1 类，共有 8 个，关系如下：

$$0 < d^{19} < d^{12} < d^{15} < d^7 < d^{17} < d^{25} < d^{10} < d^{30} < 0.3646$$

由算例知，决策者只需对 8 个棕地再开发项目风险进行分类，根据区间数的灰靶决策模型，就可以计算总体待分类的 31 个案例（或者更多的新对象集）的综合靶心距，并进行有效的分类，得到第 18、2、21、16、22、3、27 个棕地再开发项目风险属于 T_3 等级，即风险较低的结论，有助于决策者进行棕地再开发项目间的对比研究，有效地减少决策者的工作量，并提高决策者的决策效率；同时，便于政府工作人员掌握该区域内的棕地再开发的风险情况，为棕地再开发的风险控制工作奠定基础。

本 章 小 结

本章针对区域棕地再开发风险信息的模糊性问题，对灰靶决策模型进行了深入分析，基于逆序思想，提出了一种新的区间灰靶的分类评估模型。该模型的创新点如下：①针对决策信息为区间数的分类评估问题，由决策者在众多决策对象中依据评估问题的数据和自己的历史经验给出样本学习集，既减少了决策者需要对众多决策对象一一评估的工作量，又充分考虑了决策者的偏好；②根据成本型、效益型指标及区间数的特性，为保持原始数据的线性，采用适合区间数的新数据标准化方法；③采用综合正负理想区间值对样本学习集靶心距进行分析，比单一采用正理想区间值或者负理想区间值更加有效。

选取美国的区域棕地再开发项目为决策对象，应用灰靶决策模型对样本学习集案例进行分析，利用得出的分类临界值和指标权重，进一步对总体案例进行风险分类评估，为政府充分掌握管辖区域内的棕地再开发项目的风险信息提供依据，有助于政府对同类风险的项目进行跟踪比较，制定有效的风险监督和引导政策；同时，验证了分类评估模型的可行性和有效性，基于靶心距和样本学习的分类评估模型可以应用到众多分类评估问题中。

第 14 章　棕地再开发的风险处置策略

　　近年来，随着环境保护呼声的高涨和土地开发进程的加快，棕地再开发取得了不菲的成效，但是由于市场竞争的加剧和土地污染的不断恶化，棕地再开发市场面临的风险也越来越大。棕地再开发风险评估的目的就是让项目所有人和项目管理者掌握棕地再开发项目风险大小，以及设法消除、减弱或利用风险。在对棕地再开发风险识别、风险评估的基础上，需要按照棕地再开发项目的特点制订相应的风险处置计划，针对项目的变化情况及风险评估的结果，为降低利益相关者的损失或消减不良影响而采取风险处置策略和对风险因素进行监控活动，使技术与经济相结合，有效降低棕地再开发面临的财务、技术及环境等方面的风险。

　　如前面所述，棕地再开发与一般的土地开发项目有所不同，由于存在土壤污染的严重性、复杂性、隐蔽性和滞后性特点，棕地开发商面临巨大的环境风险及相应的连带责任。对棕地再开发的风险采取合适的风险处置策略是棕地再开发取得成功的关键。不少学者针对棕地再开发环境风险高的特殊性展开了风险处置策略的研究。van den Hurk 等（2024）重点研究了在政府与社会资本合作过程中棕地再开发的金融风险，指出了场地风险、设计和施工风险、财务风险、法律变更风险等多种风险，并从风险转移和风险分担角度讨论了棕地再开发的风险处置。

　　本章在对建设工程项目风险处置策略和棕地再开发风险识别、风险评估的基础上分析建设工程项目风险处置的常用策略，结合棕地再开发的特殊性、环境高风险和项目风险评估的结果，重点针对适合这一特殊性的风险转移策略——保险——进行深入的研究，特别对与棕地再开发密切相关的专业保险险种进行透彻的分析。在此基础上，提出棕地再开发的基本保险策略，为棕地开发商降低风险提供参考。

14.1　常用风险处置策略

　　风险处置是指在对项目的风险因素进行识别和评估的基础上，为降低发生风险事故的概率、减少事故可能带来的损失，结合抗风险能力来采取有效的策略。确定风险处置策略流程如图 14-1 所示。在实际应用中，较为常用的风险处置策略有风险规避、风险转移、风险自留、风险缓解、风险利用、风险组合等。

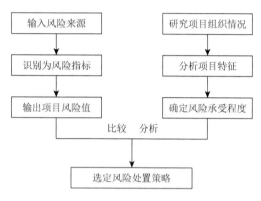

图 14-1　确定风险处置策略流程图

1. 风险规避策略

风险规避是指投资者对将要投资的项目进行系统的分析和评估后做出的变更项目计划及内容的决策。基本上分为两种情况：一种是放弃该项目投资的决策，这是一种从根本上放弃有风险的项目投资，从而避开项目风险的应对措施；另一种是变更产生某种风险的因素来消除该风险，但是不能通过该方法消除风险项目所有的风险。

第一种情况下规避风险的方式就是拒绝承担风险，例如，经过研究分析，某项目面临的风险较大，难以采取措施控制，决定放弃该风险项目以规避风险。第二种情况下风险规避的方式如下：①变更项目计划来降低风险因素发生的可能性；②对风险因素导致的风险事件可能带来的损失采取积极的应对措施，降低风险事件后的损失。

2. 风险转移策略

风险转移策略又称合伙分担风险策略，是指将项目某风险的结果、风险应对权利及风险事件后的责任转移至项目以外的第三方。其目的是用合同或协议，在风险事件发生时将损失的一部分或者全部转移至第三方。一般有两种方式。

第一种方式是购买相关保险，通过购买保险、签订保险合同将项目的某风险部分转移到保险公司。一般保险公司为了规避自己的风险，促使被保险人积极应对风险，都会设置一定的免赔额。采用这种方式应对风险虽然可以将风险部分或者全部转移，但是会增加项目的成本。这是本章的研究重点，后面将会展开深入探讨。

第二种方式是将项目进行分包，相应的风险将由承包商和开发者共同承担或者由承包商独自承担。建设工程项目的工期一般很长，所占用的资金金额巨大，项目开发者往往需要融资，这在一定程度上增加了项目开发者的财务风险；所用到的技术较为复杂，将会增加项目开发者的技术风险。在这种情况下，将项目中的部分工程分包出去并让利于承包商，可以转移部分风险，较大程度地减少风险事件后的损失，这是大型建设工程项目常常采用的风险应对措施之一。

3. 风险自留策略

风险自留策略又称风险接受策略，是指由项目主体自行承担风险后果。这种风险应对策略并不改变项目计划或者找不到合适的风险应对措施来降低风险，要求项目开发者对风险有充分的认识，并有充足的资源和资金来应对风险事件后的损失，估计的损失不能高出开发者的承受能力，多用于财务风险中。

风险自留分为风险主动自留和风险被动自留两种情况。风险主动自留是指项目开发者对该风险有充分的认识，并对风险的发生有充分的准备，风险事件一旦发生，马上启动应对方案来降低风险事件的损失。风险被动自留是指项目开发者并没有对风险事件建立应急措施和专项储备基金，这种情况下，风险事件带来的损失一般较小，对整体项目的进展不会造成影响。

4. 风险缓解策略

风险缓解策略又称风险减轻策略，是指将项目的风险事件发生概率或风险事件后的损失降低到可接受的范围之内的措施。对于已知风险，项目开发者在一定程度上可以对风险进行控制，具体分析风险并制定风险减轻措施；将风险事件发生概率或者风险事件后的损失控制在可接受范围内；对于未知风险，项目开发者应该采取措施将未知风险转化为已知风险，对转化后的已知风险制定相应的风险缓解措施，并动用现有的资源降低风险。

5. 风险利用策略

风险利用策略是指合理利用非消极风险，减轻或者消除该风险。风险利用策略是风险应对措施的较高层次，要求风险是已知风险，在对风险利用的可能性和成效进行充分分析和评估的基础上，对利用风险所需要付出的成本进行分析，为项目开发者决策提供依据，制订行之有效的风险利用方案。为保证风险利用的顺利开展，一般会制订多种风险利用方案，同时制订风险利用失败时的积极应对方案。

6. 风险组合策略

风险组合策略是指同时通过对多个项目的投资来分散风险。由于投资项目的区域和行业不同，项目的风险和收益都会不同，项目的投资组合可以为项目开发者带来更加稳定的收益。该方法是将同质的或者不同质的项目风险因素集中在一起，可以较为准确地预测未来的风险事件。此外，由于项目不同，组合项目中某一项目发生风险事件时所产生的损失可以由组合项目中其他未发生风险的项目收益来补偿。

风险处置策略主要由以上策略或者其组合构成，需要针对项目具体情况，制定风险管理计划和风险监督机制，及时发现风险并积极采取有效的措施来降低或者消除风险，保证项目的顺利开展和达到预期目标。

14.2　棕地再开发的保险体系

建设工程项目由于建设周期长、投入资金量大、涉及的利益相关者众多，需要综合应用以上提到的各种风险处置策略来控制项目的风险。与建设工程项目相比，由于棕地再开发项目复杂得多、不确定性高，必须制定详细的风险管理计划和风险处置策略，降低其综合风险。棕地再开发与建设工程项目最显著的区别在于它是一个受污染的土地，必须先投入大量的资金和时间进行污染治理，使之符合相应开发方案的用地环境标准后再开发，相对应地具有土壤污染认定与污染治理风险。保险是一种用来分担和规避风险的手段，是一种风险转移的重要措施。针对棕地再开发的这一特殊性，发达国家为提高开发商对棕地再开发的意愿、降低其面临的风险，研发了棕地再开发的专业保险险种，即采用风险转移策略应对棕地再开发的污染方面的高风险。本节重点研究棕地再开发的保险体系，并对建设工程项目的保险险种与棕地再开发的专业保险险种分别进行研究。

保险是指投保人根据合同约定，向保险人支付保险费，保险人对于合同约定的可能发生的事故因其发生而造成的财产损失承担赔偿保险金责任，或者当被保险人死亡、伤残和达到合同约定的年龄、期限时承担给付保险金责任的商业保险行为。保险由以下基本要素构成：保险人、投保人、被保险人、保险金额、保险费率、免赔额、保险期限等。

14.2.1　建设工程项目的保险

建设工程项目的保险包括建筑工程一切险、第三者责任险、安装工程一切险、雇主责任险、职业责任险、建设工程质量责任保修保险等，下面对这些险种进行说明。

1. 建筑工程一切险

建筑工程一切险是指承包人以发包人和承包人的共同名义为永久工程、临时工程和设备及已运至施工场地的材料和设备（不包括施工单位的施工设备和机具）向保险人所投的保险。该险种是综合财产损失险与责任险为一体的财产保险，针对工程在工期内因意外事故、自然灾害造成物质损失，并对事故发生后的清理费用均予以承保。该险种的保险期限生效于被保险工程开工日，终止于该工程竣工验收合格日，或者依据保险合同列出的终止日期。

建筑工程一切险的保险费率并不固定，依具体的项目工程和项目风险程度由投保人和保险人协商确定，一般为工程合同造价的 0.2%~0.45%。投保人和保险人主要依据以下几点来考虑商定保险费率：保单承保责任的范围、项目工程本身的风险程度、分包商和承包商的资信水平、同质工程的损失数据、免赔额的具体值等。

2. 第三者责任险

第三者责任险是指在保险期内，因工程意外事故造成的、依法应由被保险人负责的工地上及毗邻地的第三者人身伤亡、疾病或财产损失，以及被保险人因此而支付的诉讼费用和事先经保险人书面同意支付的其他费用等赔偿责任。它并不对被保险人的财产损害和员工人身伤亡进行赔偿。在建设工程项目的实际操作中，第三者责任险基本上作为建筑工程一切险的附加险。

3. 安装工程一切险

安装工程一切险是指投保人为建设工程项目中的复杂安装及施工出现意外而减少损失获得赔偿的一个险种。该险种主要适用于各种复杂机器设备的安装和钢结构工程的施工（如储油罐、起重机等），一般也要附加第三者责任险。

安装工程一切险的保险期限一般从被投保安装项目开工开始，到项目安装验收完毕或者保险合同约定的终止日期。安装工程一切险的保险费率一般为工程合同造价的 0.3%～0.5%。具体费率由保险人和投保人依据项目的具体情况和保单的条款而定，与建筑工程一切险相似。

4. 雇主责任险

雇主责任险是指雇主为其雇员办理的保险。该险种的目的在于保障雇员在受雇期间因工作遭受意外伤害而导致身体受伤、死亡或带来与职位相关的职业性疾病状况下，通过保险将获取意外伤害产生的医疗费、工伤休息期间的工资、康复费及支付必要的诉讼费用等。

雇主责任险的保险期限通常为一年，雇主可以每年购买或者与保险人协商来定。雇主责任险的保险费一般与被保险人的工资水平相关，并与保险合同约定的关于伤害等级的赔偿额度密切相关。在国外，雇主责任险属于强制性保险，而在我国，虽然有保险公司开设了该险种，但并不属于强制性保险。

5. 职业责任险

职业责任险是指被保险人对自己所从事的职业由于工作疏忽或者过失给第三者带来损失的情况下，由保险人对第三者的损失进行赔偿。在建设工程项目中，职业责任险主要包括设计责任险、监理责任险等。与建设工程项目相关的投保对象主要是建筑设计师、律师、会计师等。

6. 建设工程质量责任保修保险

建设工程质量责任保修保险主要适用于工程建成后使用周期长、承包商流动性大的建设工程项目，主要为在正常使用年限内因工程本身质量问题造成的相关人员人身伤害、财产损失提供一定的保障。

在国际上，建设工程质量责任保修保险是建设工程项目重点推荐的一个险种。该险种的保险期限一般由各国行业规范中规定的具体建筑物的合理使用年限来定，通常采用十年责任保修保险和两年责任保修保险。

除了上述介绍的险种，建筑工程项目还有合同保证保险、信用保险等。

14.2.2　棕地再开发的专业保险

基于污染的未知可能性，棕地再开发的主要利益相关者十分关注他们可能会承担的环境责任风险。由于棕地开发商不能完全预测潜在的高额污染清理成本的可能性及棕地的原使用者转移的可能环境责任，如对周边环境的破坏程度、对周边居民的健康的影响程度等，这些潜在的风险降低了企业进入棕地再开发领域的可能性，大部分企业将选择绿地作为其开发对象。为了改变这种状态，政府制定了有关税费减免、基金扶持等促进棕地再开发的一系列措施。作为对市场需求的反馈，保险公司也推出了相应的棕地再开发险种。这些保险险种包含了对借贷者、棕地污染土地鉴定和修复的承包商、危险物品的处理商、环境工程师、法律工作者、咨询机构、实验室及其他为棕地再开发提供服务和建议的专业人士的保护。棕地再开发主要的专业保险险种如表 14-1 所示。

表 14-1　棕地再开发主要的专业保险险种

险种	购买者	险种说明
污染责任险	棕地的原使用者、棕地开发商、污染治理承包商	1. 第三方针对污染清理、身体伤害和财产损失的诉求； 2. 第一方的财产损失的诉求； 3. 诉讼费用。 可选项包括工程中断、运输等
成本覆盖险	土地所有者、棕地开发商、当地政府	1. 发现修复合同以外的没有经过确认的新的污染物； 2. 附加的污染清理； 3. 修复计划的变更； 4. 修复计划的失败
无忧的借贷政策保险	棕地开发商	污染的修复成本上升、修复失败等原因造成金融机构的资金无法回笼，该险种的受益人是金融机构

下面详细介绍棕地再开发的专业保险险种。

1. 污染责任险

污染责任险是指投保人向保险人支付一定数额的保险费，当被保险人因从事棕地修复计划合同约定的业务活动造成环境污染而应当承担环境赔偿或治理责任时，由保险人在约定的责任限额内承担赔偿责任的保险。它是所有棕地再开发项目保险中最受欢迎的和最早出现的险种，非常有助于棕地开发商转移棕地的污染环境风险、保护第三方的人身和财产利益，并一定程度上降低政府环境压力，同时强化了保险公司对棕地修复计划的评估、实施及预防环境损害的监督管理。该险种为棕地开发商由污染造成的第三方利益诉求提供保护，包括由第三方的利益诉求产生的法律诉讼费用。棕地开发商在修复计划中不能估算出对第三方的人身和财产的损失，一旦对第三方造成损失的风险出现，就可能导致施工延误、中断甚至终止，这部分保险赔偿额依据投保人和保险人之间的合同而定。污染责任险由以下三个方面构成。

（1）第三方的利益诉求。①对于被投保的棕地，关于治理前未发现的污染物的清理诉求。②对于被投保的棕地，由其长期的污染状态造成的身体健康的伤害和财产的损失。③对于被投保的棕地，由在污染物清理转移过程中的污染泄漏造成的身体健康的伤害和财产的损失。④对于被投保的棕地，由污染状态从棕地向周边区域蔓延所造成的周边区域污染清理费用、棕地区域居住人的身体健康的伤害和财产的损失，包括由此引起的棕地再开发中断的损失。⑤对于被投保的棕地，由周边的非所有权的污染物处理设施（或场所）引起的棕地区域居住人的身体健康的伤害和财产的损失。

（2）棕地开发商同第三方的利益诉求辩护产生的法律诉讼费用。

（3）第一方的利益诉求（被保险人）。①对于被投保的棕地，再开发前未知且已超过标准（可以被第三方提起控告要求治理的程度）的污染物被发现后清理所产生的费用。②对于被投保的棕地，再开发前就存在的新确定的污染物引起的被保险人修复中断造成的损失。③对于被投保的棕地，再开发前就存在的新确定的污染物造成的被保险人的公司可变成本的增加。

污染责任险的保险期限最短 1 年，最长 10 年。在保险期限内，当投保人发生了由污染而产生的利益诉求在保险期限末期但是未结束时，保险公司为投保人提供延长保险期限服务。保险公司法定上要自动提供延长保险期限 30～60 天的服务，具体期限要依据保险公司而定。保险公司同样提供可供购买的延长保险期限服务，可供延长的时间为 36～48 个月，投保人也可以增加保险费。保险公司要求的最低投保额为 100 万美元，最高投保额从 1000 万美元到 1 亿美元不等，免赔额一般为 2.5 万～250 万美元，投保人须向保险公司缴纳的保险费为 4 万～25 万美元，依据具体的棕地再开发方案而定。

2. 成本覆盖险

成本覆盖险是指投保人向保险人支付一定数额的保险费，当被保险人因实施棕地修复计划合同活动产生的费用超过经专业评估公司评估过的预算而造成投保人的损失时，由保险人在约定的责任限额内承担超额费用，向被保险人赔偿的保险。它主要是为棕地修复计划实施过程中的费用超过预算服务的。例如，棕地开发商在棕地修复计划中不能准确估算将要产生的清理费用，在修复过程中发现棕地修复计划外的新的污染物，且治理成本大大超过预算；又如，国家公布了更为严格的环境修复标准，导致棕地修复计划向更高标准变更，由此产生的被保险人的损失，等等。成本覆盖险的保险金额和保险费由投保人与保险人协商而定。成本覆盖险主要由以下几个方面构成。

（1）对于被投保的棕地，由于棕地修复计划中确定污染物的量增加或者浓度增加而产生的费用。

（2）对于被投保的棕地，由于棕地修复计划中没有，但是开发前就存在的新确定的污染物而产生的费用。

（3）对于被投保的棕地，对棕地修复计划外的新发现的开发前就存在的污染物进行评估和制订新的修复计划的费用。

（4）在棕地修复计划期间，由国家政策的调整（如公布新的环境标准）引起的修复费用的增加。

（5）在棕地修复计划期间，棕地修复计划失败的损失。

（6）由污染引起的工期延误产生的公司可变成本的增加。

成本覆盖险的保险期限根据棕地修复计划而定，一般为 3～10 年。成本覆盖险的保险金额可以是被投保的棕地修复计划预估清理费用的 50%～200%。由于不同的保险公司在对产品估价时的计算方法不同，成本覆盖险中投保人缴纳的保险费率是其对应的棕地修复计划预估清理费用的 6%～25%。

成本覆盖险建立在棕地修复成本评估的基础之上，若想要购买该保险，则需要向保险公司提供一个详尽的棕地再开发评估报告和一个附带成本评估的棕地再开发修复计划；若棕地再开发评估的内容不具体、提供的信息模糊，则保险公司会拒绝利益相关者购买保险的要求。成本覆盖险的投保限制条件是棕地修复成本高于 100 万美元。

3. 无忧的借贷政策保险

无忧的借贷政策保险主要是指保护为棕地再开发提供贷款的机构免受资金损失的险种。该险种可以提高借贷机构为棕地开发商提供贷款的意愿，通常由间接损害和环境责任险、不动产的借贷政策、借贷机构保护险等体现。在保期间，一旦发生还款拖欠情况，其赔付率根据不同保险公司会有所不同。在丧失抵押品赎回权之前，所有保险公司将提供贷款机构预估清理费用或者未还贷款余额中的较少者。在丧失抵押品赎回权之后，无忧的借贷政策保险可以提供预估清理费用和未还贷款余额中的较少者，其他污染责任险和成本覆盖险则只提供预估清理费用。

无忧的借贷政策保险的保险期限一般是 3～10 年。一个保险期限为 5 年的棕地再开发项目的购买限制是棕地修复成本为 300 万～1000 万美元；保险费为 4.5 万～7 万美元；免赔额为 1 万～10 万美元。

4. 保险组合政策

前面三种关于棕地再开发的保险政策都可以提供保险组合，即同时包含两个或多个棕地再开发项目。保险组合会设定修复成本的投保总限额（多数情况下将会赔付所有项目中的损失总额），有时对每一个项目的风险事件设定赔偿限额或对所有项目的风险事件设定平均赔偿限额。

保险组合政策降低保险人成本的优势体现在以下两个方面：第一，节省了保险公司考察每个棕地再开发评估报告和修复计划的成本；第二，降低了保险公司的投入资金风险。例如，有 10 个棕地再开发项目，其中，每一个项目的可购买保险限额为 1000 万美元，保险组合政策将这 10 个项目看作一个整体，允许这个整体的可购买保险限额为 5000 万美元，前提是这 10 个项目并不都会遭受重大损失。保险组合政策通常被用于多个棕地再开发项目是同一所有者的情况。如果多个棕地再开发项目的所有者不同，就会出现其中一个或两个所有者将总可购买保险限额用完的可能。设定每一个项目的可购买保险限额可以降低项目风险，但是只要总可购买保险限额小于所有项目的可购买保险限额之和，就存在将总可购买保险限额用完的可能性。上述例子中，10 个项目的可购买保险限额分别为 1000 万美元，若一半项目申请索赔限额，则另一半项目将不能受到保护。

除了以上棕地再开发的专业保险险种，还有其他不太常用的保险险种，投保人可以向专业的保险咨询机构进行咨询，并购买适合自己的项目风险特点的保险。

14.3　棕地再开发的保险策略

根据克里斯·韦恩斯泰特（Kris Wernstedt）对美国棕地再开发保险市场的调查结果，棕地的修复成本为 3.2 万～3.9 万美元/英亩（包含评估成本，1 英亩≈4046.86 平方米），棕地的平均面积是 8.5 英亩。大部分棕地开发商认为这些保险不值得他们去调查研究和购买，一部分棕地开发商甚至根本不知道这些保险，具体如表 14-2 所示。根据调查问卷的反馈，43%的棕地再开发项目用于商业，39%的棕地再开发项目是混合用途，11%的棕地再开发项目用于居民住宅；22%的棕地开发商购买了污染责任险，11%的棕地开发商购买了成本覆盖险。购买成本覆盖险的被调查者中，80%的购买者的棕地修复成本超过 3.2 万美元/英亩，所有购买者的棕地修复成本超过 1 亿美元。相比较而言，购买污染责任险的被调查者中，60%的购买者的棕地修复成本超过 3.2 万美元/英亩，70%的购买者的棕地修复成本超过 1 亿美元。

表 14-2　棕地开发商对棕地再开发专业保险的市场反馈调查（单位：%）

类型	污染责任险	成本覆盖险
已购买比例	22	11
已关注险种将会购买	4	7
已关注险种但不会购买	22	16
没有关注险种	52	66

如前面所述，棕地再开发是一个特殊的建设工程项目。基于土地受污染的特性及它产生的污染鉴定和修复的不确定性，棕地再开发面临的环境风险和其他风险非常高。大部分棕地开发商的保险意识不强，对市场上的棕地再开发保险险种了解不够，只投保了政府要求的强制性保险，可能造成自己承担较高修复成本的后果。棕地开发商必须充分了解市场上与棕地再开发相关的保险险种，制定优化保险策略，合理地转移自己面临的风险，从而为棕地再开发的成功提供保障。

14.3.1　制定保险策略的原则

1. 安全性原则

对于投保人来说，由于棕地再开发的保险金额较大，首先要选择有资质的保险人来进行投保，其次有必要对保险人的一些财务指标进行调查，以考察保险人在事故发生时能否及时支付赔偿金，从而保证购买保险的安全性。此外，在具体险种保险费率确定的情况下，比较不同保险人的保险条款，最大限度地向保险人转移自己面临的风险；在成本固定的情况下，尽量让自己的预期收益更大。

2. 经济性原则

投保人要对自己的棕地再开发项目进行全面的风险评估，并提高自己的保险意识，向保险中介机构咨询或者展开市场调研，从众多的保险险种中挑选适合项目本身特点的险种，降低在开发过程某一方面的高风险或者综合风险。此外，在保险人承保棕地再开发风险范围和程度确定的情况下，通过不断地协商和沟通，尽量使支付的保险费率水平最低；在预期收益固定的情况下，尽量降低自己的保险成本。

3. 自律性原则

免赔额是指保险人要求被保险人在保险事故发生后依据保险合同自负一定的损失，每一个保险险种都设有一定的免赔额。针对不同的棕地再开发项目，保险人要考察被保险人的资质和以往工程记录、投保项目的风险评估，以及工程的总投资额来协商免赔额。

免赔额是为避免被保险人将全部风险通过保险合同转移给保险人以后，疏于对项目的风险管理而导致风险事故发生的概率增加，使保险人面临赔偿的风险提高而设定的。此外，不设置免赔额也会使投保人的保险费支出增加，这也是不太经济的。因此，投保人和保险人依据具体的棕地再开发项目协商具体险种的免赔额，既提高了被保险人的风险管理意识，又减少了风险事故发生的概率，还在一定程度上减少了投保人的保险费。

4. 保足性原则

保足性是指保险合同的保险金额充足，保险事故发生后的赔偿限额高，目的在于风险事故发生后，被保险人能够得到充足的赔偿以支付清理费用，降低自己的损失。保足性原则为被保险人提供了最高程度的降低损失的保障，也让保险人依据此为基数收取保险费和确定对保险事故发生后提供经济赔偿的额度。例如，建筑工程一切险的保险金额应包括进入工程的材料、设备和承包商的设备设施、各种税费等，不低于工程完成时的总价值；同时，若投保人把经济赔偿限额定得过高，则会带来过高的保险费，这对投保人来说也是不经济的。

5. 保全性原则

保全性是指保险的承保范围覆盖风险的面广，保险的责任大。在施工较为复杂的大型工程项目中，尽管风险管理措施采取到位，但是仍会发生一定量的第三者责任事故，给工程造成巨大的经济赔偿压力，这时，第三者责任险可以为被保险人分忧。在棕地再开发过程中，部分棕地由于以前的使用，污染非常严重，一些污染物可能在污染鉴定时未被发现，但是在工程竣工后的长期使用过程中会对居民造成身体伤害，被保险人可以利用棕地再开发的专业保险来降低在这方面的风险。

14.3.2　制定保险策略的方法

在遵守制定保险策略的原则的基础上，制定棕地再开发保险策略的方法如下。

首先，在棕地再开发项目的保险费会计处理方面，依据有关建筑工程项目的财务规定，建筑工程项目的保险费是属于建筑安装工程费的直接工程费，因此，可以直接将保险费纳入棕地再开发项目的工程成本中。

其次，复杂棕地再开发项目投保建筑工程一切险的比例比较高。在部分国家，建筑工程一切险及其附加险（第三者责任险）是强制性保险，开发商必须购买该保险。基于棕地再开发的复杂性，棕地再开发项目将涉及多个承包商，这也就涉及如何选择建筑工程一切险的购买模式，每一个承包商以自己的利益为出发点，不愿意增加承包该项目的工程开支，可能会回避购买保险，这时应由棕地开发商同众多的承包商进行协商，考虑统一为棕地再开发购买建筑工程一切险及其附加险，这也是国内其他建设工程项目购买该险种的主要方式，有利于棕地开发商掌控建筑工程一切险的成本和具体的保险条款，在一定程度上降低该险种的购买成本。对于其他建设工程项目的保险，要依据待开发棕地的具体情况和风险评估报告，由棕地开发商与承包商或者分包商协商确定购买哪些险种，以及如何购买使棕地开发商的购买成本最低而预期收益最大。

最后，对于棕地再开发较为特殊的污染认定和修复问题，由于其专业技术性比较强，棕地开发商一般选择由专业机构来负责，其中，污染认定一般由专业的评估机构完成，污染修复一般承包给专门的污染修复企业。基于污染问题的复杂性及技术的有限性，一些污染问题在污染认定时没有被发现，可能为将来的污染修复工期和费用带来不确定性，或者为竣工后的项目带来潜在的威胁（如对周边居民的身体健康产生的损害）。对于这部分风险控制，应该由棕地开发商和承包商进行协商，购买污染责任险。在对某些存在重大污染源的棕地进行再开发时，由于需要投入巨额修复资金，棕地开发商可以选择棕地再开发相关政府补贴并购买成本覆盖险，来预防修复成本严重超支给企业带来的负担。由于棕地再开发风险较大、融资较为困难、一旦失败将给企业带来巨大的经济损失，棕地开发商可以选择购买无忧的借贷政策保险来缓解资金压力。结合单项目开发方案的风险评估决策，如果选择高风险开发方案，那么项目的所有人要针对项目的污染鉴定结果和修复计划进行分析，并向专业的保险咨询机构咨询购买棕地再开发的专业保险。依据区域内的多项目风险评估结果，针对高风险项目，政府棕地再开发负责人要约见项目的所有人，详细探讨项目的风险及风险处置策略，并建议他们购买棕地再开发的专业保险，以促进区域内棕地再开发的顺利开展。

在具体实现方面，对于建设工程项目的保险，依据具体的棕地再开发项目合同，可以对不同的保险险种进行合并，用一张保单为棕地再开发项目开发商、承包商及所有分包商来购买一揽子保险（controlled insurance progress，CIP）。不同保险人的 CIP 涵盖的保险险种可能有所区别，但是大部分 CIP 包括建筑工程一切险、安装工程一切险、第三者责任险、雇主责任险、建设工程质量责任保修保险等。在该方式下，保险人会指派专业的安全风险人员进驻施工现场，为被保险人提供风险管理程序，要求被保险人制定详细的预防风险事故发生的措施并提供风险评估报告，这在一定程度上有助于保险人对风险进行有效监督并对风险信息实施掌控，发挥保险人对棕地再开发专业化的风险管理技能。

本 章 小 结

本章分析了建设工程项目风险处置策略，针对棕地再开发的特点，重点对风险转移策略——保险——进行了详尽的研究。棕地再开发是一个复杂的工程项目，所涉及的保险不仅有建设工程项目的保险，而且有针对棕地再开发的污染特殊性开发的保险，即污染责任险、成本覆盖险及无忧的借贷政策保险等。在对棕地再开发相关保险险种开展详细分析研究的基础上，提出了棕地再开发的五个保险策略制定原则；依据这些原则，结合前面棕地再开发相关保险险种的研究，提出了棕地再开发的三个保险策略制定方法，来降低棕地再开发所面临的风险。

第五篇　棕地再开发策略研究

第15章 利益相关者视角下棕地再开发策略选择

15.1 概念界定与研究综述

环境的限制和土地利用政策的匮乏使得城市土地日渐短缺,为更有效地进行土地利用,制定棕地再开发策略已成为当务之急。从利益相关者角度研究棕地再开发策略,不仅能够引导政策制定者为棕地再开发的实施制定适当的政策,而且能够帮助利益相关者理解棕地再开发的政策并提出建议。为更好地理解相关概念,本节将从棕地再开发利益相关者界定、策略的基本概念及棕地再开发的基本策略三方面进行阐述。

1. 棕地再开发利益相关者界定

利益相关者是指能够影响组织目标实现的或由于组织目标实现而受到影响的个人或团体。利益相关者的基本概念整合了跨组织的道德和伦理实践。政府、投资者、当地居民和非政府组织等利益相关者都可以成为棕地再开发过程的一部分,并在特定地区发挥重要作用。第8章与第10章根据不同研究目标,确定了棕地再开发不同的利益相关者。本章的主要目的是从利益相关者视角提出棕地再开发策略选择,需要从更系统、全面的角度确定棕地再开发利益相关者。因此,在第8章的基础上,考虑第10章提出的从事棕地再开发的科研人员,本章增加学术界这一类利益相关者,最终包括政府(government,GV)、学术界(academics,AC)、私人投资者(private investment,PI)、公众(general public,GP)和非政府组织(non-governmental organizations,NG)五类利益相关者,具体如下所述。

(1)政府。作为主要的执行机构之一,由于各种因素(如保护当地居民和自然环境免受棕地的有害影响、税收和就业机会)的影响,政府在棕地再开发的实施中起着至关重要的作用。

(2)学术界。棕地再开发是一项系统工程,需要集中精力进行探讨和研究。因此,包括大学教师和科研人员等在内的学术界可以通过对城市可持续性问题的研究来推进棕地再开发的实施。

（3）私人投资者。棕地再开发通常比一般土地开发项目需要更高的成本，这也是许多开发商没有选择棕地进行开发的原因。但棕地具有诸多效益，可以作为吸引私人投资者进行投资的有利资源，政府也可以通过激励计划为私人投资者提供便利，以达到整治棕地的目的。

（4）公众。公众是主要消费者，可能受到棕地的负面影响。因此，在棕地再开发过程中，需要保护公众的利益。

（5）非政府组织。一些棕地资源可能对公众造成危险，也会影响环境的完整性。非政府组织负责提高人们对整治棕地的益处的认识，并影响有关当局采取必要行动整治棕地。

2. 策略的基本概念

本章采用格卢克（Glueck）对策略的定义，策略是指为达到组织的基本目标而设计的一套统一、协调、广泛且整合的计划。根据上述定义，策略有两个显著特点：①有目的地建立；②在实施活动之前建立。近20年来，随着棕地再开发的演进，研究人员提出了不同的棕地再开发策略，但这些策略缺乏实证依据，同时考虑棕地再开发处于实施的初步阶段，有必要基于实证方法制定棕地再开发策略。

3. 棕地再开发的基本策略

本节将确定推进棕地再开发实施的基本策略。Coffin 和 Shepherd（1998）发现了三种可行的策略，以推进棕地再开发在美国的实施，即可观的激励、对投资者的奖励及政府与社会资本合作。De Sousa（2000）发现，改变现有规章制度、标准化审批流程、技术支持和利益相关者之间的合作是在加拿大推广棕地再开发最重要的策略。McCarthy（2002）提出，明晰棕地再开发标准、完善社区参与和私人棕地再开发机制、健全公共政策成为促进美国棕地再开发实施的主要策略。Hunt 和 Rogers（2005）研究了城市更新项目中的一系列障碍和促进因素，并确定知识共享、政府政策变化、可持续成本模型、风险降低和提高认识与需求是五大促进因素。Dixon（2006）开发了一个重要的环境、经济和社会驱动因素框架，以引领英国棕地再开发的成功实施。Siikamäki 和 Wernstedt（2008）通过与官员面谈和调查的混合方法，发现了促进棕地再开发的两个主要策略，即政府财政支持和社区支持。Sorvari 等（2009）建议使用高效的生态修复方法、改进的政策工具或指南、优化更新棕地再开发方案的评估指数和改善不同利益相关者的参与过程，以鼓励在芬兰实施棕地再开发。Adams 等（2010）对美国、加拿大、英格兰和苏格兰等国家和地区进行了比较研究，强调标准化棕地定义、消除所有权限制和拓展私营部门利益是成功实施棕地再开发的主要解决方案。Solitare 和 Lowrie（2012）指出，改善资源规划、合作参与和环境公正是促进棕地再开发的可行解决方案。Mehdipour 和 Nia（2013）确定了十项促进棕地再开发的物理环境和社会经济策略，主要包括灵活的棕地修复和清理标准、社区支持和平衡成本评估机制。Hou 等（2014）提出了推进污染土地修复的策略，其中包括利益相关者参与、可持续修复的制度环境、改进环境政策和行政部门的承诺。Hutchison 和 Disberry（2015）确定了促进棕地再开发的市场、物理和体制因素，并提出将私人市场支持、消除所有权限制、战略城市规划和谈判作为在英国实施棕地再开发的支持性策略。Loures 和 Vaz（2018）概述了推进棕地再开发的综合和多功能长期策略，并强调了棕地定义标准化和社区修复行动的作用。Burinskienė 等（2017）确定了有助于棕地再开发决策的最重要的环境、社会、经济和城市策略。Ahmad 等（2019）指出，发展技术基础设施、建立协作机制、完善城市和环境政策、启动政府和社会资本合作、建立标准化审批机制，可以促进棕地再开发的实施。

15.2　研　究　方　法

本章的实证研究由三个主要步骤组成：①从文献中确定棕地再开发的策略，由利益相关者根据其重要性对这些策略进行评价；②采用多种统计检验方法进行数据分析，并应用 SEM 验证棕地再开发策略；③根据重要性对策略进行排序，并基于先前研究对结果进一步讨论。制定棕地再开发策略的框架如图 15-1 所示。

15.2.1　初始策略集构建

构建初始策略集涉及两个步骤：①回顾过往研究文献，筛选初始策略；②专家对筛选的策略提出意见。基于此步骤，首先从研究文献中确定 22 种初始策略；其次，在进行问卷调查之前，与四位主要专家（两位教授、一位城市规划部门行政人员和一位环保部门行政人员）进行初步讨论，以评估初始策略集的全面性和相关性，每一位专家在可持续性问题上都有丰富的相关经验。专家需要考虑棕地再开发实施的背景，并判断初始策略集是否涵盖所有潜在策略，以及是否可以从初始策略集中添加或删除任何策略。通过遵循早期研究的指导原则，专家可以为研究提供有效的反馈意见（Hussain et al.，2019；Karamat et al.，2018a，2018b，2019）。例如，专家

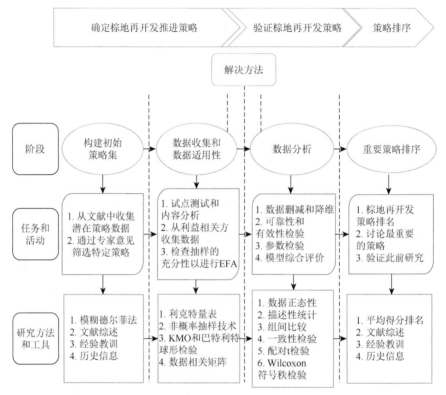

图 15-1　制定棕地再开发策略的框架

Wilcoxon 指威尔科克森

建议两个初始策略——"建立棕地再开发实施的确认和奖励程序"（S_{11}）和"为棕地问题建立体制框架"（S_{22}）不适合，应予以删除；同时，在问卷中增加一个策略"推进政府和社会资本合作"（S_{23}）。据此，确定初始策略集，并对每个策略编码，以便进行数据分析和改进结果表示，如表 15-1 所示，应用 21 种推进棕地再开发实施的策略来编制调查问卷。

表 15-1　推进棕地再开发策略文献回顾

编号	策略	参考文献
S_1	增强管理意识	Hou 等（2014）；Sorvari 等（2009）；Stezar 等（2014）
S_2	标准化棕地定义、指南并简化棕地流程	Adams 等（2010）；Ahmad 等（2017b）；Ahmad 等（2018）；De Sousa（2000）；McCarthy（2002）；Sorvari 等（2009）；Tang 和 Nathanail（2012）
S_3	与发达国家城市的策略合作	Ahmad 等（2019）；Alexander（2015）；Chen 等（2009）；Klusáček 等（2018）；Liu（2017）；Solitare 和 Lowrie（2012）
S_4	统一棕地政策和流程	Alexander（2015）；Hou 等（2014）；Hunt 和 Rogers（2005）；Krajnik 等（2017）；Lee 和 Hwang（2018）；Liu（2017）；McCarthy（2002）

续表

编号	策略	参考文献
S_5	详细的成本评估和绩效评估	Ahmad 等（2017b）；Barrieu 等（2017）；Chen 等（2019）；Kaufman 等（2005）；Mehdipour 和 Nia（2013）；Wang 等（2011）；Wang 等（2007）
S_6	平衡利益相关者反应与成本效率	De Sousa（2000）；Dixon（2006）；Hou 等（2014）；Solitare 和 Lowrie（2012）；Sorvari 等（2009）
S_7	地方政府避免棕地产生策略	Dixon（2007）；Hou 等（2014）；Hutchison 和 Disberry（2015）；Loures 和 Vaz（2018）；Mehdipour 和 Nia（2013）
S_8	将棕地再开发作为城市可持续发展计划一部分	De Sousa（2000）；Dixon 等（2011）；Hunt 和 Rogers（2005）；Hutchison 和 Disberry（2015）；Lee 和 Hwang（2018）
S_9	增强对环境问题、棕地潜力及执行规章制度的意识	Ahmad 等（2018）；Ahmad 等（2019）；Dixon 等（2011）；Hunt 和 Rogers（2005）；Klusáček 等（2018）；Mehdipour 和 Nia（2013）
S_{10}	创造投资者兴趣	Ahmad 等（2019）；Chen 等（2019）；Coffin 和 Shepherd（1998）；Vélez-Arocho 等（2016）
~~S_{11}~~	~~建立棕地再开发实施的确认和奖励程序~~	~~Ahmad 等（2017b）；Ahmad 等（2018）；Hutchison 和 Disberry（2015）；Solitare 和 Lowrie（2012）~~
S_{12}	开发技术和基础设施支持	Ahmad（2018）；Mehdipour 和 Nia（2013）；Solitare 和 Lowrie（2012）；Sorvari 等（2009）
S_{13}	促进就业机会	Ahmad 等（2017b）；Dixon（2006）；Mehdipour 和 Nia（2013）
S_{14}	改善棕地再开发的认知形象	Hunt 和 Rogers（2005）；Kim 和 Miller（2017）；Kurata 等（2008）；Loures（2015）；Loures 和 Vaz（2018）；Mathey 等（2018）；McCarthy（2002）
S_{15}	对城市可持续发展策略的贡献	Adams（2010）；Dixon（2006）；Hunt 和 Rogers（2005）；Hutchison 和 Disberry（2015）；Lee 和 Hwang（2018）
S_{16}	提供可及性	Amekudzi 和 Fomunung（2004）；Johnson 等（2002）；Kramářová（2017）；Mehdipour 和 Nia（2013）
S_{17}	提供健康安全的环境	Chen 等（2017）；Dixon（2006）；Greenberg 等（1998）；Kliucininkas 和 Velykiene（2009）；Ma 等（2014）
S_{18}	加强修复技术研发	Chen 等（2019）；Kaufman 等（2005）；Mehdipour 和 Nia（2013）；Sorvari 等（2009）；Swickard（2008）
S_{19}	为实施棕地再开发提供市场激励措施	Dixon（2006）；Hutchison 和 Disberry（2015）；Mehdipour 和 Nia（2013）；Swickard（2008）；Vélez-Arocho 等（2016）；Wernstedt 等（2006）
S_{20}	与政府和金融机构合作的低息贷款和补贴	Ahmad 等（2019）；Coffin 和 Shepherd（1998）；Mehdipour 和 Nia（2013）；Swickard（2008）；Vélez-Arocho 等（2016）；Wernstedt 等（2006）
S_{21}	利益相关者间的电子协作	Ahmad 等（2017b）；Frantál 等（2015）；Hou 等（2014）；Solitare 和 Lowrie（2012）；Stezar 等（2014）
~~S_{22}~~	为棕地问题建立体制框架	Hou 等（2014）；Hutchison 和 Disberry（2015）；Liu（2017）；McCarthy（2002）；Vélez-Arocho 等（2016）
S_{23}	推进政府和社会资本合作	Adams 等（2010）；Coffin 和 Shepherd（1998）；Hutchison 和 Disberry（2015）；McCarthy（2002）

注：S_{11}、S_{22} 是根据专家意见删除的；S_{23} 是根据专家建议增加的。

15.2.2　数据收集

在筛选出策略后，通过问卷调查收集策略相对重要性的数据。调查问卷是早期棕地再开发研究中广泛使用的工具之一，具有可量化和客观的性质。为了开发一个结构化的调查问卷，调查问卷内容由两位语言专家和一位在项目管理教学方面有十多年经验的教授进行评审，检查调查问卷中是否使用了任何含糊或不适当的术语。基于利克特量表的多种优点（如清晰、易于表达和解释），本调查问卷设计采用五点利克特量表，从 1 = 强烈不同意到 5 = 强烈同意。调查问卷由三部分组成：第一部分介绍研究的详细情况、目标和研究人员的联系方式；第二部分收集受访者的 10 项个人信息；第三部分介绍了从文献综述和专家意见中确定的 21 种策略。受访者是棕地再开发流程中可能存在的不同利益相关者，需要其对实施棕地再开发的策略重要性进行评分。

此外，对可持续性新兴问题（如可持续建设项目和绿色建筑）的相关研究采用的样本量分别为 39 人和 40 人，样本量有效（Chan et al.，2017）。受访者详细资料显示，22 名（26%）受访者来自政府部门，32 名（38%）受访者来自学术界，18 名（21%）受访者来自房地产和房地产市场的私人投资者，8 名（10%）受访者来自公众，4 名（5%）受访者来自非政府组织，因此，样本量具有很好的合理性和代表性。在进行数据分析之前，应用 CA 检验收集的数据是否可靠且一致。结果显示，CA 值为 0.82，依据 Fornell 和 Larcker（1981）提出的 CA 临界值应为 0.8，可以判断数据具有良好的适用性。

15.3　实证分析

Xiong 等（2015）回顾了建筑领域的早期研究，综述了 SPSS 和 AMOS 软件在建筑工程研究中的应用，得出结论：大多数研究（55%）应用 AMOS 软件进行因素验证；31% 的研究基于 LISREL 软件；其他研究使用 PLS 和其他定性方法。因此，本章应用 SPSS 21.0 和 AMOS 21.0 软件，基于利益相关者的数据，构建 SEM 并进行多种统计分析。

15.3.1　数据分析

1. 数据正态性分析

数据的正态分布是大多数统计检验的先决条件之一。本章采用 Park（2015）推荐的 S-W 检验来检验数据是否呈正态分布。该检验的原假设认为数据是正态分布的，S-W 检验的标准 α 值为 0.05。若 P 值低于标准 α 值，则否定原假设，并得出数据不呈正态分布的结论。S-W 检验获得的 P 值均

小于标准 α 值，这表明从利益相关者处获得的数据并非呈正态分布。虽然结果在一定程度上限制了 S-W 检验的可接受性，但考虑研究的样本量较小，数据没有呈正态分布是符合预期的。

2. 描述性统计

本章使用两种常见的描述性统计指标，即平均值（M）和标准差（standard deviation, SD），对棕地再开发策略的重要性按降序排列。此外，Mao 等（2015）指出，如果两种策略具有相同的平均值，那么考虑其对应重要性的标准差，标准差小意味着反馈的差异小，因此，选择标准差较小的策略。

3. 组间比较

由于受访者是影响棕地再开发过程的不同利益相关者，包括政府部门工作人员、科研人员、私人投资者、公众和非政府组织工作人员，有必要检验不同利益相关者之间的差异是否显著。本章采用两种方法进行组间比较检验：①方差分析（analysis of variance，ANOVA）。ANOVA 是常用的分析三个或更多个组间差异的检验参数之一，其基本假设之一是样本数据呈正态分布。②克鲁斯卡尔-沃利斯（Kruskal-Wallis）H 检验（记为 KWH 检验，H 是检验统计量的符号）。与 ANOVA 不同，KWH 检验是非参数检验，不要求数据呈正态分布。由于本章数据呈非正态分布，优先选择 KWH 检验进行组间比较。此外，在组间比较的同时，还计算了平均得分等级，以检验不同利益相关者群体的平均得分差异。

4. 一致性检验

Kendall-W 检验是一种非参数检验，用于检验不同利益相关者对棕地再开发策略排序的一致性。Kendall-W 检验的原假设是"在特定群体中利益相关者评定的排名不存在一致性"。该检验的标准值为 0～1。若受访者之间没有一致意见，则 Kendall-W 系数为 0；反之，Kendall-W 系数为 1。若 Kendall-W 检验的 P 值大于 0.001，则接受原假设并拒绝备择假设。

5. 变量比较

本章依据 Armindo 等（2019）的建议进行变量比较，以找出有效实施棕地再开发的主要策略。常用的两个变量比较统计检验方法是配对 t 检验和 Wilcoxon 符号秩检验。配对 t 检验作为一种参数检验，是用于检验两组匹配变量之间统计差异的重要方法，并且要求数据呈正态分布。

Wilcoxon 符号秩检验是配对 t 检验的一种替代方法，作为一种非参数检验，它不强制要求数据分布具有正态性。因此，选择 Wilcoxon 符号秩检验来比较变量。

6. 因子分析

在进行因子分析之前，因子数量是未知的。EFA 用于揭示系统变量相关的因子结构，以及哪些变量间紧密相关，本章应用 EFA 这一广泛使用的统计方法来探索一组变量的因子数量。应用 EFA 探索潜在因子的条件如下：①明确因子的大致数量范围；②早期研究中尚未从实证角度提取出具体的因子；③尚未用特定样本（如棕地再开发过程的利益相关者）建立因子结构。发展因子结构是模型构建的必要条件，也是 EFA 在棕地再开发研究中受到重视的原因。有研究应用因子分析法构建棕地再开发指标体系（Ahmad et al.，2018），对逆向物流（Waqas et al.，2018）和推动废物最小化实践（Jaillon et al.，2009）的因子进行分类。然而，早期研究并没有应用因子分析法来制定棕地再开发策略的因子结构。因此，对于从事棕地再开发实施过程的相关学者及专业人员，研究棕地再开发策略因子结构是非常有用的。

7. CFA

CFA 是基于 EFA 构建的因子结构，应用 AMOS 21.0 软件进行操作。验证模型主要包括测量模型和结构模型两部分，测量模型表明观测变量和潜在因素的假设关联，结构模型则代表五个一级潜因子和一个二级潜因子之间的联系。模型适配度是衡量模型拟合程度的指标之一，采用俭省拟合度、绝对拟合指数和相对拟合指数三个常用的指标来评估模型适配度。当模型适配度较低时，可以通过去除低水平回归权重和平方多元相关系数的变量及高修正指数的变量，建立残差之间的关联，提高模型适配度。

15.3.2　结果分析

不同统计方法的描述性分析结果如表 15-2 和表 15-3 所示。表 15-2 显示，所有策略的得分平均值为 3.93~4.65，说明所有策略都很重要，但对策略进行优先次序排列有助于决策者和有关当局更好地了解哪些策略更值得重点关注。描述性分析结果表明，得分平均值大于 4.47 的最重要的五种策略分别是"与政府和金融机构合作的低息贷款和补贴"（S_{20}）、"标准化棕地定义、指南并简化棕地流程"（S_2）、"开发技术和基础设施支持"（S_{12}）、"创造投资者兴趣"（S_{10}）、"加强修复技术研发"（S_{18}）。

表 15-2　统计分析

策略编号	所有利益相关者 平均值(SD)[Rank]	P 值	政府（GV） 平均值(SD)[Rank]	学术界（AC） 平均值(SD)[Rank]	私人投资者（PI） 平均值(SD)[Rank]	公众（GP） 平均值(SD)[Rank]	非政府组织（NG） 平均值(SD)[Rank]
S_{20}	4.65(0.569)[1]	0.000	4.65(0.758)[4]	4.78(0.546)[1]	4.56(0.653)[3]	4.80(0.844)[1]	4.46(0.501)[9]
S_2	4.61(0.631)[2]	0.000	4.67(0.744)[2]	4.73(0.639)[3]	4.34(0.744)[6]	4.76(0.698)[3]	4.56(0.645)[5]
S_{12}	4.55(0.583)[3]	0.000	4.82(0.587)[1]	4.48(0.529)[6]	4.45(0.711)[4]	4.34(0.808)[8]	4.65(0.843)[3]
S_{10}	4.50(0.761)[4]	0.000	4.66(0.576)[3]	4.76(0.722)[2]	4.21(0.769)[13]	4.11(0.557)[14]	4.76(0.882)[1]
S_{18}	4.47(0.650)[5]	0.000	4.22(0.731)[13]	4.58(0.891)[4]	4.38(0.681)[5]	4.79(0.591)[2]	4.38(0.698)[12]
S_4	4.46(0.945)[6]	0.000	4.52(0.882)[6]	4.44(0.544)[7]	4.23(0.812)[10]	4.62(0.693)[5]	4.51(0.774)[7]
S_5	4.45(0.832)[7]	0.000	4.15(1.023)[16]	4.57(0.749)[5]	4.78(0.665)[1]	4.64(0.856)[4]	4.12(0.650)[18]
S_1	4.32(0.559)[8]	0.000	4.21(0.696)[14]	4.22(0.532)[13]	4.65(0.934)[2]	4.12(0.932)[13]	4.42(0.830)[10]
S_{15}	4.28(0.778)[9]	0.000	4.34(0.571)[9]	4.28(0.593)[10]	4.12(0.489)[14]	4.06(0.573)[16]	4.62(0.932)[4]
S_{23}	4.27(0.843)[10]	0.000	3.85(0.848)[20]	4.19(0.833)[14]	3.96(0.683)[20]	4.62(0.499)[5]	4.71(0.603)[2]
S_8	4.26(0.523)[11]	0.000	4.46(0.550)[7]	4.23(0.629)[12]	4.12(0.582)[14]	4.32(0.660)[10]	4.18(0.588)[17]
S_{19}	4.22(0.918)[12]	0.000	4.32(0.620)[10]	4.27(0.499)[11]	4.23(0.649)[9]	4.09(0.904)[15]	4.21(0.611)[15]
S_9	4.21(0.511)[13]	0.000	4.45(0.917)[8]	4.41(1.032)[8]	4.02(0.701)[19]	4.23(0.549)[11]	3.95(0.675)[20]
S_3	4.18(0.625)[14]	0.000	4.06(0.811)[17]	4.16(1.012)[18]	4.23(0.858)[11]	3.92(0.559)[17]	4.51(0.710)[7]
S_7	4.15(0.747)[15]	0.000	4.25(0.583)[11]	4.19(0.639)[14]	3.72(0.546)[21]	4.22(0.758)[12]	4.39(0.523)[11]
S_{13}	4.13(0.721)[16]	0.000	4.59(0.616)[5]	4.18(0.511)[16]	4.05(0.538)[18]	3.56(0.632)[20]	4.27(0.620)[14]
S_{21}	4.13(0.733)[17]	0.000	3.91(0.701)[19]	3.79(0.578)[21]	4.28(0.770)[7]	4.33(0.694)[9]	4.36(0.773)[13]

续表

策略编号	所有利益相关者		政府（GV）	学术界（AC）	私人投资者（PI）	公众（GP）	非政府组织（NG）
	平均值(SD)Rank	P值	平均值(SD)Rank	平均值(SD)Rank	平均值(SD)Rank	平均值(SD)Rank	平均值(SD)Rank
S_{14}	4.09(0.547)[18]	0.000	4.01(0.579)[18]	4.14(0.848)[19]	4.22(0.529)[12]	3.56(0.788)[21]	4.54(0.732)[6]
S_{16}	4.08(0.884)[19]	0.000	4.21(0.558)[14]	4.34(0.931)[9]	4.11(0.917)[16]	3.72(0.830)[18]	4.01(0.699)[19]
S_6	4.05(0.510)[20]	0.000	3.45(0.803)[21]	3.85(0.601)[20]	4.24(0.805)[8]	4.51(0.711)[7]	4.21(0.811)[15]
S_{17}	3.93(1.032)[21]	0.000	4.23(0.761)[12]	4.17(0.566)[17]	4.09(0.875)[17]	3.66(0.593)[19]	3.52(0.727)[21]

注：Kendall-W 系数＝0.078（显著性水平为 0.000）；Rank 指排序结果；当 P 值小于 0.05 时，S-W 检验结果很显著。

表 15-3　均值差异分析

策略编号	Diff. (GV-AC)	Diff. (GV-PI)	Diff. (GV-GP)	Diff. (GV-NG)	Diff. (AC-PI)	Diff. (AC-GP)	Diff. (AC-NG)	Diff. (PI-GP)	Diff. (PI-NG)	Diff. (GP-NG)	P 值
S_{20}	-0.13	0.09	-0.15	0.19	0.22	-0.02	0.32	-0.24	0.10	0.34	0.324
S_2	-0.06	0.33	-0.09	0.11	0.39	-0.03	0.17	-0.42	-0.22	0.20	0.212
S_{12}	0.34	0.37	0.48	0.17	0.03	0.14	-0.17	0.11	-0.20	-0.31	0.113
S_{10}	-0.10	0.45	0.55	-0.10	0.55	0.65	0.00	0.10	-0.55	-0.65	0.010
S_{18}	-0.36	-0.16	-0.57	-0.16	0.20	-0.21	0.20	-0.41	0.00	0.41	0.369
S_4	0.08	0.29	-0.10	0.01	0.21	-0.18	-0.07	-0.39	-0.28	0.11	0.268
S_5	-0.42	-0.63	-0.49	0.03	-0.21	-0.07	0.45	0.14	0.66	0.52	0.191
S_1	-0.01	-0.44	0.09	-0.21	-0.43	0.10	-0.20	0.53	0.23	-0.30	0.070
S_{15}	0.06	0.22	0.28	-0.28	0.16	0.22	-0.34	0.06	-0.50	-0.56	0.489
S_{23}	-0.34	-0.11	-0.77	-0.86	0.23	-0.43	-0.52	-0.66	-0.75	-0.09	0.632
S_8	0.23	0.34	0.14	0.28	0.11	-0.09	0.05	-0.20	-0.06	0.14	0.485
S_{19}	0.05	0.09	0.23	0.11	0.04	0.18	0.06	0.14	0.02	-0.12	0.229
S_9	0.04	0.43	0.22	0.50	0.39	0.18	0.46	-0.21	0.07	0.28	0.411
S_3	-0.10	-0.17	0.14	-0.45	-0.07	0.24	-0.35	0.31	-0.28	-0.59	0.09
S_7	0.06	0.53	0.03	-0.14	0.47	-0.03	-0.20	-0.50	-0.67	-0.17	0.232
S_{13}	0.41	0.54	1.03	0.32	0.13	0.62	-0.09	0.49	-0.22	-0.71	0.008
S_{21}	0.12	-0.37	-0.42	-0.45	-0.49	-0.54	-0.57	-0.05	-0.08	-0.03	0.256
S_{14}	-0.13	-0.21	0.45	-0.53	-0.08	0.58	-0.40	0.66	-0.32	-0.98	0.701
S_{16}	-0.13	0.10	0.49	0.20	0.23	0.62	0.33	0.39	0.10	-0.29	0.082

续表

策略编号	Diff.(GV-AC)	Diff.(GV-PI)	Diff.(GV-GP)	Diff.(GV-NG)	Diff.(AC-PI)	Diff.(AC-GP)	Diff.(AC-NG)	Diff.(PI-GP)	Diff.(PI-NG)	Diff.(GP-NG)	P 值
S_6	0.26	0.08	0.31	0.19	0.26	0.42	0.19	0.26	0.18	0.22	0.072
S_{17}	−0.12	0.11	0.66	0.27	0.29	0.48	0.30	0.41	0.15	−0.17	0.063

利益相关者之间差异显著策略的 KWH 检验

编号	平均值（政府）	平均值（学术界）	平均值（私人投资者）	平均值（公众）	平均值（非政府组织）
S_{10}	16.88	24.76	27.91	19.37	28.38
S_{13}	16.54	26.48	23.65	18.43	24.64

注：P 值小于 0.05。

表 15-3 说明了政府、学术界、私人投资者、公众和非政府组织五种不同利益相关者之间的意见差异。结合表 15-2 的结果，Kendall-W 系数为 0.078（显著性水平 = 0.000），表明群体中的特定利益相关者具有显著的一致性水平。同时，均值差异分析的结果反映了学者和公众对策略重要性的看法均高于政府、私人投资者和非政府组织，表明公众和学术界更倾向实施棕地再开发策略。在差异分析中，政府与公众、私人投资者、非政府组织和学术界对"促进就业机会"（S_{13}）策略的意见差异最大，分别为 Diff.（GV-GP）= 1.03、Diff.（GV-PI）= 0.54、Diff.（GV-NG）= 0.32、Diff.（GV-AC）= 0.41。

此外，不同利益相关者观点差异最大的策略如下："创造投资者兴趣"（S_{10}）策略的 Diff.（AC-PI）= 0.55，Diff.（AC-GP）= 0.65；"增强对环境问题、棕地潜力及执行规章制度的意识"（S_9）策略的 Diff.（AC-NG）= 0.46；"改善棕地再开发的认知形象"（S_{14}）策略的 Diff.（PI-GP）= 0.66；"详细的成本评估和绩效评估"（S_5）策略的 Diff.（PI-NG）= 0.66，Diff.（GP-NG）= 0.52。KWH 检验结果如表 15-3 所示，除"创造投资者兴趣"（S_{10}，$P = 0.010$）和"促进就业机会"（S_{13}，$P = 0.008$）两种策略外，所有策略的 P 值均大于 0.05，表明五组利益相关者对其他策略优先顺序的观点差异在统计学上不显著，只有对 S_{10} 和 S_{13} 的观点差异具有统计学意义，S_{10} 和 S_{13} 主要描述利益相关者对棕地再开发潜力的认识和宣传（Weng et al.，2019）。在应用 KWH 检验时，不仅需要检验利益相关者之间的差异是否显著，而且需要分析每一个利益相关者的得分平均值，以突出与其他利益相关者观点明显不同的利益相关者。从表 15-2 和表 15-3 中可以看出，政府作为主要利益相关者在 S_{10} 和 S_{13} 上的得分平均值分别为 4.66 和 4.59，平均得分等级最小，分别为 16.88 和 16.54，表明政府对 S_{10} 和 S_{13} 的观点存在显著差异。

完成描述性分析后，进行 EFA。首先，应用 KMO 检验和巴特利特球形检验，判断数据是否适合进行 EFA。计算结果显示，KMO 值为 0.65，超过 0.5 的临界值；巴特利特球形检验显著性水平为 0.000，也达到要求，说明了进行因子分析和提取因子结构的数据适用性，表明样本足以进行 EFA 检验。其次，分析公因子方差，检验因子分析法的适用性。Graham 等（2018）建议，在样本量较小的情况下，所有公因子方差应高于 0.60。此外，Said 等（2019）发现，在应用因子分析法研究棕地再开发时，70% 的研究的样本量小于 100 人，甚至为 20～40 人。因此，84 名受访者的样本量适合进行因子分析。本章主要采用主成分分析的提取方法，并结合最大方差旋转进行 EFA，提取策略的分组结构。结果显示，所有因子负荷均高于 0.50，可以保留所有变量（策略）。进一步提取特征值大于 1 的因子，得到 5 个因子，以此建立棕地再开发策略的基本因子结构，结果如表 15-4 和表 15-5 所示。根据高因子负荷、意义相似的策略，将所有策略分为五个有意义的组，分别命名如下：①策略类别 1，GRR——政府规章制度（government rules and regulations）；②策略类别 2，BS——棕地自身（brownfield site）；③策略类别 3，MC——管理与协作（management and collaboration）；④策略类别 4，BRBA——棕地再开发利益意识和宣传（brownfield redevelopment benefits awareness and publicity）；⑤策略类别 5，SRDF——补贴和研发资金（subsidies and R&D funding），最终通过 CFA 进一步验证了通过 EFA 提取的 21 种策略，结果如表 15-6 所示。

表 15-4　公因子方差值

策略	初始	提取
S_1	1	0.745
S_2	1	0.764
S_3	1	0.659
S_4	1	0.723
S_5	1	0.645
S_6	1	0.691
S_7	1	0.754
S_8	1	0.665
S_9	1	0.823
S_{10}	1	0.783
S_{12}	1	0.660
S_{13}	1	0.782
S_{14}	1	0.729
S_{15}	1	0.713
S_{16}	1	0.653
S_{17}	1	0.632
S_{18}	1	0.843
S_{19}	1	0.817
S_{20}	1	0.679
S_{21}	1	0.698
S_{23}	1	0.778

表 15-5　抽取的主成分累计方差贡献率

策略类别	旋转前的方差贡献率			旋转后的方差贡献率		
	总值	方差百分比/%	累计百分比/%	总值	方差百分比/%	累计百分比/%
1	5.706	34.860	34.860	3.158	18.756	18.756
2	2.358	14.487	49.347	2.476	17.659	36.415

续表

策略类别	旋转前的方差贡献率			旋转后的方差贡献率		
	总值	方差百分比/%	累计百分比/%	总值	方差百分比/%	累计百分比/%
3	1.734	10.345	59.692	2.298	16.544	52.959
4	1.463	8.122	67.814	1.881	15.140	68.099
5	1.052	6.260	74.074	1.456	5.975	74.074

表 15-6　因子分析负荷矩阵

编号	棕地再开发策略	策略类别				
		1	2	3	4	5
	GRR					
S_4	统一棕地政策和流程	0.868				
S_8	将棕地再开发作为城市可持续发展计划一部分	0.823				
S_2	标准化棕地定义、指南并简化棕地流程	0.656				
	BS					
S_5	详细的成本评估和绩效评估		0.843			
S_6	平衡利益相关者反应与成本效率		0.774			
S_{12}	开发技术和基础设施支持		0.549			
	MC					
S_1	增强管理意识			0.891		
S_3	与发达国家城市的策略合作			0.810		
S_7	地方政府避免棕地产生策略			0.629		
S_{21}	利益相关者间的电子协作			0.588		
S_{15}	对城市可持续发展策略的贡献			0.532		
	BRBA					
S_9	增强对环境问题、棕地潜力及执行规章制度的意识				0.786	
S_{10}	创造投资者兴趣				0.722	
S_{13}	促进就业机会				0.673	
S_{14}	改善棕地再开发的认知形象				0.619	
S_{16}	提供可及性				0.573	
S_{17}	提供健康安全的环境				0.521	
	SRDF					
S_{19}	为实施棕地再开发提供市场激励措施					0.859
S_{20}	与政府和金融机构合作的低息贷款和补贴					0.718
S_{18}	加强修复技术研发					0.643
S_{23}	推进政府和社会资本合作					0.558

棕地再开发策略验证模型由 21 个观测变量、5 个一级潜变量（GRR、

BS、MC、BRBA、SRDF）和 1 个二级潜变量（棕地再开发策略）组成，如图 15-2 所示。

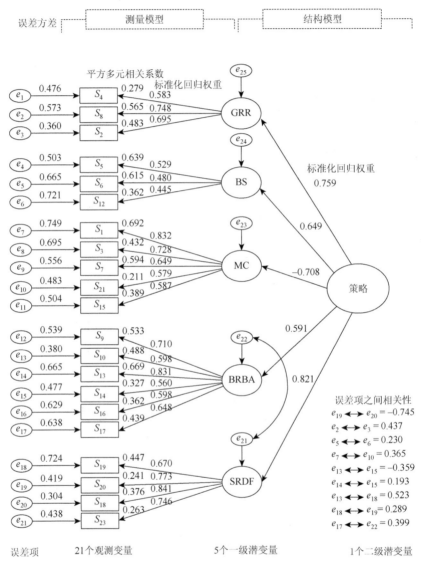

图 15-2　棕地再开发策略验证模型

由图 15-2 可以看出，结构模型的估计值符合标准（如标准化回归权重大于 0.5；平方多元相关系数大于 0.5），但拟合优度指标还没有达到标准水平。依据表 15-7，从结构模型中删除决定系数（coefficient of determination）R^2 较低的观测变量（S_6、S_{18}、S_{21}），但拟合优度未获得实质性改善。因此，通过再次添加删除的观测变量对结构模型进行以下修正。

表 15-7　不同策略 P 值比较

编号	S_{20}	S_2	S_{12}	S_{15}	S_{18}	S_4	S_5	S_1	S_{10}	S_{23}	S_8	S_{19}	S_9	S_3	S_7	S_{13}	S_{21}	S_{14}	S_{16}	S_6	S_{17}
S_{20}	—	0.803	0.487	0.473	0.204	0.187	0.380	0.009	0.019	0.039	0.079	0.096	0.286	0.001	0.007	0.306	0.002	0.005	0.028	0.001	0.000
S_2		—	0.482	0.089	0.342	0.381	0.351	0.470	0.121	0.532	0.479	0.043	0.539	0.049	0.042	0.583	0.640	0.472	0.058	0.003	0.000
S_{12}			—	0.212	0.021	0.471	0.382	0.193	0.428	0.017	0.462	0.294	0.018	0.636	0.378	0.129	0.581	0.586	0.239	0.016	0.127
S_{15}				—	0.482	0.073	0.721	0.131	0.273	0.692	0.017	0.274	0.343	0.048	0.039	0.025	0.028	0.001	0.004	0.005	0.042
S_{18}					—	0.583	0.840	0.453	0.109	0.548	0.327	0.012	0.293	0.391	0.124	0.384	0.005	0.032	0.017	0.032	0.000
S_4						—	0.882	0.674	0.782	0.651	0.288	0.372	0.008	0.840	0.535	0.495	0.082	0.014	0.571	0.783	0.000
S_5							—	0.791	0.482	0.256	0.163	0.369	0.040	0.073	0.772	0.443	0.193	0.004	0.421	0.084	0.002
S_1								—	0.691	0.018	0.382	0.180	0.173	0.153	0.156	0.408	0.138	0.374	0.019	0.015	0.003
S_{10}									—	0.629	0.018	0.632	0.093	0.197	0.020	0.039	0.821	0.296	0.125	0.182	0.029
S_{23}										—	0.643	0.953	0.649	0.478	0.554	0.115	0.031	0.199	0.009	0.001	0.138
S_8											—	0.622	0.618	0.132	0.021	0.035	0.483	0.102	0.037	0.028	0.000
S_{19}												—	0.749	0.593	0.035	0.098	0.370	0.482	0.046	0.584	0.039
S_9													—	0.792	0.649	0.668	0.294	0.479	0.841	0.942	0.000
S_3														—	0.908	0.682	0.291	0.599	0.688	0.016	0.101
S_7															—	0.915	0.483	0.023	0.654	0.023	0.179
S_{13}																—	0.919	0.689	0.601	0.004	0.208
S_{21}																	—	0.896	0.495	0.017	0.031
S_{14}																		—	0.938	0.065	0.510

续表

编号	S_{20}	S_2	S_{12}	S_{15}	S_{18}	S_4	S_5	S_1	S_{10}	S_{23}	S_8	S_{19}	S_9	S_3	S_7	S_{13}	S_{21}	S_{14}	S_{16}	S_6	S_{17}
S_{16}																			—	0.864	0.449
S_6																				—	0.982
S_{17}																					—

如表 15-8 所示，依据模型指标，首先增添存在较强相关性的 e_8 和 e_{11} 两个变量之间的连线（记为模型 2），模型得到了实质性的改进；其次增添 e_{16} 和 e_{17} 两个变量之间的连线（记为模型 3），模型达到要求的适配度，绘制的相关关系如图 15-2 所示。模型 3 的相关指数如下：$\chi^2 / df = 2.834 < 3$，拟合优度指数（goodness of fit index，GFI）$= 0.901 \geqslant 0.90$，比较拟合指数（comparative fit index，CFI）$= 0.990 \geqslant 0.90$，RMSEA $= 0.068 < 0.08$，$P < 0.05$（Sharpe，2015；McDonald and Ho，2002）。改进后模型中的五个主要策略类别（GRR、BS、MC、BRBA、SRDF）和总体策略的路径系数分别为 0.759、0.649、−0.708、0.591、0.821。在二级因子结构中，标准化路径系数最高的是 SRDF，其次是 GRR，说明 GRR 和 SRDF 对棕地再开发策略的实施具有较大的促进作用。此外，一级因子结构的结果显示，在 GRR 组中，S_8（将棕地再开发作为城市可持续发展计划一部分）的标准化路径系数最高；在 BS 组中，S_5（详细的成本评估和绩效评估）的标准化路径系数最高；在 MC 组中，S_1（增强管理意识）的标准化路径系数最高；在 BRBA 组中，S_{13}（促进就业机会）的标准化路径系数最高；在 SRDF 组中，S_{18}（加强修复技术研发）的标准化路径系数最高。

表 15-8　模型验证结果

模型	俭省拟合度	绝对拟合指数			相对拟合指数
	χ^2 / df	RMSEA	P	GFI	CFI
模型 1	3.423	0.078	0.000	0.838	0.832
模型 2	3.169	0.072	0.000	0.889	0.860
模型 3	2.834	0.068	0.000	0.901	0.990

注：模型 2 通过图形关联将图 15-2 中误差变量 e_8 和 e_{11} 连接起来；模型 3 通过图形关联将图 15-2 中误差变量 e_{16} 和 e_{17} 连接起来。

在对 CFA 的信度检验方面，综合信度值为 0.7，达到标准水平；在效度检验方面，采用以下标准：①回归权重的显著性水平应大于标准值（0.5）；②平方多元相关系数应大于临界值（0.25）；③各策略组的综合可靠度值应大于结构的 AVE 值。基于此标准，研究具有收敛效度，但 AVE 值小于 0.5，相对较低。

表 15-9 显示了 CFA 的可靠性和有效性。为了达到判别效度，采用以下标准：①AVE 值应大于相应的 MSV 值和 ASV 值，例如，GRR 组得到的 AVE 值为 0.491，高于 MSV 值（0.472）和 ASV 值（0.253）；②$\sqrt{\text{AVE}}$

值应大于一个构件（策略）与其他构件（策略）的相关性，例如，GRR 组的 $\sqrt{AVE}$ 值为 0.694，远高于 GRR 组与 BS 组的相关性（0.141）、GRR 组与 MC 组的相关性（0.212）、GRR 组与 BRBA 组的相关性（0.073），以及 GRR 组与 SRDF 组的相关性（0.092）；③对于两个因素提取的 AVE 值应大于相应的因子相关性，例如，GRR 组和 BS 组包含 0.491 和 0.502 的 AVE 值，大于 GRR 组和 BS 组之间的因子相关性（0.141）；④不应存在多重共线性，例如，不同构件之间的最大相关性为 0.472。

表 15-9　CFA 的可靠性和有效性

参数	棕地再开发策略				
	GRR	BS	MC	BRBA	SRDF
CR	0.886	0.841	0.763	0.722	0.702
ASV	0.253	0.141	0.212	0.073	0.092
MSV	0.472	0.453	0.442	0.123	0.159
AVE	0.491	0.502	0.483	0.394	0.445
$\sqrt{AVE}$	0.694	0.687	0.694	0.627	0.667

注：CR 指复合可靠性（composite reliability）。

根据 CFA 的结构模型进行验证，得到 21 种策略。因此，最初 23 个策略中的 21 个策略代表了棕地再开发实施的主要策略。

15.4　讨　论

本节以结构化方式讨论由因子分析法得出的策略类别结果。

15.4.1　策略类别 1：GRR

作为棕地再开发最重要的策略之一，该策略类别包括政府制定规则、法规和标准等，根据其重要性分为三种主要策略：①统一棕地政策和流程；②将棕地再开发作为城市可持续发展计划一部分；③标准化棕地定义、指南并简化棕地流程。

统一棕地政策和流程对推进棕地再开发至关重要。棕地再开发涉及多个决策者，包括中央政府、地方政府和土地开发部门等，各机构和部门都会制定棕地再开发相关政策，导致相关政策没有一致性。因此，需要采取必要的行动来共同制定与棕地再开发相关的政策，以确保其一致性。同时，各部门应共同努力解决棕地问题，可持续的棕地更新是城市绿色发展的关键（Cao and Guan，2007），也有助于推进城市的可持续发展。棕地再开发不仅涉及多方决策者，而且是一个由许多活动组成的复杂过程，需要对从场地清洁到生产利用的全流程进行规范。

15.4.2　策略类别 2：BS

该策略类别包括了解棕地自身特征及其他技术（如成本评估和绩效评估）等方面，依据其重要性分为三个主要策略：①详细的成本评估和绩效评估；②平衡利益相关者反应与成本效率；③开发技术和基础设施支持。

详细的成本评估和绩效评估可以成为棕地再开发的重要策略。早期的研究认为，棕地再开发的成本效益高，不仅可以促进后工业区的发展，而且可以恢复其自然和生产性用途（Barrieu et al.，2017；Chen et al.，2019）。然而，棕地再开发过程包括许多活动，如初步现场评估、风险管理和评估不同的再开发方案，这些活动都要付出高昂的成本。因此，建立成本评价机制和进行可行性研究是非常必要的。

所有政府倾向降低成本以吸引更多的投资，这样可能会影响其他利益相关者的利益，需要平衡成本效率和利益相关者的反应。相关研究也指出了平衡自然资源的成本（如棕地）和利益相关者的反应是必要的（Wang et al.，2011）。每一个利益相关者的成本效率都不同，需要与利益相关者共同讨论棕地再开发相关成本，以在某点上达成一致。

棕地再开发的成功实施离不开开发技术和基础设施的支持，需要建设通信、道路、交通等基础设施以促进棕地发展。Attoh-Okine 和 Gibbons（2001）引入了术语"棕地基础设施再开发"。因此，有必要将基础设施开发和棕地再开发这两个概念结合起来，基于以下四个步骤实现棕地再开发的多重效益：①场地识别；②场地调查；③场地修复；④场地再开发。

15.4.3　策略类别 3：MC

该策略类别包括对棕地再开发实施的领导支持，依据其重要性分为五个主要策略：①增强管理意识；②与发达国家城市的策略合作；③地方政府避免棕地产生策略；④利益相关者间的电子协作；⑤对城市可持续发展策略的贡献。

管理层在城市环境可持续性问题上的决策发挥着重要作用，主要体现在：一方面，提高管理层的管理意识有助于提高其他利益相关者意识；另一方面，管理层在与其他有经验国家合作方面起着主导与沟通的重要作用。管理层可以在所有利益相关者共同参与棕地再开发决策的过程中作为调解人，在电子技术和社交网络的帮助下加强合作（Randolph and Bauer，1999）。在此背景下，还出现了一个环境决策中的新兴术语——电子协作，利益相关者间的电子协作有助于推进棕地再开发的实施。

15.4.4　策略类别 4：BRBA

该策略类别主要包括为提高公众和投资者对棕地再开发潜力及其利益的认识而需要采取的步骤，依据其重要性分为六个主要策略：①增强对环境问题、棕地潜力及执行规章制度的意识；②创造投资者兴趣；③促进就业机会；④改善棕地再开发的认知形象；⑤提供可及性；⑥提供健康安全的环境。

棕地再开发虽然有机会可以为所有利益相关者创造双赢的局面，但作为一个新兴的概念并没有被大众广泛接受。因此，需要提高大众对城市和环境问题特别是棕地问题的认识。棕地再开发与可持续发展的环境、社会和经济三个主要指标密切相关，能够带来若干效益（Ahmad et al.，2017a；De Sousa，2003；Loures and Vaz，2018）。这些效益一方面体现在可以通过清除污染和有害物质、清洁环境、降低健康安全风险来确保对居民的防护；另一方面体现在可以拉动就业、投资和土地再利用。美国的棕地再开发计划（brownfield redevelopment program）投资了 264.08 亿美元，带动了 138643 个就业岗位，并将 76119 英亩土地用于再利用（USEPA，2019）。棕地再开发可以解决多种社会经济问题（如失业、犯罪）。向公众和投资者报告这些效益，不仅可以使他们产生投资兴趣，而且能够提升棕地的正面形象，以改变公众对棕地的负面看法。此外，应提供基础设施支持，包括建设道路、学校和医院，以促进棕地场地的可持续利用。

15.4.5　策略类别 5：SRDF

该策略类别包括与政府提供资金和补贴有关的政策，依据其重要性分为四个主要策略：①为实施棕地再开发提供市场激励措施；②与政府和金融机构合作的低息贷款和补贴；③加强修复技术研发；④推进政府和社会资本合作。

为实施棕地再开发提供市场激励措施是该策略类别中最关键的策略。棕地再开发过程中的每项活动都需要高昂的成本，并伴随着一定的风险，需要吸引大量投资，以保证再开发过程的正常实施。在有关部门和金融机构的帮助下，政府的激励措施可以促进棕地再开发的发展。美国出台了《更好利用投资促进发展法案》（*Better Utilization of Investments Leading to Development*，BUILD），对节能企业和可再生能源使用行为（特别是对棕地修复项目）给予奖励。根据这项法案，对棕地的补贴达到 50 万美元，根据有害物质种类和场地面积，补贴可进一步增加到 65 万美元。此外，推进政府和社会资本合作也是成功实施棕地再开发的重要策略（Glumac et al.，2015b）。

在因子分析的基础上，对所有策略进行总结，如图 15-3 所示。

MC
- 增强管理意识
- 与发达国家城市的策略合作
- 地方政府避免棕地产生策略
- 利益相关者间的电子协作
- 对城市可持续发展策略的贡献

SRDF
- 为实施棕地再开发提供市场激励措施
- 与政府和金融机构合作的低息贷款和补贴
- 加强修复技术研发
- 推进政府和社会资本合作

BRBA
- 增强对环境问题、棕地潜力及执行规章制度的意识
- 创造投资者兴趣
- 促进就业机会
- 改善棕地再开发的认知形象
- 提供可及性
- 提供健康安全的环境

BS
- 详细的成本评估和绩效评估
- 平衡利益相关者反应与成本效率
- 开发技术和基础设施支持

GRR
- 统一棕地政策和流程
- 将棕地再开发作为城市可持续发展计划一部分
- 标准化棕地定义、指南并简化棕地流程

图 15-3　棕地再开发策略

本 章 小 结

近年来，棕地再开发已经成为土地可持续利用的重要实践方式，有必要提出棕地再开发策略，以解决多种城市和环境问题。为弥补棕地再开发策略系统研究的欠缺，本章首先在系统回顾文献的基础上初步确定了 23 种策略，并基于棕地再开发涉及的主要利益相关者收集的数据，验证了 21 种策略。根据因子分析结果和不同含义将策略分为五类：①GRR；②BS；③MC；④BRBA；⑤SRDF。

虽然本章的研究已经实现基本目标，但仍有许多局限性，表明了未来进一步研究、理解和研究结果有效性的可能性。首先，研究结论基于利益相关者对棕地再开发策略的主观看法，缺乏客观性；其次，研究数据虽然符合因子分析（EFA 和 CFA）的基本要求，但需要更大的样本量，使结果更为有效；最后，采用因子分析法对策略进行分类，未来还可以借助其他方法（如 ISM），将策略以层级方式联系起来，系统地映射策略的重要性。

第 16 章　棕地再开发策略制定

基于第二篇、第三篇与第四篇的研究内容,本章从棕地修复、棕地再开发项目综合评价和棕地风险三方面组成矛盾矩阵的关键因子,根据 TRIZ 建立棕地再开发策略选择模型,制定 TRIZ 发明创新原理对棕地再开发策略的启示集。

16.1　TRIZ 基本介绍

TRIZ 是一种解决发明问题的工具,由解决问题的 40 项发明创新原理、分离性原则和 76 种标准解决方案等组成。第二次世界大战结束时,苏联阿特舒勒(Altshuler)通过对数百万项发明专利的分析总结出 TRIZ。在随后的几十年中,学者逐渐发展出技术矛盾、物理矛盾等概念,以及矛盾矩阵、40 项发明创新原理、物-场(su-field)、标准解决方案和其他实用方法。如今,TRIZ 在全世界范围内广泛应用到各个领域。管理系统作为一种软技术,也属于技术系统,相比于调整硬技术系统里的参数,对管理系统中的“人”的因素调整是更为灵活的。因此,TRIZ 成果能够直接、有效地应用在管理问题中。Mann(2004)从哲学层面讨论了 TRIZ 与管理创新过程的有效整合。Bianchi(2010)应用 TRIZ 建立了一种工具以提高中小企业的对外开放创新能力。Birdi 等(2012)的实证分析结果表明,参加 TRIZ 培训不仅可以短期提高创造性地解决问题的能力,而且可以提高工程师的创新动力。大量研究证实了 TRIZ 在管理领域的应用是十分有效的。

棕地再开发过程涉及众多利益相关者,存在不同的利益诉求。同时,棕地再开发涉及的程序众多,存在程序标准化不足、政策不完善等问题,TRIZ 能够将这些问题抽象为若干对冲突和矛盾,如何有效地选择适合的策略解决此类矛盾和冲突问题是棕地再开发的难题。TRIZ 是一种面向人的、以知识为基础的、专门解决工程技术中矛盾和冲突问题的系统理论。因此,本章应用 TRIZ 的矛盾矩阵与发明创新原理工具,以解决棕地再开发项目发展中的关键问题为途径,建立棕地再开发策略选择模型,为我国棕地再开发提供指导和借鉴。将化解冲突的过程作为创新的过程,并借此更进一步提出棕地再开发的政策建议。

16.2　TRIZ 矛盾矩阵

Ilevbare 等（2013）对世界各地 40 名 TRIZ 爱好者和实践者的调查显示，75%的人常使用 40 项发明创新原理，近 60%的人常使用矛盾矩阵。无论是设计策略，还是管理策略，矛盾矩阵和 40 项发明创新原理这两种工具都有助于创新目标的实现。因此，本章应用矛盾矩阵（表 16-1）和 40 项发明创新原理（表 16-2）。

表 16-1　矛盾矩阵

改善的参数	恶化的参数				
	No.1	No.2	...	No.38	No.39
No.1	+	−	...	26, 35, 18, 19	35, 3, 24, 37
No.2	−	+	...	2, 26, 35	1, 18, 15, 35
⋮	⋮	⋮	...	⋮	⋮
No.38	28, 26, 18, 35	28, 16, 35, 10	...	+	5, 12, 35, 26
No.39	35, 26, 24, 37	28, 27, 15, 3	...	5, 12, 35, 26	+

注："+"表示不存在改善某参数的同时该参数恶化的情况，表格中的数字表示解决相应矛盾的发明创新原理序号，"−"表示无解决该矛盾的发明创新原理。

表 16-2　40 项发明创新原理

发明创新原理	发明创新原理	发明创新原理	发明创新原理
1. 分割	11. 事先缓冲	21. 高速作业	31. 多孔材料
2. 抽出	12. 等势性	22. 变害为益	32. 改变颜色
3. 局部质量	13. 反向	23. 反馈	33. 同质性
4. 不对称	14. 曲面化	24. 中介	34. 抛弃和修复
5. 合并	15. 动态性	25. 自服务	35. 参数改变
6. 多样性	16. 未达到或超过的作用	26. 复制	36. 状态变化
7. 嵌套	17. 一维变多维	27. 廉价替代品	37. 热膨胀
8. 质量补偿	18. 机械振动	28. 机械系统的替代	38. 使用强氧化剂
9. 事先反作用	19. 周期性作用	29. 气动与液压结构	39. 惰性环境
10. 事先行动	20. 有用动作的持续	30. 柔性壳体或薄膜	40. 复合材料

矛盾是 TRIZ 的主要概念之一。TRIZ 辨识了两类矛盾——技术矛盾和物理矛盾。矛盾矩阵就是用来解决技术矛盾的工具。技术矛盾是指当试图改善一个系统的某些属性或功能时，该系统的其他属性恶化的情况。例如，

应用软件商希望服务器有更大的用户承载量，但是这会带来成本的增加。根据 TRIZ，任何一个技术矛盾都可以用技术参数来描述，而 40 项发明创新原理就是用来求解由技术参数描述的技术矛盾。技术参数、技术参数间的矛盾关系及对应发明创新原理构成了矛盾矩阵。矩阵中的"列"表示在解决矛盾时会改善的参数，"行"表示在解决矛盾时会恶化的参数，而各行与列交叉的单元格表示解决相应矛盾时所用到的原理的序号。在管理中同样存在不同的冲突和矛盾，以双赢的方式成功消除每一种冲突和矛盾是实现 TRIZ 与管理创新过程成功整合的目标。

16.3 基于 TRIZ 提出棕地再开发策略

TRIZ 在管理问题的实际应用中一般包括界定问题、转换、应用解决工具、评价控制等操作步骤。在界定问题的基础上，通过物质场分析、标准工程参数将问题转化为一般问题，应用矛盾矩阵及发明创新原理、标准解、进化模式等工具提供问题的解决方案。将解决方案应用到实践中后，对 TRIZ 相应工具的应用进行效果评价与控制。本章提出基于 TRIZ 的棕地再开发策略研究框架，如图 16-1 所示。

16.3.1 选取标准参数

由于资源是有限的，难以充分考虑所有因素，需要优先考虑重要因素，即识别关键因素。通过选取标准参数将棕地再开发的特定问题转换为 TRIZ 模型中的一般问题。识别关键因素的方法有德尔菲法、文献分析、问卷调查、ISM 等。本章基于第二篇、第三篇与第四篇的研究内容，从棕地修复项目优先级排序指标体系与关键风险识别研究、棕地再开发项目评价研究和棕地再开发风险评估研究中提炼棕地再开发的关键因素。

在第二篇棕地修复项目融资模式研究部分，首先基于已有的相关期刊文献和美国的《超级基金法》中 NPL 的指标体系构成了初始指标清单，其次根据我国的具体情况使用德尔菲法修正了该指标清单，最终形成了基于价值程度和风险程度两个维度的棕地修复项目优先级排序指标体系。管理者应尽可能提高项目的价值程度，同时降低项目的风险程度。关键风险识别研究是对棕地修复项目优先级排序指标体系风险维度的进一步补充，应用德尔菲法确定了最终的 48 个风险因素，通过 ISM 和 MICMAC 模型确定了 9 个关键风险因素。考虑到一些指标是针对 PPP 模式下棕地修复项目的风险因素，为确保因素的通用性，将 PPP 模式下的特有风险因素删除。其

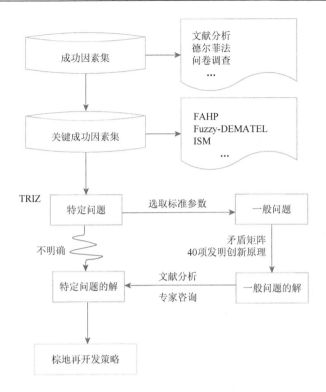

图 16-1　基于 TRIZ 的棕地再开发策略研究框架

中，由于不可抗力是棕地修复项目实施过程中遇到不适宜的天气条件、洪水、暴风雨、地震等不能人为控制的因素，无法通过策略建议改善该因子，剔除棕地修复中的不可抗力因素。最终形成了 9 个棕地再开发过程修复阶段的关键因子：相关法律体系不成熟，技术风险，不可抗力，私有投资方能力缺陷，PPP 模式经验不足，研究与数据缺乏，缺少 PPP 协议的标准模板，责任风险，错误的成本估计。

在第三篇棕地再开发项目评价研究部分，将生态共生的思想引入棕地再开发项目的评价中，结合对棕地再开发过程各主要利益相关者的分析，从社会经济、财务、环境健康和潜力 4 个维度出发，提炼了 27 个指标，初步构建了 EISBRP，优化后形成环境和健康效益、财务、棕地位置、社会稳定性、政策和技术、实施效果 6 个指标。棕地位置为棕地的固有性质，对政府来说难以优化，因此，不考虑将该指标作为关键因子。将剩余 5 个指标作为棕地再开发项目综合评价阶段的关键因子。

在第四篇棕地再开发项目风险管理研究部分，构建了基于利益相关者的棕地再开发风险评估指标体系，包括财务和管理风险维度、环境风险维度、经济和政策法规风险维度及技术风险维度，共 34 个二级指标，将该 4 个维度作为棕地风险管理的 4 个关键因子。

　　将棕地修复、棕地再开发项目综合评价和棕地风险三方面的关键因素进行整合，合并相同关键因子后得到 13 个关键因子，分别为产出效率、污名、创造就业量、税收增量、相关法律体系、责任风险、成本估计、研究与数据、环境和健康效益、财务和管理风险、社会稳定性、政策和技术，以及实施效果。根据关键因子的含义，将 13 个因子转换为棕地再开发的关键问题，如表 16-3 所示。这些关键问题代表了棕地再开发过程中可能遇到的核心问题。想要有效推进棕地再开发，首先要解决这些影响棕地再开发的关键问题。

表 16-3　关键因子转换为关键问题

关键因子	关键问题
KSF1 产出效率	CP1 产出效率低
KSF2 污名	CP2 污名化程度高
KSF3 创造就业量	CP3 创造就业量不足
KSF4 税收增量	CP4 税收增量不足
KSF5 相关法律体系	CP5 相关法律体系不成熟
KSF6 责任风险	CP6 责任风险水平较高
KSF7 成本估计	CP7 成本估计偏差较大
KSF8 研究与数据	CP8 缺乏研究与数据
KSF9 环境和健康效益	CP9 环境和健康效益不足
KSF10 财务和管理风险	CP10 财务和管理风险水平较高
KSF11 社会稳定性	CP11 社会稳定性改善不足
KSF12 政策和技术	CP12 政策和技术支持不足
KSF13 实施效果	CP13 实施效果不足

注：关键因子的编号 KSF 是 key success factor 的缩写；关键问题的编号 CP 是 critical problem 的缩写。

16.3.2　建立解决方案模型

1. 适配关键因子与 TRIZ 技术参数

1）适配流程

TRIZ 中的技术参数是工程技术领域的专业名词，可以直接应用于工程技术领域的发明创新矛盾问题的描述和解决，但不能直接应用于管理领域，不能直接用来解决棕地再开发策略选择问题。因此，基于棕地再开发的基本特征和内涵，通过对棕地再开发关键因子与 TRIZ 技术参数进行适配，建立两者的关系，可以将矛盾矩阵应用于棕地再开发策略选择。棕地再开发关键因子与 TRIZ 技术参数适配模型如图 16-2 所示。

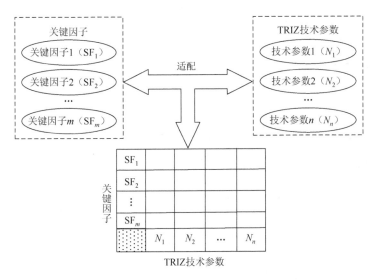

图 16-2　棕地再开发关键因子与 TRIZ 技术参数适配模型

依据适配模型，以文献分析法为基础，将关键因子与 TRIZ 技术参数进行适配，并通过对棕地研究领域学者和管理者的咨询，确定最终关键因子与 TRIZ 技术参数的适配关系。

2）对应关系确定

基于已有文献，采用专家评估方法，建立关键因子和 TRIZ 技术参数的对应关系，如表 16-4 所示。

表 16-4　关键因子与 TRIZ 技术参数的对应关系

关键因子		TRIZ 技术参数			专家 1	专家 2	专家 3	专家 4	专家 5
序号	名称	序号	名称						
KSF1	产出效率	39	生产率		Y	Y	Y	Y	Y
KSF2	污名	31	有害副作用		Y	Y	Y	Y	Y
KSF3	创造就业量	39	生产率		Y	Y	Y	Y	Y
KSF4	税收增量	39	生产率		Y	Y	Y	Y	Y

续表

关键因子		TRIZ 技术参数		专家 1	专家 2	专家 3	专家 4	专家 5
序号	名称	序号	名称					
KSF5	相关法律体系	24	信息损失	Y	Y	Y		Y
		33	可操作性	Y	Y	Y	Y	Y
KSF6	责任风险	31	有害副作用	Y	Y		Y	Y
KSF7	成本估计	28	测量精度	Y	Y	Y	Y	Y
KSF8	研究与数据	24	信息损失	Y	Y	Y	Y	Y
KSF9	环境和健康效益	27	可靠性		Y	Y	Y	Y
		39	生产率	Y	Y	Y	Y	Y
KSF10	财务和管理风险	26	物质的数量	Y	Y	Y	Y	Y
		39	生产率	Y	Y	Y	Y	Y
KSF11	社会稳定性	39	生产率	Y	Y	Y	Y	Y
KSF12	政策和技术	10	力/力矩	Y	Y	Y	Y	Y
		30	敏感性		Y	Y		Y
KSF13	实施效果	29	制造精度	Y	Y	Y	Y	Y
专家个人同意数				15	17	16	15	17
专家相互同意度				0.93	0.96	0.94	0.93	0.96
信度				0.98				

注："Y"表示专家同意，空白表示不同意。

　　信度影响最后的对应关系，因此，需确定专家对相同内容判断评估的一致性，一致性越高表示内容的信度越高。专家评估的信度检验公式如下。

　　相互同意度（degree of agreement，DA）：

$$DA = \frac{\sum\limits_{i,j=1}^{n} \dfrac{2M_{ij}}{N_i + N_j}}{n-1}$$

　　平均相互同意度（average degree of agreement，ADA）：

$$ADA = \frac{\sum\limits_{i=1}^{n} DA_i}{n}$$

　　信度：

$$\alpha = \frac{n \times ADA}{1 + (n-1) \times ADA}$$

其中，M_{ij} 为专家 i 和专家 j 完全同意数；N_i 为专家 i 同意数；N_j 为专家 j 同意数；n 为参与人数。

根据上述公式，可以计算出各位专家相互同意度和平均相互同意度，最终得到信度为 0.98＞0.7，表明此问卷值得信赖。

2. 构建矛盾矩阵

通过专家评估方法建立关键因子与 TRIZ 技术参数的对应关系后，可以应用矛盾矩阵解决棕地再开发过程中的关键问题，通过改善的参数和恶化的参数可以获得对应的发明创新原理，为棕地再开发未来的发展确定方向。棕地再开发策略选择模型构建流程如图 16-3 所示。

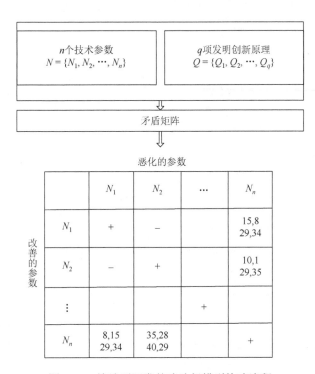

图 16-3　棕地再开发策略选择模型构建流程

结合专家意见和现有文献，建立棕地再开发策略选择模型，如表 16-5 所示。

表 16-5　关键问题解决对应发明创新原理

序号	关键因子	关键问题	改善的参数	恶化的参数	发明创新原理
KSF1	产出效率	CP1 产出效率低	39	29	32, 1, 18, 10
KSF2	污名	CP2 污名化程度高	31	26	3, 24, 39, 1

续表

序号	关键因子	关键问题	改善的参数	恶化的参数	发明创新原理
KSF3	创造就业量	CP3 创造就业量不足	39	26	35, 38
KSF4	税收增量	CP4 税收增量不足	39	30	22, 35, 13, 24
KSF5	相关法律体系	CP5 相关法律体系不成熟	33, 24	25, 26	4, 28, 10, 34, 12, 35, 24, 26, 32
KSF6	责任风险	CP6 责任风险水平较高	31	26	3, 24, 39, 1
KSF7	成本估计	CP7 成本估计偏差较大	28	25, 23	10, 16, 28, 31, 24, 28, 32, 34
KSF8	研究与数据	CP8 缺乏研究与数据	24	26	24, 28, 35
KSF9	环境和健康效益	CP9 环境和健康效益不足	39, 27	20, 26	1, 35, 38, 36, 23, 21, 28, 40, 3
KSF10	财务和管理风险	CP10 财务和管理风险水平较高	39, 26	29, 31	32, 1, 18, 10, 35, 22, 39, 33, 30, 3, 40
KSF11	社会稳定性	CP11 社会稳定性改善不足	39	26	35, 38
KSF12	政策和技术	CP12 政策和技术支持不足	10, 30	20, 26	35, 3, 10, 2, 22, 37, 33, 29, 31
KSF13	实施效果	CP13 实施效果不足	29	26	30, 32

表 16-5 列出了棕地再开发中的关键因子与关键问题，每个问题对应改善的参数、恶化的参数及发明创新原理编号。例如，KSF8 "研究与数据" 这一关键因子对应的关键问题是 CP8 "缺乏研究与数据"。根据已有研究成果，在改善参数 24 "信息损失" 时，会导致参数 26 "物质的数量" 恶化，从而形成一对矛盾。通过查找矛盾矩阵，可找到其对应的发明创新原理为 24 "中介"、28 "机械系统的替代" 和 35 "参数改变"。通过对应原理可获得对应的策略，进而为棕地再开发策略选择提供指导。

16.3.3　转换策略

TRIZ 发明创新原理虽然确定了改善关键问题的策略方向，但是只适用于工程技术领域的发明创新问题，未明确指出具体策略。学者通过对 TRIZ 在管理领域应用的研究和推广，提出了 TRIZ 发明创新原理在管理领域的含义。基于相关研究成果和专家讨论，将其发明创新原理转换为对应策略，具体如表 16-6 所示。

表 16-6　转换策略

关键问题	发明创新原理	策略
CP1 产出效率低	10, 18	a. 建立风险识别和应急预案,充分借鉴国外相关案例; b. 建立多样化的利益相关者沟通方式
CP2 污名化程度高	3, 24	a. 对项目周边居民进行调研分析,充分了解当地居民想法; b. 邀请专家或者媒体等权威第三方作为中间人,发挥话语权作用,向公众传递信息
CP3 创造就业量不足	38	加强政府的扶持,增加补贴,提高市场激励
CP4 税收增量不足	35	激发企业投资兴趣,增加企业参与投资的热情
CP5 相关法律体系不成熟	32, 34	a. 及时修改或删除不合理的相关法律法规; b. 及时补充在实践过程中发现的法律体系不完善之处; c. 建立更加公开透明的法律体系
CP6 责任风险水平较高	1	细分权责分配
CP7 成本估计偏差较大	10, 24	a. 在项目规划阶段,充分收集相关数据信息; b. 引进并充分利用现代化财务管理及预算系统; c. 综合项目条件、历史数据与专家经验,引入科学评估方法
CP8 缺乏研究与数据	24	a. 引入并充分利用管理信息系统/知识管理系统; b. 采用粗糙集、机器学习等处理手段,从少量、缺失数据中获取有用信息
CP9 环境和健康效益不足	1, 23	a. 将环境和健康效益总体目标分解为子目标; b. 实时监测并动态调整环境和健康改善情况
CP10 财务和管理风险水平较高	1, 3, 10, 35	a. 通过 PPP 模式等方式实现一部分风险的转移; b. 从源头防范和化解风险,在项目实施中实时跟踪、监控风险评估指标变化; c. 在项目实施之前,对项目财务和管理风险进行评估,建立风险预警系统
CP11 社会稳定性改善不足	35, 38	a. 完善和落实社会保障制度体系; b. 提高社会治理水平
CP12 政策和技术支持不足	2, 3, 35	a. 构建完善的法律法规体系; b. 加大政府的扶持力度和监督力度; c. 打破政府部门间的壁垒,加强部门间协作性; d. 控制棕地治理所需的关键技术与能力
CP13 实施效果不足	30, 32	a. 在项目实施过程中采用柔性化管理; b. 实现项目实施过程中信息、制度、财务、服务等相关内容的透明化

针对棕地再开发过程中的关键问题,本章基于 TRIZ 提出以下几个方面的策略建议。

(1) 产出效率。"机械振动原理"是指让一个物体振动,通过增加振动频率,或者利用物体的共振频率(如通过超声波和电磁振动)等方式来实现。其在管理领域的启示为"用夸张手法说明既定问题,从而让客户获得更大满意度""扩展与客户联系方式方法""提供多种选择使得买家陷入犹豫"。"事先行动原理"是指通过提前安排或运作,使系统部分甚至全部发生变化。根据 TRIZ 在管理领域的研究，其在管理领域的启示为"做好风险识别和应急措施方案""做好市场调查"。因此，面临棕地再开发产出效率低的问题，应建立多样化的利益相关者沟通方式，促进信息间的交流；做好棕地再开发项目风险识别和应急预案，充分借鉴国外棕地再开发经验，并结合当地实际情况做好项目事前规划。

（2）污名。"局部质量原理"是指将环境或系统均匀的成分转变为非均匀的成分，系统的不同部分发挥不同的功能，最大限度地发挥系统各组成成分的作用。其在管理领域的启示为"区域营销""将优势资源集中到某一特定领域或环节""将配送中心定位在靠近客户的位置"等。"中介原理"是指利用某中介物执行动作或传递物体，或者将易移动的物体与其他物体暂时结合。其在管理领域的启示为"第三方认证机构""批发商""在困难的谈判中使用中立的第三方"等。因此，面临棕地再开发污名化程度高的问题，应当对项目周边居民进行调研，充分了解当地居民的想法并据此改善问题，发挥居民在棕地再开发项目中的作用；邀请专家或者媒体等权威第三方作为中间人，发挥话语权作用，向公众传递信息。

（3）创造就业量和税收增量。"使用强氧化剂原理"是指用富氧空气代替普通空气，用纯氧气取代富氧空气，暴露在空气或氧气下。其在管理领域的启示为"雇佣较高创造力的员工""摒弃面对不满意客户投诉时的抵触态度"。"参数改变原理"是指改变物体的物理状态，如柔性、温度或体积等。其在管理领域的启示为"虚拟销售""对促销的特别优惠"等。因此，面临棕地再开发创造就业量和税收增量不足的问题，应当加强政府的扶持，增加补贴，提高市场激励；创造企业投资兴趣，增加企业参与投资的热情。

（4）相关法律体系。"抛弃和修复原理"是指当一个物体完成功能后变得无用时，抛弃或修改，立即恢复一个物体所损耗的部分等。其在管理领域的启示为"承诺维修或更换任何损坏的部分""清退没有效率的员工"等。"改变颜色原理"是指改变系统、物体或外部环境的颜色/透明度。其在管理领域的启示为"通过使用企业专用色彩创建一个牢固的品牌形象""使用透明包装以使产品自我做广告"等。因此，面临棕地再开发相关法律体系不成熟的问题，应当及时修改或删除不合理的相关法律法规，及时补充在实践过程中发现的法律体系不完善之处；建立更加公开、透明的法律体系，为棕地再开发项目实施提供法律保障。

（5）责任风险、财务和管理风险。"分割原理"是指把一个物体分成相互独立的部分，将物体分成容易组装和拆卸的部分，提高物体的可分性。

其在管理领域的启示为"市场细分""差异化""大规模定制化"。财务和管理风险水平较高的问题应用到分割原理、事先行动原理和局部质量原理，总结面临棕地再开发责任风险水平、财务和管理风险水平较高的问题，应当细分棕地再开发的权责分配；通过 PPP 模式等方式实现一部分风险的转移，在项目实施之前对项目财务和管理风险进行评估，建立风险预警系统，并且在项目实施中实时跟踪、监控风险评估指标变化。

（6）成本估计。综合对事先行动原理和中介原理的分析，面临棕地再开发成本估计偏差较大的问题，应当在项目规划阶段，充分收集相关数据信息；引进并充分利用现代化财务管理及预算系统；综合项目条件、历史数据与专家经验，引入科学评估方法，对项目成本进行更精准的测算。

（7）研究与数据。依据对中介原理的理解，为改善缺乏研究与数据的问题，应当引入并充分利用管理信息系统/知识管理系统，对科研领域与实际项目中的数据信息或知识实行统一的存储、共享与发现；采用粗糙集、机器学习等处理手段，从少量、缺失数据中获取有用信息。

（8）环境和健康效益、实施效果。"反馈原理"是指引入反馈以改进操作或行为，已经存在反馈时改变反馈控制信号的大小或灵敏度。其在管理领域的启示为"倾听客户的意见和建议""建立客户投诉和建议系统""产品/服务保障"等。"柔性壳体或薄膜原理"是指用柔性壳体或薄膜代替传统结构，使用柔性壳体或薄膜将物体与环境隔离。其在管理领域的启示为"将客户服务人员视为服务体系中的柔性外壳""在困难的谈判中如履薄冰"。结合对分割原理、改变颜色原理的总结，面临棕地再开发环境和健康效益、实施效果不足的问题，应当将环境和健康效益的总体目标分解为子目标，并且引入反馈系统，实时监测并动态调整环境和健康改善情况；在项目实施过程中，采用柔性化管理；实现项目实施过程中信息、制度、财务、服务等相关内容的透明化。

（9）社会稳定性。依据参数改变原理和使用强氧化剂原理，通过完善和落实社会保障制度体系，提高社会治理水平，优化社会稳定性改善不足的问题。

（10）政策和技术。"抽出原理"是指抽出物体中有利或有害的关键部分。其在管理领域的启示为"通过在广告中强调产品的差异化来从竞争对手中分离出来""将企业非核心业务外包给最佳的分包商""聚类分析"。综合对局部质量原理和参数改变原理的分析，提出以下策略建议：构建完善的法律法规体系，加大政府的扶持力度和监督力度；打破政府部门间的壁垒，加强部门间协作性，控制并发展棕地治理所需的关键技术与能力。

本 章 小 结

本章围绕棕地再开发构建策略选择模型，从棕地修复、棕地再开发项目综合评价和棕地风险三方面入手，组成矛盾矩阵的关键因子。在关键因子选取方面，基于相关文献梳理和前面研究成果，经德尔菲法修正指标清单，得到 13 个关键因子，并转换为棕地再开发中的关键问题。将关键问题与 TRIZ 中的技术参数进行适配，通过适配流程与专家评估建立对应关系，并进行信度检验。在此基础上，构建矛盾矩阵，明确关键因子与关键问题、改善与恶化参数及发明创新原理的对应关系，并将 TRIZ 发明创新原理转换为对应策略，针对棕地再开发各关键问题提出多方面策略建议。例如，在产出效率方面，建立多样化沟通方式与做好风险识别等；在污名方面，调研居民与邀请第三方等；在创造就业与税收增量方面，加强政府扶持与吸引企业投资等。这些策略为棕地再开发提供了系统且有针对性的指导。

第六篇　棕地再开发实践应用研究

第17章　棕地再开发之民营科技园关键成功因素研究

作为一种可持续的城市发展和土地使用战略，棕地再开发能够有效缓解我国因人口上涨和城镇化加剧导致的土地资源紧缺的现状。面对中小型企业的发展需要，城市工业园区厂房改造建设民营科技园成为城市棕地再开发的一种方式，能够有效促进民营中小型企业的创新创业。不仅如此，拆除建设用地、整理集建区外的低效工业用地，并复垦为耕地，可以有效缓解城市发展空间不足的问题，起到保护耕地和生态环境的作用。

棕地再开发项目实施受多种因素影响，这些因素可能决定整个项目的成败。不仅如此，棕地再开发项目需要承担高昂的费用，在资金有限的情况下，难以满足所有项目同时实施的要求。因此，识别有关项目的关键成功因素、对项目进行优先级排序，对于确保项目后期的顺利实施是非常重要的。

立足于棕地再开发在我国的具体应用，本章以棕地再开发型民营科技园为研究对象，研究棕地再开发项目的关键成功因素和项目优先级排序，为现实中棕地再开发的推进提供参考。

17.1　关键成功因素研究方法

关键成功因素分析方法由美国约翰·R. 康芒斯（John R. Commons）提出，最早称为限制因素。众多学者针对不同对象，在不同领域开展了关键成功因素研究，对关键成功因素作出了不同的解释和定义。Rockart（1986）认为，关键成功因素是组织中少数对组织绩效有重要影响的因素，只有做好这些关键任务，组织方可获得良好的绩效。Bender 等（2000）将关键成功因素和组织的竞争优势联系起来，认为能够维持组织竞争优势的关键因素是关键成功因素。Ferguson 和 Dickinson（1982）认为，关键成功因素是影响组织目标实现的需要慎重处理的因素，关键成功因素不止来自组织的内部，也可能来自组织的外部。

17.1.1 关键成功因素识别模型

关键成功因素识别的过程一般包括识别目标、识别关键因素、提炼指标等。关键成功因素的研究思路归为两类：第一类为整合法，先识别具体因素，再通过主成分分析，确定二级指标，得出关键成功因素，赵嵩正和肖伟（2006）对虚拟团队关键成功因素的研究就属于此类；第二类为筛选法，先通过文献分析法识别分类和具体的因素，再运用 ISM、DEMATEL 法等实证方法从这些因素中选择关键成功因素，或者直接以现有文献和实地调研确定具体关键成功因素。本章采用筛选法进行民营科技园的关键成功因素识别。

1. 初始成功因素获取（文献分析法和访谈调研法）

如何全面地获取初始成功因素是关键成功因素识别的关键点之一。文献初始成功因素获取方法主要包括文献分析法和访谈调研法。通过文献分析法可以获取文献中已经被识别的成功因素，但可能存在还未发现的成功因素。基于文献中的初始成功因素，结合对学者、相关领域内专家的访谈调研，一方面可以补充未能发现的成功因素，另一方面可以进一步完善和精炼初始成功因素，最终获得全面、合理的初始成功因素集合。因此，本章综合运用文献分析法和访谈调研法获取民营科技园初始成功因素。

2. 相关成功因素提取（问卷调查法）

初始成功因素数量较多，直接基于初始成功因素识别关键成功因素较为困难，也会导致专家评估指标间影响程度和影响关系的难度增加、准确性降低。采用问卷调查法对初始成功因素单个因素的重要程度进行评估，根据既定阈值剔除明显不重要的因素，形成容易操作且容易判断的相关成功因素集合。本章以利克特 5 级量表形式形成问卷，由 1～5 五个数字代表因素的重要程度，1 表示"非常不重要"，2 表示"不重要"，3 表示"一般"，4 表示"重要"，5 表示"非常重要"。通过问卷调查，计算初始成功因素的平均重要程度，将平均重要程度低于 4 的指标剔除，形成相关成功因素集合。

3. 成功因素重要程度确定（FAHP 和 Fuzzy-DEMATEL 法）

成功因素集合是一个复杂系统，确定各个成功因素的权重是计算成功因素重要程度的重要输入，必须依赖有效、可行的方法对成功因素进行赋权。赋权方法可以分为主观赋权法、客观赋权法和组合赋权法。主观赋权法可以更好地利用专家经验和知识，但存在主观认知影响；张发明和刘志平（2017）认为客观赋权法是基于客观数据获得的因素权重，但存在数据误差带来的不准确性。赋权方法总结如表 17-1 所示。

表 17-1　赋权方法总结

方法类别	具体方法	方法缺点	方法优点
主观赋权法	AHP、专家评价法	依赖专家的主观意见、客观性差、有很大的局限性	研究起步早，较为成熟，可以应用于不同问题的指标权重排序，简单易行
客观赋权法	熵值法、主成分分析法、粗糙集方法	权重可能与真实的重要程度不一致、通用性差、需要搜集数据	不依赖人的主观判断、具有较强的理论依据
组合赋权法	上述两种方法的融合	需要具有代表性的样本数据，容易产生由偶然数据带来的偏差，操作烦琐	有效地结合了主观赋权法和客观赋权法的优点

　　本章研究的民营科技园类型较多、大小不一、发展程度偏差较大，很难获得具有代表性的样本，应用客观赋权法会因数据随机误差导致赋权结果不准确。因此，本章采用主观赋权法中的 AHP 进行指标赋权。AHP 广泛用于指标赋权和综合评价，能够有效地利用专家经验和专业知识。AHP以隶属度 1 或者 0 来构造指标间两两比较的判断矩阵，数据太绝对、不科学，不能反映主观判断的不精确性和模糊性。结合三角模糊理论能够解决 AHP 无法反映主观判断模糊性的问题。FAHP 不仅具有 AHP 可靠、有效地反映因素间层级和重要程度关系的优点，而且允许模糊判断，更准确地体现专家对因素间重要程度的评价。

　　DEMATEL 法是由美国学者加比斯（Gabus）和丰特拉（Fontela）提出的方法论，目的是基于图论和矩阵等工具描述现实中复杂而困难的问题。卢新元等（2017）应用 DEMATEL 法通过比较要素间的关系来确定各要素对其他要素的影响程度。具体来说，依据要素间的相互影响度和被影响度，计算出每个要素的原因度与中心度，据此来确定要素间的因果关系和每个要素在系统中的地位。DEMATEL 法依赖专家的认知和知识，通过 1～5 的数字对不同因素间关系和影响程度进行判断，容易忽略和丢失判断的不精确性与模糊性。结合三角模糊理论，可以保持 DEMATEL 法对不同因素关系和重要程度的有效判断，还能更好地体现专家判断客观存在的模糊性和不精确性，使因素间的关系和重要程度更加准确。

　　FAHP 提供了因素的层次结构，虽然可以确定因素的重要程度，但无法描述不同因素之间的因果关系，并且无法分析因素间的关系及其在系统中的属性地位。Fuzzy-DEMATEL 法强调不同因素间的相互关系，但在体现不同因素的重要程度方面存在限制。因此，为了既能展示不同因素的重要程度，又能结合不同因素间的相互关系，本章综合运用 FAHP 和 Fuzzy-DEMATEL 法确定关键成功因素。将 FAHP 确定的成功因素权重数据与 Fuzzy-DEMATEL 法得到的因素在系统中的影响度信息相结合，可综合更多数据信息，所得结论更具可靠性。

通过文献分析法和访谈调研法获取初始成功因素；运用问卷调查法对初始成功因素集合中的因素重要程度进行对比，将低于既定阈值的指标进行剔除，得到相关成功因素集合；运用 FAHP 计算各个因素权重，运用 Fuzzy-DEMATEL 法计算各个因素的原因度和中心度，结合 FAHP 和 Fuzzy-DEMATEL 法计算结构获得成功因素的综合原因度和综合中心度，从而最终确定关键成功因素，具体模型如图 17-1 所示。

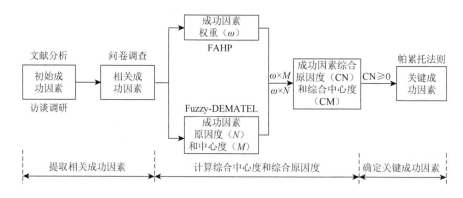

图 17-1　关键成功因素识别模型示意图

17.1.2　基于 FAHP 的相关影响因素权重确定

AHP 是美国著名运筹学家 Saaty 在 20 世纪 70 年代提出的系统分析方法，是定性和定量相结合、系统化、层次化的分析方法，是在处理复杂的决策问题上比较经典、实用、有效的方法。根据相关学者的研究，该方法仍然存在以下不足。

（1）以隶属度 1 或者 0 来构造指标间两两比较的判断矩阵，数据太绝对，不能反映人的主观判断的模糊性。

（2）判断矩阵的一致性检验缺乏科学依据并且过程复杂。

为解决 AHP 的上述不足，van Laarhoven 和 Pedrycz（1983）提出了利用三角模糊数进行指标间模糊化比较判断的方法。其基本思想是应用三角模糊数与最小二乘法，求解因素的权重并进行排序，将 AHP 与模糊数学相结合，形成 FAHP。该方法能够很好地解决上述不足，实现在模糊环境下的有效应用。

本章采用基于三角模糊函数的 FAHP，权重计算步骤如下。

（1）定义三角模糊数。设论域 R 上的模糊数为 $\hat{A}$，若 $\hat{A}$ 的隶属度函数 $\mu_{\hat{A}}(x)$ 使得 $R \to [0,1]$ 表示为

$$\mu_{\hat{A}}(x) = \begin{cases} \dfrac{x}{m-l} - \dfrac{l}{m-l}, & l < x \leqslant m \\[2mm] \dfrac{x}{m-u} - \dfrac{u}{m-u}, & m \leqslant x \leqslant u \\[2mm] 0, & x < l \text{ 或 } x > u \end{cases}$$

则 $\hat{A}$ 称为三角模糊数，一般表示为 (l,m,u)，如图 17-2 所示，l 和 u 分别为模糊数的上界和下界，$\hat{A}$ 为三角模糊函数。

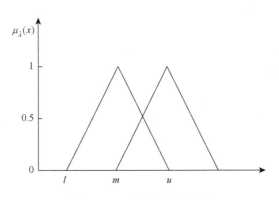

图 17-2　三角模糊数定义图

（2）建立语义量表与三角模糊数的对应关系。构建调查问卷时，专家语义评价量表根据因素间相互比较的重要程度来划分，一般可以借鉴 AHP 常用的 1～9 标度法，其常用的转换关系如表 17-2、图 17-3 所示。

表 17-2　专家语义评价与三角模糊数的转换关系

重要程度	含义	说明	三角模糊数
1	同样重要	两个因素具有相同的重要性	(1, 1, 1)
3	稍微重要	一个因素比另一个因素稍微重要	(2, 3, 4)
5	明显重要	一个因素比另一个因素明显重要	(4, 5, 6)

续表

重要程度	含义	说明	三角模糊数
7	非常重要	一个因素比另一个因素非常重要	(6, 7, 8)
9	极端重要	一个因素比另一个因素极端重要	(8, 9, 11)
2, 4, 6, 8	中间值	上述相邻判断的中间值	

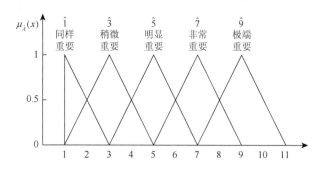

图 17-3 专家语义评价与三角模糊数的转换关系示意图

（3）构造判断矩阵，进行层次单排序，确定初始权重。三角模糊数为 $\hat{A} = (a_{ij})_{n \times m}$，其中，$a_{ij} = (l_{ij}, m_{ij}, u_{ij})$，当有 T 位专家共同进行评判时，a_{ij} 为综合三角模糊数，可表示为

$$a_{ij} = \frac{1}{T}(a_{ij}^1 \oplus a_{ij}^2 \oplus a_{ij}^3 \oplus \cdots \oplus a_{ij}^T)$$

第 k 层第 i 个元素对第 $k-1$ 层第 h 个元素相对于其他元素的重要程度即初始权重：

$$D_i^k = \frac{\sum\limits_{j=1}^n a_{ij}}{\sum\limits_{i=1}^m \sum\limits_{j=1}^n a_{ij}}$$

（4）去模糊化，得到标准权重。当 $\hat{A}_1 = (l_1, m_1, u_1)$，$\hat{A}_2 = (l_2, m_2, u_2)$ 时，$\hat{A}_1 \geqslant \hat{A}_2$ 的可能度用三角模糊函数定义为

$$\theta(\hat{A}_1 \geqslant \hat{A}_2) = \sup_{x \geqslant y}[\min(u_{\hat{A}_1}(x), (u_{\hat{A}_2}(y))]$$

$$\theta(\hat{A}_1 \geqslant \hat{A}_2) = \begin{cases} 1, m_1 > m_2 \\ \dfrac{l_2 - u_1}{(m_1 - u_1) - (m_2 - l_2)}, m_1 \leqslant m_2, u_1 \geqslant l_2 \\ 0, 其他 \end{cases}$$

$$\theta(\hat{A} \geqslant \hat{A}_1, \hat{A}_2, \cdots, \hat{A}_k) = \min \theta(\hat{A} \geqslant \hat{A}_i), i = 1, 2, \cdots, k$$

　　将一个模糊数大于其他 k 个模糊数的可能度定义为这个因素的标准权重。

　　（5）进行层次总排序，确定最终权重。将最低层级因素的标准权重 ω_{ij} 与其对应的上一层级因素的权重 W_i 相乘，即可得到因素在这个层级结构中的最终权重 W_{ij}：

$$W_{ij} = \omega_{ij} \cdot W_i$$

17.1.3　基于 Fuzzy-DEMATEL 法的关键成功因素识别

　　DEMATEL 法通过图论和矩阵工具进行系统因素分析演算，可以得到所有指标之间的逻辑关系；通过计算指标间的影响度和被影响度，确定指标间的因果关系和系统地位。因此，DEMATEL 法是一种进行因素分析与指标权重设置的有效方法，可以充分利用专家的经验和知识。考虑专家利用自身的经验和知识对指标相互影响关系进行判断时具有主观性、模糊性，引入模糊数学对其判断进行模糊化处理。本章引用三角模糊数将专家对指标的判断值转化为模糊数，并根据 Li（1999）给出的语言变量和三角模糊数隶属度函数的对应关系，将判断的五个等级转化为三角模糊数，并将该矩阵作为 DEMATEL 法计算的初始矩阵，进行指标权重计算。这就是 Fuzzy-DEMATEL 法，是由 DEMATEL 法与模糊清晰化方法相结合而演变成的更为复杂的方法，实施步骤如下。

　　（1）依据表 17-2 中专家语义评价与三角模糊数的转换关系，通过问卷调查相关影响因素间的模糊影响矩阵：$\hat{B} = (b_{ij})_{n \times m}$，其中，$b_{ij} = (l_{ij}, m_{ij}, u_{ij})$ 为因素与因素之间关系的专家判断数据。

　　（2）利用模糊数据转换为清晰分数（converting the fuzzy data into crisp scores，CFCS）法解模糊化后，获得直接影响矩阵。

　　（3）将直接影响矩阵标准化处理，得到标准直接影响矩阵 X：

$$X = [x_{ij}]_{n \times n}, 0 \leqslant x_{ij} \leqslant 1$$

　　（4）计算综合影响矩阵：

$$T = X(I - X)^{-1}, T = [t_{ij}]_{n \times n}, \quad i, j = 1, 2, \cdots, n$$

　　（5）计算每个因素的中心度和原因度。
　　记

$$D = \left[\sum_{i=1}^{n} t_{ij}\right]_{n \times 1} = [t_i]_{n \times 1}, R = \left[\sum_{j=1}^{n} t_{ij}\right]_{1 \times n} = [t_j]_{1 \times n}$$

则中心度和原因度分别为

$$M_{ij} = D_{ij} + R_{ij}$$

$$N_{ij} = D_{ij} - R_{ij}$$

中心度表示因素对整个系统的影响程度；原因度表示因素对整个系统的影响趋势，原因度大于 0 说明该因素是对其他因素产生主动影响的原因因素，原因度小于 0 说明该因素是受其他因素影响的结果因素。

综合中心度和综合原因度分别为

$$CM_{ij} = M_{ij} \cdot \omega_{ij}, \quad CN_{ij} = N_{ij} \cdot \omega_{ij}$$

（6）根据专家组针对 Fuzzy-DEMATEL 法部分问卷返回的数据，通过三角模糊化，获得直接影响矩阵，基于上述公式，利用 EXCEL 软件进行数据处理与矩阵运算，得到各个成功因素综合影响度的结果。

基于 FAHP 与 Fuzzy-DEMATEL 法构建的关键成功因素识别模型，其关键成功因素的识别原则如下：首先，优先从相关影响因素对应的综合原因度大于 0 的因素集中筛选关键影响因素。综合原因度表明该因素对整个系统的影响趋势，原因度为正值的为原因因素，表明该因素对系统内其他因素具有主动影响特性；原因因素处于系统因素排序的底层，对系统的成功影响最深。其次，从综合原因度大于 0 的因素集中选择综合中心度较大的因素作为关键影响因素。因素对应的综合中心度越大，表明该因素对整个系统目标影响程度越大，管理者应予以重视。最后，根据梅林等（2016）和尤建新等（2017）给出的基础帕累托法则，即在所有相关影响因素集合中，只有大约占比 20% 的影响因素具有重要作用，可确定关键成功因素。

17.2　案例背景

在绿色可持续发展背景下，我国大量低能效工业企业被关停，由此产生了许多被污染或者存在潜在污染风险的棕地。2014 年发布的《全国土壤污染状况调查公报》显示，在调查的 146 家工业园区的 2523 个土壤点位中，超标点位占 29.4%。这些高污染、劳动密集型工业园区被迫迁出城市中心，空出了交通便利、基础设施完善的有利区位，对这些棕地进行再开发，可以充分利用土地资源。棕地再开发的形式是多样的，如住宅区、商业区、科技园等，其中，科技园是汇聚科技力量的有效空间和载体，自身发展的同时也有效推动了我国科技与经济的发展。《国家高新区创新能力评价报告（2019）》指出，2018 年国家高新区园区生产总值加总达到 11.1 万亿元，相当于 GDP（90.0 万亿元）的 12.3%。何伟峰（2019）认为，科技园对国家创新发展乃至全国经济发展起着尤为重要的作用。目前我国已经建立了各种类型的科技园以提高国内创新、创造能力。在政府大力发展民营经济的号召下，1992 年，我国诞生了第一个民营科技园——云南民办科技园，它的出现标志着中国科技园发展到了新阶段。民营科技园属于一种科技园，是中国高新技术产业开发区的重要基础要素，是地方经济及民营经济发展的助推器（陈建新等，2018）。因此，对棕地进行修复和治理，将其再开发为民营科技园，不仅有效地利用了城市空间，而且明显地聚集了科技创新力量。基于棕地再开发项目的高风险性及科技园所需成长环境的特殊性，民营科技园仍然存在一些问题，如商业模式单一、孵化企业数量少、缺乏管理机制、服务质量较差等。这些问题严重阻碍了民营科技园的发展，并对其能否成功产生了重大影响。因此，全面、科学地识别民营科技园的关键成功因素对民营科技园的发展尤为重要。本章基于 FAHP 和 Fuzzy-DEMATEL 法，进行棕地再开发型民营科技园关键成功因素识别。

17.3　基于文献分析法的初始相关影响因素提取

本节通过文献分析法和访谈调研法初步确定影响民营科技园成功的一系列因素。

1. 文献检索

本章选择 Web of Science 平台、Google 学术，以"棕地再开发"及"科技园""民营科技园""孵化器"等为关键词对相关文献进行检索，在使用 Web of Science 平台进行检索时，选择"核心数据库""article"对文献进行精炼，共检索到文献 3 万余篇，对 2000～2019 年的数据进行统计分析，如图 17-4 所示。总体来看，近年来，学者对棕地再开发和科技园的关注度呈现上升趋势。2004～2014 年，发表相关文献的数量逐年增多。2015～2019 年，发表相关文献的数量达到顶峰，且以较高的水平上下波动。

2. 识别初始影响因素集合 M

运用元分析（meta-analysis）法识别初始影响因素集合 M。元分析法是对现有相关文献中的统计指标应用统计公式进行再次统计的一种方法，可以根据得到的统计显著性等来探究变量间的相关关系，科学、合理地获得棕地再开发型民营科技园的影响因素。首先，对检索的文献进行筛选，删除单纯研究棕地再开发的文献，并对剩余文献进行浏览，挑选出所有影响

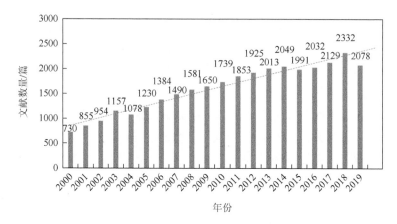

图 17-4　棕地再开发及科技园相关文献数量的时间变化趋势

因素。其次，运用元分析法对这些影响因素进行筛选和统计，总结各影响因素之间的共性和差异特征，排除无关因素，最终获得棕地再开发型民营科技园的初始影响因素集合 M。

3. 优化集合 M，得到初始相关影响因素集合 N

运用访谈调研法优化初始影响因素集合 M，在与科技园中公共管理机构管理层和企业所有者进行现场访谈后，汇总了专家意见：首先，园区内企业竞争力是衡量企业发展的重要指标，其次，园区从业人员结构是体现园区管理和服务能力的指标。因此，在原有指标体系的基础上又增添了两个三级指标（园区企业竞争水平和园区从业人员结构），由此形成初始相关影响因素集合 N，如表 17-3 所示，其中包含园区及其周边的基础设施建设、产业链和企业发展、科技创新辅助能力、园区管理和公共服务、政府支持 5 个二级指标及 31 个三级指标。

表 17-3　初始相关影响因素集合 N

二级指标	三级指标	来源
园区及其周边的基础设施建设 A_1	园区设施建设水平 A_{11}	边慧夏（2015）；Shin（2001）；Zhang（2004）
	商业配套完善程度 A_{12}	彭靖等（2009）；Walcott（2002）；Salvador 和 Rolfo（2011）
	园区规模 A_{13}	Squicciarini（2009）
	区域交通便利性 A_{14}	Zhang（2004）；Ku 等（2005）
	区域生态环境水平 A_{15}	Mieg（2012）；Colley 等（2016）

续表

二级指标	三级指标	来源
产业链和企业发展 A_2	园区产业集群能力 A_{21}	Su 和 Hung（2009）
	园区产业适配性 A_{22}	Lecluyse 等（2019）
	园区企业竞争水平 A_{23}	边慧夏（2015）
	园区融资能力 A_{24}	Salvador（2011）
	园区资源整合能力 A_{25}	Koçak 和 Can（2014）
	园区共享资源能力 A_{26}	边慧夏（2015）
	企业培育能力 A_{27}	Ratinho 和 Henriques（2010）
科技创新辅助能力 A_3	企业产品快速迭代辅助能力 A_{31}	Salvador（2011）
	区域科研要素丰富程度 A_{32}	杨震宁等（2008a）
	产学研合作辅助能力 A_{33}	杨震宁等（2008b）
	高级人力资源获取能力 A_{34}	彭靖等（2009）
	科技中介服务能力 A_{35}	Koçak 和 Can（2014）
	园区创新创业文化建设 A_{36}	杨震宁等（2008a）
	园区国际化水平 A_{37}	Nahm（2000）
	知识产权辅助管理能力 A_{38}	Zou 和 Zhao（2014）
园区管理和公共服务 A_4	园区管理能力 A_{41}	边慧夏（2015）
	园区服务水平 A_{42}	Zhang（2004）
	园区人才引进及安置能力 A_{43}	Walcott（2002）
	融资与财务服务 A_{44}	胡文伟等（2018）
	市场开发辅助能力 A_{45}	Salvador 和 Rolfo（2011）
	园区从业人员结构 A_{46}	新增
	法政服务和行政管理能力 A_{47}	Salvador（2011）
政府支持 A_5	用地政策支持 A_{51}	Colley 等（2016）
	行政服务支持 A_{52}	Amirahmadi 和 Saff（1993）
	税收资金支持 A_{53}	Bass（1998）
	组织领导支持 A_{54}	彭靖等（2009）

17.4　基于模糊德尔菲法的相关影响因素确定

17.4.1　问卷编制与数据收集

本节基于模糊德尔菲法，在 17.3 节确定的初始相关影响因素集合 N 的基础上，对 31 个影响因素进行进一步筛选，最终形成包含 29 个影响因素的相关影响因素集合 P。

问卷设计分为三部分：问卷的背景和目的、个人信息，以及有关影响因素重要性的评分表。初始相关影响因素集合 N（31 个因素）分为五类：①园区及其周边的基础设施建设；②产业链和企业发展；③科技创新辅助能力；④园区管理和公共服务；⑤政府支持。受访者包括科技园的管理人员、园区内的企业、大学教职员工，以及相关政府机构的工作人员。本章的问卷数据是通过线上和现场调查获得的。线上调查通过网络获得统计数据，现场调查则直接访问受访者，收集所有问卷，并将数据输入统计表，形成完整的调查数据。要求受访者根据利克特五级量表对每个影响因素的重要性进行评分，其中，数字 1 表示"非常不重要"，2 表示"不重要"，3 表示"中等"，4 表示"重要"，5 表示"非常重要"。问卷中的每个答案均来源于专家和学者的意见，这些意见是通过反复讨论和修订即德尔菲法确定的。

经过两个月的数据收集，获得 143 份问卷，删除受访者清楚表明他们不了解棕地再开发或科技园的问卷，最终收回有效问卷 131 份，有效率为 91.6%。在这 131 份有效问卷中，46.6%的人对科技园"基本了解"，53.4%的人对科技园"非常了解"（表 17-4）。在有效问卷中，政府机构涉及 11 份，占比为 8.4%；科技园涉及 74 份，占比为 56.5%；大学涉及 46 份，占比为 35.1%（表 17-5）。

表 17-4 对科技园的了解程度

了解程度	问卷数量/份	比例/%
基本了解	61	46.6
非常了解	70	53.4
总计	131	100.0

表 17-5 数据来源

问卷来源	问卷数量/份	比例/%
政府机构	11	8.4
科技园	74	56.5
大学	46	35.1
总计	131	100.0

　　问卷的信度和效度通过 SPSS 23.0 软件进行检验。从表 17-6 中可以看出，问卷的总体检验结果表明，CA 值为 0.941；KMO 值为 0.912；巴特利特球形检验的近似 χ^2 为 2492.87（df = 435），达到显著性水平（$p < 0.001$）。问卷的总体数据符合相关标准，并且符合数据处理要求。

表 17-6　KMO 检验和巴特利特球形检验结果

样本参数		值
KMO 检验	CA	0.941
	KMO	0.912
巴特利特球形检验	近似 χ^2	2492.87
	df	435
	显著性水平	0.000

17.4.2　数据修正

　　本章根据专家意见筛选出了一系列因素。将每个因素与临界值进行比较（其中 $\bar{b}$ 是所有因素的初始集合的平均权重），以识别相关影响因素集合 P。修正规则如下：

$$b_j \geq \bar{b}, \ 保留; \quad b_j < \bar{b}, \ 剔除$$

　　根据上述修正规则，剔除了两个因素（园区企业竞争水平、园区国际化水平），获得了包含 29 个相关影响因素的集合 P，如表 17-7 所示。

表 17-7　相关影响因素集合 P

二级指标	三级指标	结果
园区及其周边的基础设施建设 A_1	园区设施建设水平 A_{11}	保留
	商业配套完善程度 A_{12}	保留
	园区规模 A_{13}	保留
	区域交通便利性 A_{14}	保留
	区域生态环境水平 A_{15}	保留
产业链和企业发展 A_2	园区产业集群能力 A_{21}	保留
	园区产业适配性 A_{22}	保留
	园区企业竞争水平	剔除
	园区融资能力 A_{23}	保留
	园区资源整合能力 A_{24}	保留

续表

二级指标	三级指标	结果
产业链和企业发展 A_2	园区共享资源能力 A_{25}	保留
	企业培育能力 A_{26}	保留
科技创新辅助能力 A_3	企业产品快速迭代辅助能力 A_{31}	保留
	区域科研要素丰富程度 A_{32}	保留
	产学研合作辅助能力 A_{33}	保留
	高级人力资源获取能力 A_{34}	保留
	科技中介服务能力 A_{35}	保留
	园区创新创业文化建设 A_{36}	保留
	园区国际化水平	剔除
	知识产权辅助管理能力 A_{37}	保留
园区管理和公共服务 A_4	园区管理能力 A_{41}	保留
	园区服务水平 A_{42}	保留
	园区人才引进及安置能力 A_{43}	保留
	融资与财务服务 A_{44}	保留
	市场开发辅助能力 A_{45}	保留
	园区从业人员结构 A_{46}	保留
	法政服务和行政管理能力 A_{47}	保留
政府支持 A_5	用地政策支持 A_{51}	保留
	行政服务支持 A_{52}	保留
	税收资金支持 A_{53}	保留
	组织领导支持 A_{54}	保留

17.5   民营科技园关键成功因素识别

17.5.1   基于 FAHP 的相关影响因素权重确定

根据个人判断，专家在问卷中填入两两因素之间的重要性关系。根据前面专家语义评价与三角模糊数之间的转换关系，在收集已填写的调查问卷的基础上，构建一个模糊判断矩阵。根据 17.1 节的计算步骤，计算出与五个问卷相对应的三角模糊数。最终获得各个指标的权重，计算结果如表 17-8 所示。

表 17-8　各指标权重计算结果

二级指标	三级指标	权重
园区及其周边的基础设施建设 A_1	园区设施建设水平 A_{11}	0.0349
	商业配套完善程度 A_{12}	0.0311
	园区规模 A_{13}	0.0408
	区域交通便利性 A_{14}	0.0293
	区域生态环境水平 A_{15}	0.0385
产业链和企业发展 A_2	园区产业集群能力 A_{21}	0.0002
	园区产业适配性 A_{22}	0.0289
	园区融资能力 A_{23}	0.0485
	园区资源整合能力 A_{24}	0.0569
	园区共享资源能力 A_{25}	0.0600
	企业培育能力 A_{26}	0.0633
科技创新辅助能力 A_3	企业产品快速迭代辅助能力 A_{31}	0.0362
	区域科研要素丰富程度 A_{32}	0.0394
	产学研合作辅助能力 A_{33}	0.0421
	高级人力资源获取能力 A_{34}	0.0502
	科技中介服务能力 A_{35}	0.0324
	园区创新创业文化建设 A_{36}	0.0260
	知识产权辅助管理能力 A_{37}	0.0406
园区管理和公共服务 A_4	园区管理能力 A_{41}	0.0235
	园区服务水平 A_{42}	0.0294
	园区人才引进及安置能力 A_{43}	0.0331
	融资与财务服务 A_{44}	0.0403
	市场开发辅助能力 A_{45}	0.0335
	园区从业人员结构 A_{46}	0.0385
	法政服务和行政管理能力 A_{47}	0.0371
政府支持 A_5	用地政策支持 A_{51}	0.0261
	行政服务支持 A_{52}	0.0234
	税收资金支持 A_{53}	0.0048
	组织领导支持 A_{54}	0.0111

注：权重加和不等于 1.0000 系数据四舍五入处理所致。

17.5.2 基于 Fuzzy-DEMATEL 法的关键成功因素识别

根据 17.1 节的计算步骤，运用 EXCEL 软件，实现数据处理和矩阵运算，最终结果如表 17-9 及图 17-5 所示。

表 17-9 相关影响因素综合影响度

二级指标	三级指标	影响度	被影响度	中心度	原因度	综合中心度	综合原因度
园区及其周边的基础设施建设	园区设施建设水平	0.0529	0.0500	0.1029	0.0030	0.0036	0.0001
	商业配套完善程度	0.0364	0.0476	0.0840	−0.0112	0.0026	−0.0003
	园区规模	0.0924	0.0482	0.1406	0.0442	0.0057	0.0018
	区域交通便利性	0.0311	0.0277	0.0588	0.0034	0.0017	0.0001
	区域生态环境水平	0.0236	0.0301	0.0537	−0.0065	0.0021	−0.0003
产业链和企业发展	园区产业集群能力	0.0810	0.2370	0.3180	−0.1559	0.0001	0.0000
	园区产业适配性	0.0659	0.0801	0.1461	−0.0142	0.0042	−0.0004
	园区融资能力	0.0572	0.0500	0.1267	−0.0124	0.0061	−0.0006
	园区资源整合能力	0.0679	0.0476	0.1468	−0.0111	0.0084	−0.0006
	园区共享资源能力	0.2043	0.0482	0.2833	0.1254	0.0170	0.0075
	企业培育能力	0.0619	0.0277	0.1479	−0.0241	0.0094	−0.0015
科技创新辅助能力	企业产品快速迭代辅助能力	0.0493	0.0301	0.1145	−0.0159	0.0041	−0.0006
	区域科研要素丰富程度	0.0524	0.2370	0.1050	−0.0002	0.0041	0.0000
	产学研合作辅助能力	0.0600	0.0500	0.1331	−0.0131	0.0056	−0.0006
	高级人力资源获取能力	0.0630	0.0476	0.1361	−0.0101	0.0068	−0.0005
	科技中介服务能力	0.0526	0.0482	0.1109	−0.0056	0.0036	−0.0002
	园区创新创业文化建设	0.0480	0.0277	0.1109	−0.0149	0.0029	−0.0004
	知识产权辅助管理能力	0.0361	0.0301	0.0872	−0.0149	0.0035	−0.0006
园区管理和公共服务	园区管理能力	0.0735	0.2370	0.1530	−0.0060	0.0036	−0.0001
	园区服务水平	0.0666	0.0500	0.1426	−0.0095	0.0042	−0.0003
	园区人才引进及安置能力	0.0657	0.0476	0.1329	−0.0016	0.0044	−0.0001
	融资与财务服务	0.0586	0.0482	0.1130	0.0042	0.0046	0.0002
	市场开发辅助能力	0.0502	0.0277	0.1056	−0.0053	0.0035	−0.0002
	园区从业人员结构	0.0555	0.0301	0.1098	0.0011	0.0042	0.0000
	法政服务和行政管理能力	0.0587	0.2370	0.1121	0.0054	0.0042	0.0002
政府支持	用地政策支持	0.0476	0.0500	0.0751	0.0201	0.0020	0.0005
	行政服务支持	0.0655	0.0476	0.0894	0.0415	0.0021	0.0010
	税收资金支持	0.0690	0.0482	0.0947	0.0433	0.0005	0.0002
	组织领导支持	0.0800	0.0277	0.1193	0.0408	0.0013	0.0005

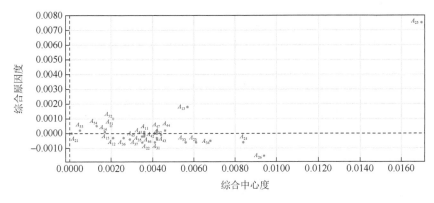

图 17-5　相关影响因素综合分布

17.5.3　结果分析

根据图 17-5 可以看出，有 10 个因素的综合原因度大于 0，分别为园区设施建设水平、园区规模、区域交通便利性、园区共享资源能力、融资与财务服务、法政服务和行政管理能力、用地政策支持、行政服务支持、税收资金支持和组织领导支持。在综合原因度大于 0 的因素集中，综合中心度较高的因素为园区共享资源能力、园区规模、融资与财务服务、法政服务和行政管理能力及园区设施建设水平。因此，根据帕累托法则，这 5 个因素是棕地再开发型民营科技园的关键成功因素。

由上述结论可知，园区共享资源能力是关键成功因素之一，在选择民营科技园时，企业应高度重视园区的资源共享程度。民营科技园的资源共享能力对企业成功至关重要。一方面，可以通过共享实验室、会议室和餐厅等设施来降低园区内企业的运营成本；另一方面，园区企业间的合作可以促进知识共享，提高创新能力。园区规模可以提升园区内企业的绩效，大园区的企业绩效比小园区的企业绩效更好，而且大园区更有可能获得政府的优惠政策，并为园区内的企业提供产学研合作的机会。财务问题是企业在民营科技园中面临的一个严重问题，园区发挥着帮助企业从政府或其他投资组织中获得投资机会的作用，因此，民营科技园的融资与财务服务能力对园区企业的生存和发展至关重要，对民营科技园的成功也至关重要。此外，法政服务和行政管理能力也是确保园区成功的关键因素。园区设施建设水平对其成功至关重要，良好的设施建设、便捷的交通和舒适的办公环境都影响着员工的生活质量，是吸引企业的关键，也是园区成功必不可少的因素。

我国民营科技园发展现状也印证了研究结论的正确性。上海的民营科技园在中国处于领先地位，截至 2016 年底，上海的民营科技园数量已达到76 个，其中大多数民营科技园是通过棕地再开发建造而成的，并且数量逐年增加。由于棕地再开发会严重影响民营科技园的建设和声誉，专家认为，大多数棕地再开发型民营科技园在设施建设、资源共享、融资与财务服务及法政服务等方面遇到的困难确实阻碍了自身的发展。

本 章 小 结

在城市中占据有利地位的废弃工厂既无法产生经济和社会价值，又会增加环境健康风险。通过棕地再开发，将废弃的土地转变为民营科技园，这极大地补充了地区的创新元素，并改善了城市生态环境。但是由于资源匮乏和管理不足等，这些园区的发展面临诸多困难。本章运用文献分析法、访谈调研法、FAHP 和 Fuzzy-DEMATEL 法，识别出了棕地再开发型民营科技园的 5 个关键成功因素，即园区共享资源能力、园区规模、融资与财务服务、法政服务和行政管理能力及园区设施建设水平，并针对关键成功因素的特点提出了应对策略。

第18章　棕地再开发之建设用地减量化项目关键成功因素研究

18.1　案例背景

改革开放以来，我国城镇化水平逐步提高，1979~2023 年，城镇化率提高了 48.24 个百分点[①]。随着城市的高速发展，对建设用地的需求也在快速增加。这一方面导致了耕地的减少，对生态环境造成了威胁；另一方面造成了建设用地无序扩张的局面，产生了土地利用效率低等一系列问题（Huang et al.，2011）。《中共中央关于制定国民经济和社会发展第十四个五年规划和二〇三五年远景目标的建议》中强调了优化国土空间开发保护格局、推动绿色发展的重要性。目前，我国通过全面整合和科学分配存量建设用地资源，达到了缓解高建用地需求、大总量且多存量、低效率矛盾的目的。各省区市也积极响应国家号召，陆续推出了多项政策，以推进本省（区市）土地减量化的实施：北京市按照"框定总量、限定容量、盘活存量、做优增量"的原则，提出实施建设用地减量发展战略；上海市提出了"总量锁定、增量递减、存量优化、流量增效、质量提高"即"五量调控"的基本策略。建设用地减量化是提高土地集约利用、控制建设用地规模无限扩张、保障中国建设用地的占补平衡、实现可持续发展的重要手段。但是，盘活建设用地是一个复杂的过程，建设用地减量化项目的实施受多种因素影响，这些因素可能决定整个项目的成败。因此，识别建设用地减量化项目的关键成功因素，据此提出针对性的建议，对于确保项目后期的顺利实施是非常重要的。由于国内外研究主要集中在棕地再开发方面，针对现有研究的不足，本章将关键成功因素识别的方法体系运用到建设用地减量化项目中，采用 FAHP 和 Fuzzy-DEMATEL 法，建立建设用地减量化项目关键成功因素识别模型。

[①] 国家统计局. 七十五载长歌奋进 赓续前行再奏华章——新中国 75 年经济社会发展成就系列报告之一[EB/OL].（2024-09-09）[2025-02-17]. https://www.stats.gov.cn/sj/sjjd/202409/t20240909_1956313.html.

18.2 基于系统论的影响因素识别

本节通过文献分析法和访谈调研法确定影响建设用地减量化项目的一系列初始成功因素。

1. 基于文献分析法及元分析法确定初始影响因素

在中文文献检索时，分别以"建设用地减量化""棕地再开发"为检索关键词，在中国知网平台选择中国社会科学引文索引（Chinese Social Sciences Citation Index，CSSCI）数据库，统计 2015～2021 年的相关文献。在英文文献检索时，分别以 brownfield、brownfield redevelopment、construction land 为检索关键词，在 Web of Science 平台选择 Web of Science Core Collection 数据库，统计 2010～2020 年 6 月的相关文献。共筛选出中文文献 262 篇，英文文献 186 篇，通过文献浏览和筛选，共统计出与本章的研究相关性较高的参考文献 57 篇。运用元分析法，科学合理地获得建设用地减量化影响因素，总结各影响因素之间的共性和差异特征，排除无关因素，最终获得建设用地减量化项目初始影响因素集合。

2. 基于访谈调研法确定影响因素

为了解决初始影响因素的区域适用性问题，考虑建设用地减量化的特点，邀请中国土地领域相关专家、学者、企业管理者、政府机构工作人员等进行专题访谈，并对上海市周边的若干减量化的建设用地、土地评估机构进行实地考察调研。通过统计专家意见，对初始影响因素集合进行补充，增加了历史数据的丰富性和建设用地减量化人文环境这两个因素，得到影响因素集合，如表 18-1 所示。

表 18-1　建设用地减量化项目影响因素集合

	影响因素	因素解释	主要出处
建设用地减量化项目关键成功因素	1. 建设用地减量化发展规划	政府制定建设用地减量化发展规划的情况	黄娟（2020）
	2. 建设用地减量化管理体系	政府是否构建并逐步完善建设用地减量化工作管理体系、工作方式和考核激励机制	谷晓坤等（2018）
	3. 建设用地减量化协调机制	政府设置建设用地减量化统筹协调机构的情况	李爽和楼江（2016）

续表

	影响因素	因素解释	主要出处
建设用地减量化项目关键成功因素	4. 行政监管力度	执法部门在建设用地减量化工作流程、工作质量等方面的监管力度	顾守柏等（2016）；李爽和楼江（2016）
	5. 资质认证流程	第三方企业申请土地检测资质的流程是否足够严谨	何昱（2019）
	6. 建设用地减量化参与企业的多样性	承担建设用地减量化工作企业的多样程度（该市场的良性竞争情况）	何昱（2019）
	7. 企业能力水平	承担建设用地减量化相关工作的企业在规模、管理能力、技术能力、资金等方面的水平	何昱（2019）
	8. 企业规章制度	承担建设用地减量化相关工作的企业在相关工作方面规章制度的制定情况	何昱（2019）
	9. 土地原有业主配合力度	土地原有业主对减量化政策的关注、理解和配合程度	何昱（2019）
	10. 地块周边居民配合力度	地块周边居民对减量化政策的关注、理解和配合程度	顾守柏等（2016）
	11. 土地再利用受益部门	镇区两级政府对建设用地减量化工作的推动力度	顾守柏等（2016）；张驰（2019）
	12. 土地修复和土地复垦施工单位	施工单位的技术水平和资金进度	何昱（2019）
	13. 土地验收、检测标准	对减量化之后土地的验收、检测标准是否足够完善和一致	谷晓坤等（2018）
	14. 相关技术成熟度	减量化相关技术（如检测技术、复垦技术等）的应用成熟度及创新度	姜海和吕图（2016）
	15. 历史数据的丰富性	历史企业对该地块周边环境影响的历史数据是否丰富	专家添加
	16. 减量化流程科学性	政府、相关企业制定的建设用地减量化流程的科学性与可操作性	陈明（2017）；谷晓坤等（2018）
	17. 减量化合同稳定性	相关合同的制定水平、管理水平及合同纠纷的解决水平	陈明（2017）；何昱（2019）
	18. 减量化土地使用规划合理性	减量化之后土地的使用去向是否符合上海市整体土地规划	谷晓坤等（2018）
	19. 管理成本消耗程度	整个社会中的各个机构在建设用地减量化工作中所消耗的管理成本	张驰（2019）
	20. 资金成本消耗程度	建设用地减量化工作前期检测与评估所引起的资金成本消耗和后期污染修复需要的资金规模	张驰（2019）
	21. 减量化工作人员相关知识的丰富性	从事建设用地减量化工作的技术和工程人员在工程管理、环境监测、评估能力、污染修复能力等方面的专业程度	顾守柏等（2016）；谷晓坤等（2018）
	22. 建设用地减量化扶持政策	扶持建设用地减量化工作的制度制定情况	姜海和吕图（2016）；顾守柏等（2016）；何昱（2019）；李爽和楼江（2016）

续表

影响因素	因素解释	主要出处
23. 建设用地减量化领导决策机制	建设用地减量化整个决策过程中的各个层次、各个部门在决策活动中的决策权限、组织形式、机构设置、调节机制和监督方法的整个体系的建设情况	顾守柏等（2016）；李爽和楼江（2016）
24. 建设用地减量化协调机制	建设用地减量化领域协调、调整行政系统与外部环境之间、行政系统内部纵横向之间的各种关系的体系的建设情况	姜海和吕图（2016）；谷晓坤等（2018）
25. 建设用地减量化监督评估机制	对建设用地减量化发展现状进行监督与评估的机制建设情况	谷晓坤等（2018）
26. 建设用地减量化财政政策	建设用地减量化领域财政分配活动及处理各种财政分配关系的制度建设和发展情况	谷晓坤等（2018）；李爽和楼江（2016）
27. 建设用地减量化土地政策	处理建设用地减量化领域土地关系中各种矛盾的制度建设和发展情况	谷晓坤等（2018）；李爽和楼江（2016）；
28. 建设用地减量化法律环境	建设用地减量化发展层面的法律、法规、规章性文件制定实施情况	谷晓坤等（2018）；李爽和楼江（2016）
29. 建设用地减量化人文环境	公民整体配合建设用地减量化意识培养的情况	专家添加

一级指标为"建设用地减量化项目关键成功因素"

3. 基于系统论对影响因素进行分类

系统论是由理论生物学家冯·拜尔陶隆菲（von Bertalanffy）创立的（丁一等，2020）。其基本思想就是将研究对象看作一个系统，对系统的结构和功能进行分析，并研究系统与要素、环境之间相互作用的规律。因此，本章将建设用地减量化视为一个由政府、企业、土地原有业主、地块周边居民构成的综合性系统，从建设用地减量化主体、建设用地减量化要素、建设用地减量化制度与环境三个维度对影响因素进行分类。最终确定了包含 29 个三级指标、3 个二级指标的建设用地减量化项目影响因素集合，如表 18-2 所示。

表 18-2　建设用地减量化项目影响因素集合

一级指标	二级指标	三级指标
建设用地减量化项目关键成功因素	建设用地减量化主体 A	建设用地减量化发展规划 A_1
		建设用地减量化管理体系 A_2
		建设用地减量化协调机构 A_3
		行政监管力度 A_4
		资质认证流程 A_5
		建设用地减量化参与企业的多样性 A_6

续表

一级指标	二级指标	三级指标
建设用地减量化项目 关键成功因素	建设用地减量化主体 A	企业能力水平 A_7
		企业规章制度 A_8
		土地原有业主配合力度 A_9
		地块周边居民配合力度 A_{10}
		土地再利用受益部门 A_{11}
		土地修复和土地复垦施工单位 A_{12}
	建设用地减量化要素 B	土地验收、检测标准 B_1
		相关技术成熟度 B_2
		历史数据的丰富性 B_3
		减量化流程科学性 B_4
		减量化合同稳定性 B_5
		减量化土地使用规划合理性 B_6
		管理成本消耗程度 B_7
		资金成本消耗程度 B_8
		减量化工作人员相关知识的丰富性 B_9
	建设用地减量化制度与 环境 C	建设用地减量化扶持政策 C_1
		建设用地减量化领导决策机制 C_2
		建设用地减量化协调机制 C_3
		建设用地减量化监督评估机制 C_4
		建设用地减量化财政政策 C_5
		建设用地减量化土地政策 C_6
		建设用地减量化法律环境 C_7
		建设用地减量化人文环境 C_8

18.3　基于 FAHP 及 Fuzzy-DEMATEL 法的 关键成功因素识别

18.3.1　基于 FAHP 的因素权重确定

AHP 作为一种系统分析法，常被用来确定指标权重。考虑到专家利用自身的经验和知识对指标间的相互影响进行判断时具有主观性特点，学者尝试引入模糊数学对其判断进行模糊化处理。FAHP 是改善的 AHP，将模糊数学理论与 AHP 相结合，能更准确地获得专家的真实意见。FAHP 的具体计算步骤如下。

（1）建立层次分析结构模型。建设用地减量化项目影响因素集合的一级指标为建设用地减量化项目关键成功因素；其二级指标共 3 个，分别为建设用地减量化主体、建设用地减量化要素、建设用地减量化制度与环境；三级指标共 29 个，如表 18-2 所示。

（2）在专家小组内进行问卷调查。在 FAHP 阶段，本章以问卷调查的形式对专家数据评价结果进行统计。专家小组成员共 5 名，包括建设用地减量化相关高校研究人员、学者 2 名，建设用地减量化项目非政府组织（企业）人员 2 名，政府机构工作人员 1 名。为方便专家对问卷的释义和填写，采用纸质方式制作。问卷在介绍完调查背景、目的与打分规则后，由专家对因素之间的重要性进行比较。

（3）构建模糊判断矩阵与数据处理。将专家的填写结果汇总后，首先，基于三角模糊数转换关系表，对语义进行转化，构建模糊判断矩阵；其次，对模糊判断矩阵中的每个因素对应的综合三角模糊数去模糊化；最后，进行层次单排序与总排序，获得因素最终权重。以二级指标建设用地减量化要素 B 为例，其模糊判断矩阵如表 18-3 所示。

表 18-3　二级指标建设用地减量化要素对应的模糊判断矩阵

因素	B_1	B_2	B_3	B_4	B_5	B_6	B_7	B_8	B_9
B_1	(1.0000, 1.0000, 1.0000)	(3.4000, 4.0000, 4.8000)	(1.6500, 2.2667, 2.9000)	(1.8000, 2.4000, 3.0000)	(2.8000, 3.6000, 4.4000)	(0.8500, 0.8667, 0.9000)	(1.4286, 2.2333, 3.0400)	(3.0400, 3.6500, 4.2667)	(3.8000, 4.6000, 5.6000)
B_2	(0.4915, 0.5122, 0.5417)	(1.0000, 1.0000, 1.0000)	(2.2500, 3.0667, 3.9000)	(0.8500, 0.8667, 0.9000)	(2.0900, 2.7167, 3.3667)	(0.7500, 1.0067, 1.3500)	(1.4900, 2.1167, 2.7667)	(2.1500, 2.6067, 3.1500)	(2.4667, 3.1000, 3.8000)
B_3	(0.7500, 1.0067, 1.3500)	(0.5833, 0.8467, 1.2000)	(1.0000, 1.0000, 1.0000)	(0.9167, 1.1667, 1.5000)	(2.0000, 2.6000, 3.2000)	(0.9167, 1.1667, 1.5000)	(2.0000, 2.6000, 3.2000)	(2.2500, 3.0667, 3.9000)	(0.7000, 1.1333, 1.6000)
B_4	(0.5500, 0.6067, 0.7500)	(1.2000, 1.4000, 1.6000)	(1.0500, 1.4667, 1.9000)	(1.0000, 1.0000, 1.0000)	(2.0000, 2.5000, 3.0667)	(1.3167, 1.7667, 2.3000)	(2.6333, 3.2400, 3.8500)	(2.8667, 3.7000, 4.6000)	(2.8000, 3.6000, 4.4000)
B_5	(0.3650, 0.4119, 0.5000)	(1.1250, 1.5619, 2.0333)	(0.5400, 0.5900, 0.7167)	(0.5452, 0.8000, 1.1400)	(1.0000, 1.0000, 1.0000)	(2.9000, 3.5333, 4.2000)	(1.8667, 2.5000, 3.2000)	(3.0500, 3.6667, 4.5000)	(2.4500, 2.8667, 3.5000)
B_6	(1.2000, 1.4000, 1.6000)	(1.6500, 2.2667, 2.9000)	(1.0500, 1.4667, 1.9000)	(0.8900, 1.3167, 1.7667)	(0.8917, 1.3086, 1.7333)	(1.0000, 1.0000, 1.0000)	(3.4000, 4.4000, 5.4000)	(4.0000, 4.8000, 5.8000)	(3.0000, 3.6000, 4.4000)
B_7	(1.2167, 1.5000, 1.9000)	(1.1500, 1.6067, 2.1500)	(0.5333, 0.5733, 0.6500)	(1.1083, 1.3352, 1.5833)	(0.5400, 0.7900, 1.0833)	(0.2083, 0.2752, 0.4333)	(1.0000, 1.0000, 1.0000)	(1.9833, 2.2667, 2.8400)	(2.2917, 2.9286, 3.8333)

因素	B_1	B_2	B_3	B_4	B_5	B_6	B_7	B_8	B_9
B_8	(0.8917, 1.1086, 1.3333)	(1.4583, 2.0686, 2.6833)	(0.5733, 0.8233, 1.1167)	(0.3500, 0.5867, 0.8500)	(0.6982, 0.9222, 1.1583)	(0.3248, 0.3522, 0.3917)	(1.2182, 1.6222, 2.2250)	(1.0000, 1.0000, 1.0000)	(2.2667, 2.8800, 3.5000)
B_9	(0.3432, 0.3841, 0.4583)	(0.5250, 0.7686, 1.0833)	(1.1333, 1.6000, 2.2000)	(0.3750, 0.4352, 0.5833)	(0.8682, 1.0889, 1.3250)	(0.5182, 0.5622, 0.6750)	(1.5348, 1.9889, 2.5250)	(1.7150, 2.1452, 2.6000)	(1.0000, 1.0000, 1.0000)

依照上述相同步骤，可得 29 个建设用地减量化项目影响因素的最终权重，如表 18-4 所示。

表 18-4　影响因素权重

一级指标	二级指标	权重	三级指标	权重	总权重
建设用地减量化项目关键成功因素	建设用地减量化主体 A	0.5795	建设用地减量化发展规划 A_1	0.1711	0.09915245
			建设用地减量化管理体系 A_2	0.1611	0.09335745
			建设用地减量化协调机构 A_3	0.1311	0.07597245
			行政监管力度 A_4	0.0950	0.05505250
			资质认证流程 A_5	0.0771	0.04467945
			建设用地减量化参与企业的多样性 A_6	0.0448	0.02596160
			企业能力水平 A_7	0.0329	0.01906555
			企业规章制度 A_8	0.0010	0.00057950
			土地原有业主配合力度 A_9	0.0750	0.04346250
			地块周边居民配合力度 A_{10}	0.0827	0.04792465
			土地再利用受益部门 A_{11}	0.0954	0.05528430
			土地修复和土地复垦施工单位 A_{12}	0.0327	0.01894965
	建设用地减量化要素 B	0.1147	土地验收、检测标准 B_1	0.1402	0.01608094
			相关技术成熟度 B_2	0.1072	0.01229584
			历史数据的丰富性 B_3	0.1027	0.01177969
			减量化流程科学性 B_4	0.1536	0.01761792
			减量化合同稳定性 B_5	0.1316	0.01509452
			减量化土地使用规划合理性 B_6	0.1749	0.02006103
			管理成本消耗程度 B_7	0.0740	0.00848780
			资金成本消耗程度 B_8	0.0765	0.00877455
			减量化工作人员相关知识的丰富性 B_9	0.0393	0.00450771

续表

一级指标	二级指标	权重	三级指标	权重	总权重
建设用地减量化项目关键成功因素	建设用地减量化制度与环境 C	0.3058	建设用地减量化扶持政策 C_1	0.2266	0.06929428
			建设用地减量化领导决策机制 C_2	0.1730	0.05290340
			建设用地减量化协调机制 C_3	0.0704	0.02152832
			建设用地减量化监督评估机制 C_4	0.1451	0.04437158
			建设用地减量化财政政策 C_5	0.2217	0.06779586
			建设用地减量化土地政策 C_6	0.0685	0.02094730
			建设用地减量化法律环境 C_7	0.0756	0.02311848
			建设用地减量化人文环境 C_8	0.0191	0.00584078

注：权重加和不等于 1.0000 系数据四舍五入处理所致。

18.3.2 基于 Fuzzy-DEMATEL 法的因素原因度及中心度确定

DEMATEL 法是一种决策实验室分析法，能简单且目的性强地确定复杂系统中因素间的因果关系和地位。Fuzzy-DEMATEL 法将 DEMATEL 法拓展到模糊领域，使专家的真实想法得到充分表达，提高分析结果的信度，具体计算步骤如下。

（1）确定专家小组，与 FAHP 问卷调查的专家小组成员一致。本阶段仍采用纸质问卷，便于当面填写。问卷介绍了本次问卷调查的背景、目的和打分规则，专家无异议后，各自开始填写问卷，对各级因素间相互影响度进行打分评价。

（2）回收问卷数据及数据处理。根据 DEMATEL 法中专家语义评价与三角模糊数的转换关系，将专家语义评价转换为三角模糊数构成的初始模糊矩阵，利用 CFCS 法去模糊化后，获得 29 个成功因素对应的直接影响矩阵。

（3）参考第 17 章中的计算步骤，由矩阵运算公式计算得标准直接影响矩阵。利用 MATLAB R2017 软件进行矩阵运算，由标准直接影响矩阵计算出综合影响矩阵，最后得到因素的原因度和中心度，如表 18-5 所示。

表 18-5 建设用地减量化项目"四度"计算结果

成功因素	因素代号	影响度 D	被影响度 R	原因度（$D+R$）	中心度（$D-R$）
建设用地减量化发展规划	A_1	4.381528710	4.381567676	8.763096386	−0.000038966
建设用地减量化管理体系	A_2	4.650493101	4.650636641	9.301129742	−0.000143540

续表

成功因素	因素代号	影响度 D	被影响度 R	原因度 (D+R)	中心度 (D-R)
建设用地减量化协调机构	A_3	3.759064461	3.759153080	7.518217541	-0.000088619
行政监管力度	A_4	4.872810057	4.872907354	9.745717411	-0.000097297
资质认证流程	A_5	3.751469488	3.751479743	7.502949231	-0.000010255
建设用地减量化参与企业的多样性	A_6	4.349867769	4.349856907	8.699724676	0.000010862
企业能力水平	A_7	3.793441595	3.793565587	7.587007182	-0.000123992
企业规章制度	A_8	3.282763008	3.282744782	6.565507790	0.000018226
土地原有业主配合力度	A_9	3.529423464	3.529260413	7.058683877	0.000163051
地块周边居民配合力度	A_{10}	3.082749812	3.082740842	6.165490654	0.000008970
土地再利用受益部门	A_{11}	3.480395538	3.480471889	6.960867427	-0.000076351
土地修复和土地复垦施工单位	A_{12}	4.163665142	4.163711147	8.327376289	-0.000046005
土地验收、检测标准	B_1	3.961632019	3.961487531	7.923119550	0.000144488
相关技术成熟度	B_2	4.228320390	4.228361574	8.456681964	-0.000041184
历史数据的丰富性	B_3	3.302160472	3.292129805	6.594290277	0.010030667
减量化流程科学性	B_4	4.174952296	4.175034425	8.349986721	-0.000082129
减量化合同稳定性	B_5	3.874524568	3.874535062	7.749059630	-0.000010494
减量化土地使用规划合理性	B_6	3.665280133	3.675333433	7.340613566	-0.010053300
管理成本消耗程度	B_7	4.096091285	4.096278606	8.192369891	-0.000187321
资金成本消耗程度	B_8	4.358634255	4.358792345	8.717426600	-0.000158090
减量化工作人员相关知识的丰富性	B_9	3.646698085	3.646771139	7.293469224	-0.000073054
建设用地减量化扶持政策	C_1	4.048819457	4.048753435	8.097572892	0.000066022
建设用地减量化领导决策机制	C_2	3.809019978	3.809027137	7.618047115	-0.000007159
建设用地减量化协调机制	C_3	3.626047071	3.626102984	7.252150055	-0.000055913
建设用地减量化监督评估机制	C_4	3.620532021	3.620539158	7.241071179	-0.000007137
建设用地减量化财政政策	C_5	4.168876469	4.168977013	8.337853482	-0.000100544
建设用地减量化土地政策	C_6	3.812896070	3.813048024	7.625944094	-0.000151954
建设用地减量化法律环境	C_7	3.448275424	3.448272553	6.896547977	0.000002871
建设用地减量化人文环境	C_8	2.516161824	2.515053676	5.03121550	0.001108148

18.3.3 关键成功因素识别

1. 综合中心度及原因度计算

将因素对应的权重与原因度、中心度分别相乘，计算出建设用地减量化项目关键成功因素的综合原因度和综合中心度，如表 18-6 所示。

表 18-6 建设用地减量化项目关键成功因素综合影响关系

影响因素	因素代号	综合权重	综合中心度	综合中心度排序	综合原因度	综合原因度排序
建设用地减量化发展规划	A_1	0.09915245	0.868882476	1	−0.0000039	23
建设用地减量化管理体系	A_2	0.09335745	0.868329755	2	−0.0000134	28
建设用地减量化协调机构	A_3	0.07597245	0.571177406	3	−0.0000067	26
行政监管力度	A_4	0.05505250	0.536526108	5	−0.0000054	25
资质认证流程	A_5	0.04467945	0.335227645	8	−0.0000005	14
建设用地减量化参与企业的多样性	A_6	0.02596160	0.225858772	11	0.0000003	7
企业能力水平	A_7	0.01906555	0.144650465	15	−0.0000024	21
企业规章制度	A_8	0.00057950	0.003804712	23	0	9
土地原有业主配合力度	A_9	0.04346250	0.306788048	9	0.0000071	2
地块周边居民配合力度	A_{10}	0.04792465	0.295478982	10	0.0000004	6
土地再利用受益部门	A_{11}	0.05528430	0.384826683	7	−0.0000042	24
土地修复和土地复垦施工单位	A_{12}	0.01894965	0.157800866	12	−0.0000009	16
土地验收、检测标准	B_1	0.01608094	0.127411210	16	0.0000023	5
相关技术成熟度	B_2	0.01229584	0.103982008	18	−0.0000005	15
历史数据的丰富性	B_3	0.01177969	0.077678695	19	0.0001181	1
减量化流程科学性	B_4	0.01761792	0.147109398	14	−0.0000014	19
减量化合同稳定性	B_5	0.01509452	0.116968336	17	−0.0000002	10
减量化土地使用规划合理性	B_6	0.02006103	0.147260269	13	−0.0002016	29
管理成本消耗程度	B_7	0.00848780	0.069535197	21	−0.0000016	20
资金成本消耗程度	B_8	0.00877455	0.076491496	20	−0.0000014	18
减量化工作人员相关知识的丰富性	B_9	0.00450771	0.032876844	22	−0.0000003	12
建设用地减量化扶持政策	C_1	0.06929428	0.561115483	4	0.0000046	4
建设用地减量化领导决策机制	C_2	0.05290340	0.403020594	6	−0.0000004	13

续表

影响因素	因素代号	综合权重	综合中心度	综合中心度排序	综合原因度	综合原因度排序
建设用地减量化协调机制	C_3	0.02152832	−0.246633	24	−0.0000012	17
建设用地减量化监督评估机制	C_4	0.04437158	−0.280751	25	−0.0000003	11
建设用地减量化财政政策	C_5	0.06779586	−0.362994	27	−0.0000068	27
建设用地减量化土地政策	C_6	0.02094730	−0.368329	29	−0.0000032	22
建设用地减量化法律环境	C_7	0.02311848	−0.365952	28	0.0000001	8
建设用地减量化人文环境	C_8	0.00584078	−0.290939	26	0.0000065	3

2. 关键成功因素识别原则

基于 FAHP 与 Fuzzy-DEMATEL 法结合的建设用地减量化项目关键成功因素识别模型的识别原则有以下三点。

（1）关键成功因素属于综合原因度大于 0 的原因因素集合。因素的综合原因度值表示该因素对其他因素的影响效果。因素的综合原因度大于 0，表示其能够主动影响系统中的其他因素，即原因因素；因素综合原因度小于 0，表示其会受到系统中其他因素的影响，即结果因素。原因因素能够对系统运行产生主动性影响，在整个系统的因素排序中处于底层。由此得出，要想找出建设用地减量化项目的关键成功因素，必须从底层因素入手，它们才是影响整个系统运行的根源。

（2）在原因因素集合中，选择系统中综合中心度较大的成功因素，作为关键成功因素。综合中心度反映了因素对系统的综合影响程度，因素的综合中心度较大表明该因素对整个系统具有较大的影响力。对原因因素集合中的因素进行综合中心度排序，即对在整个系统处于底层的因素进行影响度判断，综合中心度越大、排名越靠前的底层因素对整个系统的影响度越高。

（3）根据管理学领域的帕累托法则，选取前 20%的因素作为关键成功因素。帕累托法则即二八效应，意为任何特定群体中，重要的因子通常只占少数，只要控制具有重要性的少数因子就能够控制全局。因此，在成功因素体系中选取大约占 20%的因素作为关键成功因素即可。

基于数据分析与关键成功因素识别原则，其识别结果如下。

（1）由表 18-6 得知，原因因素集合包括如下 9 个因素：历史数据的丰

富性 B_3，土地原有业主配合力度 A_9，建设用地减量化人文环境 C_8，建设用地减量化扶持政策 C_1，土地验收、检测标准 B_1，地块周边居民配合力度 A_{10}，建设用地减量化参与企业的多样性 A_6，建设用地减量化法律环境 C_7，企业规章制度 A_8。

（2）根据 9 个原因因素的综合中心度排名，可得其影响度排序：$C_1 >$ $A_9 > A_{10} > A_6 > C_7 > B_1 > B_3 > A_8 > C_8$。

（3）基于帕累托法则，由于建设用地减量化项目成功因素集合共 29 个因素，选取占比 20% 的因素作为关键成功因素，即关键成功因素集合包括 6 个成功因素。按照原因因素的综合中心度排名，前 6 个分别为 C_1、A_9、A_{10}、A_6、C_7、B_1。因此，建设用地减量化项目的关键成功因素如下：建设用地减量化扶持政策 C_1，土地原有业主配合力度 A_9，地块周边居民配合力度 A_{10}，建设用地减量化参与企业的多样性 A_6，建设用地减量化法律环境 C_7，土地验收、检测标准 B_1。

18.4 结论及建议

本节基于关键成功因素的识别结果，对关键成功因素进行解读，并结合实际情况，为建设用地减量化参与方提出以下建议。

（1）建设用地减量化主体关键成功因素：土地原有业主配合力度、地块周边居民配合力度。

建设用地减量化能实现建设用地总量不增加、布局有优化、功能有提升、土地更集约的目标，但在实际操作过程中，也需正视许多社会民生、经济发展问题。目前，大量的社会就业岗位仍在这些属于"减量化"范围的工业企业中。建设用地减量化使企业"关、停"，造成了社会失业人数大量增加，社会问题也越发凸显。例如，峻臣、东升实业集团专注国际品牌展架业务，年销售额达到 1 亿元，拥有员工 200 多人，在减量化拆迁后，因无合适经营厂房，面临关闭，造成全体员工失业、地方财税流失。诸如此类，长此以往，会严重影响社会民生、经济发展。因此，在减量化过程中，要保证"减地不减利"，使土地原有业主与地块周边居民积极配合，确保随着用地规模的减少或用地效率的提高，原土地使用者或利益相关方从土地中可获得的收益并不因此而减少。

（2）建设用地减量化要素关键成功因素：土地验收、检测标准。

建设用地减量化将建设用地复垦为耕地或者恢复为生态用地，有助于协调经济发展与生态建设。然而，从上海市青浦区建设用地减量化项目中可以了解到，减量化地块复垦后的质量参差不齐，很多地块减量后并没有种植作物。由于减量化地块复垦前为建设用地，且大部分是可能存在土壤污染的工业用地，复垦后土层的厚度和松度、配套设施、土壤和地下水质量是否符合种植标准都需要进行严格的管理。若土地相关验收、检测标准不过关，则会对生态文明建设造成负面影响，甚至造成有关土地资源的浪费，给周围居民的健康安全带来一定的风险。因此，相关部门应制定完善的土地验收与检测标准，确保建设用地减量化项目的顺利实施。

（3）建设用地减量化制度与环境关键成功因素：建设用地减量化扶持政策、建设用地减量化法律环境。

在建设用地减量化项目起始阶段，社会和公众对减量化工作的认识和参与度不高，政府起着减量化推进和调控的主导作用。建设用地减量化涉及各级政府和不同职能部门，在项目起始阶段，各级政府和部门的职责分工不清、工作程序有待完善，建设用地减量化推进经验欠缺，可能导致利益分配不公、减量化企业和农民得不到足额补偿等问题，均需要政府部门负责解决，并对问题进行总结，形成经验，必要时可以确定一些示范项目。政府是社会矛盾的协调者，通过政府主导，制定符合全域发展的减量化总体规划，能够确保减量化对社会、经济、生态建设的全面提升。目前，已形成的存量建设用地有着"合法"和"未合法"的身份差别，若一味强调"合法"的用地权益受保护，而对"未合法"的建设用地置之不理，显然于事无补。恰当妥善处理历史遗留问题，建设良好的法律环境同样是建设用地减量化的关键所在。

本 章 小 结

建设用地减量化项目提高了土地的利用效率，实现了土地的循环利用，为缓解建设用地资源紧张的局面提供了切实可行的方案。本章立足建设用地减量化项目发展现状，运用文献分析法、访谈调研法、FAHP 和 Fuzzy-DEMATEL 法，识别出了建设用地减量化项目的 6 个关键成功因素：建设用地减量化扶持政策，土地原有业主配合力度，地块周边居民配合力度，建设用地减量化参与企业的多样性，建设用地减量化法律环境，土地验收、检测标准，并对关键成功因素进行了解读，为建设用地减量化的参与方提出了相应建议。

第19章 棕地再开发之建设用地减量化项目优先级排序研究

19.1 案 例 背 景

建设用地减量化是经济发展到一定阶段的产物，依据环境库兹涅茨曲线（environmental Kuznets curve，EKC）假说，环境质量与收入呈倒 U 形曲线关系，即经济不断发展，环境质量随着收入的增长先下降后提高。大城市的经济增量已经达到一定水平，集约节约利用土地、改善环境质量、提升土地利用效率为其土地规划的主要目标。因此，发达城市推行减量化势在必行。上海市作为中国经济最发达的地区之一，建设用地总量即将达到上限。同时，上海市是中国首个在省级层面提出全域建设用地减量化的地区，按照"五量调控"的基本策略，严格控制建设用地规模，大力推行建设用地减量化。因此，本章以上海市作为研究对象，通过实地调研和统计年鉴获取相关研究数据，基于 DRSA 提出分析框架，助力政府对减量化项目进行分类排序。具体来说，本章通过文献分析法与访谈调研法构建建设用地减量化项目优先级排序评价指标体系，并应用 DRSA 将专家无形的知识转化为具体的排序决策规则，以提升政府实施减量化项目的资金分配合理性与项目效益。

19.2 MCDA 法及其分类

MCDA 法是一系列技术的集合，它根据不同的环境、经济、社会和政治标准来评价和比较不同的解决方案（行动）（Hobbs and Meier，2000）。MCDA 法主要包括三个步骤。

（1）问题结构化。明确目标，并将目标转化为具体标准；同时，确定所有可能的行动。使用的主要方法是"价值为中心的思维"（Keeney，1992）。

（2）收集数据。建立信息矩阵，矩阵中的各列代表不同的行动，各行提供不同标准下各行动的效果评价。

（3）决策分析与输出。通过决策规则来确定行动的排序、分类和选择，从而为决策者提供必要的信息（Belton and Stewart，2002）。

从图 19-1 中可以看出，MCDA 法可分为三类：①选择，从行动集中确定最优行动；②排序，按最优到最差的顺序对行动进行排序；③分类，对集合 A 中的选项按照属性相同原则进行分类组合，在相同组合中的选项按照偏好进行排序，按照偏好将行动集进行子集分类，以帮助决策者进行有效决策。常用的选择和排序方法包括多贡献效用理论（multi-attribute utility theory）、层次分析过程、优势排序（outranking）、粗糙集等。近期，学者对筛选问题和一般分类问题的研究比较多，还有学者对不考虑偏好顺序的名义分类问题进行了研究（Chen et al.，2006）。

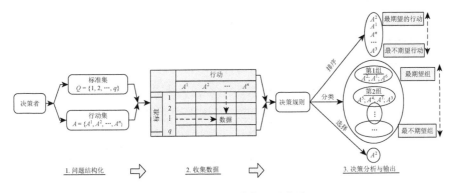

图 19-1　MCDA 法的主要步骤

不同的标准可能有一定的冲突性，MCDA 设计了一系列方法和技术来系统地评价和比较各种备选项目。例如，很多工程项目可以通过环境、经济及社会指标来评价。

本章对建设用地减量化项目优先级排序的研究主要应用 DRSA，可以很好地应用在 MCDA 法中。粗糙集的基本思想是通过案例库的分类归纳出概念和规则。通过案例库的条件特征变量将案例库分类，形成概念，并通过概念去研究目标特征，从而得到基于语言的关联规则。

19.3　建设用地减量化项目优先级排序模型的构建

借鉴 MCDA 中的分类思想，依据第 6 章提出的项目优先级排序模型，本章主要分为两大部分：①构建建设用地减量化项目优先级排序模型。一套完整的项目集由减量化项目整治行政区域内的所有需减量的建设用地构成。基于利益相关者的偏好，从建设用地减量化项目全集中抽取学习集，考虑利益相关者偏好、目标、标准和相关研究，构建优先级排序评价指标体系。本章以宝山区作为研究区域，通过实地调研和统计年鉴收集地块项目的数据，并对项目进行优先级分类，提取决策规则。②应用建设用地减量化项目优先级排序模型，对建设用地减量化项目全集中剩余项目进行优先级排序。下面将详细论述建设用地减量化项目优先级排序的步骤。

1. 优先级排序评价指标体系

根据各类项目的特点，有学者从风险和效益两个维度衡量公共工程项目的优先级顺序，并从风险和价值维度评价棕地修复项目，也有学者从经济、社会、文化和环境方面进行城市再生项目优先级选择。有关多项目优先级排序的研究尚未形成衡量指标的统一标准。为了实现生态保护、粮食安全、经济增长等多目标协同下的国土空间格局优化，自然资源部在2020年1月发布的《资源环境承载能力和国土空间开发适宜性评价指南（试行）》中确定了资源环境承载能力和国土空间开发适宜性的"双评价"框架。"双评价"框架对不同人类活动的适宜程度进行评估，为主体功能区划、规划、战略和基础性制度的制定起到了有力支持（Fan et al., 2019）。资源环境承载能力是指在生态系统不受危害的条件下，一定地域的资源禀赋和环境容量所能承载的最大人口与经济规模，是用地规模、生态系统服务、社会福利水平等国土空间格局优化多目标的主要约束条件。国土空间开发适宜性是指在维系生态系统健康和国土安全的前提下，综合考虑资源环境等要素条件，在特定区域国土空间进行农业生产、城镇建设、生态保护等人类活动的适宜程度（贾克敬等，2020）。国土空间开发适宜性评价是指在资源环境承载能力评价的基础上，综合评估国土开发利用潜力、社会经济发展和规模效益等。

"双评价"框架为土地利用结构的调整提供了基本思路和方法：根据资源环境承载力、土地利用现状和发展潜力，统筹考虑区域人口分布、经济布局、国土利用和城镇化格局，实现国土空间的多目标优化（战金艳等，2013）。刘寅等（2016）将资源环境承载力划分为社会经济承载力、资源承载力和环境承载力，并结合建设用地减量化将建设用地整理为生态用地的本质，其中，社会经济类因素是建设用地减量化推行的主要约束。因此，本章基于"双评价"框架，从社会经济承载力和国土开发适宜性两个维度构建建设用地减量化项目优先级排序评价指标体系。

　　在社会经济承载力和国土开发适宜性的维度下，通过文献分析法和半结构化访谈与焦点小组访谈法确定指标体系。首先，本章通过文献分析、实地调研和半结构化访谈，整理建设用地减量化项目优先级排序评价初始指标体系。在此基础上，由建设用地减量化项目的 2 名非政府组织（企业）人员、1 名政府机构工作人员与 6 名研究学者组成焦点小组，对初始指标体系进行讨论。专家认为，政府选择减量化项目时，需充分考虑腾挪出的建设用地指标量、相关产值收益和生态效益，并将其作为判断项目适宜性的主要指标。因此，认可了国土开发适宜性维度下的二级指标。由于建设用地减量化项目将建设用地整理复垦为耕地，应当考虑第一产业劳动力，建议在社会经济承载力维度增加"第一产业劳动力占比"指标。综上所述，确定社会经济承载力 F_1 维度下的 4 个二级指标（可支配收入 F_{11}、地块补偿费用 F_{12}、常住人口密度 F_{13}、第一产业劳动力占比 F_{14}）和国土开发适宜性 F_2 维度下的 4 个二级指标（新增建设用地指标 F_{21}、耕地/林地预估年产值 F_{22}、环境改善程度 F_{23}、土壤质量 F_{24}）。建设用地减量化项目优先级排序评价指标体系如表 19-1 所示。

表 19-1　建设用地减量化项目优先级排序评价指标体系

一级指标	二级指标	指标解释	来源
社会经济承载力 F_1	可支配收入 F_{11}	反映项目所在地区经济发展所达到的水准（单位为万元）	郭旭和田莉（2016），胡继元等（2018），郭文华等（2016），王克强等（2019）
	地块补偿费用 F_{12}	减量该地块预计需要补偿的标准费用（单位为万元）	郭旭和田莉（2016）
	常住人口密度 F_{13}	单位土地面积上的常住人口数量（单位为人每平方千米）	郭旭和田莉（2016），郭杰等（2016）
	第一产业劳动力占比 F_{14}	地区第一产业的从业人数占总从业人数的比例	专家建议
国土开发适宜性 F_2	新增建设用地指标 F_{21}	实施项目可新增的建设用地指标（单位为平方米）	Zhu 等（2009），郭旭和田莉（2016），王克强等（2019）
	耕地/林地预估年产值 F_{22}	减量化土地所在地区复垦为耕地或林地后预估的产值（单位为万元）	马克星等（2019），Zhu 等（2009）
	环境改善程度 F_{23}	减量化项目实施使区域生态环境改善的程度（由专家打分获得，取值为 1～5，数值越高，环境改善程度越高）	吴未等（2018），洪武扬等（2013）
	土壤质量 F_{24}	土壤能够提供生物体所必需的物质、保持土壤系统生态平衡及生物体的健康水平（由课题调研获得，分为 1～6 六个等级，级别越高，说明土壤质量越高，越适宜复垦为耕地）	胡继元等（2018）

2. 学习集的抽取

训练优先级排序模型需要抽取学习集，即从建设用地减量化项目全集中抽取项目集合。本章借助减量化课题，通过对宝山区从事减量化的工作者、政府机构工作人员的调研，收集 2019 年和 2020 年宝山区减量化复垦耕地项目地块清单与调查评定项目总结等资料，共 95 个项目，包含地块位置、面积、类型等信息。此外，参考《2018 年宝山区统计年鉴》补充了地块所在地区的人口密度等信息。剔除信息不完备的项目后，确定 47 个拟实施的建设用地减量化项目作为学习集。该学习集中的项目涵盖了宝山区的罗店镇、杨行镇、月浦镇、罗泾镇、顾村镇。学者通过对样本参数的测算，验证了项目全集数量达到一定水平时，评价所需的学习集中样本数量会趋于稳定。因此，当拟执行的减量化项目数量很大时，专家对抽取少部分建设用地减量化项目构成的学习集进行打分判断，利用决策规则就可以对全集中剩余项目进行优先级排序，减少政府对项目评价的工作量。

3. 优先级规则的提取

决策规则的提取是 DRSA 中的关键一步。首先，对抽取的学习集进行级别划分。通过调研和统计数据收集分别构建障碍因素和收益水平两个决策信息表，邀请行业内专家依据从业经验和专业知识，对抽取的学习集决策属性 D 进行级别划分。社会经济承载力和国土开发适宜性两个维度的优先级从高到低分别用 H_C、M_C、L_C 和 H_S、M_S、L_S 表示。其次，利用 4eMKa2 软件对学习集进行训练，生成决策规则。

4. 优先级规则有效性的检验

检验通过软件提取的决策规则的有效性。一般有两种方法进行规则有效性检验：通过专家验证决策规则的可靠性或者应用决策规则进行再分类。例如，DRSA 的优势原则是"如果 X_i 优于 X_k，那么 X_i 至少被归类为与 X_k 一样好"。专家基于该原则依据利克特量表打分，如果专家均同意这些规则，提取决策规则的过程就终止。又如，将提取的决策规则再次应用到专家分类的方案样本中，将决策方案与实际结果进行比较，验证规则的合理性和有效性。若决策规则的有效性并未得到支持，则需在合理修正的基础上从学习集抽取的步骤开始重新训练，直至生成的决策规则通过有效性检验。

5. 建设用地减量化项目优先级排序

提取决策规则的目的是对项目全集进行优先级排序。本章调研获取的建设用地减量化项目全集共 95 个项目，除去抽取的学习集共 48 个项目，这些项目存在多个指标的缺失值。将通过有效性检验的决策规则应用于建设用地减量化项目全集中剩余项目的优先级划分。一方面，相较于直接对项目全集进行优先级划分，能够节约大量的人力资源；另一方面，体现了粗糙集处理不完备信息问题的优势。综合学习集分类结果，最终按照社会经济承载力维度和国土开发适宜性维度将建设用地减量化项目划分为 9 个有序类。

19.4　案例应用和数据分析

19.4.1　学习集的抽取

抽取的学习集包含 47 个项目，按照 Cochran 的样本量公式进行计算，在 95%的置信水平和 10%的误差范围下，95 个项目全集至少需要 48 个样本作为学习集，抽取的学习集满足了该样本量要求。本章通过调研和统计年鉴数据收集，获取了各指标数据。其中，新增建设用地指标（F_{21}）、土壤质量（F_{24}）通过课题组实地调研报告获得；地块补偿费用（F_{12}）在综合考虑地块容积率的情况下，由宝山区各镇地块标准补偿费用计算而来；耕地/林地预估年产值（F_{22}）的计算基于地块所在地区往年的农业/林业收入；环境改善程度（F_{23}）由专家依据对项目的了解判断得到。基于此，综合考虑各指标对项目进行分类，优先级决策信息如表 19-2 所示。

表 19-2　建设用地减量化项目优先级决策信息

编号	F_1					F_2				
	F_{11}/万元	F_{12}/万元	F_{13}/(人/千米^2)	F_{14}	优先级	F_{21}/米^2	F_{22}/万元	F_{23}	F_{24}	优先级
1	811	305.5744	4002.3761	0.0565	L_C	18827.75	50.4412	5	2	H_S
2	811	36.7754	4002.3761	0.0565	H_C	2265.89	6.0705	3	4	M_S
3	811	144.7158	4002.3761	0.0565	M_C	8916.56	23.8882	5	2	M_S
4	903	327.9721	788.75	0.0565	L_C	20207.77	54.1384	3	4	H_S
5	811	4.6457	4002.3761	0.0565	H_C	286.24	0.7669	3	4	L_S

编号	F_1					F_2				
	F_{11}/万元	F_{12}/万元	F_{13}/(人/千米^2)	F_{14}	优先级	F_{21}/米^2	F_{22}/万元	F_{23}	F_{24}	优先级
6	811	385.3896	4002.3761	0.0565	L_C	23745.51	63.6163	5	2	H_S
7	500	42.3832	4002.3761	0.0565	M_C	2611.41	6.9962	2	5	M_S
8	592	256.8042	4002.3761	0.0565	L_C	15822.81	42.3907	5	2	H_S
9	779	147.6086	776.7857	0.0565	M_C	9094.8	24.3658	2	5	M_S
10	500	66.6091	4002.3761	0.0565	M_C	4104.07	10.9952	3	3	M_S
11	500	268.1393	1444.0833	0.0291	L_C	17254.78	26.3864	4	4	M_S
12	500	183.5663	1444.0833	0.0291	M_C	11812.5	18.0639	4	4	M_S
13	500	111.9438	1444.0833	0.0291	M_C	7203.59	11.0159	4	4	M_S
14	500	40.7516	2368.75	0.0291	M_C	2622.37	4.0102	3	5	L_S
15	956	51.4905	415.9619	0.0239	H_C	3173.61	3.6942	3	4	L_S
16	956	51.0826	415.9619	0.0239	H_C	3148.47	3.6649	3	1	L_S
17	956	19.0188	415.9619	0.0239	H_C	1172.22	10.9164	3	6	H_S
18	850	266.3036	3149.1239	0.0239	M_C	16413.58	19.1059	3	5	M_S
19	500	22.4602	2281.8182	0.0239	H_C	1538	1.7898	3	5	L_S
20	645	64.0334	3149.1239	0.0239	H_C	3946.69	4.5941	2	5	L_S
21	645	22.5263	3149.1239	0.0239	H_C	1542.16	1.7951	3	5	L_S
22	772	8.2457	2834.6829	0.0239	H_C	508.22	0.5916	3	4	L_S
23	850	527.9796	3149.1239	0.0239	L_C	32541.94	37.8797	3	4	H_S
24	772	8.0241	2834.6829	0.0239	H_C	549.33	0.6394	3	4	L_S
25	818	126.3699	3750	0.0239	M_C	7788.79	9.0664	3	4	M_S
26	850	80.9907	3149.1239	0.0239	H_C	4991.85	5.8106	3	5	L_S
27	850	129.7237	3149.1239	0.0239	M_C	7995.5	9.307	3	4	M_S
28	818	141.7737	3750	0.0239	M_C	8738.2	10.1715	3	1	M_S
29	1896	110.9994	4464.0449	0.0057	M_C	6418.86	1.5309	4	4	L_S
30	500	8.2934	4002.3761	0.0565	H_C	510.99	1.369	3	4	L_S
31	612	154.3273	4002.3761	0.0565	M_C	9165.08	111.9077	3	6	H_S
32	669	163.1464	523.3333	0.0565	M_C	10052.15	26.9306	3	4	H_S
33	1360	28.9634	5068.0851	0.0057	H_C	1697.47	0.4049	3	4	L_S
34	818	121.0022	3750	0.0239	M_C	7457.95	8.6813	3	1	M_S
35	1453	25.4299	7471.4114	0.0057	H_C	1470.56	0.3507	3	4	L_S

续表

编号	F_1					F_2				
	F_{11}/万元	F_{12}/万元	F_{13}/(人/千米^2)	F_{14}	优先级	F_{21}/米^2	F_{22}/万元	F_{23}	F_{24}	优先级
36	1896	42.8464	4464.0449	0.0057	H_C	2477.72	0.591	3	4	L_S
37	1896	307.9992	4464.0449	0.0057	M_C	17810.95	4.248	4	4	M_S
38	500	100.4492	1301.8182	0.0291	M_C	6463.91	9.8847	4	4	M_S
39	500	60.015	1301.8182	0.0291	M_C	3861.97	5.9058	2	1	L_S
40	500	132.7195	705.618	0.0291	M_C	8540.51	13.0603	4	4	M_S
41	612	711.1296	4002.3761	0.0565	L_C	43815.75	535.0002	3	6	H_S
42	612	111.1661	4002.3761	0.0565	M_C	6849.42	83.633	3	6	H_S
43	612	66.7509	4002.3761	0.0565	M_C	4112.81	11.0186	4	4	M_S
44	637	344.7685	952.9412	0.0565	L_C	21242.67	259.3778	3	6	H_S
45	612	266.4466	4002.3761	0.0565	L_C	16416.92	200.4543	3	6	H_S
46	779	454.6348	776.7857	0.0565	L_C	28012	342.0329	3	6	H_S
47	612	110.5519	4002.3761	0.0565	M_C	6811.58	83.1709	3	6	M_S

19.4.2　决策规则的提取与有效性检验

将建设用地减量化项目优先级决策信息表录入 4eMKa2 软件，社会经济承载力维度提取了 17 条决策规则，国土开发适宜性维度提取了 24 条决策规则，结果如表 19-3 和表 19-4 所示。

表 19-3　社会经济承载力维度决策规则

编号	条件（if）	结果（then）	支持数	相对强度/%
1	（$F_{11} \leqslant 811$）&（$F_{12} \geqslant 305.574400$）	至多被分到 L_C	5	50.00
2	（$F_{12} \geqslant 327.972$）	至多被分到 L_C	6	60.00
3	（$F_{11} \leqslant 592$）&（$F_{12} \geqslant 256.804$）	至多被分到 L_C	2	20.00
4	（$F_{11} \leqslant 612$）&（$F_{12} \geqslant 266.447$）	至多被分到 L_C	3	30.00
5	（$F_{11} \leqslant 500$）&（$F_{12} \geqslant 40.752$）	至多被分到 M_C	9	28.12
6	（$F_{11} \leqslant 500$）&（$F_{13} \geqslant 2368.75$）&（$F_{14} \leqslant 0.029$）	至多被分到 M_C	1	3.12
7	（$F_{12} \geqslant 110.999$）	至多被分到 M_C	25	78.12
8	（$F_{11} \leqslant 818$）&（$F_{13} \geqslant 3750$）&（$F_{14} \leqslant 0.024$）	至多被分到 M_C	3	9.38
9	（$F_{11} \leqslant 612$）&（$F_{12} \geqslant 66.751$）	至多被分到 M_C	12	37.50
10	（$F_{12} \geqslant 66.751$）&（$F_{13} \geqslant 4002.376$）	至多被分到 M_C	12	37.50

续表

编号	条件（if）	结果（then）	支持数	相对强度/%
11	（F_{12}≤36.775）	至少被分到 H_C	10	66.67
12	（F_{11}≥645）&（F_{12}≤64.033）	至少被分到 H_C	12	80.00
13	（F_{11}≥850）&（F_{12}≤80.991）	至少被分到 H_C	7	46.67
14	（F_{12}≤183.566）	至少被分到 M_C	35	94.59
15	（F_{11}≥850）&（F_{12}≤266.304）	至少被分到 M_C	10	27.03
16	（F_{12}≤266.304）&（F_{13}≤3149.124）	至少被分到 M_C	19	51.35
17	（F_{11}≥1360）	至少被分到 M_C	5	13.51

表 19-4　国土开发适宜性维度决策规则

编号	条件（if）	结果（then）	支持数	相对强度/%
1	（F_{21}≤4991.85）&（F_{22}≤5.811）	至多被分到 L_S	14	87.50
2	（F_{22}≤5.811）&（F_{23}≤3）	至多被分到 L_S	14	87.50
3	（F_{22}≤1.531）	至多被分到 L_S	8	50.00
4	（F_{21}≤3861.97）&（F_{22}≤5.906）	至多被分到 L_S	13	81.25
5	（F_{21}≤3861.97）&（F_{24}≤1）	至多被分到 L_S	2	12.50
6	（F_{22}≤5.906）&（F_{23}≤2）	至多被分到 L_S	2	12.50
7	（F_{22}≤5.906）&（F_{24}≤1）	至多被分到 L_S	2	12.50
8	（F_{23}≤2）&（F_{24}≤1）	至多被分到 L_S	1	6.25
9	（F_{23}≤2）	至多被分到 M_S	4	12.12
10	（F_{21}≤9094.8）&（F_{24}≤5）	至多被分到 M_S	29	87.88
11	（F_{22}≤24.366）&（F_{24}≤5）	至多被分到 M_S	32	96.97
12	（F_{22}≤26.386）&（F_{24}≤4）	至多被分到 M_S	25	75.76
13	（F_{22}≤4.248）	至多被分到 M_S	14	42.42
14	（F_{21}≥15822.81）&（F_{23}≥5）	至少被分到 H_S	3	25.00
15	（F_{22}≥42.391）&（F_{23}≥5）	至少被分到 H_S	3	25.00
16	（F_{21}≥10052.15）&（F_{22}≥26.931）	至少被分到 H_S	10	83.33
17	（F_{22}≥83.633）	至少被分到 H_S	6	50.00
18	（F_{21}≥6849.42）&（F_{24}≥6）	至少被分到 H_S	6	50.00
19	（F_{22}≥6.071）	至少被分到 M_S	30	96.77
20	（F_{24}≥6）	至少被分到 M_S	8	25.81
21	（F_{21}≥7457.95）	至少被分到 M_S	22	70.79
22	（F_{22}≥4.248）&（F_{23}≥4）	至少被分到 M_S	11	35.48
23	（F_{21}≤6811.58）&（F_{24}≥6）	被分到 M_S 或 H_S	2	100.00
24	（F_{22}≤83.171）&（F_{24}≥6）	被分到 M_S 或 H_S	2	100.00

支持数是指符合对应决策规则的项目数，相对强度是指学习集中符合决策规则的项目数与其对应决策类中项目数的比值。以社会经济承载力维度第 7 条决策规则为例说明：该决策规则是"如果（$F_{12} \geqslant 110.999$），那么该项目至多被分到 M_C"，支持数是 25，相对强度为 78.12%，表示如果建设用地减量化项目的地块补偿费用不低于 110.999 万元，那么该项目的优先级至多被分到 M_C，即该项目应被分到 L_C 或 M_C。符合该决策规则的有25 个项目，综合专家分类结果，共有 32 个项目被分到 L_C 或 M_C，因此，第 7 条决策规则的相对强度为 78.12%（ $\approx$ 25/32）。

应用再次分类法对决策规则进行有效性检验，即利用决策规则对学习集项目进行分类。分类结果与专家决策的结果相比较，社会经济承载力维度和国土开发适宜性维度的所有项目决策分类与实际分类结果均一致。因此，提取的决策规则是有效的。

19.4.3　项目全集优先级排序

应用决策规则对建设用地减量化项目全集中剩余的 48 个项目进行有序分类。这些项目在多个指标中存在缺失值（missing values），指标信息及分类结果如表 19-5 所示。项目的优先级中"∪"表示"或"，体现了分类的模糊性。例如，项目 1 在社会经济承载力维度上被划分为"$M_C \cup H_C$"，说明该项目既可以被分到 M_C 类也可以被分到 H_C 类。若一个项目的优先级被划分为"$L_C \cup M_C \cup H_C$"，则没有符合该项目的决策规则可以被划分到 L_C、M_C 和 H_C 中任意一个有序类。

表 19-5　项目优先级排序结果

编号	F_1					F_2				
	$F_{11}/$万元	$F_{12}/$万元	$F_{13}/$(人/千米²)	F_{14}	优先级	$F_{21}/$米²	$F_{22}/$万元	F_{23}	F_{24}	优先级
1	2064	52.8056	?	0.0057	$M_C \cup H_C$	3053.64	13.9063	?	?	$M_S \cup H_S$
2	1675	25.8811	?	0.0057	H_C	1496.65	6.8157	?	?	$M_S \cup H_S$
3	818	193.5229	3750	0.0239	$L_C \cup M_C$	11927.75	325.7780	?	2	H_S
4	?	169.4353	1444.0833	0.0291	M_C	10903.17	16.6734	3	5	M_S
5	1360	105.9262	5068.0851	0.0057	$M_C \cup H_C$	6125.49	27.8955	?	?	$M_S \cup H_S$
6	1896	99.5698	4464.0449	0.0057	M_C	5757.91	26.2215	?	?	$M_S \cup H_S$
7	669	22.6794	?	0.0239	H_C	1397.84	13.0175	?	?	H_S
8	?	185.8696	?	0.0239	$L_C \cup M_C$	11456.04	106.6856	?	?	H_S

编号	F_1					F_2				
	$F_{11}/$万元	$F_{12}/$万元	$F_{13}/$(人/千米^2)	F_{14}	优先级	$F_{21}/$米^2	$F_{22}/$万元	F_{23}	F_{24}	优先级
9	1013	44.3723067	?	0.0239	H_C	2734.88	3.1835	?	1	L_S
10	956	44.2002	415.9619	0.0239	H_C	2724.27	62.1477	?	2	M_S
11	1702	310.1120	?	0.0057	H_C	21407.54	97.4900	?	?	H_S
12	956	84.0041	415.9619	0.0239	$M_C \cup H_C$	5177.58	48.2168	?	?	H_S
13	?	52.0312	1444.0833	0.0291	$M_C \cup H_C$	3348.21	5.1202	2	?	L_S
14	1360	309.6151	5068.0851	0.0057	M_C	17904.39	81.5366	?	?	$M_S \cup H_S$
15	3097	228.7188	?	0.0057	M_C	13226.33	60.2327	3	?	$M_S \cup H_S$
16	3097	223.6688	?	0.0057	M_C	12934.3	58.9028	?	?	$M_S \cup H_S$
17	?	19.6974	1444.0833	0.0291	H_C	1267.53	1.9383	?	?	$L_S \cup M_S$
18	?	?	4002.3761	0.0565	$L_C \cup M_C \cup H_C$	3699.37	9.9109	2	4	M_S
19	555	367.8337	?	0.0291	L_C	23670.12	36.1968	?	?	H_S
20	2956	301.3195	?	0.0057	M_C	22513.53	5.3696	?	?	$M_S \cup H_S$
21	?	107.4056	2368.75	0.0291	$M_C \cup H_C$	6911.56	10.5693	3	1	M_S
22	2956	137.5101	?	0.0057	M_C	7951.92	36.2131	?	?	$M_S \cup H_S$
23	?	474.8137	?	0.0291	L_C	30554.29	161.9758	4	?	H_S
24	1061	95.7586	7471.4114	0.0057	M_C	5537.52	25.2179	?	?	$M_S \cup H_S$
25	?	26.9404	?	0.0291	H_C	1926.24	10.2115	?	?	$M_S \cup H_S$
26	842	143.2745	?	0.0007	M_C	8279.74	3.2314	?	1	$L_S \cup M_S$
27	?	2115.8953	1444.0833	0.0291	$L_C \cup M_C$	136158	208.2156	?	?	H_S
28	1675	57.5501	?	0.0057	$M_C \cup H_C$	3328	15.1557	2	?	M_S
29	?	28.846	?	0.0239	H_C	1777.92	16.5571	?	?	H_S
30	2044	?	5408.3355	0.0007	$M_C \cup H_C$	12706.89	4.9592	?	2	M_S
31	1360	279.2575	5068.0851	0.0057	$M_C \cup H_C$	28928.84	131.7420	3	?	H_S
32	818	89.6134	3750	0.0239	$M_C \cup H_C$	5523.31	6.4293	?	1	M_S
33	?	167.0854	?	0.0239	$M_C \cup H_C$	10298.28	111.3513	3	3	H_S
34	842	378.874	?	0.0007	L_C	21894.88	8.5450	3	1	$M_S \cup H_S$
35	842	237.6456	?	0.0007	$L_C \cup M_C$	13733.38	5.3598	3	1	$M_S \cup H_S$
36	2044	?	5408.3355	0.0007	$M_C \cup H_C$	8719	3.4028	2	2	$L_S \cup M_S$
37	645	55.639	3149.1239	0.0239	H_C	3429.3	42.2236	?	2	M_S
38	772	107.717	2834.6829	0.0239	$M_C \cup H_C$	6639.12	7.7281	?	1	M_S
39	650	19.03648	?	0.0239	H_C	1173.31	17.9664	?	3	M_S

续表

编号	F_1					F_2				
	$F_{11}/$万元	$F_{12}/$万元	$F_{13}/$(人/千米^2)	F_{14}	优先级	$F_{21}/$米^2	$F_{22}/$万元	F_{23}	F_{24}	优先级
40	2044	?	5408.3355	0.0007	M_C	26212	10.2299	?	2	M_S
41	818	156.370327	3750	0.0239	M_C	9637.86	162.0376	?	?	H_S
42	880	86.13861975	?	0.0239	$M_C \cup H_C$	5309.14	97.2242	?	?	H_S
43	2956	183.9617	?	0.0057	M_C	10638.12	48.4460	3	?	H_S
44	842	201.8018	?	0.0007	$L_C \cup M_C$	11661.99	4.5514	?	1	M_S
45	842	321.0540313	?	0.0007	$L_C \cup M_C$	18553.5	7.2410	3	1	M_S
46	832	456.3579	?	0.0007	L_C	26372.62	132.8794	3	?	H_S
47	?	344.4982	?	0.0239	L_C	21233.09	24.7159	3	1	M_S
48	?	126.0965	2368.75	0.0291	M_C	8114.32	12.4086	3	5	M_S

注："？"表示缺失值。

19.5　结　论

综合项目全集的优先级，95 个建设用地减量化项目有序分类结果如表 19-6 所示。表格中有颜色的区域是优先级确定的减量化项目集合，颜色越深表示项目执行的优先级越高。

表 19-6　项目全集有序分类结果

维度		社会经济承载力						
		H_C	M_C	L_C	$M_C \cup H_C$	$L_C \cup M_C$	$L_C \cup M_C \cup H_C$	总计
国土开发适宜性	H_S	4	5	12	4	3	0	28
	M_S	4	19	2	5	2	1	33
	L_S	14	3	0	1	0	0	18
	$M_S \cup H_S$	2	7	1	2	1	0	13
	$L_S \cup M_S$	1	1	0	1	0	0	3
	$L_S \cup M_S \cup H_S$	0	0	0	0	0	0	0
	总计	25	35	15	13	6	1	95

从项目全集的优先级分类结果中可以得出以下结论。

（1）在调研获取的 95 个项目全集中，仅有 4 个项目被划分到"$H_C \cap H_S$"

集中。从现实情况考虑，高适宜性的建设用地减量化项目意味着高新增建设用地指标、高耕地/林地预估年产值、高环境改善程度或高土壤质量，而新增建设用地指标越多，地块补偿费用也越高。不仅如此，转换为耕地的地块可以有效提升粮食产量，促进地区的农业收入，但会增加第一产业劳动力的需求；土壤质量低、存在一定污染的地块只能转换为林地，虽然对生态环境的改善效益更高，但需要承担土壤修复和监测的成本，与耕地相比带来的经济效益更低。因此，高适宜性的建设用地减量化项目对社会经济的发展程度要求更高，社会经济承载力和国土开发适宜性难以同时被划分到高优先级。

（2）对于分类明确的项目，政府可以根据实际情况选择项目执行优先级。例如，"$H_C \cap M_S$"和"$M_C \cap H_S$"集中共有 9 个项目，表示项目全集中有 9 个项目被划分到第二优先序列。当政府财务预算紧缺时，关注社会经济承载力更高的建设用地减量化项目，即"$H_C \cap M_S$"集中的项目优先于"$M_C \cap H_S$"集中的项目执行；当政府想要刺激经济可持续发展时，更关注国土开发适宜性更高的建设用地减量化项目，即"$M_C \cap H_S$"集中的项目优先于"$H_C \cap M_S$"集中的项目执行。对于分类不明确的项目（表 19-6 中没有颜色标记的项目集），政府可以：①依据偏好选择项目执行的优先级。对于优先序列相同的"$(M_C \cup H_C) \cap (H_S)$"集和"$(H_C) \cap (M_S \cup H_S)$"集，更偏好项目国土开发适宜性高的政府将优先选择"$(M_C \cup H_C) \cap (H_S)$"集，而更偏好项目社会经济承载力高的政府将优先选择"$(H_C) \cap (M_S \cup H_S)$"集。②将分类不明确的项目转化为分类明确的项目。Błaszczyński 等（2007）提出基于投票的分类方法可用于将 DRSA 中对象划分到具体的有序类。没有决策规则匹配的项目是不能进行分类的，针对只有一条决策规则匹配的项目和有多条决策规则匹配的项目两种情况，依据决策规则的支持数计算投票函数，将项目划分到投票函数值最大的有序类中，从而选择项目执行优先级。

（3）项目全集中有 48 个项目存在信息缺失，但仅有 1 个项目无法匹配决策规则进行分类。这说明虽然政府执行建设用地减量化工作的相关数据披露较少，但是基于 DRSA 的建设用地减量化项目优先级排序能够有效克服信息缺失的问题。这也启示政府可以建立建设用地减量化相关数据库，帮助现行减量化地区制定减量化发展战略，为未来更多地区实行减量化提供参考。此外，完善的信息能够对减量化项目进行更加准确的优先级划分，丰富的历史数据也可以帮助专家对学习集的分类进行更准确、更科学的判断，使得提取的决策规则更加科学、合理。

本 章 小 结

建设用地减量化是在我国部分城市经济发展到一定阶段的产物，是可以有效缓解建设用地指标和耕地面积不足问题的政策措施，不仅能够增加生物多样性，有利于改善生态系统服务功能，而且可以缓解粮食紧缺问题，从而推进地区生态环境和经济的共同发展。但是，由于建设用地减量化项目数量众多、实施成本高，并且政府财政预算有限，其推行面临一系列障碍。因此，政府需要综合其社会经济承载力和国土开发适宜性对建设用地减量化项目优先级做出判断。

上海市建设用地发展作为人地关系矛盾冲突的缩影，本章以上海市宝山区为研究对象，将 MCDA 中的分类研究思想引入建设用地减量化项目发展中，基于 DRSA 构建了建设用地减量化项目优先级排序模型，以决策规则的形式表达决策者的偏好，为政府选择建设用地减量化项目提供了一系列定量、确定的标准，能够有效应对部分信息缺失情况下大部分建设用地减量化项目的优先级排序。同时，项目全集随着政府规划的变化而变化，因此决策规则也可以根据现实情况进行改变。

综合建设用地减量化的实施现状、模型构建与应用过程中获取的经验，为有效缓解政府资金不足的问题，建议推进公共部门与社会资本的合作。在资金充盈的情况下，政府可以更关注建设用地减量化项目的收益，选择国土开发适宜性更高的项目优先实施。同时，政府可以构建建设用地减量化执行数据库，为建设用地减量化项目优先级排序模型的应用提供更系统的支持，科学地划分建设用地减量化项目执行有序类，促进政府资金的合理分配。

参 考 文 献

边慧夏. 2015. 科技园区地方协同发展影响机制研究[J]. 科技进步与对策, 32（23）: 43-48.

陈国宏, 李美娟. 2004. 基于方法集的综合评价方法集化研究[J]. 中国管理科学, 12（1）: 101-105.

陈国宏, 李美娟. 2005. 组合评价收敛性验证的计算机模拟实验[J]. 系统工程理论与实践, 25（5）: 74-82.

陈国宏, 李美娟, 陈衍泰. 2007. 组合评价及其计算机集成系统研究[M]. 北京: 清华大学出版社.

陈洪涛, 周德群, 黄国良. 2007. 基于粗糙集理论的企业效绩评价指标属性约简[J]. 计算机应用研究, 24（12）: 109-111.

陈建新, 陈杰, 张辉菲. 2018. 面向生态建设的民营科技园区循环化改造研究[J]. 特区经济（8）: 43-46.

陈明. 2017. 建设用地总量不变及减量化背景下土地利用格局优化研究: 基于苏锡常地区白鹭生境网络保护优化视角[D]. 南京: 南京农业大学.

陈永淑, 魏艳霞, 洪海生, 等. 2020. 基于粗糙集理论的配网度夏项目决策方法[J]. 电网与清洁能源, 36（2）: 55-61.

程文亮. 2011a. 基于 TRIZ 创新理论的战略定位冲突解决矩阵研究[J]. 科技管理研究, 31（24）: 159-164.

程文亮. 2011b. 基于 TRIZ 的战略定位创新解决的 32 个基本原理[J]. 科技管理研究, 31（18）: 177-183.

丛旭辉, 郭树荣. 2015. 效益-风险视角下公共工程的多项目优先级决策[J]. 财会月刊（32）: 57-61.

大卫·威勒, 玛丽亚·西兰琶. 2002. 利益相关者公司: 利益相关者价值最大化之蓝图[M]. 张丽华, 译. 北京: 经济管理出版社.

邓建高, 卞艺杰, 徐绪堪. 2010. 基于粗糙集理论的 ERP 系统实施风险控制指标属性约简[J]. 控制与决策, 25（11）: 1742-1746.

邓凯. 2017. 我国土壤修复基金制度的构建问题研究[D]. 青岛: 山东科技大学.

丁一, 郭青霞, 陈卓, 等. 2020. 系统论视角下欠发达县域城镇低效用地识别与再开发策略[J]. 农业工程学报, 36（14）: 316-326.

杜栋, 庞庆华. 2005. 现代综合评价方法与案例精选[M]. 北京: 清华大学出版社.

封志明, 杨艳昭, 闫慧敏, 等. 2017. 百年来的资源环境承载力研究: 从理论到实践[J]. 资源科学, 39（3）: 379-395.

冯汝. 2017. 论我国土壤污染防治基金制度的构建: 以我国台湾地区土壤及地下水污染整治基金制度为鉴[J]. 山西农业大学学报（社会科学版）, 16（5）: 13-19.

龚本刚，华中生，檀大水. 2007. 一种语言评价信息不完全的多属性群决策方法[J]. 中国管理科学，15（1）：88-93.

谷晓坤，刘静，代兵，等. 2018. 大都市郊区工业用地减量化适宜性评价方法与实证[J]. 自然资源学报，33（8）：1317-1325.

顾守柏，刘伟，夏菁. 2015. PPP 模式在上海土地整治中的运用[J]. 中国土地（9）：43-46.

顾守柏，刘伟，夏菁. 2016. 打造"土地整治+"的新格局：上海的创新与实践[J]. 中国土地（9）：42-44.

关欣，衣晓，何友. 2009. 一种新的粗糙集属性约简方法及其应用[J]. 控制与决策，24（3）：464-467.

关信平. 2004. 社会研究方法：2004 年版[M]. 北京：高等教育出版社.

郭杰，包倩，欧名豪. 2016. 基于资源禀赋和经济发展区域分异的中国新增建设用地指标分配研究[J]. 中国土地科学，30（6）：71-80.

郭文华，张迪，郭瑞雪. 2016. 建设用地减量化，地方财政对土地的依赖度受影响吗：以上海和深圳为例[J]. 中国土地（8）：4-7.

郭显光. 1995. 一种新的综合评价方法：组合评价法[J]. 统计研究，12（5）：56-59.

郭旭，田莉. 2016. 产权重构视角下的土地减量规划与实施：以上海新浜镇为例[J]. 城市规划，40（9）：22-31.

郭亚军，马赞福，张发明. 2009. 组合评价方法的相对有效性分析及应用[J]. 中国管理科学，17（2）：125-130.

郝枫，彭菲，郭志浩. 2016. 我国政府统计服务信息化评价研究[J]. 统计研究，33（12）：11-16.

何伟峰. 2019. 地方政府竞争背景下东江科技园核心竞争力培育研究[D]. 广州：华南理工大学.

何昱. 2019. 土地整治项目管理存在的问题及对策建议[J]. 南方农机，50（15）：266，270.

洪武扬，刘永学，李满春，等. 2013. 土地利用总体规划实施评估方法研究[J]. 国土资源科技管理，30（5）：68-73.

侯杰泰，温忠麟，成子娟. 2005. 结构方程模型及其应用[M]. 北京：教育科学出版社.

侯俊. 2006. 证据推理的组合方法、评价体系与应用研究[D]. 西安：西北工业大学.

胡继元，王建龙，邱李亚，等. 2018. 城乡建设用地减量的规划实施机制优化探索：《北京基于"两规合一"的城乡建设用地评估方法研究》思考[J]. 城市规划学刊（4）：56-64.

胡明礼，刘思峰. 2006. 基于有限扩展优势关系的粗糙决策分析方法[J]. 系统工程，24（4）：106-110.

胡文伟，李湛，殷林森，等. 2018. 民营与国有孵化器服务模式比较分析[J]. 科研管理，39（9）：20-29.

黄娟. 2020. 从规划土地管理视角对上海乡村振兴的若干思考——以松江区为例[J]. 上海农村经济（5）：13-16.

贾克敬，何鸿飞，张辉，等. 2020. 基于"双评价"的国土空间格局优化[J]. 中国土地科学，34（5）：43-51.

姜海，吕图. 2016. 浅析建设用地减量化的"三适"原则[J]. 中国国土资源经济，29（6）：

15-17，64.

李灿，辛玲. 2008. 调查问卷的信度与效度的评价方法研究[J]. 中国卫生统计，25（5）：541-544.

李爽，楼江. 2016. 国有建设用地减量化的土地权属调整路径：以上海市为例[J]. 中国土地（10）：38-39.

刘思峰. 2004. 灰色系统理论及其应用[M]. 3 版. 北京：科学出版社.

刘思峰，袁文峰，盛克勤. 2010. 一种新型多目标智能加权灰靶决策模型[J]. 控制与决策，25（8）：1159-1163.

刘思明，张世瑾，朱惠东. 2019. 国家创新驱动力测度及其经济高质量发展效应研究[J]. 数量经济技术经济研究，36（4）：3-23.

刘艳春. 2007. 一种循环修正的组合评价方法[J]. 数学的实践与认识，37（4）：88-94.

刘寅，黄志勤，辜寄蓉，等. 2016. 土地利用规划中资源环境承载力的内涵与评价方法研究——以四川省泸州市为例[J]. 国土资源科技管理，33（5）：94-104.

卢新元，王康泰，胡静思，等. 2017. 基于 Fuzzy-DEMATEL 法的众包模式下用户参与行为影响因素分析[J]. 管理评论，29（8）：101-109.

马克星，王克强，李珺. 2019. 上海市集建区外建设用地对农村居民收入的影响[J]. 城市问题（8）：30-40.

梅林，刘欣，高亮. 2016. 基于模糊理论和帕累托法则的关键链缓冲估计探讨[J]. 统计与决策，32（4）：81-84.

彭靖，廖志坚，伍文浩. 2009. 民营科技园企业技术创新的影响要素分析[J]. 科技管理研究，29（4）：64-67.

邱菀华. 2002. 管理决策与应用熵学[M]. 北京：机械工业出版社.

荣泰生. 2009. AMOS 与研究方法[M]. 重庆：重庆大学出版社.

盛科荣，樊杰. 2018. 地域功能的生成机理：基于人地关系地域系统理论的解析[J]. 经济地理，38（5）：11-19.

宋飕，张新佳，吕扬，等. 2019. 地理学视角下的城市棕地研究综述与展望[J]. 地理科学，39（6）：886-897.

孙世岩，邱志明，张雄飞. 2006. 多属性决策鲁棒性评价的仿真方法研究[J]. 武汉理工大学学报（信息与管理工程版），28（12）：58-61，75.

孙昭旭，韩敏. 2007. 不完全信息下的群体多属性决策方法[J]. 系统工程与电子技术，29（7）：1098-1101.

唐晓彬，王亚男，唐孝文. 2020. 中国省域经济高质量发展评价研究[J]. 科研管理，41（11）：44-55.

田飞. 2007. 用结构方程模型建构指标体系[J]. 安徽大学学报（哲学社会科学版），31（6）：92-95.

汪继华，高强，汪少华. 2004. 风险企业多层次模糊综合评估模型探讨[J]. 商业研究（10）：116-120.

王刚，黄丽华，高阳. 2009. 基于方法集的农业产业化综合评价模型[J]. 系统工程理论与实践，29（4）：161-168.

王宏新，甄磊，周拯. 2011. 发达国家棕地再开发经验及启示[J]. 中国土地科学，25（2）：92-96.

王坚强. 2007. 一种信息不完全确定的多准则语言群决策方法[J]. 控制与决策, 22（4）: 394-398.

王坚强, 孙腾, 陈晓红. 2009. 基于前景理论的信息不完全的模糊多准则决策方法[J]. 控制与决策, 24（8）: 1198-1202.

王克强, 李国祥, 刘红梅. 2019. 工业用地减量化、经济高质量发展与地方财政收入[J]. 财政研究（9）: 33-46, 61.

王正新, 党耀国, 宋传平. 2009. 基于区间数的多目标灰色局势决策模型[J]. 控制与决策, 24（3）: 388-392.

吴未, 陈明, 欧名豪. 2018. 建设用地减量化的苏锡常地区土地利用格局优化: 基于白鹭生境网络优化视角[J]. 生态学报, 38（14）: 5141-5148.

解志坚, 薄玉成. 2006. 武器系统效能评定的灰靶理论应用[J]. 兵工学报, 27（1）: 162-165.

熊则见, 杨敏, 赵雯. 2011. 高技术产品研发关键成功因素的文献计量分析[J]. 科研管理, 32（10）: 36-45.

徐泽水. 2008. 基于语言信息的决策理论与方法[M]. 北京: 科学出版社.

杨波. 2012. 基于 TRIZ 的管理冲突求解程式优化研究[J]. 管理评论, 24（3）: 58-65.

杨瑞龙, 周业安. 2000. 企业的利益相关者理论及其应用[M]. 北京: 经济科学出版社.

杨震宁, 吕萍, 王以华. 2008a. 科技园的创新环境对园内企业绩效的影响[J]. 科学学与科学技术管理, 29（7）: 102-107.

杨震宁, 吕萍, 王以华. 2008b. 企业入驻科技园的动机及影响因素模型研究[J]. 科学学研究, 26（1）: 137-143, 198.

易丹辉. 2008. 结构方程模型: 方法与应用[M]. 北京: 中国人民大学出版社.

尤建新, 蔡文玡, 尤筱玥. 2017. 基于质量改善视角的业务流程优化研究[J]. 工业工程与管理, 22（6）: 161-168.

余勇军, 伍迪, 王守清. 2014. 中国 BT 项目关键成功因素研究[J]. 工程管理学报, 28（3）: 78-83.

宇传华. 2007. SPSS 与统计分析[M]. 北京: 电子工业出版社.

岳超源. 2003. 决策理论与方法[M]. 北京: 科学出版社.

战金艳, 余瑞, 石庆玲. 2013. 基于农业生态地带模型的中国粮食产能动态评估[J]. 中国人口·资源与环境, 23（10）: 102-109.

张驰. 2019. 新增建设用地减量化对地方城投债的影响: 基于全国地级市数据的实证研究[D]. 南京: 南京大学.

张东生, 徐曼, 袁媛. 2005. 基于 TRIZ 的管理创新方法研究[J]. 科学学研究, 23（S1）: 264-269.

张发明, 刘志平. 2017. 组合评价方法研究综述[J]. 系统工程学报, 32（4）: 557-569.

张红兵, 贾来喜, 李潞. 2007. SPSS 宝典[M]. 北京: 电子工业出版社.

张立军, 陶璐. 2011. 多指标综合评价模型鲁棒性度量方法研究[J]. 统计与信息论坛, 26（5）: 16-20.

张润楚. 2006. 多元统计分析[M]. 北京: 科学出版社.

张文修, 仇国芳. 2005. 粗糙集属性约简的一般理论[J]. 中国科学 E 辑: 信息科学, 35（12）: 1304-1313.

赵嵩正，肖伟. 2006. 虚拟团队关键成功因素模型构建与实证研究[J]. 管理工程学报，20（3）：89-93.

郑红玉，卓跃飞，吴次芳，等. 2017. 基于减量化目标的农村宅基地整理分区及模式优选[J]. 农业工程学报，33（12）：270-277.

郑舰，陈亚萍，王国光. 2019.2000 年以来棕地可持续再开发研究进展：基于可视化文献计量分析[J]. 中国园林，35（2）：27-32.

钟诗胜，王体春，丁刚. 2008. 基于多指标灰区间数关联决策模型的产品方案设计[J]. 控制与决策，23（12）：1378-1382，1394.

朱建军，刘思峰. 2008. 群决策中模糊偏好信息转化的若干性质研究[J]. 控制与决策，23（1）：56-59.

朱建军. 2006. 群决策中两类不确定偏好信息的集结方法研究[J]. 控制与决策，21（8）：889-892，897.

Adams D，De Sousa C，Tiesdell S. 2010. Brownfield development：A comparison of North American and British approaches[J]. Urban Studies，47（1）：75-104.

Adams D，Disberry A，Hutchison N，et al. 2001. Ownership constraints to brownfield redevelopment[J]. Environment and Planning A：Economy and Space，33（3）：453-477.

Ahmad N，Zhu Y M，Gebreslase M，et al. 2017a. Establishing standard definition and guidelines for brownfields in Pakistan：A stakeholder perspective[C]. Nomi：2017 International Conference on Management Science and Engineering（ICMSE）.

Ahmad N，Zhu Y M，Ibrahim M，et al. 2018. Development of a standard brownfield definition，guidelines，and evaluation index system for brownfield redevelopment in developing countries：The case of Pakistan[J]. Sustainability，10（12）：4347.

Ahmad N，Zhu Y M，Lin H L，et al. 2017b. Integrating triangular fuzzy numbers & grey relational theory to evaluate brownfield redevelopment projects[C]. Banff：2017 IEEE International Conference on Systems，Man，and Cybernetics（SMC）.

Ahmad N，Zhu Y M，Lin H L，et al. 2020. Mapping the obstacles to brownfield redevelopment adoption in developing economies：Pakistani perspective[J]. Land Use Policy，91：104374.

Ahmad N，Zhu Y M，Shafait Z，et al. 2019. Critical barriers to brownfield redevelopment in developing countries：The case of Pakistan[J]. Journal of Cleaner Production，212：1193-1209.

Alberini A，Longo A，Tonin S，et al. 2005. The role of liability，regulation and economic incentives in brownfield remediation and redevelopment：Evidence from surveys of developers[J]. Regional Science and Urban Economics，35（4）：327-351.

Alexander R. 2015. Policy instruments and the remediation and redevelopment of contaminated properties[J]. Environmental Politics，24（1）：75-95.

Alireza V，Mohammadreza Y，Zin R M，et al. 2014. An enhanced multi-objective optimization approach for risk allocation in public-private partnership projects：A case study of Malaysia[J]. Canadian Journal of Civil Engineering，41（2）：164-177.

Alker S，Joy V，Roberts P，et al. 2000. The definition of brownfield[J]. Journal of Environmental Planning and Management，43（1）：49-69.

Altshuller G S, Shapiro R B. 1956. On the psychology of inventive creation[J]. The Psychological Issues, 6: 37-39.

Amekudzi A, Fomunung I. 2004. Integrating brownfields redevelopment with transportation planning[J]. Journal of Urban Planning and Development, 130 (4): 204-212.

Amirahmadi H, Saff G. 1993. Science parks: A critical assessment[J]. Journal of Planning Literature, 8 (2): 107-123.

Andersson-Sköld Y, Bardos P, Chalot M, et al. 2014. Developing and validating a practical decision support tool (DST) for biomass selection on marginal land[J]. Journal of Environmental Management, 145: 113-121.

Angold P G, Sadler J P, Hill M O, et al. 2006. Biodiversity in urban habitat patches[J]. Science of the Total Environment, 360 (1-3): 196-204.

Arienzo M, Donadio C, Mangoni O, et al. 2017. Characterization and source apportionment of polycyclic aromatic hydrocarbons (PAHs) in the sediments of gulf of Pozzuoli (Campania, Italy) [J]. Marine Pollution Bulletin, 124 (1): 480-487.

Armindo J, Fonseca A, Abreu I, et al. 2019. Perceived importance of sustainability dimensions in the Portuguese metal industry[J]. International Journal of Sustainable Development & World Ecology, 26 (2): 154-165.

Arrow K J. 1964. Social Choice and Individual Values[M]. New York: Wiley.

Arrow K J. 1977. Current developments in the theory of social choice[J]. Social Research, 44 (4): 607-622.

Ashwood F E, Doick K J, Atkinson G E, et al. 2014. Under-utilisation of organic wastes during brownfield regeneration to community woodland : Tackling the barriers[J]. Waste Management & Research, 32 (1): 49-55.

Attoh-Okine N O, Gibbons J. 2001. Use of belief function in brownfield infrastructure redevelopment decision making[J]. Journal of Urban Planning and Development, 127(3): 126-143.

Bacot H, O'Dell C. 2006. Establishing indicators to evaluate brownfield redevelopment[J]. Economic Development Quarterly, 20 (2): 142-161.

Baker J. 2015. Brownfield Redevelopment in Tucson: Examining Local Barriers and Solutions[R]. Tucson: University of Arizona.

Banister D. 1998. Barriers to the implementation of urban sustainability[J]. International Journal of Environment and Pollution, 10 (1): 65-83.

Bardos R P, Bone B D, Boyle R, et al. 2016. The rationale for simple approaches for sustainability assessment and management in contaminated land practice[J]. Science of the Total Environment, 563: 755-768.

Barrieu P, Bellamy N, Sinclair-Desgagné B. 2017. Assessing contaminated land cleanup costs and strategies[J]. Applied Mathematical Modelling, 42: 478-492.

Barry K, Domb E, Slocum M S. 2008. TRIZ-What is TRIZ?[J/OL]. (2008-03-20) [2024-08-15]. https://skat.ihmc.us/rid=1206064509716_727387479_10719/TRIZ%20-% 20What% 20Is%20TRIZ.pdf.

Bartke S, Martinát S, Klusáček P, et al. 2016. Targeted selection of brownfields from portfolios for sustainable regeneration: User experiences from five cases testing the Timbre Brownfield Prioritization Tool[J]. Journal of Environmental Management, 184: 94-107.

Bartke S, Schwarze R. 2015. No perfect tools: Trade-offs of sustainability principles and user requirements in designing support tools for land-use decisions between greenfields and brownfields[J]. Journal of Environmental Management, 153: 11-24.

Bass S J. 1998. Japanese research parks: National policy and local development[J]. Regional Studies, 32 (5): 391-403.

Beames A, Broekx S, Schneidewind U, et al. 2018. Amenity proximity analysis for sustainable brownfield redevelopment planning[J]. Landscape and Urban Planning, 171: 68-79.

Belton V, Stewart T J. 2002. Multiple Criteria Decision Analysis: An Integrated Approach[M]. Boston: Kluwer Academic Publishers.

Bender K W, Cedeño J E, Cirone J F, et al. 2000. Process innovation: Case studies of critical success factors[J]. Engineering Management Journal, 12 (4): 17-24.

BenDor T K, Metcalf S S, Paich M. 2011. The dynamics of brownfield redevelopment[J]. Sustainability, 3 (6): 914-936.

Bianchi M, Campodall'Orto S, Frattini F, et al. 2010. Enabling open innovation in small-and medium-sized enterprises: How to find alternative applications for your technologies[J]. R&D Management, 40 (4): 414-431.

Birdi K, Leach D, Magadley W. 2012. Evaluating the impact of TRIZ creativity training: An organizational field study[J]. R&D Management, 42 (4): 315-326.

Błaszczyński J, Greco S, Słowiński R. 2007. Multi-criteria classification—A new scheme for application of dominance-based decision rules[J]. European Journal of Operational Research, 181 (3): 1030-1044.

Boente C, Sierra C, Rodríguez-Valdés E, et al. 2017. Soil washing optimization by means of attributive analysis: Case study for the removal of potentially toxic elements from soil contaminated with pyrite ash[J]. Journal of Cleaner Production, 142: 2693-2699.

Bollen K A. 1989. Structural Equations with Latent Variables[M]. New York: John Wiley & Sons.

Bowie N. 1988. The moral obligations of multinational corporations[M]//Luper-Foy S. Problems of International Justice. Boulder: Westview Press: 97-113.

Bulkeley H, Betsill M M. 2005. Rethinking sustainable cities: Multilevel governance and the "urban" politics of climate change[J]. Environmental Politics, 14 (1): 42-63.

Burinskienė M, Bielinskas V, Podviezko A, et al. 2017. Evaluating the significance of criteria contributing to decision-making on brownfield land redevelopment strategies in urban areas[J]. Sustainability, 9 (5): 759.

CABERNET. 2014. Glossary of Terms for Holistic Management of Brownfield Regeneration[EB/OL]. (2014-05-28) [2018-03-20]. https://www.cen.eu/work/areas/env/Pages/WS-74.aspx.

Cao K, Guan H. 2007. Brownfield redevelopment toward sustainable urban land use in

China[J]. Chinese Geographical Science, 17 (2): 127-134.

Cappuyns V, Kessen B. 2012. Evaluation of the environmental impact of Brownfield remediation options: Comparison of two life cycle assessment-based evaluation tools[J]. Environmental Technology, 33 (19-21): 2447-2459.

Chan A P C, Darko A, Ameyaw E E. 2017. Strategies for promoting green building technologies adoption in the construction industry—An international study[J]. Sustainability, 9 (6): 969.

Chan E, Lee G K L. 2008. Critical factors for improving social sustainability of urban renewal projects[J]. Social Indicators Research, 85 (2): 243-256.

Charkham J. 1992. Corporate governance: Lessons from abroad[J]. European Business Journal, 4 (2): 8-16.

Chen I C, Chuo Y Y, Ma H W. 2019. Uncertainty analysis of remediation cost and damaged land value for brownfield investment[J]. Chemosphere, 220: 371-380.

Chen I C, Tsai Y C, Ma H W. 2016. Toward sustainable brownfield redevelopment using life-cycle thinking[J]. Sustainability, 8 (10): 994.

Chen X, Liu M, Ma J H, et al. 2017. Health risk assessment of soil heavy metals in housing units built on brownfields in a city in China[J]. Journal of Soils and Sediments, 17 (6): 1741-1750.

Chen Y, Hipel K W, Kilgour D M, et al. 2009. A strategic classification support system for brownfield redevelopment[J]. Environmental Modelling & Software, 24 (5): 647-654.

Chen Y, Marc Kilgour D, Hipel K W. 2006. Multiple criteria classification with an application in water resources planning[J]. Computers & Operations Research, 33 (11): 3301-3323.

Clarkson M E. 1995. A stakeholder framework for analyzing and evaluating corporate social performance[J]. Academy of Management Review, 20 (1): 92-117.

Clemente R, Hartley W, Riby P, et al. 2010. Trace element mobility in a contaminated soil two years after field-amendment with a greenwaste compost mulch[J]. Environmental Pollution, 158 (5): 1644-1651.

Coffin S L, Shepherd A. 1998. Barriers to brownfield redevelopment: Lessons learned from two great lakes states[J]. Public Works Management & Policy, 2 (3): 258-266.

Colley K, Brown C, Montarzino A. 2016. Restorative wildscapes at work: An investigation of the wellbeing benefits of greenspace at urban fringe business sites using "go-along" interviews[J]. Landscape Research, 41 (6): 598-615.

Couch C, Karecha J, Nuissl H, et al. 2005. Decline and sprawl: An evolving type of urban development-observed in Liverpool and Leipzig[J]. European Planning Studies, 13 (1): 117-136.

Cross M. 2011. Effective communication in contaminated risk management[J]. Proceedings of the Institution of Civil Engineers - Municipal Engineer, 164 (4): 229-239.

Dai H J, Sun T, Guo W. 2016. Brownfield redevelopment evaluation based on fuzzy real options[J]. Sustainability, 8 (2): 170.

Daniel D R. 1961. Management information crisis[J]. Harvard Business Review, 39 (5): 111-121.

Darmendrail D. 2018. Pollution des Sols：Basol[EB/OL].（2018-05-20）[2024-11-27]. http://basol.developpement-durable.gouv.fr/faq.htm#q9 .

De Sousa C A，Wu C S，Westphal L M. 2009. Assessing the effect of publicly assisted brownfield redevelopment on surrounding property values[J]. Economic Development Quarterly，23（2）：95-110.

De Sousa C A. 2002. Brownfield redevelopment in Toronto：An examination of past trends and future prospects[J]. Land Use Policy，19（4）：297-309.

De Sousa C A. 2003. Turning brownfields into green space in the City of Toronto[J]. Landscape and Urban Planning，62（4）：181-198.

De Sousa C A. 2006. Urban brownfields redevelopment in Canada：The role of local government[J]. Canadian Geographies Géographies canadiennes，50（3）：392-407.

De Sousa C. 2000. Brownfield redevelopment versus greenfield development：A private sector perspective on the costs and risks associated with brownfield redevelopment in the greater Toronto area[J]. Journal of Environmental Planning and Management，43（6）：831-853.

De Sousa C. 2005. Policy performance and brownfield redevelopment in Millwaukee，Wisconsin[J]. Professional Geographer，57（2）：312-327.

Dermont G，Bergeron M，Richer-Laflèche M，et al. 2010. Remediation of metal-contaminated urban soil using flotation technique[J]. Science of the Total Environment，408（5）：1199-1211.

Dill W R. 1958. Environment as an influence on managerial autonomy[J]. Administrative Science Quarterly，2（4）：409.

Dixon T，Otsuka N，Abe H. 2011. Critical success factors in urban brownfield regeneration：An analysis of "hardcore" sites in Manchester and Osaka during the economic recession [J]. Environment and Planning A：Economy and Space，43（4）：961-980.

Dixon T，Raco M，Catney P，et al. 2008. Sustainable Brownfield Regeneration：Liveable Places from Problem Spaces[M]. New York：John Wiley & Sons.

Dixon T. 2006. Integrating sustainability into brownfield regeneration：Rhetoric or reality? —An analysis of the UK development industry[J]. Journal of Property Research，23（3）：237-267.

Dixon T. 2007. The property development industry and sustainable urban brownfield regeneration in England：An analysis of case studies in Thames gateway and greater Manchester[J]. Urban Studies，44（12）：2379-2400.

Donovan R，Evans J，Bryson J，et al. 2005. Large-scale urban regeneration and sustainability：Reflections on the "barriers" typology[J/OL]. [2024-11-28]. Environmental Science，Sociology，Geography. https://www.semanticscholar.org/paper/Large-scale-Urban-Regeneration-and-Sustainability%3A-Donovan-Evans/c34bf72b4636c429c0e453044af2d965dbaa8500?p2df.

Doumpos M，Zopounidis C. 2002. Multicriteria decision aid classification methods[J]. Boston：Kluwer Academic Publishers.

Espinoza R D，Luccioni L. 2002. Proper risk management：The key to successful brownfield development[J]. Brownfield Sites：Assessment，Rehabilitation and Development，55：

297-306.

Estache A, Juan E, Trujillo L. 2007. Public-private Partnerships in Transport[R]. Washington, D.C.: World Bank.

Fan J, Wang Y F, Wang C S, et al. 2019. Reshaping the sustainable geographical pattern: A major function zoning model and its applications in China[J]. Earth's Future, 7 (1): 25-42.

Fang L P, Hipel K W, Kilgour D M, et al. 2003. A decision support system for interactive decision making—Part I: Model formulation[J]. IEEE Transactions on Systems, Man and Cybernetics, Part C (Applications and Reviews), 33 (1): 42-55.

Farris J T. 2001. The barriers to using urban infill development to achieve smart growth[J]. Housing Policy Debate, 12 (1): 1-30.

Feng H, Zhang W G, Qian Y, et al. 2016. Synchrotron X-ray microfluorescence measurement of metal distributions in Phragmites australis root system in the Yangtze River intertidal zone[J]. Journal of Synchrotron Radiation, 23 (Pt 4): 937-946.

Feng J Y, Zhang H. 2002. Grey target model appraising firm's financial status based on altman coefficients[J]. The Journal of Grey System, 53: 274-276.

Ferber U, Grimski D, Millar K, et al. 2006. Sustainable Brownfield Regeneration: CABERNET Network Report[R]. Nottingham: CABERNET.

Ferguson C R, Dickinson R. 1982. Critical success factors for directors in the eighties[J]. Business Horizons, 25 (3): 14-18.

Filip S, Cocean P. 2012. Urban industrial brownfields: Constraints and opportunities in Romania[J]. Carpathian Journal of Earth and Environmental Sciences, 7 (4): 155-164.

Fornell C, Larcker D F. 1981. Evaluating structural equation models with unobservable variables and measurement error[J]. Journal of Marketing Research, 18 (1): 39.

Foucault Y, Durand M J, Tack K, et al. 2013. Use of ecotoxicity test and ecoscores to improve the management of polluted soils: Case of a secondary lead smelter plant[J]. Journal of Hazardous Materials, 246-247: 291-299.

Frantál B, Kunc J, Klusáček P, et al. 2015. Assessing success factors of brownfields regeneration: International and inter-stakeholder perspective[J]. Transylvanian Review of Administrative Sciences, 11 (44): 91-107.

Frantál B, Kunc J, Nováková E, et al. 2013. Location matters! Exploring brownfields regeneration in a spatial context (a case study of the South Moravian Region, Czech Republic) [J]. Moravian Geographical Reports, 21 (2): 5-19.

Franz M, Güles O, Prey G. 2008. Place-making and "green" reuses of brownfields in the Ruhr[J]. Journal of Economic and Human Geography, 99 (3): 316-328.

Freeman R E, Reed D L. 1983. Stockholders and stakeholders: A new perspective on corporate governance[J]. California Management Review, 25 (3): 88-106.

Freeman R E. 1984. Strategic Management: A Stakeholder Approach[M]. Boston: Pitman.

Freier K C. 1998. Working Group 1: Brownfield Redevelopment Workplan[M]. Berlin: German Environmental Agency.

Garvey P R, Lansdowne Z F. 1998. Risk matrix: An approach for identifying, assessing, and ranking program risks[J]. Air Force Journal of Logistics, 22（1）: 18-21.

Gass G, Biggs S, Kelly A. 1997. Stakeholders, science and decision making for poverty-focused rural mechanization research and development[J]. World Development, 25（1）: 115-126.

Gebremariam M G, Zhu Y M, Ahmad N, et al. 2019. Influencing sustainability by controlling future brownfields in Africa: A case study of Ethiopia[J]. World Journal of Science, Technology and Sustainable Development, 16（3）: 102-120.

Gibbard A. 1973. Manipulation of voting schemes: A general result[J]. Econometrica, 41（4）: 587.

Gibbard A. 1977. Manipulation of schemes that mix voting with chance[J]. Econometrica, 45（3）: 665.

Glumac B, Han Q, Schaefer W F. 2014. Actors' preferences in the redevelopment of brownfield: Latent class model[J]. Journal of Urban Planning and Development, 141（2）: 1-10.

Glumac B, Han Q, Schaefer W F. 2015a. Actors' preferences in the redevelopment of brownfield: Latent class model[J]. Journal of Urban Planning and Development, 141（2）: 0401-4017.

Glumac B, Han Q, Schaefer W, et al. 2015b. Negotiation issues in forming public-private partnerships for brownfield redevelopment: Applying a game theoretical experiment[J]. Land Use Policy, 47: 66-77.

Graham S, Barnett J, Mortreux C, et al. 2018. Local values and fairness in climate change adaptation : Insights from marginal rural Australian communities[J]. World Development, 108: 332-343.

Greco S, Matarazzo B, Slowinski R. 2001. Rough sets theory for multicriteria decision analysis[J]. European Journal of Operational Research, 129（1）: 1-47.

Greco S, Matarazzo B, Slowinski R. 2002. Rough approximation by dominance relations[J]. International Journal of Intelligent Systems, 17（2）: 153-171.

Greenberg M, Lee C, Powers C. 1998. Public health and brownfields: Reviving the past to protect the future[J]. American Journal of Public Health, 88（12）: 1759-1760.

Greenberg R, Cervino D. 2002. Fixed price cleanups as useful tools to eliminate risks in brownfields redevelopment[M]// Brebbia C A, Almorza D, Klapperich H. Brownfield Sites. Southampton: WIT Press.

Grimble R, Wellard K. 1997. Stakeholder methodologies in natural resource management: A review of principles, contexts, experiences and opportunities[J]. Agricultural Systems, 55（2）: 173-193.

Haase D, Haase A, Rink D. 2014. Conceptualizing the nexus between urban shrinkage and ecosystem services[J]. Landscape and Urban Planning, 132: 159-169.

Han Q Y, Zhu Y M, Ke G Y. 2016. Analyzing the financing dilemma of brownfield remediation in China by using GMCR[C]. Budapest: 2016 IEEE International Conference on Systems, Man, and Cybernetics（SMC）.

Haninger K, Ma L L, Timmins C. 2017. The value of brownfield remediation[J]. Journal of the Association of Environmental and Resource Economists，4（1）：197-241.

Hipel K W，Hegazy T，Yousefi S. 2010. Combined strategic and tactical negotiation methodology for resolving complex brownfield conflicts[J]. Pesquisa Operacional，30（2）：281-304.

Hobbs B F，Meier P. 2000. Energy Decisions and the Environment：A Guide to the Use of Multicriteria Methods[M]. Boston：Kluwer Academic Publishers.

Hou D Y，Al-Tabbaa A，Chen H Q，et al. 2014. Factor analysis and structural equation modelling of sustainable behaviour in contaminated land remediation[J]. Journal of Cleaner Production，84：439-449.

Hou D Y，Al-Tabbaa A. 2014. Sustainability：A new imperative in contaminated land remediation[J]. Environmental Science & Policy，39：25-34.

Hu K X，Hipel K W，Fang L P. 2009. A conflict model for the international hazardous waste disposal dispute[J]. Journal of Hazardous Materials，172（1）：138-146.

Hua Z S，Gong B G，Xu X Y. 2008. A DS-AHP approach for multi-attribute decision making problem with incomplete information[J]. Expert Systems with Applications，34（3）：2221-2227.

Huang Q H，Li M C，Chen Z J，et al. 2011. Land consolidation：An approach for sustainable development in rural China. AMBIO[J]. A Journal of the Human Environment，40（1）：93-95.

Huang X J，Yang D Y. 2016. Orderly ecological system for mountains，rivers，forest，farmland and lakes，and innovation path of purpose regulation of natural resources[J]. Shanghai Land & Resources，37（3）：1-4.

Hudak T A. 2002. Addressing Barriers to Brownfield Redevelopment：An Analysis of CERCLA and the Voluntary Cleanup Programs of Ohio，Pennsylvania and Michigan[D]. Blacksburg：Virginia Polytechnic Institute and State University.

Hudeček T，Koucký R，Janíčková M，et al. 2017. Planning，accessibility，and distribution of new parks：Case study of the city of Prague[J]. Journal of Urban Planning and Development，143（3）：05017005.

Hula R. 2003. An assessment of brownfield redevelopment policies：The Michigan experience[J]. New Ways of Doing Business，26（4）：251-280.

Hunt D V L，Rogers C D F. 2005. Barriers to sustainable infrastructure in urban regeneration[J]. Proceedings of the Institution of Civil Engineers—Engineering Sustainability，158（2）：67-81.

Hussain K，He Z，Ahmad N，et al. 2019. Green，lean，Six Sigma barriers at a glance：A case from the construction sector of Pakistan[J]. Building and Environment，161：106225.

Hutchison N，Disberry A. 2015. Market forces or institutional factors：What hinders housing development on brownfield land?[J]. Journal of European Real Estate Research，8（3）：285-304.

Hwang B G，Zhao X B，Gay M J S. 2013. Public private partnership projects in Singapore：Factors，critical risks and preferred risk allocation from the perspective of contractors[J].

International Journal of Project Management，31（3）：424-433.

Ilevbare I M，Probert D，Phaal R. 2013. A review of TRIZ, and its benefits and challenges in practice[J]. Technovation，33（2-3）：30-37.

Inyang H I，Daniels J L，Ogunro V. 1998. Engineering controls for risk reduction at brownfield sites[C]. Boston ：Risk-Based Corrective Action and Brownfields Restorations.

Jaillon L，Poon C S，Chiang Y H. 2009. Quantifying the waste reduction potential of using prefabrication in building construction in Hong Kong[J]. Waste Management，29（1）：309-320.

Johnson K L，Dixson C E，Tochterman S. 2002. Brownfield redevelopment and transportation planning in the Philadelphia region[J]. ITE Journal-Institute of Transportation Engineers，72（7）：26-31.

Juergen P，Wang R S. 2005. Clean production and ecological industry：A key to eco-city development[J]. Chinese Journal of Population，Resources and Environment，3（1）：3-8.

Karamat J，Tong S R，Ahmad N，et al. 2018a. Barriers to knowledge management in the health sector of Pakistan[J]. Sustainability，10（11）：4155.

Karamat J，Tong S R，Ahmad N，et al. 2018b. Enablers supporting the implementation of knowledge management in the healthcare of Pakistan[J]. International Journal of Environmental Research and Public Health，15（12）：2816.

Karamat J，Tong S R，Ahmad N，et al. 2019. Promoting healthcare sustainability in developing countries：Analysis of knowledge management drivers in public and private hospitals of Pakistan[J]. International Journal of Environmental Research and Public Health，16（3）：508.

Kaufman M M，Rogers D T，Murray K S. 2005. An empirical model for estimating remediation costs at contaminated sites[J]. Water，Air，and Soil Pollution，167（1）：365-386.

Ke Y J，Wang S Q，Chan A P C，et al. 2010. Preferred risk allocation in China's public-private partnership（PPP）projects[J]. International Journal of Project Management，28（5）：482-492.

Ke Y J，Wang S Q，Chan A P C. 2012. Risk management practice in China's public-private partnership projects[J]. Journal of Civil Engineering and Management，18（5）：675-684.

Ke Y J，Wang S Q，Chan A P C. 2013. Risk misallocation in public-private partnership projects in China[J]. International Public Management Journal，16（3）：438-460.

Keeney R L，Raiffa H. 1976. Decisions with Multiple Objectives：Preferences and Value Tradeoffs[M]. New York：Wiley.

Keeney R L. 1992. Value Focused Thinking：A Path to Creative Decision Making[M]. Cambridge：Harvard University Press.

Kilgour D M，Hipel K W，Fang L. 1987. The Graph Model for Conflicts[M]. Oxford：Pergamon Press.

Kim E J，Miller P. 2017. Residents' perception of local brownfields in rail corridor area in the

City of Roanoke: The effect of people's preconception and health concerns factors[J]. Journal of Environmental Planning and Management, 60 (5): 862-882.

Kliucininkas L, Velykiene D. 2009. Environmental health damage factors assessment in brownfield redevelopment[C]. New Forest: WIT Transactions on Biomedicine and Health.

Klusáček P, Alexandrescu F, Osman R, et al. 2018. Good governance as a strategic choice in brownfield regeneration: Regional dynamics from the Czech Republic[J]. Land Use Policy, 73: 29-39.

Koçak Ö, Can Ö. 2014. Determinants of inter-firm networks among tenants of science technology parks[J]. Industrial and Corporate Change, 23 (2): 467-492.

Krajnik L P, Mlinar I, Krajnik D. 2017. City planning policy: New housing developments in Zagreb brownfields[J]. Geodetski Vestnik, 61 (2): 246-262.

Kramářová Z. 2017. Transport infrastructure in the process of cataloguing brownfields[J]. IOP Conference Series: Materials Science and Engineering, 245: 042069.

Krejčí T, Dostál I, Havlíček M, et al. 2016. Exploring the hidden potential of sugar beet industry brownfields (case study of the Czech Republic) [J]. Transportation Research Part D: Transport and Environment, 46: 284-297.

Ku Y L, Liau S J, Hsing W C. 2005. The high-tech milieu and innovation-oriented development[J]. Technovation, 25 (2): 145-153.

Kurata H, Abe H, Otsuka N. 2008. Perception of private and public sectors of the regeneration of post-industrial areas in Japan[C]. Cephalonia: WIT Transactions on Ecology and the Environment.

Lai Y N, Tang B. 2016. Institutional barriers to redevelopment of urban villages in China: A transaction cost perspective[J]. Land Use Policy, 58: 482-490.

Lange D, Wang D, Zhuang Z, et al. 2014. Brownfield development selection using multiattribute decision making[J]. Journal of Urban Planning and Development, 140 (2): 04013009.

Laprise M, Lufkin S, Rey E. 2015. An indicator system for the assessment of sustainability integrated into the project dynamics of regeneration of disused urban areas[J]. Building and Environment, 86: 29-38.

Lecluyse L, Knockaert M, Spithoven A. 2019. The contribution of science parks: A literature review and future research agenda[J]. The Journal of Technology Transfer, 44 (2): 559-595.

Lederman P B, Librizzi W. 1995. Brownfields remediation: Available technologies[J]. Journal of Urban Technology, 2 (2): 21-29.

Lee I, Hwang S W. 2018. Urban entertainment center (UEC) as a redevelopment strategy for large-scale post-industrial sites in Seoul: Between public policy and privatization of planning[J]. Sustainability, 10 (10): 3535.

Li B, Akintoye A, Edwards P J, et al. 2005. Critical success factors for PPP/PFI projects in the UK construction industry[J]. Construction Management and Economics, 23 (5): 459-471.

Li H X, Ji H B. 2017. Chemical speciation, vertical profile and human health risk assessment of heavy metals in soils from coal-mine brownfield, Beijing, China[J]. Journal of Geochemical Exploration, 183: 22-32.

Li R J. 1999. Fuzzy method in group decision making[J]. Computers & Mathematics with Applications, 38 (1): 91-101.

Li X D, Yang H, Li W J, et al. 2016. Public-private partnership in residential brownfield redevelopment: Case studies of Pittsburgh[J]. Procedia Engineering, 145: 1534-1540.

Lin H L, Zhu Y M, Ahmad N, et al. 2019. A scientometric analysis and visualization of global research on brownfields[J]. Environmental Science and Pollution Research International, 26 (17): 17666-17684.

Lin P Y, Lee T R J S, Dadura A M. 2011. Using grey relational analysis and TRIZ to identify KSFs and strategies for choosing importers and exporters[J]. Journal of Manufacturing Technology Management, 22 (4): 474-488.

Liu X. 2017. "Contested policy mobility": The creative transformation and temporary use of brownfields in Redtory, Guangzhou[J]. Urban Geography, 38 (6): 884-902.

Loures L. 2015. Post-industrial landscapes as drivers for urban redevelopment: Public versus expert perspectives towards the benefits and barriers of the reuse of post-industrial sites in urban areas[J]. Habitat International, 45: 72-81.

Loures L, Vaz E. 2018. Exploring expert perception towards brownfield redevelopment benefits according to their typology[J]. Habitat International, 72: 66-76.

Lu M L, Xie H B. 2015. Evaluation system of barriers to urban brownfield redevelopment[J/OL]. [2024-11-27]. Journal of Subtropical Resources and Environment. http://en.cnki.com.cn/Article_en/CJFDTOTAL-FJDL201502010.htm.

Luo X S, Yu S, Zhu Y G, et al. 2012. Trace metal contamination in urban soils of China[J]. Science of the Total Environment, 421: 17-30.

Ma Z, Ren W, Xue B, et al. 2014. Human health risk assessment of heavy metal pollutants in redevelopment brownfield area[J]. Ecologic Science, 33 (5): 963-971.

Mann L D. 2004. The next common sense: Philosophy-level integration of TRIZ into an integrated business and management innovation process[C]. Florence: The ETRIA TRIZ Future Conference.

Mao C, Shen Q P, Pan W, et al. 2015. Major barriers to off-site construction: The developer's perspective in China[J]. Journal of Management in Engineering, 31 (3): 04014043.

Mateus R J G, Costa J C B E, Matos P V. 2017. Supporting multicriteria group decisions with MACBETH tools: Selection of sustainable brownfield redevelopment actions[J]. Group Decision and Negotiation, 26 (3): 495-521.

Mathey J, Arndt T, Banse J, et al. 2018. Public perception of spontaneous vegetation on brownfields in urban areas——Results from surveys in Dresden and Leipzig (Germany) [J]. Urban Forestry & Urban Greening, 29: 384-392.

Mathey J, Rößler S, Banse J, et al. 2015. Brownfields as an element of green infrastructure for implementing ecosystem services into urban areas[J]. Journal of Urban Planning and Development, 141 (3): A4015001.

McCarthy L. 2002. The brownfield dual land-use policy challenge: Reducing barriers to private redevelopment while connecting reuse to broader community goals[J]. Land Use Policy, 19 (4): 287-296.

McDonald R P, Ho M H R. 2002. Principles and practice in reporting structural equation analyses[J]. Psychological Methods, 7 (1): 64-82.

McNiece C M. 2006. A public use for the dirty side of economic development: Finding common ground between Kelo and Hatchcock for collateral takings in brownfield redevelopment[J]. Roger Williams University Law Review, 12: 229.

Medda F. 2007. A game theory approach for the allocation of risks in transport public private partnerships[J]. International Journal of Project Management, 25 (3): 213-218.

Mehdipour A, Nia H R. 2013. The role of brownfield development in sustainable urban regeneration[J]. Journal of Sustainable Development Studies, 4 (2): 1-18.

Mench M, Lepp N, Bert V, et al. 2010. Successes and limitations of phytotechnologies at field scale: Outcomes, assessment and outlook from COST Action 859[J]. Journal of Soils and Sediments, 10 (6): 1039-1070.

Meyer P B, Lyons T S. 2000. Lessons from private sector brownfield redevelopers[J]. Journal of the American Planning Association, 66 (1): 46-57.

Mieg H A. 2012. Sustainability and innovation in urban development: Concept and case[J]. Sustainable Development, 20 (4): 251-263.

Mintzberg H, Waters J A. 1985. Of strategies, deliberate and emergent[J]. Strategic Management Journal, 6 (3): 257-272.

Mitchell R K, Agle B R, Wood D J. 1997. Toward a theory of stakeholder identification and salience: Defining the principle of who and what really counts[J]. Academy of Management Review, 22 (4): 853-886.

Monck C S P, Porter R B, Quintas P R, et al. Science Parks and the Growth of High Technology Firms[M]. London: Croom Helm.

Morio M, Schädler S, Finkel M. 2013. Applying a multi-criteria genetic algorithm framework for brownfield reuse optimization: Improving redevelopment options based on stakeholder preferences[J]. Journal of Environmental Management, 130: 331-346.

Nachmias D, Nachmias C. 2008. Research Methods in the Social Sciences[M]. New York: Worth Publishers.

Nahm K B. 2000. The evolution of science parks and metropolitan development[J]. International Journal of Urban Sciences, 4 (1): 81-95.

Nelson A C. 2014. The cycle of development, optimal redevelopment, redevelopment goals and benefits, and barriers to redevelopment[M]//Foundations of Real Estate Development Financing. Washington, D.C.: Island Press/Center for Resource Economics: 9-37.

Nesticò A, Elia C, Naddeo V. 2020. Sustainability of urban regeneration projects: Novel selection model based on analytic network process and zero-one goal programming[J]. Land Use Policy, 99: 104831.

Newton P W. 2010. Beyond greenfield and brownfield: The challenge of regenerating

Australia's greyfield suburbs[J]. Built Environment，36（1）：81-104.

Ng A，Loosemore M. 2007. Risk allocation in the private provision of public infrastructure[J]. International Journal of Project Management，25（1）：66-76.

NLUD-PDL. 2007. Previously-Developed Land that May Be Available for Development [EB/OL]. [2018-02-15]. https://www.gov.uk/government/statistics/national-land-use-database-of-previously-developed-land-2012-nlud-pdl.

NRTEE. 2003. State of the Debate. Environmental Quality in Canadian Cities：The Federal Role[EB/OL]. [2018-02-15]. http://webdocs.edmonton.ca/InfraPlan/Infra/Reports/environmental%20cdn_cities_execsummarry.pdf.

Offenbacker B S. 2004. Overcoming barriers to effective public participation[J/OL]. [2024-11-28]. Microsoft Word-BF04 Sections.doc https://www.witpress.com/Secure/elibrary/papers/BF04/BF04028FU.pdf .

Oladinrin O T，Ho C M F. 2015. Critical enablers for codes of ethics implementation in construction organizations[J]. Journal of Management in Engineering，32（1）：04015023.

Oliver L，Ferber U，Grimski D，et al. 2005. The scale and nature of European brownfields[C]. Belfas：CABERNET 2005-International Conference on Managing Urban Land.

Osman R，Frantál B，Klusáček P，et al. 2015. Factors affecting brownfield regeneration in post-socialist space：The case of the Czech Republic[J]. Land Use Policy，48：309-316.

Otsuka T，Akabuchi Y，Hoka J，et al. 2007. Small business liability relief and brownfields revitalization ACT[J]. Environmental Research Quarterly，144：70.

Ouseley M. 2013. Capital Brownfields：An Assessment of Brownfield Planning Policy in the City of Ottawa[D]. Ontario：University of Waterloo.

Park H M. 2015. Univariate Analysis and Normality Test Using SAS，Stata，and SPSS[R]. Bloomington：Indiana University.

Pawlak Z，Skowron A. 2007. Rudiments of rough sets[J]. Information Sciences，177（1）：3-27.

Pawlak Z. 1982. Rough sets[J]. International Journal of Computer and Information Sciences，11：341-356.

Pediaditi K，Wehrmeyer W，Chenoweth J. 2005. Monitoring the sustainability of brownfield redevelopment projects. The Redevelopment Assessment Framework（RAF）[J]. Land Contamination & Reclamation，13（2）：173-183.

Philpot S L，Johnson P A，Hipel K W. 2017. Analysis of a brownfield management conflict in Canada[J]. Hydrological Research Letters，11（3）：141-148.

Poindexter G C. 1995. Addressing morality in urban brownfield redevelopment：Using stakeholder theory to craft legal process[J]. Virginia Environmental Law Journal，15：37.

Pontarollo N，Serpieri C. 2020. Testing the environmental Kuznets curve hypothesis on land use：The case of Romania[J]. Land Use Policy，97：104695.

POST. 1998. A Brown and Pleasant Land[M]. London：POST.

Potts L，Cloete C E. 2012. Developing guidelines for brownfield development in South

Africa[J]. WIT Transactions on Ecology and the Environment, 162: 389-399.

Qi M, Zou C Y. 2008. An object oriented method of industrial design based on 40 inventive principles[C]. Taipei: 2008 International Conference on Information Management, Innovation Management and Industrial Engineering.

Raco M, Henderson S. 2006. Sustainable urban planning and the brownfield development process in the United Kingdom: Lessons from the Thames Gateway[J]. Local Environment, 11 (5): 499-513.

Randolph J, Bauer M. 1999. Improving environmental decision-making through collaborative methods[J]. Review of Policy Research, 16 (3-4): 168-191.

Rantanen K, Domb E. 2002. Simplified TRIZ: New Problem-Solving Applications for Engineers and Manufacturing Professionals[M]. Boca Raton: CRC Press.

Ratinho T, Henriques E. 2010. The role of science parks and business incubators in converging countries: Evidence from Portugal[J]. Technovation, 30 (4): 278-290.

Reinikainen J, Sorvari J. 2016. Promoting justified risk-based decisions in contaminated land management[J]. Science of the Total Environment, 563: 783-795.

Ren W X, Geng Y, Ma Z X, et al. 2015. Reconsidering brownfield redevelopment strategy in China's old industrial zone: A health risk assessment of heavy metal contamination[J]. Environmental Science and Pollution Research, 22 (4): 2765-2775.

Ren W X, Xue B, Geng Y, et al. 2014. Inventorying heavy metal pollution in redeveloped brownfield and its policy contribution: Case study from Tiexi District, Shenyang, China[J]. Land Use Policy, 38: 138-146.

Rigdon E E. 1996. CFI versus RMSEA: A comparison of two fit indexes for structural equation modeling[J]. Structural Equation Modeling: A Multidisciplinary Journal, 3 (4): 369-379.

Robertson H G. 2001. Legislative innovation in state brownfields redevelopment programs[J/OL]. [2024-11-28]. https://www.xueshufan.com/publication/1596975212.

Rockart J F. 1986. The changing role of the information systems executive: A critical success factors perspective[J]. Sloan Management Review, 24 (1): 3-13.

Saaty T L. 1980. Analytic Hierarchy Process[M]. New York: McGraw Hill.

Saaty T L. 1990. How to make a decision: The analytic hierarchy process[J]. European Journal of Operational Research, 48 (1): 9-26.

Said I, Salman S A, Elnazer A A. 2019. Multivariate statistics and contamination factor to identify trace elements pollution in soil around Gerga City, Egypt[J]. Bulletin of the National Research Centre, 43 (1): 43.

Salvador E. 2011. Are science parks and incubators good "brand names" for spin-offs? The case study of Turin[J]. Journal of Technology Transfer, 36 (2): 203-232.

Salvador E, Rolfo S. 2011. Are incubators and science parks effective for research spin-offs? Evidence from Italy[J]. Science and Public Policy, 38 (3): 170-184.

Sardinha I D, Craveiro D, Milheiras S. 2013. A sustainability framework for redevelopment of rural brownfields: Stakeholder participation at SÃO DOMINGOS mine, Portugal[J]. Journal of Cleaner Production, 57: 200-208.

Savransky S D. 2000. Engineering of Creativity: Introduction to TRIZ Methodology of

Inventive Problem Solving[M]. Boca Raton: CRC Press.

Schejbalová K, Vacek M. 2002. Identification of subsurface environmental barriers and brownfield development[J]. WIT Transactions on Ecology and the Environment, 55.

Sen A K. 1970. The impossibility of a paretian liberal[J]. Journal of Political Studies (30): 307-317.

Sen A K. 1996. Rationality and social choice[J]. American Economic Review (86): 1-24.

Seto K C, Güneralp B, Hutyra L R. 2012. Global forecasts of urban expansion to 2030 and direct impacts on biodiversity and carbon pools[J]. Proceedings of the National Academy of Sciences of the United States of America, 109 (40): 16083-16088.

Shafer G A. 1976. Mathematical Theory of Evidence[M]. Princeton: Princeton University Press.

Sharpe D. 2015. Your Chi-square test is statistically significant: Now what?[J]. Practical Assessment, Research & Evaluation, 20 (8): 1-10.

Shen L Y, Platten A, Deng X P. 2006. Role of public private partnerships to manage risks in public sector projects in Hong Kong[J]. International Journal of Project Management, 24 (7): 587-594.

Sheng. 2010. Eco-efficient product design using theory of inventive problem solving (TRIZ) principles[J]. American Journal of Applied Sciences, 7 (6): 852-858.

Shin D H. 2001. An alternative approach to developing science parks: A case study from Korea[J]. Papers in Regional Science, 80 (1): 103-111.

Siikamäki J, Wernstedt K. 2008. Turning brownfields into greenspaces: Examining incentives and barriers to revitalization[J]. Journal of Health Politics, Policy and Law, 33 (3): 559-593.

Solitare L, Lowrie K. 2012. Increasing the capacity of community development corporations for brownfield redevelopment: An inside-out approach[J]. Local Environment, 17 (4): 461-479.

Solo J A. 1995. Urban decay and the role of superfund: Legal barriers to redevelopment and prospects for change[J]. Buffalo Law Rev, 43: 285.

Sorvari J, Antikainen R, Kosola M L, et al. 2009. Eco-efficiency in contaminated land management in Finland—Barriers and development needs[J]. Journal of Environmental Management, 90 (5): 1715-1727.

Spiess T, De Sousa C. 2016. Barriers to renewable energy development on brownfields[J]. Journal of Environmental Policy & Planning, 18 (4): 507-534.

Squicciarini M. 2009. Science parks: Seedbeds of innovation? A duration analysis of firms' patenting activity[J]. Small Business Economics, 32 (2): 169-190.

Stezar I C, Ozunu A, Barry D L. 2014. The role of stakeholder attitudes in managing contaminated sites: Survey of Romanian stakeholder awareness[J]. Environmental Science and Pollution Research International, 21 (1): 787-800.

Su Y S, Hung L C. 2009. Spontaneous vs. policy-driven: The origin and evolution of the biotechnology cluster[J]. Technological Forecasting and Social Change, 76 (5): 608-619.

Sun H, Li J, Lin J J, et al. 2011. Research on comprehensive environment risk assessment of brownfield reuse in Xishan district, Wuxi City[J]. Advanced Materials Research, 356-360: 3047-3050.

Swickard T J. 2008. Regulatory incentives to promote private sector brownfield remediation and reuse[J]. Soil and Sediment Contamination, 17 (2): 121-136.

Syms P. 2004. Barriers to Redevelopment-Previously Developed Land: Industrial Activities and Contamination[M]. Hoboken: Wiley-Blackwell.

Tan R R. 2005. Rule-based life cycle impact assessment using modified rough set induction methodology[J]. Environmental Modelling & Software, 20 (5): 509-513.

Tang L, Shen Q P, Skitmore M, et al. 2013. Ranked critical factors in PPP briefings[J]. Journal of Management in Engineering, 29 (2): 164-171.

Tang Y T, Nathanail C P. 2012. Sticks and stones: The impact of the definitions of brownfield in policies on socio-economic sustainability[J]. Sustainability, 4 (5): 840-862.

Thornton G, Franz M, Edwards D, et al. 2007. The challenge of sustainability: Incentives for brownfield regeneration in Europe[J]. Environmental Science & Policy, 10 (2): 116-134.

Tintěra J, Ruus A, Tohvri E, et al. 2014. Urban brownfields in Estonia: Scope, consequences and redevelopment barriers as perceived by local governments[J]. Moravian Geographical Reports, 22 (4): 25-38.

Trifuoggi M, Donadio C, Mangoni O, et al. 2017. Distribution and enrichment of trace metals in surface marine sediments in the Gulf of Pozzuoli and off the coast of the brownfield metallurgical site of Ilva of Bagnoli (Campania, Italy) [J]. Marine Pollution Bulletin, 124 (1): 502-511.

USEPA. 2019. Brownfields Program Accomplishments and Benefits Leveraging Resources to Revitalize Communities[EB/OL]. (2019-01-19)[2024-08-15]. https://www.epa.gov/brownfields/brownfields-program-accomplishments-and-benefits.

Valipour A, Yahaya N, Noor N M, et al. 2016. A new hybrid fuzzy cybernetic analytic network process model to identify shared risks in PPP projects[J]. International Journal of Strategic Property Management, 20 (4): 409-426.

van den Hurk M, WilliamsD, Luis dos Santos Pereira A, et al. 2024. Brownfield regeneration and the shifting of financial risk: Between plans and reality in public-private partnerships[J]. Urban Research & Practice, 17: 149-170.

van Herwijnen R, Laverye T, Poole J, et al. 2007. The effect of organic materials on the mobility and toxicity of metals in contaminated soils[J]. Applied Geochemistry, 22 (11): 2422-2434.

van Laarhoven P J M, Pedrycz W. 1983. A fuzzy extension of Saaty's priority theory[J]. Fuzzy Sets and Systems, 11 (1-3): 229-241.

Varvasovszky Z, Brugha R. 2000. A stakeholder analysis[J]. Health Policy and Planning, 15 (3): 338-345.

Vélez-Arocho J, Torres R, Veláquez-Rivera S M, et al. 2016. Promoting sustainability through brownfields redevelopment in Caguas, Puerto Rico[C]. Valencia: WIT

Transactions on Ecology and the Environment.

Vidal R, Salmeron J L, Mena A, et al. 2015. Fuzzy Cognitive Map-based selection of TRIZ (theory of inventive problem solving) trends for eco-innovation of ceramic industry products[J]. Journal of Cleaner Production, 107: 202-214.

Vincke P. 1999. Robust and neutral methods for aggregating preferences into an outranking relation[J]. European Journal of Operational Research, 112 (2): 405-412.

Walcott S M. 2002. Chinese industrial and science parks: Bridging the gap[J]. Professional Geographer, 54 (3): 349-364.

Wang L Z, Fang L P, Hipel K W. 2007. A game-theoretic approach to brownfield redevelopment: Negotiation on cost and benefit allocation[C]. Montreal: 2007 IEEE International Conference on Systems, Man and Cybernetics.

Wang L Z, Fang L P, Hipel K W. 2009. Risk management of liability uncertainties to facilitate brownfield redevelopment: Comparing the situation of Canada with the US[C]. San Antonio: 2009 IEEE International Conference on Systems, Man and Cybernetics.

Wang L Z, Fang L P, Hipel K W. 2011. Negotiation over costs and benefits in brownfield redevelopment[J]. Group Decision and Negotiation, 20 (4): 509-524.

Wang Q, Hipel K W, Kilgour D M. 2008. Conflict analysis in brownfield redevelopment: The ERASE program in Hamilton, Ontario[C]. Singapore: 2008 IEEE International Conference on Systems, Man and Cybernetics.

Wang Q, Kilgour D M, Hipel K W. 2015. Facilitating risky project negotiation: An integrated approach using fuzzy real options, multicriteria analysis, and conflict analysis[J]. Information Sciences, 295: 544-557.

Waqas M, Dong Q L, Ahmad N, et al. 2018. Critical barriers to implementation of reverse logistics in the manufacturing industry: A case study of a developing country[J]. Sustainability, 10 (11): 4202.

Wei Z, Ren X. 2015. Research on risk-sharing of public-private partnership project[J]. Management & Engineering (21): 105-109.

Weng X H, Zhu Y M, Song X Y, et al. 2019. Identification of key success factors for private science parks established from brownfield regeneration: A case study from China[J]. International Journal of Environmental Research and Public Health, 16 (7): 1295.

Wernstedt K, Meyer P B, Alberini A, et al. 2006. Incentives for private residential brownfields development in US urban areas[J]. Journal of Environmental Planning and Management, 49 (1): 101-119.

Wheeler D, Sillanpa"a" M. 1998. Including the stakeholders: The business case[J]. Long Range Planning, 31 (2): 201-210.

Williams K, Dair C. 2007. What is stopping sustainable building in England? Barriers experienced by stakeholders in delivering sustainable developments[J]. Sustainable Development, 15 (3): 135-147.

Winston N. 2010. Regeneration for sustainable communities? Barriers to implementing sustainable housing in urban areas[J]. Sustainable Development, 18 (6): 319-330.

Xiong B, Skitmore M, Xia B. 2015. A critical review of structural equation modeling applications in construction research[J]. Automation in Construction，49：59-70.

Xu Y L，Yeung J F Y，Chan A P C，et al. 2010. Developing a risk assessment model for PPP projects in China—A fuzzy synthetic evaluation approach[J]. Automation in Construction，19（7）：929-943.

Yan W Q，Zhu Y M，Ahmad N. 2016. Theory of inventive problem solving（TRIZ）based contradiction resolution strategies for Shaanxi Aviation Industrial Upgrading[C]. Bali：2016 IEEE International Conference on Industrial Engineering and Engineering Management（IEEM）.

Zhang Y，Li H. 2015. Analysis on methods to applying TRIZ to solve management innovation problems[C]. Paris：21st International Conference on Industrial Engineering and Engineering Management.

Zhang Y H. 2004. Critical factors for science park management：The North American and European experience[J]. International Journal of Entrepreneurship and Innovation Management，4（6）：575.

Zhu Y M，Hipel K W. 2007. Life span risk management in brownfield redevelopment[C]. Montreal：2007 IEEE International Conference on Systems，Man and Cybernetics.

Zhu Y M，Hipel K W，Guo P. 2009. Establishment of the index system for evaluation of brownfield redevelopment projects in China[C]. San Antonio：2009 IEEE International Conference on Systems，Man and Cybernetics.

Zhu Y M，Hipel K W，Ke G Y，et al. 2015. Establishment and optimization of an evaluation index system for brownfield redevelopment projects：An empirical study[J]. Environmental Modelling & Software，74：173-182.

Zlotin B，Zusman A. 2013. Theory of inventive problem solving（TRIZ）[M]// Carayannis E G. Encyclopedia of Creativity，Invention，Innovation and Entrepreneurship. New York：Springer：1146-1160.

Zohn D，Olson-Morgan J，Durchslag-Richardson T. 2011. Identifying the barriers to brownfield redevelopment[R]. Los Angeles：University of Southern California.

Zou Y H，Zhao W X. 2014. Anatomy of Tsinghua University Science Park in China：Institutional evolution and assessment[J]. Journal of Technology Transfer，39（5）：663-674.